365 이벤트

❶ 기출문제 복원 이벤트

이기적 수험서로 열심히 공부하고
시험에 응시하신 독자님들,
기억나는 문제를 공유해 주세요.

응시일로부터
7일 이내의
복원 제보만
인정됩니다

세부 내용

 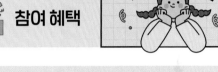 **참여 혜택**

📖 영진닷컴 도서(최대 30,000원 상당)
🎁 이벤트 선물(영진닷컴 쇼핑몰 포인트, N페이
포인트 등 다양한 혜택 제공)

❷ 리뷰 참여 이벤트

온라인 서점 또는 개인 SNS에
도서리뷰와 합격 후기를 작성해 주세요.

세부 내용 **당첨자 확인**

세부 내용

세부 내용

❸ 정오표 이벤트

⚠️ 이기적 수험서의 오타 및 오류를 영진닷컴에
제보해 주세요.

book2@youngjin.com으로 [도서명], [페이지],
[수정사항], [이름], [연락처]를 보내주세요.

이기적 스터디 카페

1:1 질문답변

집에서도, 카페에서도, 도서관에서도!
전문가 선생님의 1대1 맞춤 과외!

온라인 스터디

서로 당겨주고, 밀어주고, 합격을 함께 할
스터디 파트너를 구해 보세요!

구매자 한정 혜택

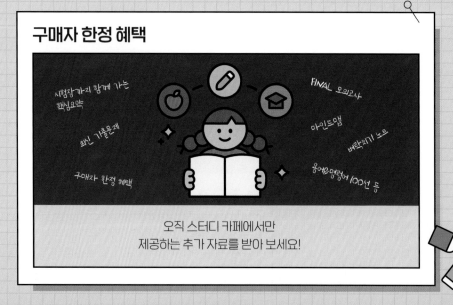

오직 스터디 카페에서만
제공하는 추가 자료를 받아 보세요!

 * 제공되는 혜택은 도서별로 상이합니다. 각 도서의 혜택을 확인해 주세요.

NAVER 이기적 스터디 카페

나만의 합격 키트

캘린더 & 스터디 플래너 & 오답노트

PDF 다운로드 후
태블릿 PC에서
사용 가능합니다.

캘린더

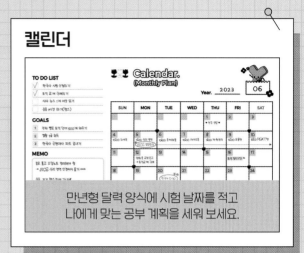

만년형 달력 양식에 시험 날짜를 적고
나에게 맞는 공부 계획을 세워 보세요.

스터디 플래너

학습에 필요한 사항을 꼼꼼하게
체크해 가면서 공부하세요.

오답노트

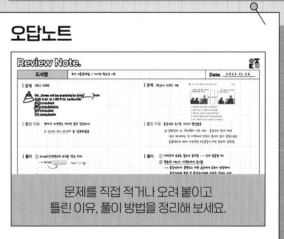

문제를 직접 적거나 오려 붙이고
틀린 이유, 풀이 방법을 정리해 보세요.

다꾸 스티커 패키지

추 가   증 정
이 벤 트

스티커1

스티커2

스티커3

CBT 온라인 문제집

PC와 모바일 환경에서 모의고사를 풀어보자!

CBT 온라인
문제집

바로가기

*자격증 제공 범위는 사정에 따라 변경될 수 있습니다.

이용 방법

PC 버전

1. 이기적 홈페이지(license.youngjin.com)에 접속하세요.
2. [CBT 서비스(온라인 문제집)]를 클릭하세요.
3. 공부할 과목을 선택하여 이용하세요.

모바일 버전

1. QR코드를 스캔하세요(QR코드 리더 앱 이용).
2. 공부할 과목을 선택하여 이용하세요.

이렇게
기막힌
적중률

지게차운전기능사
필기 기본서

구매자 혜택 BIG 6

CBT 온라인 문제집

실제 시험장처럼 PC로 시험에 응시해 보세요.
(모바일로도 응시 가능합니다!)
하나하나 풀다 보면 실력이 쑥쑥 올라가는 것을 확인할
수 있습니다.

합격강의

실제 지게차 내부 강의 영상을 통해서 생소한 엔진 구조
를 더욱 쉽게 이해할 수 있습니다.

이기적 스터디 카페

이기적 스터디 카페에서 함께 자격증을 준비하세요.
다양한 시험 정보와 이벤트, 1:1 질문답변까지 해결해 드
립니다.

* 이기적 스터디 카페 : cafe.naver.com/yjbooks

자료실

책으로는 모자라다!
자료를 더 원하는 수험생을 위해 준비했습니다.
이기적 홈페이지에서 추가로 제공하는 다양한 자료를 다운로드 받으세요.

시험장까지 가는 핵심용어 PDF

마지막 순간에 꼭 떠올려야 할 핵심용어를 PDF로 정리하였습니다. 마지막 순간까지 이기적과 함께하세요.

* 이기적 스터디 카페에서 구매 인증을 통해 받을 수 있습니다.

정오표

이미 출간된 도서에는 오류가 있을 수 있습니다.
출간 후 발견되는 오류는 정오표를 확인해 주세요.

* 도서의 오류는 교환, 환불의 사유에 해당하지 않습니다.

이기적 200% 활용 가이드

STEP 1
핵심 이론

기출 유형을 분석하여 반드시 알아야 할 내용 위주로 구성하였습니다.

① **출제 빈도** 상 중 하
각 Section을 상/중/하 등급으로 나누었습니다.

② **이기적의 Tip**
출제 경향에 따라서 알고 넘어가야 할 내용을 담고 있습니다.

③ **더 알기 Tip**
내용을 좀 더 자세히 이해할 수 있도록 하는 설명입니다.

STEP 2
이론을 확인하는 개념체크

Section에서 학습한 내용을 빠르고 신속하게 복습할 수 있습니다.

① 각 Section에서 놓치지 말아야 할 내용을 우선하여 구성하였습니다.

② 정답은 OX 문항 형태로, 시간 제한이 있는 시험장에서 빠르게 답을 떠올릴 수 있도록 연습할 수 있습니다.

③ 이론과 문제에서 헷갈릴 수 있는 개념을 쉽게 익힐 수 있습니다.

STEP 3

합격을 다지는 예상문제

▶

STEP 4

기출 유형 문제

합격을 다지는 **예상문제**

01 디젤 기관의 장점으로 볼 수 없는 것은?
① 열효율이 가솔린 기관보다 높다.
② 소음 및 진동이 적다.
③ 인화점이 높아 화재의 위험이 적다.
④ 연료 소비율이 낮다.

디젤 기관은 소음과 진동이 큰 단점이 있다.

02 내연기관의 동력 전달 순서로 맞는 것은?
① 피스톤 – 커넥팅 로드 – 플라이휠 – 크랭크축
② 피스톤 – 커넥팅 로드 – 크랭크축 – 플라이휠
③ 피스톤 – 크랭크축 – 커넥팅 로드 – 플라이휠
④ 피스톤 – 크랭크축 – 플라이휠 – 커넥팅 로드

내연기관의 동력은 피스톤 → 커넥팅 로드 → 크랭크축 → 플라이휠 순으로 전달한다.

03 냉각수에 엔진 오일이 혼합되는 원인으로 가장 적합한 것은?
① 물 펌프 마모
② 수온 조절기 파손
③ 방열기 코어 파손
④ 헤드 개스킷 파손

냉각수에 오일이 혼합되는 이유는 주로 개스킷 파손, 헤드 볼트의 이완 및 헤드의 변형, 오일 쿨러의 손상 등이다.

04 행정 디젤 기관의 행정 순서로 맞는 것은?
① 압축 – 동력 – 흡입 – 배기
② 흡입 – 압축 – 동력 – 배기
③ 압축 – 폭발 – 동력 – 배기
④ 흡입 – 동력 – 압축 – 배기

4행정 기관은 2행정과 흡입 – 압축 – 폭발(동력) – 배기 행정으로 1사이클을 완성한다.

05 피스톤 링에 대한 설명으로 잘못된 것은?
① 압축가스가 새는 것을 막는다.
② 실린더 벽의 엔진 오일을 긁어내린다.
③ 압축링과 냉각링으로 구분한다.
④ 압축링은 실린더 헤드 쪽에 있다.

피스톤 링은 압축링과 오일링으로 구분한다.

06 크랭크축을 구성하는 부품이 아닌 것은?
① 저널
② 크랭크암
③ 크랭크핀
④ 플라이휠

크랭크축은 메인 저널, 크랭크핀, 크랭크암, 밸런스 웨이트 등으로 구성되어 있다.

엔진본체의 구조와 기능 : SECTION 01 **31**

기출 유형 문제 **01회**

01 지게차에 화물을 적재하고 주행할 때의 주의사항으로 틀린 것은?
① 급한 고갯길을 내려갈 때는 변속레버를 중립에 두거나 엔진을 끄고 타력으로 내려간다.
② 포크나 카운터웨이트 등에 사람을 태우고 주행해서는 안 된다.
③ 전방 시야가 확보되지 않을 때는 후진으로 진행하면서 경적을 울리며 천천히 주행한다.
④ 험한 땅, 좁은 통로, 고갯길 등에서는 급발진, 급제동, 급선회하지 않는다.

02 변속기의 필요성과 관계가 먼 것은?
① 기관의 회전력을 증대시킨다.
② 시동 시 장비를 무부하 상태로 한다.
③ 장비의 후진 시 필요하다.
④ 환향을 빠르게 한다.

03 동력 공구 사용 시 주의사항으로 틀린 것은?
① 보호구는 사용 안 해도 무방하다.
② 압축 공기 중의 수분을 제거하여 준다.
③ 규정 공기 압력을 유지한다.
④ 에어 그라인더는 회전수에 유의한다.

04 트랜스미션 내부에서 소음이 발생했을 때 운전자가 가장 먼저 조처해야 할 사항은?
① 기어의 교체
② 오일의 점검 상태
③ 기어 잇면의 마모 점검
④ 기어오일의 양 점검

05 커먼 레일 디젤 기관의 전자제어계통에서 입력요소가 아닌 것은?
① 연료 온도 센서
② 연료 압력 센서
③ 연료 압력 제한 밸브
④ 축전지 전압

06 창고나 공장을 출입할 때 주의할 점으로 틀린 것은?
① 부득이 포크를 올려서 출입하는 경우 출입구 높이에 주의한다.
② 차폭과 입구의 폭은 확인할 필요가 없다.
③ 손이나 발을 차체 밖으로 내밀지 말아야 한다.
④ 주위 안전 상태를 확인하고 나서 출입한다.

07 동력 전달 장치에서 토크 컨버터에 대한 설명으로 틀린 것은?
① 기계적인 충격을 흡수하여 엔진의 수명을 연장한다.
② 조작이 용이하고 엔진에 무리가 없다.
③ 부하에 따라 자동적으로 변속한다.
④ 일정 이상의 과부하가 걸리면 엔진이 정지한다.

274 PART 08 : 기출 유형 문제

시험에 언제든 출제될 수 있는 문제들을 모아 구성하였습니다.

① 답안을 눈에 띄도록 하여 신속하게 확인하고 문제와 답안을 숙지할 수 있습니다.

② 곧바로 해설을 확인하여 문제의 이론적 배경을 이해할 수 있습니다.

③ Section별 빈출 내용을 문제로 정리할 수 있습니다.

기출 문제 유형을 바탕으로 구성한 모의고사로 시험 준비를 마무리 할 수 있습니다.

① 다양한 유형을 수록하여 어떠한 문제에도 대비할 수 있도록 하였습니다.

② 실제 시험장에서 시험을 보듯 스스로의 실력을 검증해보세요.

차례

PART 01 지게차 장비구조

각 섹션을 출제 빈도에 따라 상 > 중 > 하 로 분류하였습니다.

- 상 : 출제 범위 문제 은행 상에 가장 높은 비중을 차지하는 분야로, 거의 확정적으로 출제됩니다.
- 중 : 시험 문제에 종종 출제되지만, 문제의 수나 빈도는 다소 떨어집니다.
- 하 : 상대적으로 출제율이 낮은 분야로, 단기학습 시에는 중요도가 떨어집니다.

시험의 모든 것

01 필기 응시 자격 조건

- 남녀노소 누구나 응시 가능

02 필기 원서 접수하기

- q-net.or.kr에서 접수
- 상시 검정 : 최근 기간에 해당하는 시험 일정 조회 후 접수
- 검정 수수료 : 14,500원

03 필기 시험

- 신분증 및 필기구 지참
- 전과목 혼합, 객관식 60문항(60분)
- 시험은 컴퓨터로만 진행되는 CBT(Computer Based Test) 형식으로 진행됨

04 필기 합격자 발표

- 100점 만점으로 하여 60점 이상
- q-net.or.kr에서 합격자 발표

CBT 시험 가이드

CBT 시험 체험하기

CBT란 Computer Based Test의 약자로, 종이 시험 대신 컴퓨터로 문제를 푸는 시험 방식을 말합니다. 직접 체험을 원하는 수험생은 한국산업인력공단 홈페이지 큐넷(Q-net)을 방문하거나, 본 도서의 QR코드를 통해 자격검정 CBT 웹 체험 프로그램을 이용하실 수 있습니다.

* CBT 온라인 문제집 체험(cbt.youngjin.com)

01 좌석 번호 확인

수험자 접속 대기 화면에서 본인의 좌석 번호를 확인합니다.

02 수험자 정보 확인

시험 감독관이 수험자의 신분을 확인하는 단계입니다. 신분 확인이 끝나면 시험이 시작됩니다.

03 안내사항

시험 안내사항을 확인하고, 다음을 클릭합니다.

04 유의사항

시험과 관련된 유의사항을 확인합니다.

05 문제풀이 메뉴 설명

시험을 볼 때 필요한 메뉴에 대한 설명입니다. 메뉴를 이용해 글자 크기와 화면 배치를 조정할 수 있습니다. 남은 시간을 확인하며 답을 표기하고, 필요한 경우 아래의 계산기를 이용할 수 있습니다.

06 문제풀이 연습

시험 보기 전, 연습을 해 보는 단계입니다. 직접 시험 메뉴 화면을 클릭하며, CBT가 어떻게 진행되는지 확인합니다.

07 시험 준비 완료

문제풀이 연습을 모두 마친 후 [시험 준비 완료] 버튼을 클릭하면 시험 감독관의 지시에 따라 시험이 시작됩니다.

08 시험 시작

시험이 시작되었습니다. 수험자분들은 제한 시간에 맞추어 문제풀이를 시작합니다.

09 답안 제출

시험을 완료하면 [답안 제출] 버튼을 클릭합니다. 답안을 수정하기 위해 시험화면으로 돌아가고 싶으면 [아니오] 버튼을 클릭합니다.

10 답안 제출 최종 확인

답안 제출 메뉴에서 [예] 버튼을 클릭하면, 수험자의 실수를 방지하기 위해 한 번 더 주의 문구가 나타납니다. 완벽히 시험 문제 풀이가 끝났다면 [예] 버튼을 클릭하여 최종 제출합니다.

11 합격 발표

CBT 시험이 모두 종료되면, 바로 합격/불합격 여부를 확인할 수 있습니다.

자주 질문하는 Q&A

Q **지게차운전기능사의 취득 난이도는 어떤가요?**

지게차운전기능사의 취득 난이도는 자격증 중에서는 비교적 수월한 편에 속합니다. 필기의 경우 2020년 이전까지는 50% 정도의 합격률을 보였습니다만, 2020년을 기점으로 큰 폭으로 뛰어 70%에 달합니다. 중장비 운전기능사에 도전하시는 분들은 운전면허를 취득하면서 도로교통법이나 안전운전에 대해서 이미 숙지하고 있으며, 안전에 관한 문제는 상식적인 수준에서 해결할 수 있는 문제들이므로 아주 짧은 학습으로도 해결할 수 있습니다. 따라서 필기시험의 당락을 좌우하는 것은 나머지 부분인 기계차구조, 기계장치, 건설기계관리법 등입니다.

Q **필기와 실기시험은 어떻게 준비해야 하나요?**

필기시험은 문제은행 방식으로 출제되고 있으므로 기출문제를 반복적으로 학습하는 것만으로도 합격선 수준까지 도달할 수 있습니다만, 보지 못한 문제가 출제될 수도 있기 때문에 한 번에 합격하기 위해서는 핵심이론에 대한 학습이 수반되어야 합니다.

실기시험의 경우 평균 50% 수준의 합격률을 보입니다. 난이도가 높지는 않지만 실제 지게차를 다루어보지 않고서는 거의 합격할 수 없으므로 지게차가 구비된 실기 학원에서 단기간이라도 교육을 받아보시는 것을 추천합니다. 응시하시는 시험장마다 구비된 지게차의 제조사와 기종이 다르기 때문에 어떤 지게차로 시험을 준비하실지 미리 확인하시는 것이 합격에 유리하며, 접수가 조기에 마감되므로 원하는 시험장에서 응시하기 위해서는 빠르게 접수해야 합니다. 서울중장비직업전문학교에서는 본 도서의 구매자 분들께 실기 교육비를 10% 할인해드리고 있습니다.

Q **지게차운전기능사 자격증은 어디에 필요한가요?**

지게차운전기능사는 물류가 필요한 현장에서 항상 필요한 자격증으로, 건설현장, 물류창고, 유통사 등 수요가 끊임이 없습니다. 다만, 그만큼 취득하는 사람들이 많아 지게차운전기능사 외에 경력을 쌓거나 물류 관련 자격증, 또는 다른 중장비 자격증을 취득하여 그 경쟁력을 높이는 것이 중요합니다.

Q **자격증을 취득하면 바로 지게차를 운전할 수 있나요?**

지게차운전기능사 취득에는 요건이 없기 때문에 운전면허나 건설기계조종사면허 없이 지게차 운전기능사만 취득하는 경우가 발생할 수 있습니다. 지게차 등 건설기계로 작업을 하기 위해서는 건설기계조종사면허를 발급받아야 하며, 건설기계조종사면허를 발급받기 위해서는 1종 보통 운전면허가 필요합니다.

Q **지게차운전기능사를 취득하지 않아도 운전할 수 있는 지게차가 있나요?**

지게차는 3톤을 기준으로 구분되며, 3톤 미만의 지게차는 지게차운전기능사 없이 운전할 수 있습니다. 교육을 수료하면 이수증을 받을 수 있으며, 이수증만으로 3톤 미만 지게차를 사업장 내에서 운행할 수 있습니다. 도로 주행을 하기 위해서는 소형건설기계조종사 면허를 취득해야 합니다. 3톤 미만의 지게차는 비교적 가벼운 물류 등을 창고 내에서 운반하는 목적으로 사용하는 경우가 많고, 대부분 전동식입니다.

산업 목적으로는 3톤 이상의 지게차가 주로 사용되며 이를 운행하기 위해서는 지게차운전기능사 자격증이 필요합니다.

교통안전표지

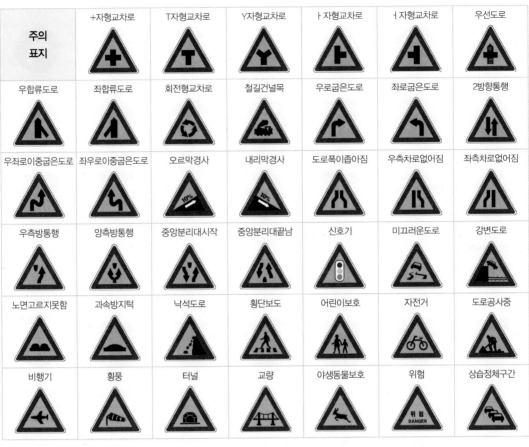

주의 표지	+자형교차로	T자형교차로	Y자형교차로	ㅏ자형교차로	ㅓ자형교차로	우선도로
	우합류도로	좌합류도로	회전형교차로	철길건널목	우로굽은도로	좌로굽은도로	2방향통행
	우좌로이중굽은도로	좌우로이중굽은도로	오르막경사	내리막경사	도로폭이좁아짐	우측차로없어짐	좌측차로없어짐
	우측방통행	양측방통행	중앙분리대시작	중앙분리대끝남	신호기	미끄러운도로	강변도로
	노면고르지못함	과속방지턱	낙석도로	횡단보도	어린이보호	자전거	도로공사중
	비행기	횡풍	터널	교량	야생동물보호	위험	상습정체구간

규제 표지	통행금지	자동차통행금지	화물자동차통행금지	승합자동차통행금지	이륜자동차 및 원동기장치자전거 통행금지	자동차·이륜자동차 및 원동기장치자전거 통행금지
	경운기·트랙터 및 손수레통행금지	자전거통행금지	진입금지	직진금지	우회전금지	좌회전금지	유턴금지
	앞지르기금지	정차·주차금지	주차금지	차중량제한	차높이제한	차폭제한	차간거리확보
	최고속도제한	최저속도제한	서행	일시정지	양보	보행자보행금지	위험물적재차량 통행금지

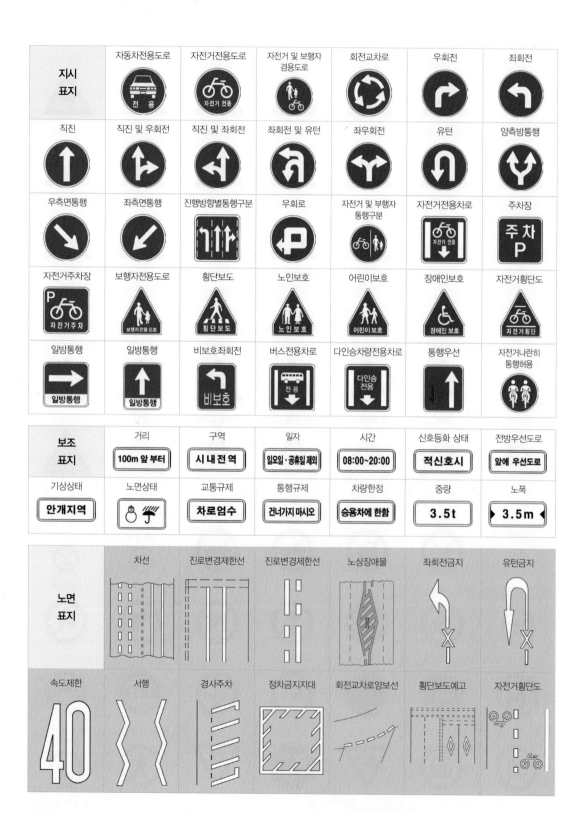

지시 표지	자동차전용도로	자전거전용도로	자전거 및 보행자 겸용도로	회전교차로	우회전	좌회전
	직진	직진 및 우회전	직진 및 좌회전	좌회전 및 유턴	좌우회전	유턴	양측방통행
	우측면통행	좌측면통행	진행방향별통행구분	우회로	자전거 및 보행자 통행구분	자전거전용차로	주차장
	자전거주차장	보행자전용도로	횡단보도	노인보호	어린이보호	장애인보호	자전거횡단도
	일방통행	일방통행	비보호좌회전	버스전용차로	다인승차량전용차로	통행우선	자전거나란히 통행허용

보조 표지	거리	구역	일자	시간	신호등화 상태	전방우선도로
	100m 앞 부터	시 내 전 역	일요일·공휴일 제외	08:00~20:00	적신호시	앞에 우선도로
	기상상태	노면상태	교통규제	통행규제	차량한정	중량	노폭
	안개지역		차로엄수	건너가지 마시오	승용차에 한함	3.5t	3.5m

노면 표지	차선	진로변경제한선	진로변경제한선	노상장애물	좌회전금지	유턴금지
	속도제한	서행	경사주차	정차금지지대	회전교차로양보선	횡단보도예고	자전거횡단도

안전·보건표지

금지 표지	출입금지	보행금지	차량통행금지	사용금지	탑승금지	금연
화기금지	물체이동금지	경고 표지	인화성물질경고	산화성물질경고	폭발성물질경고	급성독성물질경고
부식성물질경고	방사성물질경고	고압전기경고	매달린물체경고	낙하물경고	고온경고	저온경고
몸균형상실경고	레이저광선경고	발암성·독성·과민성 물질경고	위험장소경고	지시 표지	보안경착용	방독마스크착용
방진마스크착용	보안면착용	안전모착용	귀마개착용	안전화착용	안전장갑착용	안전복착용
안내 표지	녹십자표지	응급구호표지	들것	세안장치	비상용기구	비상구
좌측비상구	우측비상구	관계자외 출입금지	관계자외 출입금지 (허가물질 명칭) 제조/사용 보관 중 보호구/보호복 착용 흡연 및 음식물 섭취 금지		문자추가 시 예시문	휘발유화기엄금

지게차 기본구조

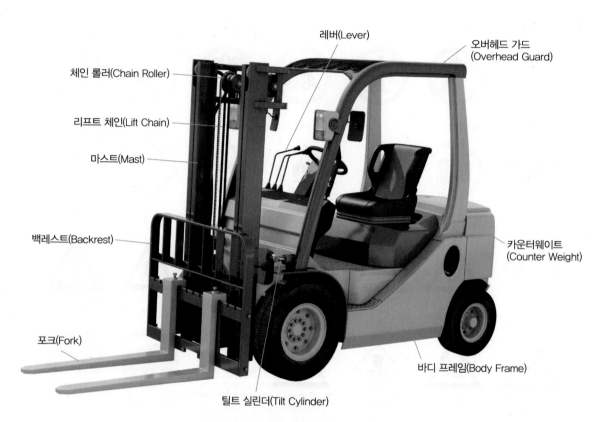

체인 롤러(Chain Roller)
레버(Lever)
오버헤드 가드(Overhead Guard)
리프트 체인(Lift Chain)
마스트(Mast)
백레스트(Backrest)
카운터웨이트(Counter Weight)
포크(Fork)
바디 프레임(Body Frame)
틸트 실린더(Tilt Cylinder)

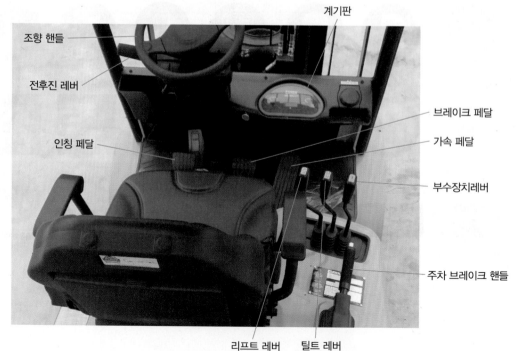

계기판
조향 핸들
전후진 레버
브레이크 페달
가속 페달
인칭 페달
부수장치레버
주차 브레이크 핸들
리프트 레버
틸트 레버

지게차 주요 용어 정리

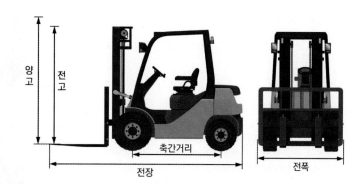

적재 능력 (Load Capacity)	마스트를 수직인 상태로 정해진 하중 중심의 범위 내에서 포크로 들어 올릴 수 있는 하물의 최대 무게	
하중 중심 (Load Center)	포크의 수직면으로부터 하물의 무게 중심까지의 거리	
최대 인상 높이	마스트를 수직인 상태로 최대로 인상시켰을 때 지면에서 포크의 윗면까지의 높이	
자유 인상 높이	포크를 들어 올릴 때 내측 마스트가 돌출되는 시점의 지면으로부터 포크 윗면까지의 높이	
마스트 경사각	마스트 전체를 전방 또는 후방으로 경사시키는 각도	

전장	포크의 앞부분에서부터 지게차의 제일 끝부분까지의 길이	
전고	타이어의 공기압이 규정치인 상태에서 마스트를 수직으로 하고 포크를 지면에 내려놓았을 때 지면으로부터 마스트 상단까지의 높이(오버헤드가드 높이가 마스트보다 높을 때는 오버헤드가드 높이가 전고)	
전폭	지게차 차체 양쪽에 돌출된 액슬, 펜더, 포크캐리지, 타이어 등을 포함한 전체 폭	
축간 거리	지게차 앞축(드라이브 액슬)의 중심으로부터 뒤축(스티어링 액슬)의 중심부까지의 수평 거리 (지게차의 안정도에 지장을 주지 않는 한도 내에서 최소로 설계)	
차륜 거리	지게차의 양쪽 바퀴의 중심 사이의 거리 (보통 전륜과 후륜의 차륜 거리는 다름)	
최저 지상고	지면으로부터 지게차의 가장 낮은 부위까지의 높이(포크와 타이어는 제외)	
최소 회전 반경	무부하 상태에서 지게차의 최저 속도로 회전을 할 때 지게차의 후단부가 그리는 원의 반경 중 최솟값	

최소 직각교차통로 폭	지게차가 직각회전을 할 수 있는 최소 통로의 폭	
직각적재통로 폭	하물을 적재한 지게차가 일정 각도로 회전하여 작업할 수 있는 직선 통로의 최소 폭(각도가 90°일 때)	
장비 중량	냉각수, 연료, 오일 등이 포함된 상태에서의 지게차 총 중량	
포크 인상 속도	지게차의 포크 인상 속도 ('부하 시'와 '무부하 시'로 구분하며, 보통 mm/sec로 표시)	
포크 하강 속도	지게차의 포크 하강 속도 ('부하 시'와 '무부하 시'로 구분하며, 보통 mm/sec로 표시)	
등판 능력	지게차가 오를 수 있는 경사지의 최대각도 ('%'와 '도'로 표시)	

실기시험 코스운전 및 작업 척도

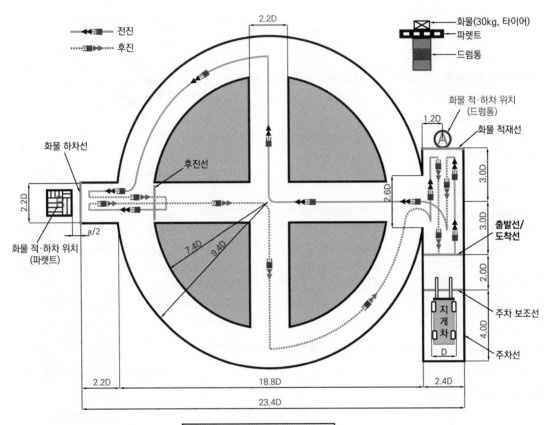

전진
후진

- 2.2D
- 화물(30kg, 타이어)
- 파렛트
- 드럼통
- 화물 적·하차 위치 (드럼통)
- 화물 적재선
- 1.2D
- A
- 3.0D
- 화물 하차선
- 후진선
- 출발선/ 도착선
- 2.6D
- 3.0D
- 2.2D
- 2.0D
- 화물 적·하차 위치 (파렛트)
- a/2
- 7.4D
- 9.4D
- 주차 보조선
- 지게차
- 4.0D
- D
- 주차선
- 2.2D
- 18.8D
- 2.4D
- 23.4D

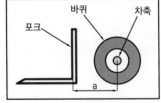

- 포크
- 바퀴
- 차축
- a

⊘ 시험시간 4분
- 화물상차작업 45점
- 화물하차작업 55점

D(차폭) : 좌우 최외측 타이어의 최외측 간 거리
a : 해당 차량의 차축 중심과 포크 안쪽까지의 거리

❶ 출발 위치에서 출발

❷ 화물 적재선에서 드럼통(A) 위에 놓여 있는 파렛트에 포크 삽입

❸ 화물 적재 상태로 (전진)코스 운전

❹ 파렛트를 화물 적·하차 위치(B) 파렛트 위에 내리고 후진

❺ 후진선에 포크를 지면에 완전히 내렸다가 다시 전진하여 화물 적재

❻ (후진)코스 운전하여 화물 적재선까지 이동

❼ 드럼통(A) 위에 화물을 내리고 후진

❽ 출발 전 장비 위치에 정지(포크는 주차 보조선에 내려놓음)

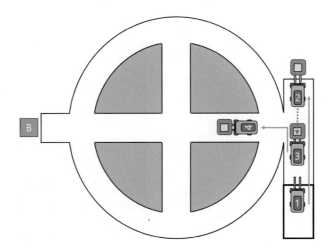

❶ 출발 전 : 안전벨트를 착용하고 감독관에게 준비 신호를 보낸다. 출발 지시가 떨어지면 포크를 지면에서 30~50cm
가량 들어올리고 출발선을 통과한다.

❷ 적재(드럼통) : 출발선 정면에는 드럼통 위에 파렛트가 놓여있고, 그 위에 화물이 놓여있다. 드럼통을 건드리지
않도록 주의하며 포크를 파렛트 높이까지 상승시켜 파렛트 구멍에 삽입한다.

❸ 후진 : 포크가 파렛트 구멍에 온전히 삽입되었으면 포크를 들어올리고 마스트를 후경시켜 파렛트가 빠지지 않도록
하며 후진한다. 이때, 주행도로 왼편과 지게차의 간격이 30cm정도가 되도록 한다.

❹ 좌회전 : 앞바퀴 위치에 유의하며 좌회전하여 직진 코스로 진입힌다.

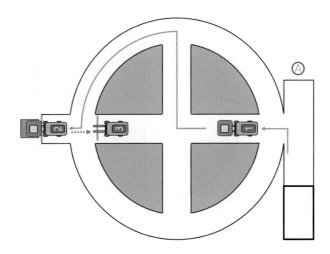

❶ 주행코스 : 코너링 시 바퀴의 위치에 유의하며 진행한다.

❷ 하적(파렛트) : 파렛트 위치에 도착하면 적재중인 파렛트와 하적 파렛트의 위치를 잘 맞추고 마스트를 수평으로
만든 뒤, 파렛트 위에 포크를 내린다. 파렛트가 끌리지 않도록 유의하며 포크를 빼낸다.

❸ 후진 : 후진선까지 후진한 뒤, 포크를 내려 바닥에 닿아 소리를 낸다.

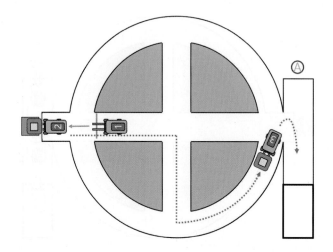

❶ 전진 : 포크를 다시 들어올리고 전진한다.

❷ 재적재(파렛트) : 앞서와 동일한 방법으로 포크를 삽입하여 파렛트를 들어올린다. 하단의 파렛트를 건드리거나 밀리지 않도록 주의한다.

❸ 후진 : 조향 바퀴에 유의하여 A 후진 주행한다.

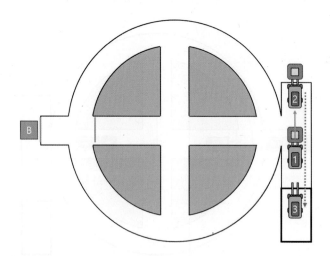

❶ 전진 : 도로와 수평을 이루도록 차체를 조정하고 전진한다.

❷ 하적(드럼통) : 동일한 방법으로 파렛트를 드럼통 위에 내려놓는다.

❸ 후진 및 종료 : 포크를 빼내고 높이를 30cm 정도로 내리며 주차구역에 진입한다. 네 바퀴가 모두 들어왔다면 포크를 지면 주차보조선에 내리고 기어를 중립, 주차 브레이크를 당기고 하차한다.

실기시험 수험자 유의사항

㉮ 시험감독위원의 지시에 따라 시험장소 출입 및 운전
㉯ 음주상태 측정은 시험시작 전에 실시하며, 음주상태 및 음주측정을 거부하는 경우 실기시험에 응시할 수 없음
   (도로교통법에서 정한 혈중알콜농도 0.03% 이상)
㉰ 규정된 작업복장의 착용여부 채점사항에 포함(수험자 지참공구 목록 참고)
㉱ 휴대폰 및 시계류(손목시계, 스톱워치 등)는 시험 전 제출
㉲ 장비운전 중 이상 소음이 발생되거나 위험사항이 발생되면 즉시 운전을 중지하고, 시험감독위원에게 알려야 함
㉳ 장비조작 및 운전 중 안전수칙을 준수하고, 안전사고가 발생되지 않도록 유의

※ 코스운전 및 작업

1) 코스 내 이동 시 **포크는 지면에서 20~30cm로 유지**하여 안전하게 주행
   (파렛트를 실었을 경우 파렛트 하단부가 지면에서 20~30cm 유지)
2) 수험자가 작업 준비된 상태에서 시험위원의 호각신호에 의해 시작되고, 마지막에는 후진으로 출발 전
   장비위치에 지게차를 정차
   (시험시간은 앞바퀴 기준으로 출발선 및 도착선을 통과하는 시점)

※ 다음의 경우 채점 대상 제외, 불합격 처리

1) 운전 조작이 미숙하여 안전사고 발생 및 장비 손상이 우려되는 경우
2) 시험시간을 초과하는 경우
3) 요구사항 및 도면대로 코스를 운전하지 않은 경우
4) 출발신호 후 1분 내에 장비의 앞바퀴가 출발선을 통과하지 못하는 경우
5) 코스 운전 중 라인을 터치하는 경우(후진 선은 해당되지 않으며, 출발선에서 라인 터치는 짐을 실은 상태에서만
   적용)
6) 수험자의 조작 미숙으로 기관이 1회 정지된 경우
7) 주차브레이크를 해제하지 않고 앞바퀴가 출발선을 통과하는 경우
8) 화물을 떨어뜨리거나 드럼통(화물)을 넘어뜨리는 경우
9) 화물을 적재하지 않거나, 화물 적재 시 파렛트 구멍에 포크를 삽입하지 않고 주행하는 경우
10) 코스 내에서 포크 및 파렛트가 땅에 닿는 경우(후진선 포크 터치는 제외)
11) 코스 내에서 주행 중 포크가 지면에서 50cm를 초과하여 주행하는 경우(화물 적하차를 위한 전후진하는
    위치에서는 제외)
12) 화물 적하차 위치에서 하차한 파렛트가 고정 파렛트를 기준으로 가로 또는 세로방향으로 20cm를 초과하는 경우
13) 파렛트 구멍에 포크를 삽입은 하였으나, 덜 삽입한 정도가 20cm를 초과한 경우
14) 수험자 본인이 기권 의사를 표시하는 경우

PART 01

지게차 장비구조

01 열기관(Heat Engine)

연료의 연소에 의해 발생한 열 에너지를 역학적 에너지로 변환하는 장치이다.

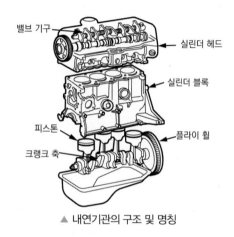

▲ 내연기관의 구조 및 명칭

> 🎓 **기적의 Tip**
>
> 머리 부분에 해당하는 실린더 헤드에 캠축, 밸브 및 밸브 기구 등이 있으며 몸통 부분에 해당하는 실린더 블록에 실린더, 피스톤, 커넥팅 로드, 크랭크축이 있고, 오일 팬, 플라이휠, 엔진 베어링 등으로 구성되어 있다.

1) 내연기관의 분류

① **전기 점화 엔진** : 가솔린 기관, LPG 기관
압축된 혼합 가스에 점화 플러그에서 고압의 전기불꽃을 방전시켜 연소하는 기관이다.

② **압축 착화 엔진** : 디젤 기관
공기만을 고온고압으로 압축한 후 고압의 연료(경유)를 미세한 안개 모양으로 분사시켜 자기 착화시키는 기관이다.

2) 냉각 방식에 의한 분류

① **공랭식 엔진**
공기로 기관을 냉각시키는 것으로 자연통풍식과 강제통풍식이 있다.

② **수랭식 엔진**
실린더 주변에 물을 순환시켜 냉각시키는 것으로 자연순환식과 강제순환식이 있으며 지게차에는 강제순환식을 사용한다.

3) 4행정 디젤 기관 작동 원리

크랭크축 2회전에 흡입 → 압축 → 동력(폭발) → 배기 행정으로 1사이클을 완성한다.

▲ 4행정(흡입 – 압축 – 폭발 – 배기) 사이클 기관

02 실린더 헤드(Cylinder Head, 엔진의 머리 부분)

디젤 기관의 머리 부분에 해당하는 실린더 헤드는 실린더 블록 위에 헤드 개스킷(패킹)을 사이에 두고 볼트로 설치되어 있다. 예열플러그 및 분사 노즐의 설치 구멍과 밸브 기구의 설치부가 마련되어 블록 부분의 피스톤, 실린더와 함께 연소실을 형성한다.

1) 캠축

캠축은 크랭크축에서 동력을 받아 구동하고 흡 · 배기 밸브의 개폐와 오일펌프 등을 구동한다. 특히 체인식에서 댐버가 체인의 진동을 방지하고 텐셔너는 체인의 장력을 조정한다.

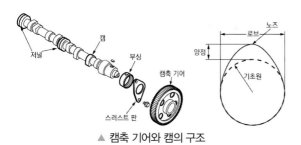

▲ 캠축 기어와 캠의 구조

① 양정(리프트) : 기초원과 노즈 사이의 거리
② 로브 : 둥근 돌출부 전체
③ 노즈 : 밸브가 완전히 열리는 지점
④ 기초원 : 캠축의 지름
⑤ 플랭크 : 밸브 리프터와 접촉하는 구동 옆면

> **기적의 Tip**
>
> 구동 방식으로는 타이밍 기어식, 체인식, 벨트 구동식 등이 있다.

2) 밸브 기구

밸브 기구는 엔진의 동력으로 밸브를 작동시키기 위한 모든 부품으로 L, I, F, OHC 밸브 기구가 있다. 캠축이 1개인 것은 SOHC, 캠축이 2개인 것을 DOHC라 한다.

> **기적의 Tip**
>
> 현재 많이 사용되는 밸브는 I 헤드형 밸브 기구이다.

3) 밸브

밸브에는 흡기 밸브와 배기 밸브가 있으며 연소실에 설치된 흡 · 배기 구멍을 각각 개폐하여 혼합 가스 또는 공기를 흡입하고 연소 가스를 내보내는 일을 한다.

> **기적의 Tip**
>
> 건설기계에서는 버섯 모양의 포핏 밸브가 주로 사용된다.

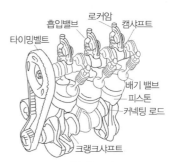

▲ SOHC형 밸브 개폐 기구

▲ 밸브 구조 및 명칭

4) 타이밍 기어

캠축 기어와 크랭크축 기어 사이를 벨트, 체인 등으로 연결하기 위한 기어이다.

5) 밸브 간극

밸브 간극이 작으면 열려있는 시간이 길어져 실화가 발생할 수 있으며 간극이 너무 크면 밸브가 완전히 열리지 못한다.

① 작동 중 열팽창을 고려해서 간극을 둔다.
② 일반적으로 배기 밸브쪽 간극을 더 둔다.
③ 마찰 마모 감소와 밸브 운동을 바르게 하기 위해서 밸브에 가이드 링을 둔다.

> **더 알기 Tip**
>
> **피스톤 간극**
> - 간극이 크면 블로바이 현상으로 압축압력이 저하되어 출력 및 시동성능이 떨어지고, 오일이 연소실로 유입되어 소비가 증가되어 피스톤 슬랩이 발생한다.
> - 간극이 작으면 열팽창으로 피스톤과 실린더 사이가 고착되어 마멸이 증대된다.

> **기적의 Tip**
>
> 현재 유압식 태핏의 사용으로 밸브 간극을 조정하지 않는다.

6) 실린더 헤드 개스킷(Head gasket)

기관 본체와 실린더 헤드 사이에 삽입되어 기밀을 유지시키는 역할을 한다. 특히 혼합 가스, 엔진 오일, 냉각수 등과 접촉하고 있으며 압력 변화와 다양한 부하로부터 새는 것을 방지한다.

① 석면 부분이 헤드 방향으로 향하게 설치
② 접힌 부분, 마크, 표지가 헤드 방향으로 향하게 하여 설치
③ 오일 구멍을 확인 후 설치
④ 접착제를 사용하여 부착하고 재사용 금지

더 알기 Tip

실린더 헤드 볼트의 탈 · 부착 방법
- 풀 때는 변형의 방지를 위해 바깥쪽에서 중앙을 향하여 대각선 방향으로 푼다.
- 조일 때는 토크 렌치(조임공구)를 사용하여 규정대로 2~3회 나누어 중앙에서 바깥쪽을 향하여 볼트나 너트를 조인다.

기적의 Tip

구리판이나 강철판으로 석면을 감싼 것을 사용한다.

03 실린더 블록(엔진의 몸통 부분)

실린더를 보호하기 위한 것으로 그 내부에는 실린더, 피스톤, 커넥팅 로드, 크랭크축 등이 설치되어 있다. 실린더 주위에는 물 통로와 오일 통로가 있고 외부에는 엔진의 작동을 돕는 부수적인 장치가 부착될 수 있도록 자리가 마련이 되어있다.

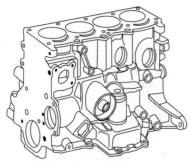

▲ 실린더 블록

1) 연소실

디젤 기관의 연소실은 공기를 고압으로 흡입, 압축하여 연소실의 온도를 500~550℃ 이상으로 높인 다음 연료를 무화(안개 모양)시켜 분포, 힘 있게 분사하면 자연적으로 연료에 불이 붙어 연소하는 압축 착화 방식이다.

연소실의 종류로는 단실식인 직접분사실식이 있으며 복실식으로는 예연실식, 공기실식, 와류실식이 있다.

더 알기 Tip

연소실의 구비조건
- 혼합 가스의 와류가 잘 되고 연소 시간이 짧으며 열효율이 높을 것
- 가열되기 쉬운 돌출부를 두지 말고 평균 유효 압력이 높고 기동이 잘 될 것
- 연소실 표면적은 최소가 되도록 하며 디젤 노크가 적고, 연소 상태가 좋을 것

2) 실린더

속이 빈 원통형으로 피스톤이 왕복운동을 할 때 기밀을 유지하기 위해 실린더 블록과 일체식으로 되어있는 것과 삽입식인 라이너를 설치한 것이 있다. 특히 삽입식 라이너는 실린더를 보호하기 위하여 별도 제작하여 실린더 사이에 끼우는 형식으로 습식 라이너와 건식 라이너가 있다.

더 알기 Tip

실린더 마멸의 원인
- 실린더와 피스톤 링과의 접촉에 의한 마멸
- 피스톤 링의 호흡 작용과 링과의 마찰에 의한 마멸
- 흡입 공기 또는 혼합기의 먼지 등의 이물질
- 농후한 혼합기 및 연소생성물에 의한 마멸
- 윤활 불량 및 하중 변동에 의한 마멸

실린더 마멸로 발생하는 영향
- 블로바이(blow by)★로 압축압력 저하 및 오일 희석
- 오일 연소실 침입에 의한 불완전 연소
- 오일 및 연료 소비량 증가
- 피스톤 슬랩 발생
- 열효율 감소 및 정상운전 불가

기적의 Tip

습식 라이너는 냉각수가 직접 접촉되어 냉각 효과가 뛰어나나 냉각수가 실린더 안으로 침투할 염려가 있다.

3) 피스톤(Piston)

피스톤은 폭발 행정에서 받은 폭발력을 상하로 작동을 하며, 커넥팅 로드를 통하여 크랭크축에 전달하여 회전력을 발생시킨다.

▲ 피스톤

4) 피스톤 링(Piston ring)

피스톤에 끼워진 링으로 실린더 내의 기밀을 유지(밀봉)하고 열전도 작용(냉각)을 하는 압축 링과 실린더 벽에 뿌려진 과잉의 오일을 긁어내려 오일이 연소실로 침입하는 것을 방지(오일제어)하는 오일링으로 구성되어있다.

5) 피스톤 핀

피스톤 핀은 피스톤 보스부에 끼워져 피스톤과 커넥팅 로드를 연결해 주는 핀이다.

6) 커넥팅 로드

피스톤과 크랭크축을 연결하는 막대로 피스톤에서 받은 동력을 크랭크축에 전달한다.

7) 크랭크축(Crank shaft)★

각 실린더의 동력 행정에서 얻은 피스톤의 상하 왕복운동을 크랭크축의 회전운동으로 바꾸어 준다. 메인 저널, 크랭크핀, 크랭크암, 평형추 등으로 구성되어 있다.

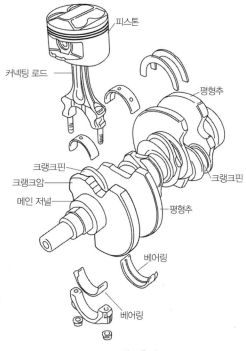

▲ 크랭크축의 구조

① 크랭크핀 저널 : 커넥팅 로드 대단부 연결되는 부분
② 크랭크암 : 크랭크핀과 메인 저널을 연결하는 부분
③ 메인 저널 : 축을 지지하는 저널 베어링이 들어가는 부분
④ 평형추 : 크랭크축 평형을 유지시키기 위하여 암에 부착되는 추
⑤ 오일 통로, 오일펌프 및 슬링거, 플랜저, 스프로킷, 비틀림 진동댐퍼(대형) 등

8) 엔진 베어링

기관주요부의 부품을 지지하고 섭동 회전시켜 마찰을 감소시키기 위해 평면(플레인) 베어링을 사용한다.

9) 플라이휠(Flywheel)

동력 행정 중의 회전력을 저장하였다가 크랭크축의 회전 속도를 원활히 하기 위하여 크랭크축 뒤 끝에 볼트로 설치되어 있다. 크랭크축의 맥동적인 회전을 플라이휠의 관성력을 이용하여 원활한 회전으로 바꾸어 준다.

기동용 링기어

클러치 마찰면

▲ 플라이휠

이론을 확인하는 개념 체크

01 열기관이란 역학적, 기계적 에너지를 열에너지로 변환시키는 장치이다. (O, X)

02 내연기관의 냉각방식에는 공랭식과 수랭식이 있다. (O, X)

03 가솔린 기관은 압축착화엔진을 사용한다. (O, X)

04 4행정 디젤 기관에서 압축된 실린더 내로 연료를 분사하는 행정은 폭발이다. (O, X)

05 디젤 기관이 가솔린 기관보다 열 효율이 좋다. (O, X)

06 밸브 간극이 너무 작으면 밸브가 완전히 열리지 않는다. (O, X)

07 실린더 헤드 개스킷이 손상되면 연소실 압력이 증가한다. (O, X)

08 연소실로 엔진오일이 유입된다면 피스톤 링의 손상을 의심할 수 있다. (O, X)

09 크랭크축은 회전을 상하운동으로 바꾸어 준다. (O, X)

10 행정 중의 맥동적인 회전력을 원활하게 바꾸어주는 부품은 플라이휠이다. (O, X)

01 X 02 O 03 X 04 O 05 O 06 X 07 X 08 O 09 X 10 O

합격을 다지는 **예상문제**

01 디젤 기관의 장점으로 볼 수 없는 것은?

① 열효율이 가솔린 기관보다 높다.
② 소음 및 진동이 작다.
③ 인화점이 높아 화재의 위험이 적다.
④ 연료 소비율이 낮다.

디젤 기관은 소음과 진동이 큰 단점이 있다.

02 내연기관의 동력 전달 순서로 맞는 것은?

① 피스톤 — 커넥팅 로드 — 플라이휠 — 크랭크축
② 피스톤 — 커넥팅 로드 — 크랭크축 — 플라이휠
③ 피스톤 — 크랭크축 — 커넥팅 로드 — 플라이휠
④ 피스톤 — 크랭크축 — 플라이휠 — 커넥팅 로드

내연기관의 동력은 피스톤 → 커넥팅 로드 → 크랭크축 → 플라이휠 → 클러치 순으로 전달된다.

03 냉각수에 엔진 오일이 혼합되는 원인으로 가장 적합한 것은?

① 물 펌프 마모
② 수온 조절기 파손
③ 방열기 코어 파손
④ 헤드 개스킷 파손

냉각수에 오일이 혼합되는 이유는 헤드 개스킷 파손, 헤드 볼트의 이완 및 헤드의 변형, 오일 쿨러의 소손 등이다.

04 행정 디젤 기관의 행정 순서로 맞는 것은?

① 압축 — 동력 — 흡입 — 배기
② 흡입 — 압축 — 동력 — 배기
③ 압축 — 폭발 — 동력 — 배기
④ 흡입 — 동력 — 압축 — 배기

크랭크축 2회전에 흡입 → 압축 → 동력(폭발) → 배기 행정으로 1사이클을 완성한다.

05 피스톤 링에 대한 설명으로 잘못된 것은?

① 압축가스가 새는 것을 막는다.
② 실린더 벽의 엔진 오일을 긁어내린다.
③ 압축링과 냉각링으로 구분한다.
④ 압축링은 실린더 헤드 쪽에 있다.

피스톤 링은 압축링과 오일링으로 구분한다.

06 크랭크축을 구성하는 부품이 아닌 것은?

① 저널
② 크랭크암
③ 크랭크핀
④ 플라이휠

크랭크축은 메인 저널, 크랭크핀, 크랭크암, 평형추 등으로 구성되어 있다.

윤활장치의 구조와 기능

▶ 합격 강의

01 윤활장치

엔진 내의 마찰 부분에 오일을 공급하여 마찰손실과 부품의 마모를 최소화하고 기계효율을 높여주는 역할을 한다. 금속 사이에 유막을 형성시켜 고체 마찰에서 유체 마찰로 바꾸어 주는 작용을 윤활유의 작용이라고 하며 각 윤활부에 오일을 공급시키는 장치를 윤활장치라고 한다.

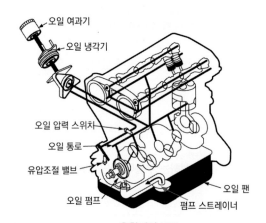

- 오일 여과기
- 오일 냉각기
- 오일 압력 스위치
- 오일 통로
- 유압조절 밸브
- 오일 펌프
- 펌프 스트레이너
- 오일 팬

▲ 윤활장치 구조

1) 윤활유의 작용

① 마찰 및 마멸 방지 작용(감마 작용)
엔진의 각 부품 작동부에 유막을 형성하여 마찰을 감소시켜 마모를 최소화한다.

② 밀봉 작용
피스톤과 실린더 사이에 유막을 형성하여 압축가스가 새지 않도록 유지한다.

③ 냉각 작용
엔진 각 작동 부위의 마찰로 발생하는 열을 흡수하여 방열시키는 작용을 한다.

④ 세척 작용
오일이 엔진 내부를 순환할 때 불순물을 흡수하여 윤활부를 깨끗하게 한다.

⑤ 충격 완화 및 소음 방지 작용(응력분산 작용)
각 작동부에서 발생하는 충격을 흡수하여 마찰음 등의 소음을 감소시킨다.

⑥ 방청 작용
엔진 내의 각 부품 등 금속 부분의 산화 및 부식 등을 방지한다.

⑦ 부식 방지 작용
유막으로 외부의 공기와 수분을 차단하여 부식되는 것을 방지한다.

2) 윤활유 여과 방식

오일 팬 내의 오일 스트레이너에서 비교적 큰 이물질을 제거한 후 오일펌프에서 오일 필터를 거쳐 여과한다. 여과된 오일은 오일 통로를 통하여 각 윤활부로 보내진다. 그 후 윤활을 마친 오일은 오일 팬으로 되돌아와 다음 윤활을 준비한다.

> 🎯 기적의 Tip
>
> **여과방식의 종류**
> 전류식, 분류식, 션트식이 있으나 주로 전류식이 많이 사용된다.

3) 윤활유의 구비조건

① 청정력과 점도 지수가 크고 점도가 적당하여야 한다.
② 카본 생성이 적고, 열과 산에 대하여 안정성이 있어야 한다.
③ 응고점이 낮아야 하며, 기포 발생에 대한 저항력이 있어야 한다.

④ 비중이 적당하고, 인화점 및 발화점이 높아야
  한다.
⑤ 강인한 유막을 형성할 수 있어야 한다.

> **더 알기 Tip**
>
> **점도 : 오일의 끈적끈적한 정도를 나타내는 것으로 유체의 이동 저항이다.**
> - 점도가 높으면 끈적끈적하여 유동성이 저하되며, 유압이 높아짐
> - 점도가 낮으면 오일이 묽어 유동성이 좋으며, 유압이 낮아짐
>
> **점도 지수 : 온도 변화에 따른 점도 변화 정도 표시(점도 상태의 유지능력)**
> - 점도 지수가 높으면 온도 변화에 따른 점도의 변화가 작음
> - 점도 지수가 낮으면 온도 변화에 따른 점도의 변화가 큼
>
> **유성 : 유막을 형성하는 성질**

4) 윤활유의 종류

① 점도에 의한 분류

미국 자동차기술협회에서 윤활유의 점도에 따라
구분한 것으로 SAE 분류번호가 클수록 점도가
높다.

구분	겨울	봄·가을	여름	열대지방
SAE 번호	10~19	20~39	40~49	50 이상

② 사용조건에 따른 분류

미국석유협회(API)에서 사용조건에 따라 엔진
오일을 분류하였다.

구분	가솔린 기관	디젤 기관
좋은 조건의 운전	ML	DG
중간 조건의 운전	MM	DM
가혹한 조건의 운전	MS	DS

> **더 알기 Tip**
>
> 근래에는 사용온도 범위가 넓은 5W-20, 10W-20, 10W-30, 20W-40 등으로 표시한 것을 사용한다. 저온에서 기관이 쉽게 기동 될 수 있도록 점도가 낮을 뿐만 아니라 고온에서도 윤활유의 기능을 할 수 있도록 조성된 것임을 뜻하는데 이것을 다급 기관오일(multi-grade oil, 범용 오일)이라 한다.

02 윤활장치의 구조와 기능

1) 오일 팬

오일을 저장하는 탱크이며 섬프(움푹 파인 부분)
와 배플(칸막이 판)이 설치되어있다.

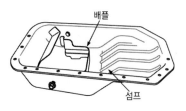

▲ 오일 팬

▲ 오일 스트레이너

2) 오일펌프 스트레이너

가느다란 철망구조로 되어 있으며 비교적 큰 불
순물을 제거하고 오일 팬의 오일을 오일펌프로
유도한다.

3) 오일 여과기(오일 필터)

오일 속에 포함된 미세한 불순물을 분리하여 제
거한다.

4) 유압 조절 밸브

오일펌프에서 공급되는 오일을 일정한 압력으로
조정하는 밸브이다.

5) 오일펌프

오일 팬의 오일을 흡입 가압하여 크랭크축에 의
해 구동하여 오일을 압송한다. 종류로는 기어식,
베인식, 로터리식, 플런저식이 있다.

> **기적의 Tip**
>
> 일반적으로 기어식을 많이 사용한다.

▲ 로터리식 펌프

▲ 플런저식 펌프

▲ 베인식 펌프

6) 오일 레벨 게이지(유량계 또는 유면표시기)

오일 레벨 게이지는 오일 팬 내의 오일양을 점검할 때 사용하는 금속제의 막대로 "F"(Full)와 "L"(Low) 표시가 있으며 점검은 노면이 일정하고 엔진이 정지된 상태에서 한다.

> 🎓 기적의 Tip
>
> "F" 표시 가까이 있으면 정상이다.

7) 오일 쿨러

오일 온도를 40~80℃ 정도로 유지하기 위한 장치로 실린더 블록 측면이나 방열기 아래 탱크 밑에 설치되어 있다.

8) 오일 압력 계기와 오일 압력 경고등

운전석에서 볼 수 있도록 되어 있으며 계기 형식과 경고등 형식으로 되어 있다.

이론을 확인하는 개념 체크

01 엔진 윤활유는 마찰과 마멸을 방지하는 윤활, 녹을 방지하는 방청, 불순물을 씻어내는 세척, 연소를 원활하게 하는 연소 등의 역할을 수행한다. (O, X)

02 여름에는 SAE 번호가 큰 것을, 겨울에는 작은 것을 사용해야 한다. (O, X)

03 윤활유는 오일 스트레이너, 오일 여과기를 거쳐 여과된다. (O, X)

04 오일 압력계가 F에 가까우면 정상이다. (O, X)

05 윤활유 전부를 여과하는 것을 전류식, 일부만 여과하는 것을 분류식이라 한다. (O, X)

06 스프링을 통해 진공을 형성하여 윤활유를 운반하는 펌프를 로터리식이라 한다. (O, X)

07 커넥팅 로드에 장착된 주걱으로 오일팬의 윤활유를 퍼올려 윤활하는 방식을 비산식이라 한다. (O, X)

01 X 02 O 03 O 04 O 05 O 06 X 07 O

01 윤활유의 점도가 너무 높은 것을 사용했을 때의 설명으로 맞는 것은?

① 좁은 공간에 잘 침투하므로 충분한 주유가 된다.
② 엔진 시동을 할 때 필요 이상의 동력이 소모된다.
③ 점차 묽어지기 때문에 경제적이다.
④ 겨울철에 사용하기 좋다.

오일의 점도가 높은 것을 사용하면 엔진 기동할 때 기동 저항이 커져 필요 이상의 동력이 손실된다.

02 디젤 엔진에서 오일을 가압하여 윤활부에 공급하는 역할을 하는 것은?

① 냉각수 펌프
② 진공 펌프
③ 공기 압축 펌프
④ 오일펌프

오답 피하기
각 펌프의 기능
① **냉각수 펌프** : 엔진에서 냉각수를 순환시킨다.
② **진공 펌프** : 일반 차량에서 브레이크 장치 등에 부압을 발생한다.
③ **공기 압축 펌프** : 컴프레서로 공기 압축기를 말한다.
④ **오일펌프** : 오일 팬의 오일을 흡입 · 가압하여 윤활부에 공급한다.

03 윤활유의 첨가제가 아닌 것은?

① 점도지수 향상제
② 청정 분산제
③ 기포 방지제
④ 에틸렌글리콜

에틸렌글리콜은 냉각수가 동결되는 것을 방지하기 위한 부동액이다.

04 윤활장치에 사용되고 있는 오일펌프로 적합하지 않은 것은?

① 기어 펌프
② 로터리 펌프
③ 베인 펌프
④ 나사 펌프

오일펌프로는 기어, 로터리, 베인, 플런저 펌프가 있으며 엔진 윤활장치에는 주로 기어, 베인, 로터리 펌프가 사용된다.

05 기어식 유압 펌프에 폐쇄작용이 생기면 어떤 현상이 생길 수 있는가?

① 기름의 토출
② 기포의 발생
③ 기어 진동의 소멸
④ 출력의 증가

폐쇄작용이란 펌프에서 토출된 오일이 입구로 되돌아오는 현상으로 토출량이 감소되고 축 동력의 증가와 케이싱 마모 등의 원인이 되며 기포가 발생된다.

01 디젤 기관의 연소실

디젤 기관은 실린더 내의 공기만을 흡입하여 압축(15:1~22:1)시킨 다음, 분사 펌프를 사용하여 고압의 연료(경유)를 분사시켜 압축열(500℃~550℃)로 자연 연소하는 자기 착화 기관(압축 착화 기관)이다. 출력증대를 위해 과급기를 설치하고 시동보조장치로 예열장치와 감압장치가 있다.

 기적의 Tip

압축행정 시 와류가 일어나게 하여 공기와 연료의 혼합을 돕는다.

1) 디젤 엔진의 장점

① 제동 열효율이 높고, 연료 소비율이 적다.
② 엔진 회전의 전 부분에 걸쳐 회전력과 신뢰성이 크고 유해성분이 적다.
③ 연료의 인화점이 높고 화재의 위험성이 적다.

2) 디젤 엔진의 단점

① 마력당 중량이 무겁고 제작비가 비싸다.
② 기동 전동기의 출력이 높아 진동과 소음이 크다.
③ 평균 유효압력이 낮고 엔진의 회전 속도가 낮다.

3) 디젤 기관과 가솔린 기관의 비교

비교사항	디젤 기관(압축 착화 기관)	가솔린 기관(점화장치 기관)
연료	경유	가솔린
연소	자기 착화	전기 점화
압축비	15 : 1~22 : 1	7 : 1~11 : 1
압축압력	30~35kgf/cm²	8~11kgf/cm²
열효율	32~38%	25~32%

4) 연소실의 종류

① 직접분사식

단실식으로 실린더 헤드와 피스톤 헤드로 만들어진 연소실 내에 직접 연료를 분사시키는 방식이다.

② 예연소실식

피스톤과 헤드 사이에 주연소실이 있고 이외에 따로 예비연소실을 갖춘 것으로 주연소실에서부터 밀려나와 피스톤에 압력을 가하는 장치이다.

③ 와류실식

노즐 가까이에서 많은 공기 와류를 얻을 수 있는 구조이며, 압축 공기가 와류실에서 강한 선회운동을 할 때 연료가 분사되어 연소가 일어난다.

④ 공기실식

노즐이 공기실에 있지 않고 주연소실에 직접 연료를 분사하므로 주연소실의 1차 폭발력에 이어 2차적인 압력을 피스톤에 가할 수 있다.

02 디젤 연료의 조건

착화성이 좋은 연료를 사용하며 안개 모양(무화)으로 힘있게(관통력) 연소실에 연료를 골고루 분포시켜야 한다.

1) 디젤 연료의 구비조건

① 발열량이 크고 적당한 점도가 있어야 하며 착화성이 높을 것
② 유해성분이 적고 불순물이 섞이지 않을 것
③ 인화점이 높고 발화(착화)점이 낮을 것
④ 연소 후 카본 생성이 적고 내폭성이 클 것
⑤ 온도 변화에 따른 점도의 변화가 적고 내한성이 클 것

2) 착화성

① 세탄가, 디젤지수, 임계 압축비 등으로 표시한다.
② 디젤 연료의 세탄가는 45~70 정도이다.

03 연료장치의 구조와 기능

1) 연료 탱크

연료를 저장하며 주행 중에 흔들림을 방지하기 위한 방지판(격판)이 있고, 연료량을 운전석에서 확인하기 위해서 연료센서가 부착되어 있다.

2) 연료 여과기(연료 필터)

연료 속에 포함된 먼지나 수분을 제거하고 분리하기 위해 4개 이상의 여과기가 설치되어 있으며 연료 주입구, 연료 탱크 내, 엔진실, 공급 펌프, 노즐홀더 등에 설치된다.

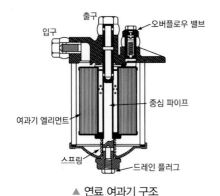

▲ 연료 여과기 구조

3) 연료 공급 펌프(Fuel feed pump)

공급 펌프는 연료를 연료 탱크로부터 펌핑하여 여과기를 거쳐 분사 펌프 저압부까지 공급하는 기능으로 일부는 윤활 및 냉각에 사용되며 오버 플로 밸브를 거쳐서 윤활 및 냉각된 연료는 다시 연료 탱크로 복귀하게 된다.

4) 프라이밍 펌프(수동 펌프)

엔진이 정지되어 있을 때 수동으로 작동시켜 분사 펌프 저압부까지 연료를 공급하며, 연료장치 내 공기빼기 작업을 할 때 사용한다.
① 수동으로 작동시키며 연료를 펌핑하여 공급 펌프 → 연료 여과기 → 분사 펌프의 순서로 공기빼기 작업을 한다.
② 프라이밍 펌프를 누른 상태에서 에어 배출 플러그를 열고 닫는다.

5) 분사 펌프(Injection pump, 부란자)

공급 펌프에서 공급된 저압의 연료를 고압으로 바꾸어 분사 노즐을 통하여 연소실에 힘있게 안개 모양으로 공급한다.

6) 제어장치

연료의 분사량을 조절하는 조속기(governor), 역류를 방지하는 딜리버리 밸브(delivery valve), 분사 시기 조정기(timing device) 등으로 구성된다.

7) 분사 노즐(Nozzle)

원통 모양의 작은 구멍으로 펌프로부터 압송된 연료를 실린더 내에 분출구를 통해서 연소실로 분사시킨다. 종류로는 개방형 노즐과 밀폐형 노즐이 있다.

04 시동보조장치의 구조와 기능

1) 감압장치(Decompression device)

흡기 또는 배기 밸브를 강제로 열어 실린더 내의 압축압력을 감소시켜 시동을 정지하거나 시동이 쉽도록 보조하는 장치이며 디젤 기관에만 있다.

2) 예열장치(Preheating system)

디젤 엔진의 연소실 내의 공기를 미리 가열하여 시동을 쉽게 해주는 장치로 예열플러그식과 흡기 가열식이 있으며 디젤 기관에만 있다.

① 예열플러그식

연소실에 흡입된 공기를 직접 가열하는 방식

② 흡기가열식

흡입되는 공기를 예열하여 실린더에 공급하는 방식, 직접분사실식에 사용

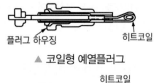

▲ 코일형 예열플러그

▲ 실드형 예열플러그

더 알기 Tip

예열장치의 구성과 특징

- **코일형 예열플러그** : 직렬로 결선되어 있으며 코일이 노출되어 있어 부식에 약하다.
- **실드형 예열플러그** : 병렬로 결선되어 있으며 코일이 피복 속에 있어 부식에 강하다.
- **예열플러그 파일럿** : 계기판에 부착되어 회로에 전류가 흐르면 점등되어 예열상태를 나타낸다.
- **예열플러그 저항기** : 엔진이 구동되는 동안 저항을 측정한다.

기적의 Tip

예열플러그가 단선되는 원인

엔진의 과열, 작동 중 예열, 과대 전류, 너무 긴 예열시간, 조임 불량

---

05 전자제어 디젤 기관(CRDI[*]) 연료장치의 구조와 기능

운전 상태에 알맞은 연료를 ECU(전자제어 유닛)[*]에 의해 제어하여 초고압의 연료를 정교한 타이밍에 연소실에 분사하는 방식이다.

★ CRDI

Common Rail DirectInjection

★ ECU

Electronic Control Unit

각종 센서를 통해 수집된 정보를 토대로 엔진을 제어하는 전자장치

---

1) 커먼 레일(Common rail, 전자제어) 시스템의 특징

① 연소와 분사 과정의 설계가 자유롭고 밀집된 설계 및 경량화가 가능하다.
② 엔진 회전수에 관계없이 독립적으로 제어한다.
③ 운전 조건에 따라서 연료 압력과 분사 시기를 조정할 수 있다.
④ 낮은 회전 속도에서도 고압 분사가 가능하여 완전 연소를 할 수 있다.
⑤ 배기소음과 배기가스를 저감할 수 있다.
⑥ 엔진 성능 및 운전 성능을 향상시킬 수 있으며 모듈화가 가능하다.
⑦ 기존 엔진에 적용이 용이하며 중량 및 구동 토크가 저감된다.
⑧ 불순물 등에 의해 노즐 시트에서 누유 발생 가능성이 높다.

기적의 Tip

커먼 레일 시스템의 주된 목적은 획기적으로 배기가스를 저감하고 연비를 향상시키는 것이다.

---

2) 연료 여과기

연료 속에 포함된 수분, 먼지 등의 불순물을 여과하며 한랭 시 냉각된 기관을 시동할 때 연료를 가열하여 주는 연료 가열장치가 설치되어 있다.

3) 저압 연료 펌프

연료 펌프 릴레이로부터 전원을 공급받아 탱크의 연료를 흡입 가압하여 고압 연료 펌프로 연료를 공급한다.

4) 고압 연료 펌프

① 저압의 연료를 고압(약 1350bar)으로 압축하여 커먼 레일에 공급한다.
② 구동 방식은 기존의 분사 펌프 구동 방식과 같다.
③ 압력 제어 밸브가 고압 펌프에 부착되어 연료 압력의 과도한 상승을 방지한다.

5) 커먼 레일

① 고압 공급 펌프로부터 공급되는 고압의 연료를 저장하고 인젝터로 매회 분사되는 양만큼의 연료를 공급한다.
② 역류 방지를 위한 체크 밸브 및 고압 센서가 부착되어 있다.
③ 연료 압력은 항상 압력 센서에 의해 엔진에서 요구하는 조건에 따라 조절한다.
④ 레일 내의 압력은 전자석 압력 조절 밸브에 의해 조정된다.
⑤ 커먼 레일에 설치된 압력 제한 밸브는 커먼 레일 내의 연료 압력이 규정값 이상으로 상승하면 연료 탱크로 복귀시켜 커먼 레일 내의 연료 압력을 일정하게 유지한다.

> **기적의 Tip**
>
> **커먼 레일 디젤 기관의 연료 공급과정**
> 연료 탱크 → 연료 여과기 → 저압 연료 펌프 → 연료 여과기 → 고압 연료 펌프 → 커먼 레일 → 인젝터

6) 인젝터

① 커먼 레일로부터 공급된 연료를 ECU의 신호에 따라 노즐을 통해 분사한다.

② 각 기통에 개별적으로 솔레노이드가 장착된 인젝터가 노즐과 함께 장착된다.
③ 분사개시는 ECU의 펄스 신호로 솔레노이드에 전달되어 시작된다.
④ 유체 이동으로 연료 분사량을 결정한다.

> **더 알기 Tip**
>
> **커먼 레일 시스템의 연소 과정**
> • **파일럿 분사** : 착화 분사를 말하는 것으로 주 분사가 이루어지기 전에 연료를 분사하여 연소가 원활하게 되도록 한다.
> • **주 분사** : 파일럿 분사 실행 여부를 고려하여 연료 분사량을 조절한다.
> • **사후 분사** : 유해 배출가스 발생을 감소시키기 위하여 사용한다.

06 전자제어 디젤 분사 장치의 각종센서

연료 분사 펌프 본체와 흡기 온도, 냉각수 온도, 흡기 다기관 압력, 연료의 온도, 연료 분사량, 분사 시기 등의 상태를 전기적 신호로 검출하는 센서이다.

1) 전자제어 유닛(ECU)의 입력요소

① 공기 유량 센서(AFS)
실린더로 유입되는 공기량을 검출하여 ECU로 입력하여 보정 신호로 사용되며 열막식이 사용된다.

② 흡기 온도 센서(ATS)
흡입되는 공기 온도를 검출하여 ECU로 입력하며 공기 온도에 따른 연료 분사량, 분사 시기, 시동 시 연료 분사량 등의 보정 신호로 사용한다.

③ 연료 온도 센서(F.T.S)
연료 온도가 높아지면 ECU는 연료 분사량을 감량하여 엔진을 보호한다.

④ 냉각수 온도 센서(W.T.S)
제1센서는 냉각수 온도에 따라 연료량 증감의 보정 신호로 냉각 시에 원활한 시동성을 높이는 역할과 예열장치의 작동신호를 주고, 제2센서는 열간 시 냉각 팬의 제어 신호로 사용된다.

⑤ 크랭크 포지션 센서(C.P.S)
실린더 블록이나 변속기 하우징에 장착되며 1번 실린더 위치를 알기 위한 센서로 사용된다.

⑥ 가속페달 포지션 센서(A.P.S)

운전자의 의지를 ECU로 전달한다. 제1 센서로 연료 분사량과 연료 분사 시기가 결정되며 제2 센서는 제1 센서의 작동 상태를 감지하는 기능을 가지고 급출발 등의 오작동을 방지하는 역할을 한다.

⑦ 연료 압력 센서(R.P.S)

연료의 압력을 검출하여 ECU로 입력하면 ECU는 연료 분사량 및 분사 시기를 보정한다.

⑧ 캠축 포지션 센서(C.P.S)

캠축에 설치되어 캠축 1회전(크랭크축 2회전)당 1개의 펄스 신호를 발생시켜 ECU로 입력한다. 이 센서는 상사점 센서라고도 부른다.

2) 전자제어 유닛(ECU)의 출력요소

① 인젝터

ECU의 제어 신호로 연소실에 연료를 직접 분사한다.

② 연료 압력 제어 밸브

커먼 레일 내의 연료 압력을 조정하는 밸브로 냉각수 온도, 축전지 전압 및 흡입 공기 온도에 따라 보정한다.

③ 배기가스 재순환(EGR) 장치

배기가스 일부를 흡기 다기관으로 유입시키는 장치로 작동 중 기관의 연소온도를 낮추어 기관에서 배출되는 가스 중 질소산화물(NOx) 배출을 억제하는 밸브이다.

④ 보조 히터 장치

한랭 시 기관의 시동을 쉽게 하기 위하여 온도를 높여주는 장치이다.

⑤ 자기진단 기능

기관의 ECU는 비정상적인 신호가 보내질 때 고장 코드를 기억한 후 신호를 자기진단 출력단자와 계기판의 경보 장치 등에 보낸다.

이론을 확인하는 개념 체크

01 직접분사식은 펌프와 노즐의 수명이 길다. (O, X)

02 예연소실식은 분사 압력이 낮다. (O, X)

03 디젤 엔진은 가솔린 엔진 대비 엔진의 회전속도가 빠르다. (O, X)

04 세탄가는 디젤 연료의 착화성을 나타낸다. (O, X)

05 분사 펌프는 연료를 고압으로 압축하여 분사 노즐로 보내는 장치이다. (O, X)

06 제어장치에서 연료의 분사량을 조절하는 것은 딜리버리 밸브이다. (O, X)

07 연료 장치 내에 공기가 혼입되었다면 프라이밍 펌프를 이용하여 배출할 수 있다. (O, X)

08 커먼 레일은 디젤기관에서 연료압력을 수동으로 미세하게 조정하는 장치이다. (O, X)

09 분사 노즐은 저온 저압의 환경에서 장기간 사용할 수 있도록 설계된다. (O, X)

10 디젤기관에서 인젝터의 연료 분사량의 일정하지 않으면 연소 폭발음의 차이로 알 수 있다. (O, X)

01 X 02 O 03 X 04 O 05 O 06 X 07 O 08 X 09 X 10 O

01 연료 탱크의 연료를 분사 펌프 저압부까지 공급하는 것은?

① 연료 공급 펌프
② 연료 분사 펌프
③ 인젝션 펌프
④ 로터리 펌프

연료 공급 펌프 : 연료 탱크의 연료를 흡입 가입하여 고압 펌프로 연료를 공급하는 펌프

02 다음 중 기관이 가동 중에 꺼지는 직접적 원인에 해당되는 것은?

① 연료 공급 펌프의 고장
② 발전기 고장
③ 물 펌프의 고장
④ 기동 모터 고장

연료의 공급 펌프에 고장이 발생되면 연료가 공급되지 않아 시동이 꺼지며, 기동 모터가 고장나면 처음에 시동이 걸리질 않는다. 또한 물 펌프의 고장은 엔진 과열의 원인이다.

03 오일펌프 여과기(Oil pump filter)의 설명으로 관련이 없는 것은?

① 오일을 펌프로 유도 한다.
② 부동식이 많이 사용된다.
③ 오일의 압력을 조절한다.
④ 오일을 여과한다.

오일펌프 여과기는 오일펌프 스트레이너를 말하는 것으로 오일 팬의 오일을 펌프로 유도하고 1차 여과작용을 하며 고정식과 부동식이 있다.

04 디젤 기관에서 연료 필터의 공기를 배출하기 위해 설치되어 있는 것으로 가장 적합한 것은?

① 벤트 플러그
② 오버플로 밸브
③ 코어 플러그
④ 글로우 플러그

디젤 기관의 연료 여과기에는 오버플로 밸브가 설치되어 있으며 오버플로 밸브는 에어 배출 및 회로 내의 압력이 1.5kgf/㎠ 이상 시에 열려 필터의 찌그러짐 등을 방지하는 역할을 한다.

05 커먼 레일 디젤 기관의 센서에 대한 설명이 아닌 것은?

① 연료 온도 센서는 연료 온도에 따른 연료량 보정 신호를 한다.
② 수온 센서는 기관의 온도에 따른 연료량을 증감하는 보정 신호로 사용된다.
③ 수온 센서는 기관의 온도에 따른 냉각 팬 제어 신호로 사용된다.
④ 크랭크 포지션 센서는 밸브 개폐 시기를 감지한다.

커먼 레일의 크랭크 포지션 센서는 엔진 회전수 감지 및 분사 순서와 분사 시기를 결정하는 신호로 사용된다.

06 공기만을 실린더 내로 흡입하여 고압축비로 압축한 다음 압축열에 의해 연료를 분사하는 작동 원리의 디젤 기관은?

① 압축 착화 기관
② 전기 점화 기관
③ 외연 기관
④ 제트 기관

점화 방식에 따른 분류
• **전기 점화 엔진** : 압축된 혼합 가스에 점화 플러그에서 고압의 전기불꽃을 방전시켜 점화 연소시키는 형식의 엔진으로 가솔린 엔진, LPG 엔진의 점화 방식
• **압축 착화엔진** : 공기만을 실린더 내로 흡입하고 고온고압으로 압축한 후 고압의 연료(경유)를 미세한 안개 모양으로 분사시켜 자기 착화 시키는 형식의 엔진으로 디젤 엔진의 점화 방식

07 디젤 기관에서 시동이 잘 안 되는 원인으로 맞는 것은?

① 연료 공급 라인에 공기가 차있을 때
② 냉각수를 경수로 사용할 때
③ 스파크 플러그 불꽃이 약할 때
④ 클러치가 과대 마모되었을 때

연료 공급 라인에 공기가 차있으면 연료 흐름이 방해받게 되어 시동이 어렵거나 시동이 되어도 엔진 부조화 현상이 발생된다.

08 디젤 기관을 예방 정비 시 고압 파이프 연결부에서 연료가 샐(누유) 때 조임 공구로 가장 적합한 것은 ?

① 복스 렌치
② 오픈 렌치
③ 파이프 렌치
④ 옵셋 렌치

연료 라인은 파이프로 연결이 되어 있어 입이 열려있는 오픈 렌치만이 작업이 가능하다.

09 디젤 기관의 노즐(nozzle)의 연료 분사 3대 요건이 아닌 것은?

① 무화
② 관통력
③ 착화
④ 분포

디젤 기관의 연료 분사 3대 요건은 무화(안개화), 관통력(관통도), 분포도(분산도)이다.

10 디젤 기관에서 회전 속도에 따라 연료의 분사 시기를 조절하는 장치는?

① 과급기
② 기화기
③ 타이머
④ 조속기

오답 피하기
각 부품의 기능
① **과급기** : 강제로 흡입 공기에 압력을 가해 실린더에 공급하여 출력을 증대시킨다.
② **기화기** : 가솔린 기관에 사용되는 부품으로 액체를 기체화한다.
③ **타이머** : 엔진의 회전 속도와 부하 변동에 따라 자동적으로 연료의 분사 시기를 조절한다.
④ **조속기** : 엔진의 회전 속도와 부하 변동에 따라 자동적으로 연료의 분사량을 조절한다.

11 디젤 기관의 연료장치에서 프라이밍 펌프의 사용 시기는?

① 출력을 증가시키고자 할 때
② 연료계통의 공기를 배출할 때
③ 연료의 양을 가감할 때
④ 연료의 분사 압력을 측정할 때

프라이밍 펌프는 수동용 펌프로 회로 내 공기빼기 작업을 할 때나 엔진이 정지된 상태에서 연료를 공급하고자 할 때 사용하는 펌프이다.

12 기관의 연료장치에서 희박한 혼합비가 미치는 영향으로 옳은 것은?

① 시동이 쉬워진다.
② 저속 및 공전이 원활하다.
③ 연소 속도가 빠르다.
④ 출력(동력)의 감소를 가져온다.

희박한 혼합이란 연료가 적고 공기가 많은 것으로 시동이 어렵고 연소 속도가 느려 시동이 되어도 부조화 현상이 발생되며 동력이 감소된다.

흡·배기장치의 구조와 기능

01 흡기장치 구조와 기능

흡기장치는 연소실의 혼합 가스나 공기를 흡입하여 충분한 출력으로 작동할 수 있도록 한다. 흡입하는 공기 속에 들어있는 먼지 등을 제거하는 공기 청정기와 각 실린더에 혼합기를 분배하는 흡입 다기관으로 구성되어 있다.

 기적의 Tip

- **블로바이 가스** : 실린더와 피스톤 사이의 틈새로 새는 가스

- **블로다운 가스(배기가스)** : 배기장치를 통해서 대기중으로 방출되는 가스

디젤 기관의 가스 발생
- 질소산화물과 흑연 : 탄소의 작은 입자로 배출되는 검은 연기
- 일산화탄소 및 탄화수소 : 작동 온도가 낮고 분사된 연료의 기화불충분으로 착화, 연소하지 못한 경우에 발생

1) 공기 청정기(Air cleaner)

외부 공기 중의 불순물을 여과하고 소음을 방지하며 역화 시 불꽃을 저지하여 흡기 다기관을 통해 연소실로 보낸다.

① 건식 공기 청정기 : 여과지나 엘리먼트를 사용
② 습식 공기 청정기 : 금속 여과망으로 된 엘리먼트를 사용
③ 유조식 공기 청정기 : 몸통 하단에 엔진 오일이 있고, 상단에 발포 우레탄 등이 여과제로 된 엘리먼트가 있어 먼지가 많은 작업장에서 효과적
④ 원심분리식 공기 청정기 : 유입되는 공기의 원심력 관성을 이용하여 먼지를 제거
⑤ 복합식 공기 청정기 : 건식과 습식에 사이클론식 예비 청정기를 합쳐놓은 형식

2) 공기 청정기의 청소

압축 공기를 이용하여 안에서 밖으로 불어낸다.

3) 흡기 다기관

흡기 다기관은 각 실린더의 흡기 포트와 연결되어 있으며 실린더에 흡입되는 공기를 균일하게 분배한다.

02 배기장치 구조와 기능

1) 배기장치(Exhaust system)

연소실에서 연소된 가스는 배기 밸브를 통해서 나가고 배기 다기관을 거쳐 배기관을 지나 외부로 배출된다.

2) 배기 다기관

실린더의 배기 포트와 배기관 사이에 설치되며 각 연소실에서 배출되는 가스를 한곳으로 모으는 통로 역할을 한다.

3) 배기관

배기 다기관에 연결되어 배기가스를 외부로 배출하기 위한 관로이다.

4) 소음기(머플러)

배기관 사이에 설치하며 배기가스가 방출될 때 격렬한 폭음이 발생되는 것을 방지한다.

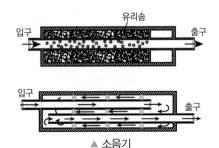

▲ 소음기

03 과급기(Turbo-charger)

배기관으로 배출되는 가스를 이용하여 터빈을 구동하고 압축기로 압축하여 일부 공기를 흡기관으로 보다 많이 넣어주는 것을 말하며 과급 방식에 따라서 기계식 슈퍼차저와 원심식 터보차저로 나뉜다.

1) 기계식 슈퍼차저(Super charger)

크랭크축에 의해 벨트로 기관의 동력을 공급받아 압축기(compressor)를 구동하여 공기를 공급한다.

2) 원심식 터보차저(Exhaust gas turbo charger)

배기가스로 구동되는 터빈과 터빈의 회전 속도로 회전하는 압축기를 합쳐 원심식 터보차저라고 하며 배기 밸브와 가까운 곳에 설치된다.

> **기적의 Tip**
>
> 슈퍼차저는 효율성이 떨어져 주로 원심식 터보차저를 사용하고 있다.

3) 과급기 장착 시 엔진의 작동

① 배기가스가 배출되며 터빈을 회전시켜 그 원심력에 의하여 공기가 흡입되어 디퓨저에 들어간다.

② 디퓨저에서는 공기의 속도 에너지가 압력 에너지로 바뀌게 된다.

③ 각 실린더의 흡입 밸브가 열릴 때마다 신선한 공기가 다량으로 들어가게 되어 실린더의 흡입 효율이 증대된다.

> **더 알기 Tip**
>
> **과급기가 장착된 엔진의 취급 요령**
> - 시동 전, 후 5분 이상 저속 회전시키고 시동 즉시 가속을 금지한다.
> - 장시간 공회전을 하지 말아야 한다.
> - 에어 클리너를 항상 청결히 하고 공기 흡입라인에 먼지가 새어들지 않게 한다.

4) 인터쿨러

과급된 공기를 냉각시켜 주면 흡입효율이 높아지고 연소효율이 향상된다. 냉각 방식으로는 공기로 냉각하는 공랭식과 물로 냉각하는 수랭식이 있다.

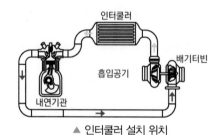

▲ 인터쿨러 설치 위치

> **기적의 Tip**
>
> 공랭식이 더 많이 사용되고 있다.

이론을 확인하는 개념 체크

01 배기가스가 배기장치를 통해 대기 중으로 방출되는 것을 블로바이 가스라 한다. (O, X)

02 작동 중인 기관의 에어클리너가 막힌 경우 검은 배기가스가 배출된다. (O, X)

03 과급기는 기관에 공기를 압축, 공급하여 출력을 높이는 장치이다. (O, X)

04 과급기 장착 엔진은 시동 즉시 가능한 출력을 높여야 한다. (O, X)

01 X 02 O 03 O 04 X

01 기관에서 흡입 효율을 높이는 장치는?

① 소음기
② 과급기
③ 압축기
④ 기화기

과급기는 엔진의 충전효율을 높이기 위해 흡기에 압력을 가하는 공기 펌프이다.

02 디젤 엔진의 배기량이 일정한 상태에서 연소실에 강압적으로 많은 공기를 공급하여 흡입 효율을 높이고 출력과 토크를 증대시키기 위한 장치는?

① 과급기
② 에어 컴프레서
③ 연료 압축기
④ 냉각 압축 펌프

과급기 : 엔진의 충진 효율을 높이기 위해 흡기에 압력을 가하는 공기펌프
• 장점
 – 엔진 출력 증가
 – 연료 소비율 향상
 – 착화 지연 시간의 감소
 – 회전력의 증대
• 종류
 – 기계구동식(루츠 블로어)
 – 배기 터빈식(터보차저)
• 특징
 – 밸브 오버랩 시 연소실의 공기 순환
 – 고출력일 때 배기 온도 저하
 – 질이 나쁜 연료 사용 가능

03 디젤 기관의 배출물로 규제 대상은?

① 탄화수소
② 매연
③ 일산화탄소
④ 공기 과잉률(λ)

디젤 기관의 매연 기준은 2009년도 1월 1일 이후 현재 15%이다.

04 기관에서 폭발 행정 말기에 배기가스가 실린더 내의 압력에 의해 배기 밸브를 통해 배출되는 현상은?

① 블로바이(blow by)
② 블로백(blow back)
③ 블로다운(blow down)
④ 블로업(blow up)

블로바이는 실린더와 피스톤 사이로 가스가 크랭크 실로 새는 것을 말하며 블로백은 밸브 주위로 가스가 새는 것을 말한다.

냉각장치의 구조와 기능

합격 강의

출제
빈도 상 중 하

01 냉각장치

기관에서 연소열에 의한 부품의 변형 및 과열을 방지하기 위해 65~85℃(정상 온도)로 유지시키는 장치이며, 공기로 냉각하는 공랭식과 물로 냉각하는 수랭식이 있다.

1) 냉각장치의 특징
① 기관이 과열되었을 때 각 부품의 변형, 기관의 손상, 출력이 저하된다.
② 과냉되었을 때 연료 소비율이 증대되고 베어링의 마모가 촉진되며 출력이 저하된다.
③ 기관의 작동 온도는 실린더 헤드의 냉각수 온도로 표시된다.

2) 냉각장치의 순환 경로
① 냉각수* 온도가 정상일 때
라디에이터→물 펌프→실린더 블록의 냉각수 통로→실린더 헤드의 냉각수 통로→수온 조절기→라디에이터의 순서로 순환된다.

② 냉각수 온도가 비정상일 때
실린더 블록의 냉각수 통로→실린더 헤드의 냉각수 통로→바이패스 통로→물 펌프→실린더 블록의 냉각수 통로의 순서로 순환된다.

★ 냉각수
연수(증류수) 또는 수돗물, 빗물 등을 사용한다.

🎓 기적의 Tip

부동액
겨울철에 냉각수가 동결되는 것을 방지하기 위하여 냉각수에 혼합하여 사용한다. 부동액의 종류는 메탄올, 알코올, 에틸렌글리콜, 글리세린 등이 있으며 주로 에틸렌글리콜을 사용한다.

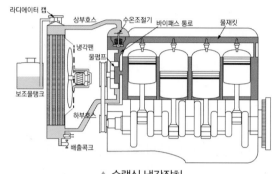
▲ 수랭식 냉각장치

02 냉각장치의 분류

1) 공랭식 냉각장치
실린더 벽의 바깥 둘레에 냉각핀을 설치해 공기의 접촉 면적을 크게 하여 냉각시킨다.

① 자연통풍식
대기 중의 공기가 자연적으로 실린더 블록과 헤드를 냉각시키는 방식

② 강제통풍식
냉각 팬이 설치되어 강제로 공기를 순환시켜 냉각시키는 방식

2) 수랭식 냉각장치
실린더 벽의 바깥 둘레에 물 재킷부를 설치하여 물을 순환시킨다.

① 자연순환식
물의 대류작용에 의한 순환 방식

② 강제순환식
냉각 팬이나 펌프를 두어 냉각수를 순환시키는 방식

③ 압력순환식

냉각장치의 회로를 밀폐하고 냉각수가 팽창할 때의 압력을 이용한 방식

④ 밀봉압력식

방열기 캡을 밀봉하고 냉각수 팽창량과 같은 크기의 저장탱크를 두어 냉각수가 외부로 누출되지 않게 하는 방식

03 냉각장치의 구조와 기능

수랭식 냉각장치는 방열기, 방열기 캡, 물 펌프, 수온 조절기, 물 재킷, 냉각 팬 등으로 구성되어 있다.

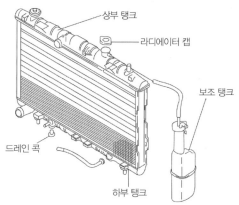

▲ 방열기(라디에이터) 구조

1) 방열기(라디에이터, Radiator)

가열된 냉각수가 방열기로 유입되어 열을 발산하고 냉각시키는 장치이다.

2) 방열기 캡★

방열기 캡에는 물의 비등점을 올려서 물이 쉽게 오버히트되는 것을 막는 압력 밸브와 엔진 과랭 시 방열기 내의 진공으로 인하여 코어의 파손을 방지하는 진공 밸브가 설치되어 있다.

★ 방열기 캡
냉각수 주입구 뚜껑

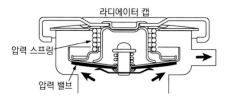

▲ 압력이 높을 때

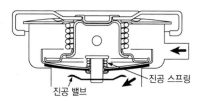

▲ 압력이 낮을 때

① 비등점(비점)을 높이고 냉각범위를 넓히기 위하여 사용된다.
② 압력식 캡의 게이지 압력은 $0.2 \sim 0.9 \mathrm{kgf}/\mathrm{cm}^2$이며 비점은 110℃정도이다.
③ 압력 밸브는 규정압력 이상일 때 열려 압력이 계속 상승하는 것을 방지한다.
④ 압력 스프링이 파손되거나 장력이 약해지면 오버히트의 원인이 된다.
⑤ 진공 밸브는 냉각수 온도가 저하되면 열려 대기압이나 냉각수를 라디에이터로 도입하여 코어의 파손을 방지한다.
⑥ 라디에이터 코어의 막힘률이 20% 이상일 경우에는 교환한다.
⑦ 라디에이터 냉각 핀의 청소는 압축 공기로 엔진 쪽에서 밖으로 불어낸다.

> 기적의 Tip
>
> 방열기 캡을 열어보았을 때 기름이나 기포가 떠 있는 경우는 헤드 개스킷 파손 및 볼트 풀림 또는 이완 등이 원인이다.

3) 물 펌프(Water pump, Wasserpumpe)

냉각수를 강제로 순환시키는 원심식 펌프가 주로 사용되며 펌프 축이 회전하여 축에 고정된 임펠러를 회전시켜 방열기 하부 탱크의 냉각수를 순환시킨다.

4) 온도 조절장치(정온기, Thermostat)

실린더 헤드와 방열기 상부 사이의 물 통로에 장착되어 냉각수 온도를 적정 온도로 유지하기 위하여 밸브가 열리고 닫히는 장치이다.

① 냉각수의 온도에 따라 자동적으로 개폐되어 냉각수의 온도를 조절한다.
② 65℃에서 열리기 시작하여 85℃에서 완전히 개방된다.
③ 종류로는 펠릿형, 벨로즈형, 바이메탈형이 있다.

▲ 펠릿형

▲ 벨로즈형

▲ 바이메탈형

5) 물 재킷(Water jacket)

냉각수의 통로를 말하며 실린더와 실린더 헤드 주위에 냉각수를 저장하거나 흐르도록 순환시켜 냉각한다.

6) 냉각 팬(Cooling fan)

날개로 되어 있으며 물 펌프와 함께 냉각수를 식히기 위해 강제로 공기를 끌어들여 냉각시키는 역할을 한다.

① 전동 팬(Motor fan)

라디에이터에 설치된 수온 센서가 냉각수 온도를 감지하여 85±3℃가 되면 전동기가 회전을 시작하고 78℃ 이하가 되면 정지한다.

② 팬 클러치(Fan clutch)

고속주행 시 물 펌프 축과 냉각 팬 사이에 설치하여 냉각 팬이 필요 이상으로 회전하는 것을 제한하고 소음을 줄이기 위한 장치이다.

7) 팬 벨트(Fan belt)

크랭크축에 의해 물 펌프, 발전기 벨트와 팬이 같은 벨트로 작동되며 보통 이음이 없는 V벨트 또는 돌기를 가진 평 벨트를 사용한다.

① 팬 벨트의 장력은 벨트 중심을 10kgf의 힘으로 눌렀을 때 13~20mm 정도이다.
② 장력이 너무 크면(팽팽하면) 베어링이 손상되어 벨트의 수명이 단축된다.
③ 장력이 너무 작으면(헐거우면) 벨트가 미끄러져 엔진이 과열되고, 발전기 출력이 저하되어 충전 부족과 소음이 발생된다.
④ 벨트의 장력은 발전기 브래킷의 고정 볼트를 풀면서 조정한다.

8) 온도계

엔진의 물 재킷 내의 온도를 나타내는 것으로 계기판에 설치되어 있다.

더 알기 Tip

엔진 과열 원인
• 수온 조절기가 닫힌 채로 고장났거나 열림 온도가 너무 높음
• 라디에이터의 코어의 막힘이 과도하거나 코어의 오손 및 파손
• 구동 벨트의 장력이 약하거나 이완 및 절손
• 라디에이터 호스의 파손 및 누유
• 물 재킷 내의 스케일(물때)이나 녹이 심하거나 물 펌프의 작동 불량

엔진 과냉의 원인
수온 조절기가 열린 채로 고장이 났거나 열림 온도가 너무 낮음

01 다음 중 엔진의 과열 원인으로 적절하지 않은 것은?

① 배기 계통의 막힘이 많이 발생함
② 연료 혼합비가 너무 농후하게 분사됨
③ 점화시기가 지나치게 늦게 조정됨
④ 수온 조절기가 열려있는 채로 고장

수온 조절기가 열린 채로 고장이 나면 엔진의 워밍업 시간이 길어진다.

02 엔진 과열 시 일어나는 현상이 아닌 것은?

① 각 작동 부분이 열 팽창으로 고착될 수 있다.
② 윤활유 점도 저하로 유막이 파괴될 수 있다.
③ 금속이 빨리 산화되고 변형되기 쉽다.
④ 연료 소비율이 줄고 효율이 향상된다.

기관이 과열되면 연료 소비가 증가하고 효율이 감소된다.

03 디젤 기관 냉각장치에서 냉각수의 비등점을 높여주기 위해 설치된 부품으로 알맞은 것은?

① 코어
② 냉각 핀
③ 보조 탱크
④ 압력식 캡

압력식 캡은 냉각장치 내의 압력을 0.3~0.9kg/cm²로 유지함과 동시에 냉각수의 비등점을 112℃로 높이기 위해 사용한다.

04 건설기계기관의 부동액에 사용되는 종류가 아닌 것은?

① 그리스
② 글리세린
③ 메탄올
④ 에틸렌글리콜

건설기계에 사용하는 부동액은 현재 가장 많이 사용되는 에틸렌글리콜과 반영구 부동액으로 현재 거의 사용이 안 되는 글리세린, 메탄올 등이 있다. 그리스는 반고체 윤활유이다.

05 가압식 라디에이터의 장점으로 틀린 것은?

① 방열기를 작게 할 수 있다.
② 냉각수의 비등점을 높일 수 있다.
③ 냉각수의 순환 속도가 빠르다.
④ 냉각수 손실이 적다.

가압식 라디에이터의 장점
• 방열기를 작게 할 수 있다.
• 냉각수 손실이 적다.
• 냉각수의 비등점을 높일 수 있다.
• 기관의 열효율을 높일 수 있다.
• 냉각수 보충 횟수를 줄일 수 있다.

06 디젤 기관의 과열 원인이 아닌 것은?

① 경유에 공기가 혼입되어 있을 때
② 라디에이터 코어가 막혔을 때
③ 물 펌프의 벨트가 느슨해졌을 때
④ 정온기가 닫힌 채 고장이 났을 때

경유에 공기가 혼입되면 시동이 어렵거나 시동이 된다 해도 엔진의 부조화 현상이 발생되며 과열과는 관계가 없다.

SECTION 06 전기 기초

출제 빈도 상 중 하

01 전기의 개요

1) 직류(DC)와 교류(AC)

① 직류 전기(Direct Current, 화학적 에너지로 생산되는 배터리, 건전지)

시간이 경과되어도 전압 및 전류의 흐름 방향이 일정한 전기이다.

② 교류 전기(Alternating Current, 회전운동으로 생산되는 일반 전기)

시간이 경과되면 전압 및 전류가 시시각각으로 변화되어 전류의 흐름 방향이 정방향과 역방향으로 반복되어 흐르는 전기이다.

2) 전류(I) [단위: A]

단위 시간 동안 흐르는 전하의 양을 말하며 암페어(Ampere) 단위를 사용한다.

① 발열작용 : 예열플러그, 전열기, 전구 등
② 화학작용 : 묽은 황산에서 작용하며 전기도금, 축전지 등
③ 자기작용 : 솔레노이드, 발전기, 전동기(전기모터) 등

> 기적의 Tip
>
> **전류의 3대 작용**
> 발열작용, 화학작용, 자기작용

3) 전압(V 또는 E) [단위: V]

전류를 이동하게 하는 힘을 말하며 단위는 볼트(Volt)를 사용한다.

① 기전력(E): 전하를 끊임없이 발생시키는 힘
② 전원 : 기전력을 발생시켜 전류원이 되는 것

4) 저항(R) [단위: Ω]

전류가 흐르기 쉬운가 어려운가의 정도를 표시하는 단위이다.

① 도체 : 전류가 잘 흐르는 물체
② 접촉저항 : 접촉면이 느슨하거나 접촉면에서 전류의 흐름을 방해하는 저항

> 기적의 Tip
>
> 접촉 불량은 스위치 접점, 커넥터, 축전지 터미널 등에서 발생하기 쉽다.

5) 전력(P) [단위: W]

전력은 단위 시간 동안 전기장치에 공급되는 전기에너지를 말하여 전력량[Wh]은 전기가 일정한 시간 동안 하는 일의 양 즉, 전기의 총합을 말한다.

6) 옴의 법칙

전류(I)는 전압(V 또는 E)에 정비례하고, 저항(R)에 반비례한다.

$$공식 : I=\frac{V}{R}, \ V=IR, \ R=\frac{V}{I}$$

> 기적의 Tip
>
> $P = VI = V^2/R = I^2R$

7) 전기와 자기

① 자계 : 자석 근처에 자력이 미치고 있는 주위 공간
② 자력선 : 자력이 미치고 있는 성질을 명확히 하기 위한 가상적인 선
③ 자기 유도 : 자계 주위 공간의 물체가 자기를 띄우는 현상
④ 전자력 : 자계와 전류 사이에서 작용하는 힘

▶ 플레밍의 법칙

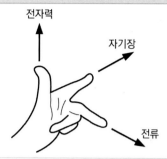

왼손 법칙

전자력 / 자기장 / 전류

- 전류가 흐르고 있는 도선에 대해 자기장이 미치는 힘의 방향을 나타냄
- 기동 전동기, 전류계, 전압계 등에 적용

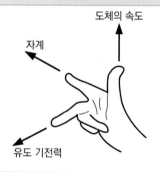

오른손 법칙

도체의 속도 / 자계 / 유도 기전력

- 전자 유도에 의해 생기는 유도 전류의 방향을 나타냄
- 발전기 등에 적용

8) 솔레노이드(마그넷트)

① 도선을 코일 모양으로 감아 전류를 흐르게 하였을 때 자석이 되도록 한 것이다.
② 코일 내부 자계의 세기는 코일의 권수에 비례하고 막대자석과 같은 작용을 한다.

02 전기 회로

1) 허용 전류(Allowable current)

① 전선에는 안전한 상태로 사용할 수 있는 전류값이 정해져 있다.
② 전선에 허용치를 넘는 전류가 흐르면, 열이 절연 피복을 변질 또는 손상시켜 전기 화재의 원인이 된다.

2) 퓨즈(Fuse)

한계 이상의 전류가 흐르면 스스로 녹아 끊어져 회로를 차단하는 장치로 회로에 직렬로 설치되어 있다.

> 🎓 기적의 Tip
>
> **퓨즈의 재질**
> 납(25%)+주석(13%)+창연(50%)+카드뮴(12%)

03 기초전자

전기가 잘 통하는 도체와 전기가 잘 통하지 않는 절연체의 중간 성질을 가지고 있는 반도체로 나눌 수 있다.

1) 반도체

① 반도체는 내부 전력손실이 매우 적고 소형이며 기계적으로 강하다. 수명이 긴 장점이 있으나 온도에 취약하고 정격값 이상이 되면 파괴되기 쉽다.
② 다른 금속이 반도체와 접속하면 정류 작용, 증폭 작용, 스위칭 작용(트랜지스터)을 한다.

2) 다이오드

P형과 N형 반도체를 접합시켜 양 끝에 단자를 부착한 것이다.

① 실리콘 다이오드 : 교류를 직류로 변화시키는 정류용
② 제너 다이오드 : 일정한 전압에서 역방향으로 전류가 흐르는 정전압용
- 포토 다이오드 : 접합면에 빛을 가하면 역방향으로 전류가 흐름
- 발광 다이오드 : 순방향으로 전류가 흐르면 빛이 발광

3) 트랜지스터

전류나 전압흐름을 조절하여 증폭하거나 스위치 역할을 하는 반도체 소자로 이미터(E), 베이스(B), 컬렉터(C)의 3개 단자로 구성되어 있다.

이론을 확인하는 개념 체크

01 교류 전기는 한 방향으로 일정한 전압으로 흐른다. (O, X)

02 축전지에서는 자기작용을 통해 충방전이 일어난다. (O, X)

03 직류 전기는 터빈을 돌리는 운동으로부터 생산할 수 있다. (O, X)

04 접촉저항은 접점이나 축전지 커넥터에서 주로 발생한다. (O, X)

05 3Ω 저항에 9A의 전류가 흐른다면 전압은 3V이다. (O, X)

06 플레밍의 왼손법칙으로 전류가 흐르는 도선에 대해 자기장이 작용하는 힘의 방향을 알 수 있다. (O, X)

07 다이오드는 P형 반도체와 N형 반도체를 접합시켜 만든다. (O, X)

08 전류가 흐르면 발광하는 다이오드를 제너 다이오드라고 한다. (O, X)

09 트랜지스터는 전기신호의 증폭, 스위칭 역할을 한다. (O, X)

10 트랜지스터는 소모품으로 수명이 짧다. (O, X)

01 X 02 X 03 X 04 O 05 X 06 O 07 O 08 X 09 O 10 X

01 건설기계에 사용되는 12볼트(V) 80암페어(A) 축전지 2개를 병렬로 연결하면 전압과 전류는 어떻게 변하는가?

① 24볼트(V), 160암페어(A)가 된다.
② 12볼트(V), 80암페어(A)가 된다.
③ 24볼트(V), 80암페어(A)가 된다.
④ 12볼트(V), 160암페어(A)가 된다.

배터리를 병렬로 접속하면 전압은 1개 때와 같고 전류(용량)는 개수의 배가 된다.

02 시동 키를 뽑은 상태로 주차했음에도 배터리가 방전되는 전류를 뜻하는 것은?

① 충전 전류
② 암 전류
③ 시동 전류
④ 발전 전류

암 전류란 모든 스위치가 OFF 상태에서 기기 등에 의해 소멸되는 방전 전류를 말한다.

03 전류의 3대 작용이 아닌 것은?

① 발열작용
② 자기작용
③ 원심작용
④ 화학작용

전류의 3대 작용은 발열, 자기, 화학작용이며 원심작용을 이용하는 것은 물 펌프이다.

04 24V의 동일한 용량의 축전지 2개를 직렬로 접속하면?

① 전류가 증가한다.
② 전압이 높아진다.
③ 저항이 감소한다.
④ 용량이 감소한다.

동일한 축전지 2개를 직렬로 접속하면 전압은 개수의 배가 되고 용량(전류)은 1개 때와 같다. 병렬로 접속하면 용량이 증가하고 전압은 1개 때와 같다.

SECTION 07 축전지(Battery)의 구조와 기능

출제빈도 상 중 하

01 축전지 개요

화학적 에너지를 전기적 에너지로 바꿀 수 있도록 만든 장치로 외부의 전기에너지를 다시 화학적 에너지로 충전할 수 있다.

1) 축전지의 구분
① 1차 전지 : 방전되었을 때 다시 충전할 수 없는 건전지
② 2차 전지 : 외부의 전원으로 충전하면 다시 기능을 회복할 수 있는 축전지

2) 축전지의 역할
① 기관 시동 시 시동장치의 전기를 공급한다.
② 발전기 출력과 전기적 부하의 불균형을 조절한다.

> **기적의 Tip**
>
> **축전지의 종류**
> • 납산 축전지 : 셀당 기전력이 2.1~2.3V, 현재 많이 사용
> • 알칼리 축전지 : 셀당 기전력이 1.2~1.3V

02 납산(Lead-acid) 축전지의 구조와 기능

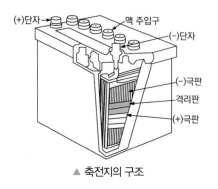

▲ 축전지의 구조

1개의 케이스에 여러 개의 셀(Cell)이 있으며, 셀 케이스에 양극판, 음극판, 격리판, 전해액 등으로 구성되어 있다.

1) 극판

① 양극판(Positive plate)
양극으로 쓰는 금속판이다. 격자에 바르는 물질은 이산화 납이며 암갈색으로 충전 시 산소 가스가 발생한다.

② 음극판(Negative plate)
마이너스 극판, 양극판보다 1장 더 많다. 격자에 바르는 해면상 납은 회색으로 결합력이 강하고 반응성이 풍부하며 충전 시에는 수소 가스가 발생하기 때문에 불꽃을 가까이해서는 안 된다.

③ 격리판
양극판과 음극판 사이에 끼워져 양극판과 음극판이 단락되는 것을 방지한다.

2) 극판 군(단전지)

① 완전 충전 시 셀당 기전력이 2.1~2.3V이다.
② 단전지 6개를 직렬로 연결하면 12.6~13.8V의 축전지가 된다.
③ 극판의 면적을 크게 하면 화학작용의 면적이 증가되어 이용 전류가 증가한다.

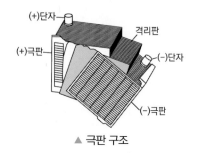

▲ 극판 구조

03 전해액

증류수에 순도 높은 황산을 혼합한 묽은 황산이다.

1) 전해액의 비중

비중이란 물체의 중량과 그 물체와 같은 부피의 물(4℃)과의 중량비를 말하며, 완전 충전 시 20℃ 기준에서 전해액의 비중은 1.280이다.

> **기적의 Tip**
>
> **전해액의 비중**
> • 열대지방 : 1.240
> • 온대지방 : 1.260
> • 한대지방 : 1.280

2) 온도에 의한 변화

① 온도가 높으면 비중이 작아지고 온도가 낮으면 비중은 커진다.
② 축전지 전해액의 비중은 1℃ 변화에 0.0007 변화한다.
③ 비중이 1.200(20℃) 정도로 저하되면 보충전을 해야 한다.

3) 전해액의 빙결

① 전해액이 빙결되면 사용이 불가하기 때문에 완전 충전 상태로 유지하여 빙결을 방지한다.
② 충전 상태에서 축전지는 −30℃ 정도, 방전 상태에서는 −10℃ 정도에서 빙결된다.

이론을 확인하는 개념 체크

01 축전지는 엔진 시동시 시동 장치에 전원을 공급한다. (O, X)

02 12V 납축전지는 6개의 셀이 직렬로 연결되어 있다. (O, X)

03 납산 축전지는 오랫동안 방치하면 극판이 황산납이 되어 작동하지 않는다. (O, X)

04 축전지 전해액이 자연적으로 감소하였다면 수돗물을 부어 보충하면 된다. (O, X)

05 축전지의 온도가 내려가면 전해액의 비중은 감소한다. (O, X)

06 축전지가 과충전 시 전해액이 빠르게 줄어들 수 있다. (O, X)

01 O 02 O 03 O 04 X 05 X 06 O

01 자동차에 사용되는 납산 축전지에 대한 내용 중 맞지 않는 것은?

① 음(−)극판이 양(+)극판보다 1장 더 많다.
② 격리판은 비전도성이며 다공성이어야 한다.
③ 축전지 케이스 하단에 엘레먼트 레스트 공간을 두어 단락을 방지한다.
④ (+)단자 기둥은 (−)단자 기둥보다 가늘고 회색이다.

(+)단자 기둥은 (−)단자 기둥보다 굵다.

02 배터리에 대한 설명으로 옳은 것은?

① 배터리 터미널 중 굵은 것이 "+"이다.
② 점프 시동할 경우 추가 배터리를 직렬로 연결한다.
③ 배터리는 운행 중 발전기 가동을 목적으로 장착된다.
④ 배터리 탈거 시 "+"단자를 먼저 탈거한다.

배터리의 터미널은 굵은 것이 "+"이며 탈거 시에는 "−"단자를 먼저 탈거하고 점프 시에는 병렬로 연결한다. 배터리는 엔진 기동 시 기동 전동기의 전원으로 사용된다.

03 납산 축전지를 충전할 때 화기를 가까이 하면 위험한 이유는?

① 수소가스가 폭발성 가스이기 때문에
② 산소가스가 폭발성 가스이기 때문에
③ 수소가스가 조연성 가스이기 때문에
④ 산소가스가 인화성 가스이기 때문에

납산 축전지는 충전할 때에 양극에서는 산소가스, 음극에서는 수소가스가 발생된다. 또한 수소가스는 가연성이며 폭발성이 있어 불꽃을 가까이하면 안 된다.

04 지게차의 운전을 종료했을 때 취해야 할 안전사항이 아닌 것은?

① 각종 레버는 중립에 둔다.
② 연료를 빼낸다.
③ 주차 브레이크를 작동시킨다.
④ 전원 스위치를 차단한다.

연료는 빼내는 것이 아니고 다음날의 운전을 위해 탱크 내 만재한다.

시동장치(전동기)의 구조와 기능

01 시동장치(Electric Motor)

1) 전동기

기관을 기동시키는 장치로 기동 전동기, 기동 스위치, 전기 배선으로 구성된다. 플라이휠 링 기어와 기동 전동기 피니언의 감속비*는 10~15 : 1이다.

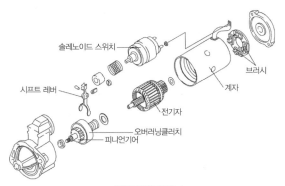

▲ 시동장치의 구조

> ★ 감속비
> 두 개의 기어를 맞물릴 때 기어 B를 1회전시키기 위해 기어 A를 2회전시켜야 한다면 감속비는 2이다.

> 🎓 기적의 Tip
>
> **기동 전동기의 원리**
> 플레밍의 왼손법칙이 이용된다.

2) 직류 전동기의 종류

① 직권전동기 : 전기자코일과 계자 코일에 직렬로 결선된 전동기(기동 전동기)
② 분권전동기 : 전기자코일과 계자 코일이 병렬로 결선된 전동기(선풍기)
③ 복권전동기 : 전기자코일과 계자 코일이 직 · 병렬로 결선된 전동기

> 🎓 기적의 Tip
>
> **전기자(Armature)**
> 회전 전기 기기에서 주요한 동작을 하는 권선을 수용하고 있는 부분
>
> **권선**
> 전자장치에 감는 피복 절연전선, 코일

3) 전동기의 구성

전기자 축, 전기자 권선, 전기자 철심, 정류자 등이 일체로 되어있으며, 전기자 코일에 전류를 공급하는 브러시와 브러시홀더 등으로 구성되어 있다.

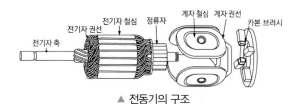

▲ 전동기의 구조

① 브러시(카본, 홀더)
흑연 또는 구리로 만들어져 있으며 축전지의 전기를 전달하는 부품이다.

② 계자 권선
계자 철심에 계자 권선이 감겨 전류가 흐르면 계자 철심은 전자석이 된다.

③ 계자 철심
전동기 하우징의 원통 부분으로 자력선의 통로이다.

④ 정류자(Commutator)
브러시로부터 전기자에 전류를 공급하는 일을 한다.

⑤ 전기자 철심
와전류를 감소시키고 자력선을 잘 통과시키도록 설치되어 있다.

⑥ 전기자 권선

축전지의 전원을 정류자에 의하여 공급받은 전기자 권선은 강한 자장을 이루며, 필드에 강한 자력선과 반발 작용에 의하여 전기자가 밀려서 회전하게 된다.

⑦ 전기자 축(피니언 기어)

샤프트 끝의 스플라인 상에 끼어있으며 전기자에 의하여 회전하면서 플라이휠 링 기어에 연결되어 크랭크축을 돌려준다.

> **더 알기 Tip**
>
> **기동 전동기 취급 시 주의사항**
> • 오랜 시간 연속 사용하여서는 안 된다(최대 30초 이내, 가능한 10초 정도).
> • 기동 전동기의 설치부를 확실하게 조여야 한다.
> • 시동이 된 다음에는 스위치를 열어 놓아야 한다.
> • 기동 전동기의 회전 속도에 주의하여야 한다.
> • 전선의 굵기는 규정 이하의 것을 사용하여서는 안 된다.

> **기적의 Tip**
>
> 전기자축의 양단은 전동기 하우징에 압입된 부싱에 지지되어 회전할 수 있는 구조이다.

02 시동장치의 동력 전달 장치

전동기에서 발생한 회전력을 플라이휠에 전달하는 것으로 벤딕스식, 피니언 섭동식, 전기자 섭동식이 있다.

1) 벤딕스식(관성 섭동형)

피니언의 관성과 전동기가 무부하 상태에서 고속 회전하는 성질을 이용한다.

① 전기자와 축이 돌기 시작
정지상태의 피니언을 축의 끝방향으로 밈

② 피니언이 링 기어에 물림
모든 부품이 일체가 되어 엔진을 크랭킹

③ 엔진이 기동
플라이 휠의 속도가 빨라 피니언의 물림이 풀림

▲ 벤딕스식

2) 전기자 섭동식

① 계자 철심 중심과 전기자 중심이 일치하지 않고 약간의 위치 차이를 두고 조립되어 있다.
② 계자 코일에 전류가 흐르면 자력선이 가장 가까운 거리를 통과하려는 성질을 이용한다.
③ 피니언이 전기자축에 고정되어 있고 피니언과 전기자가 일체로 링 기어에 물리는 방식이다.
④ 다판 클러치식 오버런닝 클러치가 사용된다.

3) 피니언 섭동식(전자식)

피니언의 섭동과 기동 전동기 스위치의 개폐를 전자력으로 하며 현재 솔레노이드 스위치를 사용하고 있다.
① 풀인 코일 : 기동 전동기 단자에 접속되어 있으며 플런저를 잡아당긴다.
② 홀드인 코일 : 스위치 케이스 내에 접지되어 있으며, 피니언의 물림을 유지시킨다.

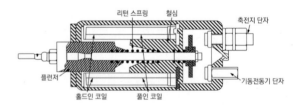

▲ 솔레노이드 스위치 구조

> **더 알기 Tip**
>
> **오버런닝 클러치**
> • 기관에 시동이 걸린 후 기관의 플라이휠에 의해 기동 전동기가 고속으로 회전되어 전동기가 소손되는 것을 방지하기 위해 사용한다.
> • 피니언 기어를 공전시켜 엔진에 의해 기동 전동기가 회전되지 않도록 한다.

> **기적의 Tip**
>
> 롤러식, 스프래그식, 다판클러치식이 있다.

. SECTION .
09 충전장치(발전기)의 구조와 기능

출제
빈도 상 중 하

01 직류 발전기의 구조와 기능

직류 발전기는 전기자코일과 정류자, 계철과 계자 철심, 계자 코일과 브러시 등으로 구성되어 있으며 V벨트를 통하여 크랭크축에 의해 구동된다.

🎓 기적의 Tip

축전지는 기관 시동을 위해 항상 완전 충전 상태를 유지하여야 한다. 이를 위해 발전기를 중심으로 설치된 충전장치는 기계적 에너지를 전기적 에너지로 변화시킨다.

1) 직류 발전기의 특징

① 회전 범위가 제한적이고 엔진 공회전 시 발전이 어렵다.
② 회전 속도가 증가하면 전압과 전류가 모두 커지며, 조정기를 두어야 한다.
③ 출력 증대에 의해 크기와 중량이 현저히 증가한다.
④ 정류자와 브러시의 마모가 커서 비교적 자주 수리한다.
⑤ 압력 변화가 크고 발전기 고장률이 높다.

2) 직류 발전기의 구조

① 전기자
계자 내에서 회전하여 유도전류를 발생시키는 것이다.

② 계자 철심
계자 철심은 전자석이 되어 N극과 S극을 형성하고 자력을 통과시키는 일을 한다.

③ 계자 코일
계자 철심 주위에 감긴 코일을 말하며, 계자 코일에 전류가 흘러 계자철심을 전자석화 시킨다.

④ 정류자와 브러시
전기자 코일에서 발생한 교류(AC)를 정류자와 브러시를 거쳐 직류(DC)로 정류하여 공급한다.

3) 직류 발전기 조정기

① 컷아웃 릴레이
축전지에서 발전기로 전류가 역류하는 것을 방지한다.

② 전압 조정기
발전기의 발생 전압을 일정하게 유지하기 위한 장치이다.

③ 전류 조정기
규정 출력 이상의 전기적 부하가 가해지지 않도록 하여 발전기 손상을 방지한다.

🎓 기적의 Tip

직류 발전기는 전압과 전류의 변화가 크기 때문에 전장부품과 발전기의 손상을 방지하기 위해서 조정기를 두어야 한다.

02 교류 발전기(Alternator)의 구조와 기능

교류 발전기는 고정 부분인 스테이터(고정자), 회전하는 부분인 로터(회전자), 로터를 지지하는 엔드 프레임과 스테이터 코일에서 유기된 교류를 직류로 정류하는 실리콘 다이오드로 구성되어 있다.

1) 교류 발전기의 특징

① 저속에서도 충전이 가능하고 소형 경량이다.
② 회전 부분의 정류자가 없어 속도 변화에 따른 적용 범위가 크다.
③ 실리콘 다이오드로 정류하므로 전기적 용량이 크다.
④ 브러시 수명이 길고 전압 조정기만 필요하다.
⑤ 출력이 크고 고속 회전에 잘 견딘다.
⑥ 교류 발전기는 극성을 주지 않는다.

2) 교류 발전기의 구조

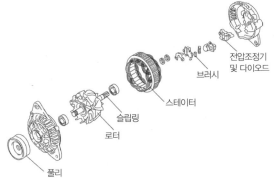

전압조정기
및 다이오드
브러시
스테이터
슬립링
로터
풀리

▲ 교류 발전기의 구조

① 스테이터(Stator, 고정자)

직류 발전기의 전기자에 해당하며, 유도전류를 발생시키며 독립된 3개의 코일이 감겨져 있어 로터의 회전에 의해 3상 교류*가 유기된다.

② 로터(Rotor, 회전자)

직류 발전기의 계자 코일과 철심에 해당되며 자극편은 코일에 여자 전류(Exciting current)가 흐르면 N극과 S극이 형성되어 자극을 형성한다. 로터의 회전으로 스테이터 코일의 자력선을 차단하여 전압을 유기한다.

③ 정류기(Rectifier, 정류자)

교류 발전기에 사용되는 정류기는 실리콘 다이오드이며 스테이터 코일에 발생된 교류를 직류로 정류하여 외부로 공급하여 축전지에서 발전기로 전류가 역류하는 것을 방지한다.

> ★ 3상 교류
> 단상교류 3개를 결합한 것으로 권수가 같은 3개의 코일을 120° 간격으로 두고 감은 후 자석을 일정한 속도로 회전시키면 각 코일에 기전력이 발생한다.

> 🎓 기적의 Tip
> 로터 코일이 단락되면 로터 코일에 과대 전류가 흐른다.

> 🎓 기적의 Tip
> **히트싱크**
> 다이오드의 과열을 방지한다(엔드프레임에 설치한다.).

3) 교류 발전기 조정기

교류 발전기 조정기는 전압 조정기만 필요하며 현재는 트랜지스터형이나 IC 조정기를 사용한다.

이론을 확인하는 개념 체크

01 직류 발전기는 교류 발전기 대비 소형, 경량이다. (O, X)

02 직류 발전기는 전기자 코일에서 발생한 교류를 정류자와 브러시를 통해 직류로 정류한다. (O, X)

03 교류 발전기의 스테이터는 직류 발전기의 전기자에 해당한다. (O, X)

04 교류 발전기의 로터는 교류를 정류하고 전류가 역류하는 것을 방지한다. (O, X)

01 X 02 O 03 O 04 X

합격을 다지는 예상문제

01 교류 발전기에서 회전체에 해당하는 것은?

① 스테이터
② 브러시
③ 엔드 프레임
④ 로터

로터
• 회전하며 자속을 만든다(직류 발전기의 계자 코일, 계자 철심에 해당).
• 축전지의 전류를 로터 코일의 여자 전류로 공급한다.

02 충전장치의 개요에 대한 설명으로 틀린 것은?

① 건설기계의 전원을 공급하는 것은 발전기와 축전지이다.
② 발전량이 부하량보다 적을 경우에는 축전지가 전원으로 사용된다.
③ 축전지는 발전기가 충전시킨다.
④ 발전량이 부하량보다 많을 경우에는 축전지의 전원이 사용된다.

발전량이 부하량보다 적을 경우에는 축전지의 전원이 공급되어 부하와의 언밸런스를 조절한다.

03 충전장치의 역할로 틀린 것은?

① 램프류에 전력을 공급한다.
② 에어컨 장치에 전력을 공급한다.
③ 축전지에 전력을 공급한다.
④ 기동장치에 전력을 공급한다.

기동장치의 전원은 축전지에 의해 공급된다.

SECTION 10 등화장치 및 냉방장치의 구조와 기능

출제
빈도 상 중 하

01 등화장치의 구조와 기능

1) 등화장치의 종류

용도	종류	설명
조명용	전조등	야간 안전 주행을 위한 조명
	작업등	전방은 전조등과 같이 사용, 후방은 별도의 작업등을 설치
	안개등	안개 속에서 안전 주행을 위한 조명
	후진등	변속기를 후진 위치에 넣으면 점등되며, 후진 방향을 조명
	실내등	실내 조명
	계기등	계기판 조명
표시용	차폭등	차폭을 표시
	주차등	주차를 표시
	번호등	차량 번호판 조명용
	미등	차의 뒷부분 표시
신호용	방향지시등	차의 좌우 회전을 알림
	제동등	상용 브레이크를 밟을 때 작동
	비상경고등	비상 상태를 나타낼 때 작동
경고등	유압등	유압이 규정 값 이하로 되면 점등 경고
	충전등	축전지의 충전이 안 되었을 경우 점등 경고
	연료등	연료가 규정량 이하로 되면 점등 경고

등화장치는 조명용, 신호용, 지시용, 경고용, 장식용 등 각종 목적에 따라 램프, 릴레이, 배선, 퓨즈, 스위치 등으로 구성되어 병렬로 연결되어 있으며 과대 전류가 흐르는 것을 방지하기 위해 퓨즈를 설치하여 회로를 보호한다.

2) 전선의 종류와 배선 방식

① 비 피복선은 접지용으로 일부 사용된다.
② 피복선은 무명, 명주, 비닐 등의 절연물로 피복된 선을 사용한다.

③ 고압 케이블은 내절연성이 매우 큰 물질로 피복되어 있다.

🎓 기적의 Tip

전기 회로에 사용하는 전선은 피복선과 비 피복선이 있다.

3) 전선의 배선 방법

① 단선식 : 차체에 접지하는 방식으로 작은 전류가 흐르는 회로에 사용한다.

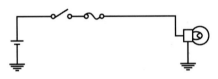

▲ 단선식 배선

② 복선식 : 접지 쪽 전선을 사용하는 방식으로 큰 전류가 흐르는 회로에 사용한다.

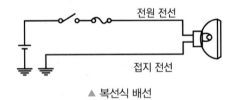

▲ 복선식 배선

4) 전선의 규격 표시(단면적 단위 : mm^2)

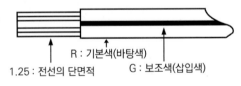

R : 기본색(바탕색)
1.25 : 전선의 단면적
G : 보조색(삽입색)

▲ 1.25RG로 표시되는 경우

▶ 차량용 전선의 색 구분

회로의 이름	기본색	기본색에 대한 예외적 적용	보조색(선색)
시동 회로	B		W, Y, R, L, G
충전 회로	W	(Y)	B, R, L, G
LAMP 회로	R		B, W, G, L, Y
신호 회로	G	Lg, Br	B, W, R, L, Y
계기 회로	Y		B, W, R, G, L
기타 회로	L	B, Y, Br, O	B, W, R, G, Y
접지 회로	B		

B : Black(흑색), **W** : White(백색), **R** : Red(적색), **G** : Green(녹색),
Y : Yellow(황색), **L** : bLue(파랑색), **Br** : Brown(갈색),
Lg : Light green(연두색), **O** : Orange(오렌지색)

02 전조등 및 방향지시등

전조등은 야간에 전방을 밝혀 주는 조명 등화장
치로 안전 기준에 규정된 밝기를 가져야 한다.

1) 전조등의 종류

① 실드빔식(Sealed beam type) 전조등
반사경에 필라멘트를 붙이고 여기에 렌즈를 녹여
붙인 후 내부에 불활성 가스를 넣어 그 자체가 1
개의 전구가 되도록 한 것이다.

• 대기 조건에 따라 반사경이 흐려지지 않는다.
• 사용에 따르는 광도의 변화가 적다.
• 필라멘트가 끊어지면 렌즈나 반사경에 이상이
  없어도 전조등 전체를 교환한다.

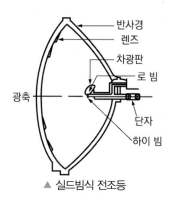

▲ 실드빔식 전조등

② 세미 실드빔식 전조등
렌즈와 반사경은 일체로 되어 있으나 전구는 별
개로 설치한 것이다.

• 필라멘트가 끊어지면 전구만 교환한다.
• 반사경이 흐려지기 쉬우며 수명이 비교적 짧다.

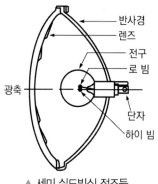

▲ 세미 실드빔식 전조등

③ 할로겐 전조등
세미 실드빔 형식이며 할로겐과 텅스텐의 재생
순환 반응을 이용하여 수명을 길게 하고 빛의 감
쇠를 방지한다.

• 할로겐 사이클로 흑화 현상이 없어 수명을 다
  할 때까지 밝기가 변하지 않는다.
• 색온도가 높아 밝은 백색 빛을 얻을 수 있으며
  효율이 높다.
• 차 측 방향으로 반사하는 빛을 없애는 구조로
  되어있어 눈부심이 적다.

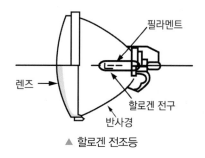

▲ 할로겐 전조등

🎓 기적의 Tip

필라멘트에서 증발한 텅스텐 원자와 휘발성의 할로겐 원자가 결합하여
휘발성의 할로겐화 텅스텐을 형성한다.

2) 전조등 회로의 특징

① 전조등 회로는 퓨즈, 라이트 스위치, 디머 스위치 등으로 구성되어 있다.
② 복선식을 사용하며 양쪽의 전조등은 하이빔(상향등)과 로우빔(하향등)이 각각 병렬로 접속한다.
③ 전조등 스위치는 2단으로 작동하며, 스위치를 움직이면 전원과 접속하게 되어있다.
④ 디머 스위치는 라이트빔을 하이빔과 로우빔으로 바꾸는 스위치이다.
⑤ 전조등 릴레이는 전기기구의 성능을 향상시킨다.

3) 방향지시등(Turn signal lamp)

방향지시등은 자동차의 진행 방향을 바꿀 때 사용하는 등화이다. 플래셔 유닛은 전자 열선식, 축전기식, 수은식, 스냅 열선식, 바이메탈식, 열선식 등이 있다.

03 냉방장치(에어컨) 구조와 기능

냉방장치는 온도, 습도, 풍속의 3요소를 조절하여 쾌적한 운전을 위해서 설치하며 지구환경문제로 주로 R-134a의 신냉매를 사용하고 있다.

① 압축기(Compressor)
증발기에서 저압 기체로 된 냉매를 고압으로 압축하여 응축기로 보낸다.

② 응축기(Condenser)
방열기 앞쪽에 설치하여 압축기로부터 열을 방출시켜 액체 상태로 변환시킨다.

③ 건조기(Receiver dryer)
냉매를 저장하고 수분 제거 및 압력을 조정하여 기포를 분리하고 양을 점검한다.

④ 송풍기(Blower)
전동기의 팬을 회전시켜 증발기 주변의 공기를 통과시킨다.

⑤ 팽창 밸브(Expansion valve)
밸브를 통해서 중간 정도의 온도와 고압의 액체 냉매를 저온·저압으로 감압시킨다.

이론을 확인하는 개념 체크

01 등화장치의 배선은 직렬로 연결되어 있다. (O, X)

02 실드빔식 전조등이 고장이 날 시, 전구만 따로 교체하면 된다. (O, X)

03 할로겐 전조등은 세미 실드빔 방식이다. (O, X)

04 광도의 단위는 칸델라, 조도의 단위는 룩스, 광속의 단위는 루멘이다. (O, X)

05 차량용 에어컨은 환경문제로 인해 R-11을 새로운 냉매로 사용한다. (O, X)

01 X 02 X 03 O 04 O 05 X

01 전조등 회로의 구성으로 틀린 것은?

① 퓨즈
② 점화 스위치
③ 라이트 스위치
④ 디머 스위치

점화 스위치는 모든 전기기기에 전기를 공급하는 메인 스위치(엔진 키 스위치)를 말하는 것으로 가솔린 엔진의 점화장치에 속하는 회로이다.

02 헤드라이트에서 세미 실드빔식은?

① 렌즈, 반사경 및 전구를 분리하여 교환이 가능한 것
② 렌즈, 반사경 및 전구가 일체인 것
③ 렌즈와 반사경은 일체이고 전구는 교환이 가능한 것
④ 렌즈와 반사경을 분리하여 제작한 것

헤드라이트는 실드빔과 세미 실드빔으로 구분되며 다음과 같다.
• **실드빔** : 렌즈, 반사경 및 전구가 일체인 것
• **세미 실드빔** : 렌즈와 반사경은 일체이고 전구는 교환이 가능한 것

03 다음 배선의 색과 기호에서 파랑색(Blue)의 기호는?

① G
② L
③ B
④ R

배선의 바탕색에서 B는 검정색으로 사용되므로 파랑색은 두 번째 단어인 L을 사용한다.

04 다음 등화장치 설명 중 내용이 잘못된 것은?

① 후진등은 변속기 시프트 레버를 후진 위치로 넣으면 점등된다.
② 방향지시등은 방향지시등의 신호가 운전석에서 확인되지 않아도 된다.
③ 번호등은 단독으로 점멸되는 회로가 있어서는 안 된다.
④ 제동등은 브레이크 페달을 밟았을 때 점등된다.

방향지시등은 운전석에서 방향지시등의 작동 상태를 확인할 수 있어야 한다.

조향장치의 구조와 기능

01 조향장치(Steering System)

건설기계의 주행 방향을 조종하는 장치로 조향 핸들을 돌려서 뒷바퀴의 방향을 바꿀 수 있다.

> **기적의 Tip**
>
> **최소회전 반지름**
> 최대 조향각으로 운행 시 가장 바깥쪽 바퀴의 접지 자국 중심점이 그리는 원의 반경

1) 조향 핸들 작동 순서

① 유압식 동력 조향 전달 과정
핸들 → 조향축 → 조향기어 → 유압조향 조절 밸브 → 오일펌프 → 유량 조절 밸브 → 압력 조절 밸브 → 타이로드 → 너클 → 타이어

② 기계식 동력 조향 전달 과정
핸들 → 핸들축 → 기어박스 → 피트만 암 → 드래그 링크 → 벨 크랭크 → 타이로드 → 너클 스핀들 → 뒤 차축 → 타이어

2) 조향기어비

① 조향기어비는 일반적으로 대형 차량에서는 크게, 소형 차량에서는 작게 한다.
② 조향기어비를 크게 하면 핸들의 조작력은 가벼워지나 큰 핸들 조작이 필요하다.
③ 조향기어비를 작게 하면 핸들의 조작력은 무거워지나 가역성의 경향이 커진다.

> **기적의 Tip**
>
> **조향기어비를 크게 할 때**
> • 조향 핸들의 조작력이 가벼워진다.
> • 좋지 않은 도로에서 조향 핸들을 놓칠 염려가 없다.
> • 조향 링키지의 마멸이 크고 복원 성능이 좋지 못하다.

3) 조향기어 형식

① 가역식 : 조향 바퀴로 조향 휠을 움직일 수 있다.
② 비가역식 : 조향 핸들로 바퀴를 움직일 수 있으나 바퀴로 조향 휠을 움직일 수 없다.
③ 반가역식 : 가역식과 비가역식의 중간 형식이다.

> **기적의 Tip**
>
> **소형차량에서는 가역식을 사용하고 중량이 큰 차량일수록 비가역식을 사용**
> 중량이 증가하면 조향 바퀴를 회전시키는 데 필요한 힘도 증가하기 때문이다.

02 동력 조향장치(Power Steering System)

1) 동력 조향장치의 구조

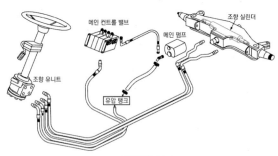

▲ 조향장치의 구조

① 작동부 : 오일펌프
동력 실린더와 동력 피스톤으로 구성되어 보조력을 발생한다.

② 제어부 : 제어 밸브
오일의 통로를 개폐시키는 역할을 한다.

③ 동력부 : 동력실린더
유압을 발생하는 역할을 한다.

④ 안전 체크 밸브(Safety check valve)

제어 밸브 속에 있으며 엔진이 정지된 경우 또는 오일펌프의 고장이나 누출 등의 원인으로 유압이 발생하지 못할 때 조향 핸들을 수동으로 조작할 수 있다.

2) 동력 조향장치의 일반적인 기능

① 조향 조작력을 가볍게 할 수 있다.
② 조향 조작력에 관계없이 조향기어비를 설정할 수 있다.
③ 불규칙한 노면에서 조향 핸들을 빼앗기는 일이 없다.
④ 충격을 흡수하여 핸들에 전달되는 것을 방지한다.

3) 동력 조향장치의 단점

① 구조가 복잡하고 가격이 비싸며 고장 시 정비가 복잡하다.
② 오일펌프 구동에 엔진의 출력이 일부 소비된다.
③ 오일의 점도가 낮거나 높을 때 누출되거나 동력조작을 어렵게 할 수 있다.

03 지게차 동력 조향장치의 기능

1) 핸들 방향 확인하기

① 좌회전하기

핸들을 좌측으로 돌리면 후륜 바퀴는 우측으로 회전하고 차체는 좌측으로 회전한다.

② 우회전하기

핸들을 우측으로 돌리면 후륜 바퀴는 좌측으로 회전하고 차체는 우측으로 회전한다.

2) 조향장치(유압식)의 조향 방법

조향기어박스 아래쪽에 연결된 유량 조절 밸브는 핸들의 조작에 따라 펌프로부터 나오는 유량을 조절하여 조향 실린더로 보내며, 조향 실린더로 들어온 유압유는 로드를 수축 또는 팽창시켜 밸 크랭크에 전달하여 방향을 전환한다.

03 차륜 정렬(Wheel alignment)의 구성 요소

조향 핸들의 조작을 가볍고 확실하게 하여 안정성을 주고 복원성을 가지며 타이어의 마멸을 최소로 한다.

1) 토인(Toe-in)

앞바퀴를 위에서 볼 때 좌우 바퀴의 중심선 사이의 거리가 앞쪽이 뒤쪽보다 조금 좁다.

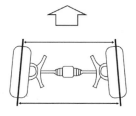

2) 캠버(Camber)

정(+) 기준으로 앞바퀴를 앞에서 보았을 때 윗부분이 바깥쪽으로 기울어진 정도를 말한다.

3) 캐스터(Caster)

앞바퀴를 옆에서 보았을 때 앞바퀴 차축에 설치되어 있는 킹핀*의 중심선이 수직 중심선과 이루는 각도이며 직진 시 조향 바퀴의 방향성과 선회 시 직진 방향으로의 복원력에 영향을 준다.

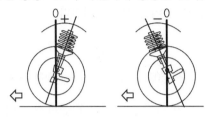

🎓 기적의 Tip

정(+)의 캐스터
• 직진성 부여
• 직진 위치로 복원력

부(-)의 캐스터
회전반경 감소

4) 킹핀 경사각(Kingpin angle)

앞바퀴를 앞에서 볼 때 킹핀 중심선이 수직선에 대하여 5~10도 경사각을 이룬다.

조향축
경사각

타이어
중심선

▲ 킹핀경사각

5) 차축(Axle)*

① 차축은 차축 하우징 속에 종감속 기어 및 차동기어장치와 연결되어 있으며 대형 지게차는 양 끝에 최종 감속 기어(유성 기어)와 제동장치가 설계되어 사용되고 있다.

② 앞차축의 기능은 하중을 지지하고 동력을 전달하는 것이고, 뒤차축은 센터 핀을 통하여 하중을 지지하며, 중앙에 벨 크랭크를 통해 조향장치의 일부를 구성한다.

③ 양 끝에는 조향 너클이 연결되어 조향 바퀴가 설치되어 있다. 또한 뒤차축은 하중을 지지하면서 조향기능을 담당한다.

🎓 기적의 Tip

지게차에서 현가장치(서스펜션)가 사용되지 않는 이유
물품 운송 시 현가장치에 의한 진동으로 적하물이 낙하할 수 있기 때문

01 지게차 조향 바퀴의 얼라인먼트의 요소가 아닌 것은?

① 캠버 ② 토인
③ 캐스터 ④ 부스터

차륜 정렬이란 앞바퀴가 설치된 위치, 각도 등의 정렬 상태로 캠버, 캐스터, 킹핀, 토인, 선회 시 토아웃이 있다.

02 지게차 조향 핸들에서 바퀴까지의 조작력 전달 순서로 다음 중 가장 적합한 것은?

① 핸들 → 피트먼 암 → 드래그 링크 → 조향기어→타이로드 → 조향 암 → 바퀴
② 핸들 → 드래그 링크 → 조향기어 → 피트먼 암→ 타이로드 → 조향 암 → 바퀴
③ 핸들 → 조향 암 → 조향기어 → 드래그링크→ 피트먼 암 → 타이로드 → 바퀴
④ 핸들 → 조향기어 → 피트먼 암 → 드래그링크 → 타이로드 → 조향 암 → 바퀴

지게차의 동력 전달 순서는 핸들 → 조향기어 → 피트먼 암 → 드래그링크 → 타이로드 → 조향 암 → 바퀴의 순이다.

03 조향기구 장치에서 앞 액슬과 조향 너클을 연결하는 것은?

① 킹핀
② 타이로드
③ 드래그 링크
④ 스티어링 암

앞 액슬 축과 너클 암을 연결하는 것은 킹핀이다.

04 지게차에 자동차와 같은 스프링을 사용하지 않는 이유를 설명한 것 중 옳은 것은?

① 속도가 느리므로 필요없다.
② 차체의 지상고를 낮추기 위해서이다.
③ 롤링이 생기면 적하물이 떨어지기 때문이다.
④ 속도가 느리므로 스프링이 필요치 않다.

지게차에 현가 스프링을 사용하지 않는 이유는 적하 장비로 롤링에 의한 적하물의 추락을 방지하기 위함이다.

변속장치의 구조와 기능

01 변속기(Transmission)

변속기는 엔진과 추진축 사이에 설치되어 엔진의 동력을 주행 상태에 알맞게 회전력으로 바꾸어 구동 바퀴에 전달하는 장치이다.

1) 변속기의 역할

① 기관의 회전력을 증대시킨다.
② 바퀴의 회전 방향을 역전시켜 후진을 가능하게 한다.
③ 기관의 회전력을 차단시켜 시동 시 엔진을 무부하 상태로 만든다.

2) 변속기의 종류

① 점진 기어식 : 주행 중 변속을 순차적으로 하는 형식
② 선택 기어식(수동 변속기) : 속도에 따라 운전자가 직접 기어 조작
③ 유성 기어식(자동 변속기) : 자동적으로 최적의 토크 변환을 얻을 수 있도록 클러치를 없앤 것

> 🎓 기적의 Tip
>
> **수동 변속기 종류**
> • 섭동 기어식
> • 상시 물림식
> • 동기 물림식

3) 기어가 잘 들어가지 않을 때

① 클러치 차단 불량
② 싱크로나이저 링과 기어의 싱크로나이저 콘부와의 접촉 불량 및 마멸
③ 인터록* 장치의 파손
④ 변속레버 및 시프트 레버 선단의 마모

> ★ 인터록(Interlock)
> 두 개의 기어가 동시에 물리는 것을 방지하는 부품

4) 주행 중 기어가 빠질 때

① 기어의 과도한 마멸
② 각 베어링이나 인서트키의 마모 또는 불량
③ 록킹볼* 스프링의 마멸 또는 절손

> ★ 록킹볼(Locking ball)
> 기어가 빠지는 것을 방지하기 위해 홈에 고정하는 부품

5) 변속기에서 소음이 날 때

① 윤활유의 불량 또는 부족
② 각 베어링 및 기어의 과도한 마모로 기어 물림 불량

02 자동 변속기(Automatic Transmission)

클러치와 변속기의 작동이 장비의 주행 속도나 부하에 따라 자동적으로 이루어지는 장치로 주로 토크 컨버터와 유성 기어식 변속기에 유압 조절 장치를 둔다.

1) 자동 변속기의 특징

① 클러치를 사용하지 않으므로 조작 미숙에 의한 엔진 정지가 거의 없다.
② 각 부분의 진동을 오일이 흡수하므로 충격이 적고 엔진 수명이 길어진다.
③ 저속 측의 구동력이 커 비탈길을 오르기 쉽다.
④ 변속기의 구조가 복잡하고 가격이 비싸다.

⑤ 토크 컨버터를 사용하는 경우 공전 운전에서도 클립 현상으로 인해 동력 전달이 이루어지므로 정지 시 운전 감도를 나쁘게 한다.
⑥ 연료 소비율이 수동 변속기에 비해 10% 정도 크다.
⑦ 구동축을 연결한 상태로 밀거나 끌어서는 안 되며 시동할 수 없다.

2) 자동 변속기 오일
① 토크 컨버터 내의 작동 유체로서 동력을 전달한다.
② 기어 또는 베어링 등의 회전 부분에 공급되어 윤활 작용을 한다.
③ 밸브, 클러치, 브레이크 등을 작동시킨다.
④ 마찰 부분에 공급되어 냉각 작용을 한다.
⑤ 변속 시 충격을 흡수하는 완충(댐핑) 작용을 한다.

이론을 확인하는 개념 체크

01 지게차는 주로 앞바퀴 구동, 뒷바퀴 조향 방식을 사용한다. (O, X)

02 동력식 조향장치는 오일이 부족하면 핸들의 조작이 무거워진다. (O, X)

03 차륜 정렬의 요소는 토인, 캠버, 캐스터, 킹핀 경사각이다. (O, X)

04 정의 캠버는 앞바퀴를 앞에서 보았을 때 윗부분이 안쪽으로 기울어진 상태이다. (O, X)

05 토인 조정은 좌우 바퀴의 중심선 사이의 거리가 뒤쪽이 앞쪽보다 좁게 한다. (O, X)

06 변속기는 시동시 장비를 무부하 상태로 만든다. (O, X)

07 두 개의 기어가 동시에 물리는 것을 방지하는 부품을 록킹볼이라 한다. (O, X)

08 변속기에서 소음이 발생한다면 기어 윤활유의 양을 확인해보아야 한다. (O, X)

09 자동 변속기가 수동 변속기보다 연료 소비율이 낮다. (O, X)

10 토크 컨버터 오일은 착화점이 높고 빙점이 낮아야 한다. (O, X)

01 O 02 O 03 O 04 X 05 X 06 O 07 X 08 O 09 X 10 O

01 자동 변속기의 과열 원인이 아닌 것은?

① 메인 압력이 높다.
② 과부하 운전을 계속하였다.
③ 오일이 규정량보다 많다.
④ 변속기 오일 쿨러가 막혔다.

오일이 규정량보다 많으면 과열은 되지 않으나 필요 이상의 오일 순환으로 압력이 높아지게 된다.

02 토크 컨버터 오일의 구비조건이 아닌 것은?

① 점도가 높을 것
② 착화점이 높을 것
③ 빙점이 낮을 것
④ 비점이 높을 것

토크 컨버터는 유체 클러치를 개량한 것으로 오일이 작동 매체가 되므로 점도가 낮아야 한다.

03 변속기에서 기어의 이중 물림을 방지하는 역할을 하는 것은?

① 인터록 볼
② 로크 핀
③ 셀렉터
④ 로킹 볼

기계식 변속기에서 기어가 이중으로 물리는 것을 방지하는 것은 인터록 장치이며 로킹 볼은 기어가 빠지는 것을 방지하는 안전장치이다.

지게차 동력 전달 장치의 구조와 기능

01 동력 전달 과정

1) 차륜으로의 동력 전달 과정

① 마찰 클러치 타입 엔진식 지게차

기관 → 클러치 → 변속기 → 종 감속 기어장치
및 차동 기어장치 → 구동축 → 앞바퀴

② 토크 컨버터 타입 엔진식 지게차

기관 → 토크 컨버터 → 변속기 → 추진축 → 종
감속 기어장치 및 차동장치 → 구동 차축 → 최종
구동 장치 → 앞바퀴

③ 전동식 지게차

배터리 → 컨트롤러 → 구동 모터 → 변속기 →
종 감속 기어장치 및 차동 기어장치 → 앞 구동축
→ 앞바퀴

> **기적의 Tip**
>
> 지게차는 앞바퀴(전륜) 구동장치이며, 뒷바퀴(후륜) 조향장치를 가지고
> 있다.

2) 지게차 형식에 따른 동력 전달 과정

① 유압식 지게차

기관 → 토크 컨버터 → 파워 시프트 변속기 → 종
감속 기어장치 및 차동장치 → 앞차축 → 앞바퀴

② 전동식 지게차

배터리(축전지) → 컨트롤러 → 구동 모터 → 변
속기 → 종 감속 기어장치 및 차동 기어장치 →
앞 구동축 → 앞바퀴

02 클러치(Clutch)

기관의 동력을 구동 바퀴에 서서히 전달하고 신
속히 차단하는 역할을 하며 장비의 관성 운전과
기어 변속을 위해서 또는 엔진을 시동할 때 무부
하 상태로 하기 위함이다.

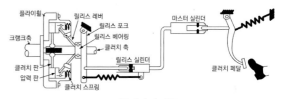

▲ 클러치의 작동

1) 클러치의 조건

① 동력의 차단이 확실하고 신속해야 하며 회전
   부분의 평형이 좋아야 한다.
② 방열이 잘 되고 과열되지 않으며 구조가 간단
   하고 고장이 적어야 한다.

2) 클러치의 종류

① 마찰 클러치

압력판과 플라이휠이 같이 회전하면서 그 사이에
클러치판이 끼워져 있고 강판으로 만든 원판으로
서 마찰면에는 라이닝이 리벳으로 고정되어 있다.

> **기적의 Tip**
>
> 마찰 클러치에는 단판 클러치, 복판 클러치, 다판 클러치 등이 있다.

② 유체 클러치

구조가 간단하고 마멸되는 부분이 적으며 진동 ·
충격 등을 기관에 직접 전달하지 않을 뿐만 아니
라 바퀴에 많은 부하가 걸려도 미끄럼이 증가하
여 기관에 무리를 주지 않는 특징이 있다.

3) 클러치의 구조와 기능

① 클러치 디스크(판)
원형의 강판으로 된 라이닝이 리벳으로 플라이휠과 압력 판 사이에 설치되어 클러치 축을 통하여 변속기에 동력을 전달하거나 차단하는 역할을 한다.

② 압력 판
클러치 스프링의 장력으로 클러치 판을 플라이휠에 밀착시키는 일을 한다.

③ 릴리스 레버
릴리스 베어링의 힘을 받아 압력 판을 움직이는 역할을 한다.

④ 클러치 스프링
클러치 커버와 압력 판 사이에 설치되어 압력 판에 압력을 발생시킨다.

⑤ 릴리스 베어링
릴리스 포크에 의해 클러치 축의 길이 방향으로 움직이며, 회전 중인 릴리스 레버를 눌러 동력을 차단하는 일을 한다.

> **기적의 Tip**
>
> 릴리스 베어링은 솔벤트나 액체의 세척제로 닦아서는 안 된다.

4) 클러치의 조작 기구

① 기계식
페달의 밟는 힘을 로드나 케이블로 릴리스 포크에 전달하는 형식이다.

② 유압식
페달의 밟는 힘에 의해 발생한 유압으로 릴리스 포크를 움직이는 형식이다.

> **기적의 Tip**
>
> **클러치 페달의 유격을 두는 이유**
> - 클러치의 미끄러짐 방지
> - 클러치 페이싱의 마멸 감소
> - 릴리스 베어링의 수명 연장

5) 유체 클러치의 구조와 기능

유체의 원심력을 이용하여 동력을 전달하는 것이며, 엔진과 변속기 사이에는 기계적 연결이 없다.

① 펌프 임펠러
오일 속에 잠겨져 있으며, 크랭크축과 함께 회전한다.

② 터빈 런너
오일 속에 잠겨져 있으며, 변속기 입력 축과 연결되어 있다.

③ 가이드 링
오일은 맴돌이 흐름을 하기 때문에 중심부에 가이드 링을 설치하여 유체 충돌의 발생을 감소시켜 클러치 효율을 높이는 역할을 한다.

④ 스테이터
오일의 흐름 방향을 바꾸어 준다.

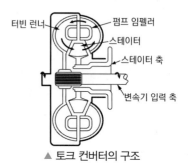

▲ 토크 컨버터의 구조

6) 토크 컨버터의 구조와 기능

유체 클러치의 개량형으로 동력 전달 효율은 97~98% 정도이다.

> **더 알기 Tip**
>
> **클러치가 미끄러지는 원인**
> - 클러치의 자유 유격이 작을 때
> - 클러치 스프링의 장력 쇠손 또는 절손
> - 클러치 페이싱 면의 과대 마모
> - 클러치 페이싱에 기름 부착
>
> **클러치 끊어짐(차단)이 불량한 원인**
> - 클러치 페달의 유격 과대
> - 클러치 판이 흔들리거나 비틀어짐
> - 릴리스 레버 높이 불량

03 변속기

변속기는 엔진과 추진축 사이에 설치되어 엔진의 동력을 주행 상태에 알맞도록 회전력으로 바꾸어 구동 바퀴에 전달하는 장치이다.

04 추진축(Drive Line)

토크 컨버터 형식의 추진축은 변속기에서 나온 동력을 차동장치 및 종 감속 기어장치로 전달하는 부분이며 추진축, 자재이음, 슬립이음으로 구성되어 있다.

1) 추진축(Propeller shaft)

변속기의 회전력을 종 감속장치에 전달하여 바퀴를 회전시키는 부분이다.

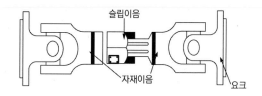

▲ 드라이브 라인(추진축)

2) 자재이음(Universal joint)

자재이음은 각도를 가진 2개의 축 사이에 설치되어 원활한 동력을 전달할 수 있도록 사용되며, 추진축의 각도 변화를 가능케 한다.

▲ 십자축 자재이음

3) 슬립이음(Slip joint)

변속기 출력축의 스플라인에 설치되어 주행 중 추진축의 길이 변화를 가능하게 한다.

05 차축(Axle)

장비의 앞쪽에 설치되어 장비의 중량을 지지함과 동시에 엔진의 회전력을 구동 바퀴에 전달하는 역할을 한다.

1) 종 감속 기어

추진축의 회전력을 직각 또는 직각에 가까운 각도로 바꾸어 뒤차축에 전달하고 동시에 감속하는 일을 한다.

2) 차동 기어장치

선회 주행 시 양쪽 바퀴가 미끄러지지 않고 회전되도록 바깥 바퀴를 안쪽 바퀴보다 더 많이 회전시켜 원활한 회전을 가능하게 하는 장치이다.

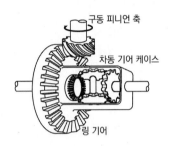

▲ 차동기어장치 구조

3) 자동제한 차동 기어장치

노면이 양호한 곳을 주행할 때에는 좌·우 바퀴에 동일한 크기의 동력이 분배되나 커브 길을 선회하거나 미끄럼이 발생되는 도로에서는 노면의 저항이 적은 쪽의 바퀴가 공전하게 되어 구동력이 감소한다. 반대쪽 구동 바퀴는 저항이 증가 되어 회전하지 못하여 미끄럼에 따른 공회전 없이 주행할 수 있도록 하는 장치이다.

4) 액슬 축

종 감속 기어, 차동 기어장치를 거친 동력을 뒷바퀴에 전달한다.

> 🎓 **기적의 Tip**
>
> **액슬 축의 지지방식**
> - **전 부동식** : 차량 중량 전체를 액슬 하우징이 지지하고 액슬 축은 동력만 전달
> - **3/4 부동식** : 차량 중량 3/4를 액슬 하우징이 지지하고 나머지는 액슬 축이 지지
> - **반 부동식** : 차량 중량 1/2을 액슬 하우징이 지지하고 나머지는 액슬 축이 지지

06 타이어(Tire)의 구조와 기능

타이어는 사용 공기 압력에 따라 고압, 저압, 초저압 타이어 등이 있으며 튜브 유무에 따라 튜브 타이어와 튜브 없는 타이어로 나뉘고 형상에 따라 보통 타이어, 레이디얼 타이어, 스노 타이어, 편평 타이어 등으로 구분한다.

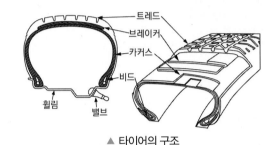

▲ 타이어의 구조

1) 바퀴

바퀴는 휠(wheel)과 타이어로 구성되어 있다. 휠은 타이어를 지지하는 림과 휠을 허브에 지지하는 디스크로 되어 있으며 타이어는 림 베이스에 끼워진다.

> 🎓 **기적의 Tip**
>
> 지게차는 완충장치가 없는 구조로 작업 중에 롤링이 발생하면 적재물이 떨어질 염려가 있어 현가 스프링을 두지 않으며 주로 저압 타이어를 사용한다.

2) 트레드(Tread)

노면과 직접 접촉하는 고무 부분으로 카커스와 브레이커를 보호한다. 또한 타이어의 기본적인 기능인 구동, 제동, 선회 성능은 물론 승차감과 소음, 굴러가는 데 대한 저항, 마모 같은 모든 특성과 관계가 있다.

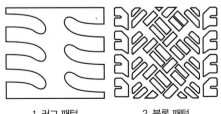

1. 러그 패턴   2. 블록 패턴

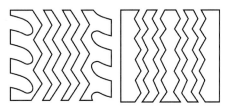

3. 리브러그 패턴   4. 리브 패턴

▲ 타이어 트레드 패턴의 종류

① 러그 패턴

타이어 회전 방향의 직각으로 홈을 둔 것으로 제동성능과 구동성능이 우수하다.

② 블록 패턴

연약한 노면을 다지면서 주행할 수 있어 슬립을 방지할 수 있다.

③ 리브러그 패턴

타이어 숄더(shoulder)부에 러그 패턴을, 트레드 중앙부에는 지그재그형의 리브 패턴을 사용하여 양호한 도로나 험악한 노면에서 모두 사용할 수 있다.

④ 리브 패턴

타이어 원둘레 방향으로 몇 개의 홈을 둔 것으로 포장도로에서 고속 주행에 적합하다.

기적의 Tip

트레드(Tread) 패턴의 필요성
• 제동력, 견인력, 구동력을 좋게 한다.
• 열을 방출하여 변형을 방지하고 배수 효과를 준다.
• 조향 성능을 향상시키고 안전성을 준다.

3) 브레이커(Breaker)

트레드와 카커스 사이에 있으며, 몇 겹의 코드 층을 내열성의 고무로 싼 구조로 되어 있다.

4) 카커스(Carcass)

타이어의 골격이자 몸통으로 차체의 하중을 지지한다.

5) 비드부(Bead section)

타이어가 림과 접촉하여 고정하는 부분으로 타이어가 림에서 빠지는 것을 방지한다.

더 알기 Tip

타이어의 호칭 치수

바깥지름과 폭은 표준 공기 압력과 무부하 상태에서 측정하며, 정하중 반지름은 타이어를 수직으로 하여 규정의 하중을 가하였을 때 타이어의 축 중심에서 접지면까지의 가장 짧은 거리를 측정한다.
① **고압 타이어의 호칭 치수**
바깥지름(inch) × 폭 - 플라이 수
② **저압 타이어의 호칭 치수 = 건설기계에 주로 사용**
타이어 폭(inch) × 안지름(내경) - 플라이 수

▲ 타이어 호칭

기적의 Tip

타이어에서 발생하는 이상 현상
• **스탠딩웨이브** : 타이어 공기압이 낮은 상태에서 고속으로 달릴 때 타이어 접지부의 바로 뒷부분이 부풀어 물결처럼 주름이 접히는 현상
• **수막현상** : 타이어가 물 위를 미끄러지듯이 진행되는 현상

차륜 정렬의 역할
• 조향 핸들의 조작을 가볍게 할 수 있도록 한다.
• 조향 핸들의 조작을 확실하게 하고 안정성을 준다.
• 조향 핸들에 복원성을 준다.
• 타이어의 마멸을 최소로 한다.

01 토크 컨버터가 유체 클러치와 구조상 다른 점은?

① 임펠러
② 터빈
③ 스테이터
④ 펌프

스테이터는 토크 컨버터에서 오일이 터빈을 떠난 후 오일의 흐름 방향을 전환하여 다시 터빈으로 돌려보내는 역할을 한다.

02 전륜구동식 지게차에서 차동기가 위치하고 있는 것은?

① 전차축
② 프레임
③ 마스트
④ 후차축

지게차는 전륜구동식이므로 차동장치가 전차축에 설치되어 있다.

03 토크 컨버터식 지게차 동력 전달 순서 중 맞는 것은?

① 엔진－토크 컨버터－변속기－종 감속 기어 및 차동장치－최종 감속장치－앞 구동축－차륜
② 엔진－변속기－토크 컨버터－종 감속 기어 및 차동장치－앞 구동축－최종 감속장치－차륜
③ 엔진－토크 컨버터－변속기－앞 구동축－종 감속 기어 및 차동장치－최종 감속장치－차륜
④ 엔진－토크 컨버터－변속기－종 감속 기어 및 차동장치－앞 구동축－최종 감속장치－차륜

토크 컨버터식 지게차의 동력 전달 순서 : 엔진 － 토크 컨버터 － 변속기 － 종 감속 기어 및 차동장치 － 앞 구동축 － 최종 감속장치 － 차륜

04 클러치의 필요성으로 틀린 것은?

① 전 · 후진을 위해
② 관성 운동을 하기 위해
③ 기어 변속 시 기관의 동력을 차단하기 위해
④ 기관 시동 시 기관을 무부하 상태로 하기 위해

클러치의 필요성
• 엔진 기동시 무부하 상태로 하기 위해
• 장비의 관성 운전을 위해
• 변속기의 기어 바뀜을 위해

05 변속기와 종 감속 기어 사이의 구동 각도에 변화를 줄 수 있는 동력 전달 기구로 옳은 것은?

① 슬립이음
② 자재이음
③ 스테빌라이저
④ 크로스 멤버

오답 피하기
각부장치의 명칭 및 기능
① **슬립이음** : 축의 길이 변화에 대응
② **자재이음** : 축의 각도 변화에 대응
③ **스테빌라이저** : 롤링을 방지
④ **크로스 멤버** : 프레임의 좌우를 연결하여 고정

06 건설기계에 사용되는 저압 타이어 호칭 치수표시는?

① 타이어의 외경 － 타이어의 폭 － 플라이 수
② 타이어의 폭 － 타이어의 내경 － 플라이 수
③ 타이어의 폭 － 림의 지름
④ 타이어의 내경 － 타이어의 폭 － 플라이 수

타이어의 호칭 치수 표시
• 고압타이어 = 타이어 외경×타이어 폭 － 플라이 수
• 저압타이어 = 타이어 폭 － 타이어 내경 － 플라이 수

07 유체 클러치에서 동력 전달의 매체는 무엇인가?

① 클러치 판
② 오일
③ 벨트
④ 기어

유체 클러치나 토크 컨버터의 동력 전달 매체는 오일이다.

08 지게차의 동력 전달 순서는?

① 기관−클러치−변속기−차동장치−액슬 축
−앞바퀴
② 기관−변속기−클러치−차동장치−액슬 축
−앞바퀴
③ 기관−클러치−차동장치−변속기−액슬 축
−앞바퀴
④ 기관−클러치−변속기−차동장치−액슬 축
−뒤 바퀴

지게차의 동력 전달 순서
• **클러치식** : 기관−클러치−변속기−차동장치−액슬 축−앞바퀴
• **토크 컨버터식** : 기관−토크 컨버터−변속기−추진 축−차동장치−액슬 축
−앞바퀴
• **전동 지게차** : 배터리−컨트롤러−구동 모터−변속기−차동장치−액슬 축
−앞바퀴

01 제동장치(Brake System)

주행 중 감속 · 정지시키고 정차나 주차 상태를 위해 사용되는 장치이다. 작동이 확실하고, 제동 효과가 좋으며 신뢰성과 내구성이 크고 점검 · 정비가 쉬워야 한다.

02 제동장치의 분류

1) 조작 방법에 의한 분류

① 핸드 브레이크(기계식)

손으로 조작하는 것으로 주로 주차용으로 사용한다. 주행이 될 수 없도록 잠금장치의 역할을 수행하며 전원이 연결되어 하부 구동축으로의 유압을 차단하여 작동을 제어한다.

② 풋(Foot) 브레이크

발로 조작하는 것으로 주행 중에 제동할 수 있도록 설계되어 있으며 주행 중 정지 또는 감속 제어하는 역할을 수행한다. 기계식 브레이크, 유압식 브레이크, 서보(servo) 브레이크 등이 있다.

> **기적의 Tip**
>
> **인칭 브레이크**
> 주행 중에 안전상 사용할 수 없으며 작업 시에만 사용하며 페달을 조작하면 주행장치로 가는 동력을 차단하고 작업장치의 작동만 할 수 있도록 설계된 보조 브레이크 장치이다.

2) 형식에 의한 분류

① 드럼 브레이크

마찰재를 이용하여 회전하는 브레이크 드럼에 압착되어 제동력을 발생시킨다.

② 디스크 브레이크

회전하는 디스크에 패드를 압착시켜 제동력을 발생시킨다.

▲ 지게차 제동장치 페달(왼쪽부터 인칭 브레이크 페달, 풋 브레이크 페달, 가속페달)

> **기적의 Tip**
>
> **조작 기구에 의한 분류**
> • 기계식 : 와이어나 로드를 사용하는 것으로 핸드 브레이크에 사용된다.
> • 유압식 : 유압을 이용하는 것으로 풋 브레이크에 사용된다.
> • 공기식 : 압축 공기를 이용하는 것으로 풋 브레이크에 사용된다.

03 유압식 브레이크

1) 마스터 실린더

브레이크 페달을 밟을 때 페달의 힘을 받아 유압을 발생시켜 파이프를 통해 휠 실린더에 보내는 역할을 한다.

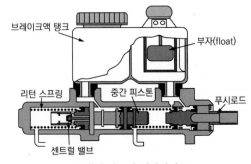

브레이크액 탱크
부자(float)
리턴 스프링
중간 피스톤
푸시로드
센트럴 밸브

▲ 텐덤 마스터 실린더의 구조

① 실린더 보디 : 위쪽에 오일 탱크가 설치되어 있으며 재질은 주철이나 알루미늄 합금이다.
② 피스톤 : 페달을 밟는 것에 의해 푸시로드가 실린더 내 유압을 발생시킨다.
③ 피스톤 컵 : 마스터 실린더 내의 오일이 밖으로 누출되는 것을 방지한다.
④ 체크 밸브(Check valve) : 회로 내의 잔압을 유지시켜 준다.
⑤ 피스톤 리턴 스프링 : 페달을 놓았을 때 피스톤이 제자리로 복귀하도록 도와준다.

▲ 휠 실린더의 구조

2) 휠 실린더

마스터 실린더의 유압을 받아서 브레이크 슈를 드럼에 압착시키는 일을 한다.

3) 브레이크 슈

휠 실린더에 의해서 드럼에 압착되어 마찰력을 발생시키는 역할을 하며, 라이닝이 리벳으로 설치되어 있다.

4) 라이닝

마찰을 증대시키는 마찰제이다. 변화가 작고 고열에 견디며 내 마멸성이 있으며 마찰 계수와 기계적 강도가 커야 된다.

5) 브레이크 드럼

바퀴와 함께 회전하며, 브레이크 슈와 마찰에 의해서 제동력을 발생한다.

6) 브레이크 페달의 자유 간극

지렛대의 원리를 이용하여 힘을 증가시킨다.

① 대형 : 15~30mm
② 중형 : 10~15mm
③ 소형 : 5~10mm

04 공기 브레이크(Air Brake)

공기 브레이크는 엔진으로부터 공기 압축기를 구동하여 발생한 압력($5\sim7kgf/cm^2$)을 이용해 브레이크 슈를 드럼에 압착시켜 제동하는 방식이다. 구조는 공기 압축기, 공기탱크, 브레이크 밸브, 릴레이 밸브, 퀵 릴리스 밸브, 브레이크 챔버, 저압 표시기, 체크 밸브 등으로 구성된다.

> **더 알기 Tip**
>
> **공기 브레이크 취급 주의사항**
> - 라이닝 교환은 반드시 세트(조)로 한다.
> - 운행이 끝난 다음 매일 공기탱크의 물을 제거한다.
> - 시동 후 운행할 때에는 규정 공기 압력을 확인한 다음 출발한다.
> - 공기 브레이크에 사용되는 공기압은 $5\sim7kgf/cm^2$이다.
> - 공기 브레이크에서 제동력의 세기 조정은 압력 조정 밸브로 한다.

05 디스크 브레이크(Disc Brake)

디스크 브레이크는 드럼 대신 바퀴와 함께 회전하는 디스크를 유압으로 패드를 양쪽에서 압착하여 마찰력으로 제동하도록 되어 있다. 디스크가 대기 중에 노출되어 회전하므로 페이드 현상이 적으며 자동 조정 브레이크 형식이다.

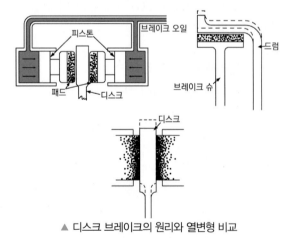

▲ 디스크 브레이크의 원리와 열변형 비교

06 배력식 브레이크

유압식 브레이크에서 제동력을 증대시키기 위해 엔진 흡입 행정에서 발생하는 진공(부압)과 대기압 차이를 이용하는 진공 배력식(하이드로 백), 압축 공기와 대기압 차이를 이용하는 공기 배력식(하이드로 에어백)으로 분류되며 진공 배력 장치에는 마스터 실린더와 배력 장치가 분리되어 설치된 분리형과 실린더의 앞 또는 뒤에 직접 설치되어 있는 일체형으로 분류된다.

> **더 알기 Tip**
>
> **브레이크가 잘 듣지 않는 원인**
> - 마스터 실린더 및 휠 실린더에서 오일이 누출된다.
> - 브레이크 오일이 누출되거나 부족하다.
> - 브레이크 오일 라인에 공기가 혼입되었다.
> - 라이닝이 마모되거나 물 또는 오일이 묻었다.
> - 브레이크 간극이 너무 크다.
> - 브레이크 오일 라인에 오일의 누출 및 라이닝의 마멸이 심하다.
>
> **브레이크 페달을 밟았을 때 조향 핸들이 쏠리는 원인**
> - 캐스터의 불량 또는 조향 너클의 휨
> - 타이어 공기압의 불평등 또는 스테빌라이저의 절손
> - 라이닝의 접촉 불량 또는 앞바퀴 얼라인먼트의 불량
> - 드럼의 편 마모 및 공기압의 불균형 또는 오일이나 오물의 부착
>
> **브레이크가 풀리지 않는 원인**
> - 마스터 실린더의 리턴 스프링이 불량할 때
> - 마스터 실린더의 리턴 구멍이 막힐 때
> - 드럼의 라이닝이 소결되어 라이닝 간극이 없을 때
> - 마스터 실린더의 푸시로드 길이가 너무 길 때
>
> **브레이크 페달의 유격이 크게 되는 원인**
> - 브레이크 오일 라인에 공기가 유입되었을 때
> - 브레이크 드럼이 마모되었거나 피스톤 컵에서 오일이 누출되었을 때

01 유압 브레이크에서 잔압을 유지시키는 것은?

① 부스터
② 실린더
③ 체크 밸브
④ 피스톤 스프링

유압 브레이크에서 회로 내 잔압을 유지하는 것은 체크 밸브이며 잔압을 유지하여 신속한 작동과 베이퍼 록을 방지하여 브레이크가 밀리는 것을 방지한다.

02 내리막길을 내려갈 때 베이퍼 록을 방지하려면 어떻게 운전해야 하는가?

① 시동이 꺼진 상태에서 브레이크 페달을 밟으며 내려간다.
② 변속레버를 중립으로 놓고 브레이크 페달을 이용하여 속도를 줄이며 내려간다.
③ 주행 속도보다 낮은 기어를 선택하는 엔진 브레이크를 사용한다.
④ 클러치를 끊고 브레이크 페달을 계속 밟은 상태로 내려간다.

내리막길에서 엔진 브레이크를 사용하면 베이퍼 록을 방지할 수 있다.

03 유압식 브레이크가 제동이 잘 풀리지 않을 때 원인에 해당되는 것은?

① 마스터 실린더 리턴 구멍의 막힘
② 체크 밸브의 불량
③ 파이프의 공기유입
④ 낮은 점도의 브레이크 오일

마스터 실린더의 리턴 구멍이 막히게 되면 브레이크 오일이 돌아오지 못하게 되어 제동이 잘 풀리지 않게 된다.

. SECTION .

15 유압유

출제
빈도 상 중 하

01 유압

밀폐된 용기의 기름에 압력을 가하여 동력을 전달하는 것을 말한다.

1) 유압의 필요성

건설기계 주행장치, 작업장치, 조향장치, 토크변환기 등은 모두 유압을 이용한다.
① 적은 동력으로 큰 동력을 얻을 수 있으며 동력의 분배 및 집중이 용이하다.
② 속도 조절이 가능하고 무단변속이 가능하며 부하에 따라 자동적으로 속도가 변한다.

> 🎓 **기적의 Tip**
>
> **유압의 원리**
> • 공기는 압축이 되지만 액체는 압축이 안 된다.
> • 액체는 운동을 전달한다.
> • 액체는 힘을 증대시킬 수 있다.
> • 액체는 작용력을 감소시킬 수 있다.

2) 유압의 특징

밀폐된 용기에 액체를 채워 힘을 가하면 내부의 압력이 똑같은 압력으로 작용한다는 파스칼의 원리를 이용하였다.

3) 압력

단위 면적당 수직으로 작용하는 힘의 크기를 말하며 유압유의 유량, 점도, 관로의 직경 등이 압력에 영향을 준다.

4) 유량

유압기기 내에서 액체가 단위 시간당 이동한 양이다.

> 🎓 **기적의 Tip**
>
> **압력의 단위**
> kg/cm², bar, PSI, mmHg, atm, Pa(kPa, MPa), mAq, mbar
>
> **유량의 단위**
> GPM, LPM, CCM, CFM, Liters

02 유압유(작동유)

1) 유압유의 구비 조건

① 점도의 변화가 적고 점도 지수와 착화점이 높아야 한다.
② 산화 안정성이 있고 비압축성이어야 한다.
③ 점성과 유동성이 있어야 되며 물리적 또는 화학적인 변화가 없어야 한다.
④ 윤활성과 방청성이 있어야 한다.

2) 유압유 선택 시 고려 사항

① 화학적으로 안정성이 높아야 하며 열전도율이 좋아야 한다.
② 휘발성이 적고 독성이 없어야 한다.

03 온도와 점도와의 관계

1) 점도* 지수

온도 변화에 대한 점도 변화의 비율을 점도 지수라고 한다. 점도 지수가 큰 오일은 온도 변화가 적고 점도 지수가 낮은 오일은 겨울철 시동저항이 생기고 마찰손실이 커서 공동현상*이 생길 수 있다.

> ★ **점도**
> 끈적끈적한 정도

2) 유압유의 적절한 온도

① 난기 운전 시 오일의 온도 : 20~27℃
② 최고 허용 오일의 온도 : 80℃
③ 최저 허용 오일의 온도 : 40℃
④ 정상적인 오일의 온도 : 40~60℃
⑤ 열화되는 오일의 온도 : 80~100℃

04 유압유 관리

1) 현장에서 오일의 열화를 찾아내는 방법

① 유압유 색깔의 변화나 수분 및 침전물의 유무를 확인한다.
② 유압유를 흔들었을 때 거품이 발생하는지 확인한다.
③ 유압유에서 자극적인 악취가 발생하는지 확인한다.

2) 유압유가 과열되는 원인

① 펌프의 효율이 불량하거나 유압유가 노화되었다.
② 오일 냉각기의 성능이 불량하거나 탱크 내에 유압유가 부족하다.
③ 유압유의 점도가 불량하고 안전 밸브의 작동 압력이 너무 낮다.

이론을 확인하는 개념 체크

01 유압유는 점도 변화가 큰 것이 이상적이다. (O, X)

02 유압유는 화학적으로 안정적이어야 한다. (O, X)

03 유압유는 높은 휘발성을 가져야 한다. (O, X)

04 유압유의 온도가 높아질수록 점도는 낮아진다. (O, X)

05 점도가 낮은 유압유를 사용하면 동력 손실이 커질 수 있다. (O, X)

06 유압유 내에 기포가 발생하는 현상을 공동현상이라 한다. (O, X)

07 적정한 유압유의 온도는 20~40℃이다. (O, X)

08 유압유의 온도가 80℃ 이상이면 열화가 촉진된다. (O, X)

09 유압유가 노화되었다면 과열이 발생할 수 있다. (O, X)

10 유압유의 색깔이나 침전물 상태로도 열화 상태를 확인할 수 있다. (O, X)

01 X 02 O 03 X 04 O 05 X 06 O 07 X 08 O 09 O 10 O

합격을 다지는 예상문제

01 유압유의 구비조건이 아닌 것은?

① 부피가 클 것
② 내열성이 클 것
③ 화학적 안정성이 클 것
④ 적정한 유동성과 점성을 갖고 있을 것

유압유는 부피가 작아야 한다.

02 일반적으로 유압유가 갖추어야 하는 성질로 틀린 것은?

① 점성이 높아야 한다.
② 인화점이 높아야 한다.
③ 압축성이 낮아야 한다.
④ 유동점이 낮아야 한다.

유압 작동유는 점성이 낮아야 한다. 이는 유압유가 운동을 전달하는 매체이기 때문이다.

03 유압식 작업장치의 속도가 느릴 때의 원인으로 가장 맞는 것은?

① 오일 쿨러의 막힘이 있다.
② 유압 펌프의 토출압력이 높다.
③ 유압 조정이 불량하다.
④ 유량 조정이 불량하다.

유압 작업장치의 속도는 유량에 의해 결정되므로 유량 조정이 불량하면 작동장치의 속도도 불량해지게 된다.

04 유압 작동유의 점도가 지나치게 낮을 때 나타날 수 있는 현상은?

① 출력이 증가한다.
② 압력이 상승한다.
③ 유동저항이 증가한다.
④ 유압 실린더의 속도가 늦어진다.

유압유의 점도가 지나치게 낮으면 오일의 누설과 작동 장치의 작업속도가 늦어지게 된다.

05 작동유에 대한 설명으로 틀린 것은?

① 점도지수가 낮아야 한다.
② 점도는 압력 손실에 영향을 미친다.
③ 마찰 부분의 윤활작용과 냉각작용도 한다.
④ 공기가 혼입되면 유압기기의 성능은 저하된다.

작동유에서 점도는 유압기기의 작동에 영향을 주기 때문에 점도는 낮아야 하나 점도지수는 온도에 따른 점도의 변화 정도를 나타내는 것으로 점도지수는 높아야 온도에 따른 영향이 적다.

06 다음 중 압축성 유체에 해당하는 것은?

① 기체
② 액체
③ 고체
④ 플라즈마

압축이 가능한 것은 기체이다.

07 다음 중 보기에서 압력의 단위만 나열한 것은?

[보기]
ㄱ. psi   ㄴ. kgf/cm^2 ㄷ. bar   ㄹ. N · m

① ㄱ, ㄴ, ㄷ
② ㄱ, ㄴ, ㄹ
③ ㄴ, ㄷ, ㄹ
④ ㄱ, ㄷ, ㄹ

압력의 단위로는 psi, bar, kgf/cm^2, mmHg 등이 있다.

08 현장에서 유압유의 열화를 찾아내는 방법으로 가장 적합한 것은?

① 오일을 가열했을 때 냉각되는 시간 확인
② 오일을 냉각시켰을 때 침전물의 유무 확인
③ 자극적인 악취, 색깔의 변화 확인
④ 건조한 여과지를 오일에 넣어 젖는 시간 확인

오일(유압유)이 열화되면 심한 악취와 함께 오일의 색이 갈색으로 변한다.

09 유압장치에 사용하는 작동유의 정상 작동 온도 범위로 가장 적합한 것은?

① 10~30℃
② 40~80℃
③ 90~110℃
④ 120~150℃

작동유의 워밍업 온도는 27~30℃ 정도이고 정상 작동 온도는 40~80℃, 한계 온도는 80℃, 위험 온도는 100℃이다.

SECTION 16 유압 탱크, 유압 펌프

출제빈도 상 중 하

01 유압장치의 관계운동

유압기기는 유압유를 공급 및 저장하는 유압탱크, 압력유를 보내는 유압 펌프, 압력과 유량 및 방향을 제어하는 제어 밸브, 유압 에너지를 기계적 에너지로 변환시키는 액추에이터 등으로 구성되어 있다.

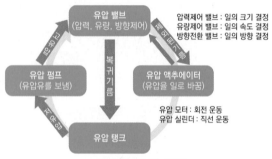

▲ 유압장치의 관계운동

1) 유압장치의 장점

① 작은 힘으로 큰 힘을 낼 수 있다.
② 에너지 저장, 힘의 전달과 연속제어가 가능하다.
③ 무단 변속, 과부하 방지 및 원격제어가 가능하다.
④ 윤활유의 성질을 가지고 있으며 정확한 제어가 가능하다.

2) 유압장치의 단점

① 온도에 영향을 받아 점도가 쉽게 변해 정밀한 속도 제어가 어렵다.
② 구조가 복잡하고 누유될 가능성이 크며, 환경 오염의 원인이 된다.
③ 고압 사용으로 에너지 손실이 크고 접속부에서 누출될 가능성이 크다.

02 유압 탱크의 구조

탱크의 구조는 작동유 주입구, 아래쪽의 배출구(드레인 플러그), 작동유의 보유량을 밖에서 점검할 수 있는 유면계 등으로 구성되어 있다.

1. 둥근형 탱크

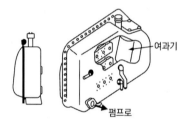

2. 사각형 탱크

▲ 유압 탱크의 구조

1) 구조

유압 탱크는 오일 여과기(스트레이너), 드레인 플러그(배출구), 격리판(배플, Baffle), 주입구 캡, 유면계 및 유면게이지 등으로 구성되어 있다.

① 탱크의 펌프라인과 복귀라인 사이에 격리판을 설치한다.
② 펌프라인과 복귀라인은 최대한 멀리 떨어진 위치에 설치한다.
③ 유압 탱크 내 펌프라인쪽에 오일여과기를 설치한다.

2) 크기

유압 펌프의 토출량의 2~3배 정도를 저장할 수 있는 크기이며, 모든 기기에서 복귀되는 유량을 저장할 수 있는 공간이어야 한다.

3) 기능

계통 내의 필요한 유량을 확보하고 적정한 온도를 유지하며 스트레이너가 설치되어 불순물 혼입을 방지하고 기포 발생을 최소화하기 위해서 격리판을 설치한다.

03 유압 펌프*의 종류

1) 기어 펌프

기어의 회전에 의해 작동하며 일반적으로 외접기어 펌프가 사용되고 있다.

▲ 내접기어 펌프

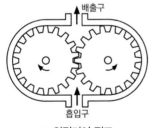
▲ 외접기어 펌프

① 구조가 간단하여 소형 경량이며 가격이 저렴하다.
② 흡입력이 크기 때문에 가압식 유압탱크를 사용하지 않는다.
③ 가혹한 조건에서 사용이 가능하며 펌프효율이 80~85% 정도이다.

★ 유압 펌프
기관의 앞에 플라이휠 및 변속기 부축에 연결되어 작동되며 기계적 에너지를 받아서 유체 에너지로 변환한다.

2) 베인 펌프

맥동과 소음이 적고 구조가 간단하며 날개를 이용하여 펌프 작용을 한다.

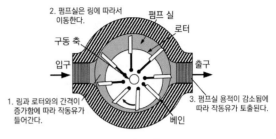
▲ 베인 펌프

① 구조가 간단하고 성능이 좋으며 가격이 저렴하다.
② 펌프 출력에 비해 소형·경량이며 비교적 고장이 적고 수리가 용이하다.
③ 장시간 안정된 성능을 발휘할 수 있으나 점도에 영향을 받는다.

3) 플런저 펌프(피스톤 펌프)

플런저의 왕복운동에 의한 펌프 작용을 하며 오일의 기밀을 유지하기 위한 부분의 면적이 크기 때문에 고압 대출력에 용이하고 가변 용량이 가능하다.

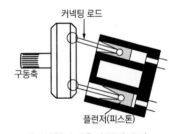
▲ 액시얼형의 사축식 플런저 펌프

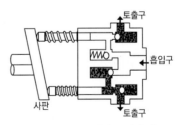
▲ 액시얼형의 사판식 플런저 펌프

① 레디얼 펌프

플런저가 회전축에 대하여 직각 방사형으로 배열되어있는 펌프이다.

② 액시얼 펌프

사축식과 사판식이 있으며 플런저가 회전축 방향으로 배열되어 있는 펌프이다.

▶ 유압 펌프의 성능 비교

종목	기어 펌프	베인 펌프	플런저 펌프
구조	간단함	간단함	가변용량이 가능
최고압력(kg/cm²)	170~210	140~170	250~350
최고 회전수(rpm)	2,000~3,000	2,000~3,000	2,000~2,500
펌프의 효율(%)	80~85	80~85	85~95
소음	중간	적음	큼
자체 흡입 성능	우수	보통	약간 나쁨
수명	중간	중간	우수

이론을 확인하는 개념 체크

01 유압장치를 사용하는 이유는 작은 힘으로 큰 힘이 필요한 일을 하기 위함이다. (O, X)

02 스트레이너란 유압 탱크의 펌프라인과 복귀라인 사이의 격리판을 의미한다. (O, X)

03 유압 탱크 내 격리판의 역할은 불순물의 혼입 방지이다. (O, X)

04 드레인 플러그는 유압 탱크 내 오일을 배출시키기 위한 마개이다. (O, X)

05 유압 펌프는 기계적 에너지를 유압 에너지로 변환한다. (O, X)

06 기어 펌프는 구조가 간단하고 가격이 저렴하다. (O, X)

07 플런저 펌프는 유압 펌프 중 가장 고압 토출이 가능하다. (O, X)

08 베인 펌프는 비교적 수명이 짧다. (O, X)

09 오일 펌프의 흡입관으로 공기가 유입되는 경우 오일을 토출하지 않을 수 있다. (O, X)

10 기어 펌프에서 소음이 난다면 베어링의 마모나 오일의 부족을 확인해야 한다. (O, X)

01 O 02 X 03 X 04 O 05 O 06 O 07 O 08 X 09 O 10 O

01 다음 유압 펌프 중 가장 높은 압력 조건에 사용할 수 있는 펌프는?

① 기어 펌프
② 로터리 펌프
③ 플런저 펌프
④ 베인 펌프

유압 펌프의 비교

종목	기어 펌프	베인 펌프	플런저 펌프
구조	간단함	간단함	가변용량이 가능
최고압력(kg/cm^2)	170~210	140~170	250~350
최고 회전수(rpm)	2,000~3,000	2,000~3,000	2,000~2,500
펌프의 효율(%)	80~85	80~85	85~95
소음	중간	적음	큼
자체 흡입 성능	우수	보통	약간 나쁨
수명	중간	중간	우수

02 유압 펌프가 작동 중 소음이 발생할 때의 원인으로 틀린 것은?

① 펌프 축의 편심 오차가 크다.
② 펌프 흡입관 접합부로부터 공기가 유입된다.
③ 릴리프 밸브 출구에서 오일이 배출되고 있다.
④ 스트레이너가 막혀 흡입 용량이 너무 작아졌다.

유압회로에서 릴리프 밸브 출구로 오일이 배출되고 있으면 필요 이상의 오일이 리턴되고 있는 것이므로 소음이 발생되지 않는다.

03 유압장치의 기본 구성 요소가 아닌 것은?

① 유압 펌프
② 유압 실린더
③ 유압제어 밸브
④ 종 감속 기어

유압장치의 기본 3주요부는 동력부인 유압 펌프, 제어부인 제어 밸브, 작동부인 액추에이터(유압 실린더와 유압 모터)로 구성되어 있다.

04 유압장치의 주된 고장 원인으로 가장 거리가 먼 것은?

① 과부하 및 과열로 인하여
② 공기, 물, 이물질의 혼입에 의하여
③ 기기의 기계적 고장으로 인하여
④ 덥거나 추운 날씨에 사용함으로 인하여

유압장치의 주된 고장 원인으로 덥거나 추울 때 사용함으로 인해 발생되는 고장은 해당되지 않는다.

05 유압 탱크의 기능이 아닌 것은?

① 계통 내의 필요한 유량을 확보
② 배플에 의한 기포발생 방지 및 소멸
③ 탱크 외벽의 방열에 의한 적정온도 유지
④ 계통 내의 필요한 유압의 설정

계통 내의 유압의 설정은 릴리프 밸브가 하는 일이다.

01 유압장치의 구조

1) 유압 발생부

유압 발생부는 유압 펌프나 전동기에 의해서 유압이 발생되는 부분으로 유압탱크, 여과기, 유압 펌프, 압력계, 오일펌프 구동용 전동기 등으로 구성되어 있다.

> **기적의 Tip**
>
> **컨트롤 밸브**
> 유압 실린더와 유압 모터가 하는 일의 목적에 따라 작동유의 흐름을 조절하는 밸브로 작업 레버 및 주행 레버에 연결되어 작동하는 스풀형(spool type)으로 되어 있다.

2) 유압 제어부

유압 제어부는 작동유를 필요한 압력, 유량, 방향으로 제어하는 부분이다. 제어 밸브에는 릴리프 밸브를 부착하여 유압회로에 규정 이상의 압력이 발생하면 과잉 압력의 작동유를 탱크로 복귀시키는 안전 밸브를 두고 있다.

① 수동식 제어 밸브
구형장비에서 사용하던 방식이며, 밸브와 제어 밸브 사이를 로드로 연결하여 기계적 힘에 의해 작동한다.

② 전자식 제어 밸브
수중 작업용이나 원격 조정용 등의 특수 목적으로 사용되고 있다.

③ 공압식 제어 밸브
레버를 조작하면 공기제어 밸브가 열려 공기가 호스를 흐르면서 공기 실린더가 제어 밸브를 작동시키도록 되어 있다.

④ 유압식 제어 밸브
작업레버와 연결된 어저스트 밸브가 작동하여 제어 밸브를 작동시킨다.

3) 유압 구동부(유압 액추에이터)

유압 구동부는 유체 압력에너지를 기계적에너지로 변환시키는 부분이다.

① 유압 모터(회전운동) : 유체의 압력에너지에 의해서 회전운동을 한다.
② 유압 실린더(직선운동) : 유체의 압력에너지에 의해서 직선운동을 한다.

▶ 유압장치의 구성요소

유압 발생부	유압 제어부	유압 구동부
엔진/전동기 유압 펌프	압력 제어 밸브 유량제어 밸브 방향제어 밸브	유압 액추에이터 유압 모터 유압 실린더

02 유압제어 밸브의 3요소

1) 압력 제어 밸브(일의 크기 결정)

유압 펌프와 제어 밸브 사이에 설치되며 최고 유압을 제어하고 유압회로 내의 요구 압력을 일정하게 유지하여 과부하방지 및 유압기기를 보호하는 역할을 한다.

① 리듀싱(감압) 밸브
열린 상태에서 설정된 압력이 높아지면 밸브를 닫아 설정된 압력 이하로 조정할 때 사용한다.

② 릴리프(안전) 밸브

유압 펌프와 방향제어 밸브 사이에 설치되어 유
압장치 내의 압력을 일정하게 유지하고 최고 압
력을 제어하여 기기를 안전하게 보호한다.

③ 언로더(무부하) 밸브

설정 압력에 도달될 때 탱크로 유량을 회송시켜
펌프를 무부하 상태로 하여 동력을 절감하거나
유온 상승을 제어한다.

④ 시퀀스(순차) 밸브

2개 이상의 분기 회로를 가질 때 유압 실린더 또
는 유압 모터에 순차적으로 유량을 보내어 작동
순서를 결정한다.

⑤ 카운터밸런스(완충) 밸브

체크 밸브가 내장되어 자체중량에 의한 자유낙하
를 방지하고 배압을 유지하며 충격을 흡수한다.

2) 유량제어 밸브(일의 속도 결정)

오일 통로의 단면적을 변화시켜 유량을 제어함으
로써 액추에이터의 운동속도와 회전수를 변화시
키는 역할을 한다.

① 교축 밸브(Throttle valve)

통로의 단면적을 바꿔 감압과 유량을 조절하며, 점
도가 달라져도 유량이 변화하지 않도록 제어한다.

② 오리피스 밸브(Orifice valve)

단면적을 감소시킨 통로이며 소량의 유량측정에
사용한다.

③ 분류 밸브(Low divding valve)

2개 이상의 분기 회로에서 동일유량을 분배한다.

④ 니들 밸브(Needle valve)

바늘 모양의 파이프로 미세유량을 제어한다.

3) 방향제어 밸브(일의 방향 결정)

역류를 방지하고 작동유의 흐름 방향을 제어하는
역할을 한다.

① 스풀 밸브(Spool valve)

축 방향으로 이동하여 유압유의 흐름을 바꾸기
위해 사용한다.

② 체크 밸브(Check valve)

유압회로의 역류를 방지하고 잔압을 유지한다.

③ 셔틀 밸브(Shuttle valve)

1개의 출구에서 최고 압력의 입구를 선택한다.

④ 디셀러레이션 밸브(Deceleration valve)

액추에이터(actuator)의 작동 속도를 감속하여
서서히 정지시키고자 할 때 사용한다.

03 유량 조절 밸브 사용법

1) 미터 인 방식

유압 실린더 입구 쪽에 유량 조절 밸브를 설치하
여 제어된 유압유를 실린더로 공급하여 작동 속
도를 조절한다.

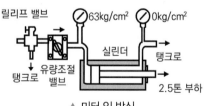

▲ 미터 인 방식

2) 미터 아웃 방식

유압 실린더 출구 쪽 관로(복귀 회로)에 유량 조절 밸브를 설치하여 실린더에서 유출되는 유량을 조절하여 작동 속도를 조절한다.

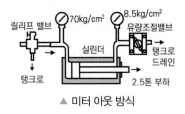

▲ 미터 아웃 방식

3) 블리드 오프 방식

분기된 관로에 유량 조절 밸브를 펌프와 실린더 사이에 설치하여 유출구를 탱크로 바이패스 시켜 사용하는 방식으로 펌프 토출량 중에 여분의 유량을 탱크에 환류하여 작동효율을 높인다.

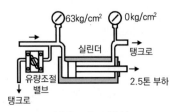

▲ 블리드 오프 방식

이론을 확인하는 개념 체크

01 리듀싱 밸브는 회로 내 압력이 설정값에 도달하면 모든 유량을 탱크로 배출한다. (O, X)

02 릴리프 밸브의 설정 압력이 너무 높으면 유압 호스 등이 파손될 수 있다. (O, X)

03 2개 이상의 분기 회로를 가질 때 언로드 밸브를 통해 작동 순서를 정할 수 있다. (O, X)

04 압력 제어 밸브는 유압 탱크와 펌프 사이에 설치된다. (O, X)

05 압력 제어 밸브를 통해 액추에이터의 운동속도를 조절할 수 있다. (O, X)

06 교축 밸브는 오일이 지나는 통로의 단면적을 줄여 유량을 조절하는 밸브이다. (O, X)

07 오리피스 밸브는 방향 제어 밸브에 해당한다. (O, X)

08 체크 밸브는 유압회로 내 오일의 역류를 방지하고 잔류압력을 유지한다. (O, X)

09 유압 실린더 입구 쪽 관로에 유량 조절 밸브를 설치한 것은 미터 인 방식이다. (O, X)

10 내경이 작은 파이프로 미세유량을 조절하는 밸브를 니들 밸브라고 한다. (O, X)

01 X 02 O 03 X 04 X 05 X 06 O 07 X 08 O 09 O 10 O

합격을 다지는 **예상문제**

01 유압회로의 속도제어 회로와 관계없는 것은?

① 오픈 센터(open center) 회로
② 블리드 오프(bleed off) 회로
③ 미터 인(meter in) 회로
④ 미터 아웃(meter out) 회로

유압회로의 속도제어 회로에는 작동기의 입구에 유량제어 밸브가 설치된 미터 인과 작동기의 출구에 설치된 미터 아웃 그리고 병렬로 연결된 블리드 오프 회로가 있다.

02 유압 실린더 등이 중력에 의한 자유낙하를 방지하기 위해 배압을 유지하는 압력 제어 밸브는?

① 시퀀스 밸브   ② 언로더 밸브
③ 카운터밸런스 밸브   ④ 감압 밸브

오답 피하기

① 시퀀스 밸브 : 분기회로에서 작동기의 작동 순서를 결정한다.
② 언로더 회로 : 유압 펌프를 무부하 운전한다.
④ 감압 밸브 : 리듀싱 밸브라고도 부르며 분기회로에서 압력을 낮추어 사용한다.

03 유압장치에서 오일의 역류를 방지하기 위한 밸브는?

① 변환 밸브   ② 압력조절 밸브
③ 체크 밸브   ④ 흡기 밸브

유압장치에서 오일의 역류를 방지하는 밸브는 방향제어 밸브인 체크 밸브이다.

04 액추에이터의 운동 속도를 조정하기 위하여 사용되는 밸브는?

① 압력 제어 밸브
② 온도제어 밸브
③ 유량제어 밸브
④ 방향제어 밸브

오답 피하기

유량제어 밸브는 일의 속도를 결정한다.

05 방향제어 밸브에서 내부 누유에 영향을 미치는 요소가 아닌 것은?

① 관로의 유량
② 밸브 간극의 크기
③ 밸브 양단의 압력차
④ 유압유의 점도

방향제어 밸브는 오일의 흐름 방향(일의 방향)을 바꾸는 밸브로 내부 누유에 관로의 유량은 영향을 미치지 않는다.

06 유압회로에서 메인 유압보다 낮은 압력으로 작동기를 동작시키고자 할 때 사용하는 밸브는?

① 감압 밸브   ② 릴리프 밸브
③ 시퀀스 밸브   ④ 카운터밸런스 밸브

감압 밸브는 주 회로에 흐르는 유압보다 낮은 압력으로 작동기를 작동시키거나 사용하고자 할 때에 분기회로를 구성하여 사용한다.

07 유압장치에서 유압의 제어 방법이 아닌 것은?

① 압력 제어   ② 방향제어
③ 속도제어   ④ 유량제어

유압장치에서 유압의 제어 방법에는 압력 제어, 유량제어, 방향제어가 있다.

08 유압 실린더의 작동속도가 정상보다 느릴 경우 예상되는 원인으로 가장 적합한 것은?

① 계통 내의 흐름 용량이 부족하다.
② 작동유의 점도가 약간 낮아짐을 알 수 있다.
③ 작동유의 점도지수가 높다.
④ 릴리프 밸브의 설정 압력이 너무 높다.

모든 유압기기의 작동 속도는 계통을 흐르는 유량(즉, 용량)에 의해 결정된다.

컨트롤 밸브 : SECTION 17 95

유압 실린더, 유압 모터, 기타 부속장치

출제
빈도 상 중 하

01 유압 실린더 구조와 기능

유압 펌프에서 보내진 유압을 직선운동으로 변환하여 기계적인 일을 한다.

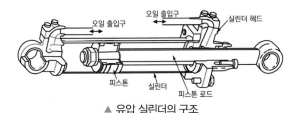

▲ 유압 실린더의 구조

1) 단동 실린더

피스톤의 한쪽에만 유압이 공급되어 작동되며 리턴은 자체 무게 또는 외력에 의해서 작동한다. 지게차에서는 리프트 실린더에 사용되고 있다.

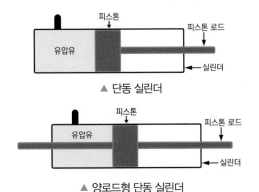

▲ 단동 실린더

▲ 양로드형 단동 실린더

2) 복동 실린더

피스톤의 양쪽에 유압이 공급되어 작동되며 틸트실린더와 조향 실린더에 사용된다.

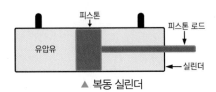

▲ 복동 실린더

▲ 양로드형 복동 실린더

3) 다단 단동형 및 복동형 실린더

다단 복동형 실린더는 내부구조를 간단하게 하여 2단 및 3단 이상으로 사용하는 구조며 오일 실링의 수가 적다. 지게차에는 다단 단동형 실린더가 많이 사용되고 있다.

02 유압 모터의 종류와 기능

유압 펌프에서 공급되는 유압유에 의해서 회전운동으로 변환시키는 역할을 한다. 시동, 정지, 역전, 변속, 가속 등을 쉽게 제어할 수 있고 신호 응답성이 빠르다.

기적의 Tip

관성력이 작아 소음이 적다. 소형 경량으로 작동이 신속하고 정확하여 고속 회전에 적합하다.

① 기어형 모터

구조가 간단하고 값이 싸며, 소형 경량이다. 수리가 쉬워 효율성이 좋으나 작동 중 부하에 의한 고장이 쉽다.

② 베인형 모터

편심 로터와 날개로 구성된 정용량형 모터이다. 가이드 링에 날개가 밀착되도록 하여 작동되며, 역회전이 가능하고 무단 변속기로 내구력이 크다.

③ 플런저 모터

피스톤형으로 되어 구조가 복잡하고 가격이 비싸
며 고압대 출력에 적합하다. 플런저가 회전축에
대하여 직각 방사형으로 배열된 레디얼형과 회전
축 방향으로 배열된 액시얼형이 있다.

03 유성 기어(Planetary gear)

3개 조의 기어가 유성 기어 캐리어에 의해 지지
되며, 선 기어로부터 동력을 받아 감속 링 기어로
전달을 한다. 그러나 이 링 기어는 차축 하우징에
고정되어 있기 때문에 회전을 할 수 없고, 이 3개
조의 유성 기어가 링 기어를 통하여 회전하면서
유성 기어 캐리어를 회전시키며 캐리어가 피니언
을 회전시킨다.

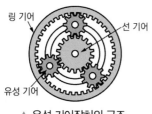

▲ 유성 기어장치의 구조

04 기타 부속장치

1) 어큐뮬레이터(축압기)

유체 에너지를 축적시키기 위한 용기로 내부에
질소 가스가 봉입되어 있다.

① 유체 에너지를 축적시켜 충격 압력을 흡수한다.
② 온도 변화에 따르는 오일의 체적 변화를 보상
한다.
③ 펌프의 맥동적인 압력을 보상하고 맥동을 감
쇄시킨다.

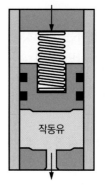

▲ 스프링 하중식

▲ 피스톤식

▲ 블래더식

2) 오일 냉각기

라디에이터 모양으로 만들어져 있으며 오일의 온
도가 너무 뜨거우면 오일 냉각기로 흘러 작동유의
온도를 40~60℃ 정도로 유지하는 역할을 한다.

작동유의 온도 상승에 의한 슬러지 형성, 열화, 유막 파괴를 방지한다.

3) 오일 실

고정 부분에 사용하는 개스킷과 운동 부분에 사용하는 패킹을 말하며 오일 회로에서 오일이 외부로 누출되는 것을 방지하는 역할을 한다.

4) 오일 필터

오일을 여과하여 이물질을 제거하기 위해서 설치하며 여과 입도가 너무 조밀하면 공동현상이 발생할 수 있다.

① 스트레이너

비교적 큰 불순물을 제거하기 위해서 철망으로 된 통으로 사용하며 펌프 흡입 관로에 설치한다.

② 필터

미세한 불순물을 제거하기 위해서 유압 펌프의 토출 관로나 유압유 리턴 관로에 설치하여 사용한다.

5) 유압 호스

유압유를 전달하기 위해서 만든 관으로 가장 큰 압력에 견딜 수 있는 와이어 블레이드 호스를 사용하고 있다.

6) 플러싱 후 처리

기기를 분해하거나 조립할 때 용기 및 관로에 유체를 고압으로 흘려 슬러지 등을 청소하는 것으로 작업 완료 후 오일을 완전하게 제거하고 필터류를 교환한다. 그 후 유압유를 빨리 보충하여 유압라인에 유압유가 공급되도록 한다.

이론을 확인하는 개념 체크

01 단동식 실린더는 피스톤의 한쪽에만 유압이 공급되며, 리턴는 자체의 무게나 외부 힘에 의해 이루어진다. (O, X)

02 유압 실린더의 작동속도가 느리다면 유압이 너무 강한 것이다. (O, X)

03 유압 실린더 내에 공기가 혼입되면 작동이 순간적으로 멈출 수 있다. (O, X)

04 유압 펌프는 회전운동을 유압으로, 유압 모터는 유압을 회전운동으로 변환한다. (O, X)

05 유압 모터는 전동 모터보다 즉각적으로 멈출 수 없다. (O, X)

06 어큐뮬레이터는 회전에너지를 저장하는 용기이다. (O, X)

07 가스식 어큐뮬레이터는 질소 가스를 이용해 에너지를 저장한다. (O, X)

08 오일 실은 반영구적으로 사용할 수 있다. (O, X)

09 스트레이너는 유압유 내 비교적 큰 불순물을 걸러내는 장치이다. (O, X)

10 오일 냉각기는 유압유의 온도를 20℃ 미만으로 낮춘다. (O, X)

01 O 02 X 03 O 04 O 05 X 06 X 07 O 08 X 09 O 10 X

합격을 다지는 **예상문제**

01 리프트 실린더로 가장 많이 사용되는 종류는?

① 복동형
② 왕복형
③ 조합형
④ 단동형

지게차에 사용하는 유압 실린더 중 틸트 실린더는 복동형, 리프트 실린더는 단동형을 사용하고 있다.

02 유압계통의 수명 연장을 위해 가장 중요한 요소는?

① 오일 탱크 세척
② 오일 냉각기의 점검 및 세척
③ 오일 액추에이터의 점검 및 교환
④ 오일과 오일 필터의 점검 및 교환

유압계통의 수명 연장을 위해서는 정기적으로 오일과 오일 필터를 점검 교환하여야 한다.

03 축압기(Accumulator)의 사용 목적이 아닌 것은?

① 압력 보상
② 유체의 맥동 감쇠
③ 유압회로 내 압력 제어
④ 보조 동력원으로 사용

어큐뮬레이터의 기능
• 유체 에너지의 축적
• 유압회로 내 오일의 해머링, 충격, 맥동의 흡수
• 부하 라인의 오일 누출 보상
• 온도 변화에 의한 오일의 용적 변화를 보상
• 타 종류 유체 간의 동력 전달

04 유압 모터에 대한 설명 중 맞는 것은?

① 유압 발생장치에 속한다.
② 압력, 유량, 방향을 제어한다.
③ 직선 운동을 하는 작동기(actuator)이다.
④ 유압 에너지를 기계적 에너지로 변환한다.

유압 모터는 회전운동을 하는 액추에이터(작동기)로 유압 에너지를 받아 회전하면서 기계적 에너지로 전환하여 주행 또는 선회 작용을 한다.

05 유압장치에서 회전축 둘레의 누유를 방지하기 위하여 사용되는 밀봉장치는?

① 오링(O-ring)
② 개스킷(Gasket)
③ 더스트 실(Dust Seal)
④ 기계적 실(Mechanical Seal)

오답 피하기
밀봉장치의 종류 및 기능
① **오링** : 일반적으로 부하가 크지 않거나 회전력이 크지 않은 부분, 직선 운동 부분에 사용되는 밀봉장치
② **개스킷** : 금속의 접합면에 사용하는 밀봉장치
③ **더스트 실** : 외부에서의 이물질의 침입을 방지하면서 누유를 방지하는 밀봉장치

06 오일 필터의 여과 입도가 너무 조밀하였을 때 가장 발생하기 쉬운 현상은?

① 오일 누출 현상
② 공동 현상
③ 맥동 현상
④ 블로바이 현상

여과 입도가 조밀하면 오일의 통과 속도가 늦어지고 압력이 상승하여 공동 현상이 발생된다.

07 유압장치에서 피스톤 로드에 있는 먼지 또는 오염 물질 등이 실린더 내로 혼입되는 것을 방지하는 것은?

① 필터　　　　　② 더스트 실
③ 밸브　　　　　④ 실린더 커버

더스트 실은 실 중에서 가장 바깥쪽에 설치된 실로서 오일의 누출을 방지하면서 외부에서 오염 물질 등의 유입을 방지하는 역할을 한다.

08 유압 호스 중 가장 큰 압력에 견딜 수 있는 형식은?

① 고무 형식
② 나선 와이어 형식
③ 와이어리스 고무 블레이드 형식
④ 직물 블레이드 형식

나선 와이어 형식은 유압 호스의 고무층 사이에 철선이 나선 모양으로 감겨있는 형식으로 나선 층의 수에 따라 고압에 사용된다.

09 기체-오일식 어큐뮬레이터에 가장 많이 사용되는 가스는?

① 산소　　　　　② 질소
③ 아세틸렌　　　④ 이산화탄소

기체-오일식 어큐뮬레이터에는 질소가스가 사용된다.

SECTION 19

유압회로 및 유압기호

01 유압회로

1) 압력 제어 회로

① 릴리프 회로

과부하를 방지하기 위한 안전 회로이며 무부하 회로라고도 한다.

② 리듀싱 회로

회로 내 일부의 압력을 감압하기 위한 회로이다.

③ 언로드 회로

작업 중 유압유가 필요하지 않을 때 유압유를 탱크에 귀환시키는 회로이다.

④ 시퀀스 회로

작동기를 순차적으로 작동시키기 위한 회로이다.

⑤ 카운터밸런스 회로

자유낙하로부터 충격을 방지하고 릴리프 밸브를 규제한다.

2) 속도제어 회로

① 오픈(개방) 회로

작동유가 탱크에서 유압 펌프, 제어 밸브를 지나 액추에이터를 작동시킨 후 다시 제어 밸브를 거쳐 탱크로 되돌아오는 회로이다.

② 클로즈(밀폐) 회로

작동유가 탱크에서 유압 펌프, 제어 밸브를 지나 액추에이터를 작동시킨 후 다시 제어 밸브를 거쳐 유압 펌프로 되돌아오는 회로로 작동유가 탱크로는 돌아오지 않는다.

③ 탠덤 회로

변환 밸브를 동시에 조작하였을 때 변환 밸브의 작동기는 전혀 작동되지 않는다.

3) 방향 제어 회로

① 미터 인 회로

작동기의 입구 쪽에서 유입되는 유압유를 조절하는 회로이다.

② 미터 아웃 회로

작동기의 출구 쪽에서 나오는 유압유를 조절하는 회로이다.

③ 블리드 오프 회로

바이패스를 설치하여 작동기로 공급되는 것 이외의 유압유를 탱크로 복귀시키는 회로이다.

④ 감속 회로

충격적인 동작을 완화하여 정지시키는 회로이다.

02 유압 파이프

1) 흡입라인(회로)

유압 펌프로 작동유를 유입시키는 회로는 캐비테이션 현상을 방지하기 위해 흡입 배관은 적당한 크기와 모양을 선택하여야 하며, 유압탱크를 가압식으로 사용하여 캐비테이션을 방지할 수 있다.

2) 리턴라인(회로)

기기의 작동이 완료된 유압유가 탱크로 복귀되는 회로이다. 탱크의 유면보다 위에 설치되면 에어레이션(공기 혼입의 기포 발생)이 생기므로 유면 아래에 설치되어 있으며, 복귀되는 유량이 많을 때는 리턴 회로에 디퓨저를 설치하여야 한다.

명칭	기호
복동 실린더 더블 또는 양로드형	
복동 실린더, 싱글 또는 단로드형	
플렉시블 관로	
단동 실린더(스프링 X)	
차동 실린더	
출구	

기적의 Tip

유압 파이프의 재질
• 강 파이프 : 유압 파이프는 탄소강 파이프가 사용되고 있으며 유니언 이음을 가장 많이 사용한다.
• 고무호스 : 고무호스의 구조는 커버 고무, 면 블레이드, 중간 고무, 와이어 블레이드, 내면 고무층으로 되어있다.

유압 호스의 장착 요령
• 직선으로 장착할 때는 약간 느슨하게 장착한다.
• 스프링 코일 호스는 스프링이 찌그러져 호스를 압박하지 않도록 한다.
• 호스와 호스는 서로 접촉하지 않도록 장착한다.
• 호스는 꼬이지 않도록 장착하여야 한다.

③ 유압기호

▶ 기본 기호

명칭	기호	명칭	기호
펌프, 유압원	○	밸브	
냉각기 또는 필터	◇	유체흐름방향	
회전방향	↑	탱크	

▶ 펌프 및 모터기호

명칭	기호
공기,유압변환기	
정용령형 유압 펌프	
정용량형 유압 모터	
요동형 모터	
가변용량형 유압 펌프	
가변용량형 유압 모터	

▶ 제어 방식

명칭	기호
인력방식 레버식	
인력방식 페달식	
인력방식 버튼식	
스프링방식	
전동기방식	Ⓜ
전자방식 싱글코일형	

▶ 체크 밸브 및 부속기기

명칭	기호
체크 밸브 또는 콕	
어큐뮬레이터(측압기)	
압력원	
냉각기	

온도계	
흐름의 방향	
탱크에 연결되는 관로	
압력 스위치	
공기탱크	
필터	
압력계	
유량계	
드래인 배출기 응축수 배출(수동)	
주 관로 파일럿 관로	

▶ 제어 밸브

명칭	기호
압력 제어 밸브 (상시닫힘, 상시열림)	
무부하 밸브	
유량제어 밸브	
방향제어 밸브, 스프링 옵셋 파일럿 식	
셔틀 밸브	
릴리프 밸브	
감압 밸브	
가변트러틀 밸브(고정형)	
2포트 2위치 변환밸브 파일럿식	
체크 밸브	

합격을 다지는 예상문제

01 복동 실린더 양로드형을 나타내는 유압기호는?

① 　②

③ 　④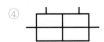

오답 피하기
① 단동 편로드형, ② 플렉시블 관로 ③ 복동 단로드형

02 유압기호 표시 중 단동 실린더는?

① 　②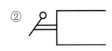

③ 　④

오답 피하기
① 언로더 밸브, ② 인력방식 레버식, ③ 첵 또는 콕

03 그림의 유압기호는 무엇을 표시하는가?

① 유압 실린더
② 어큐뮬레이터
③ 오일 탱크
④ 유압 실린더 로드

그림의 기호는 축압기인 어큐뮬레이터이다.

04 다음 유압 도면기호의 명칭은?

① 스트레이너
② 유압 모터
③ 유압 펌프
④ 압력계

도면의 기호는 유압 펌프이다.

05 그림과 같은 유압기호에 해당하는 밸브는?

① 체크 밸브
② 카운터밸런스 밸브
③ 릴리프 밸브
④ 리듀싱 밸브

그림의 유압기호는 릴리프 밸브이다.

06 가변용량형 유압 펌프의 기호 표시는?

① 　②

③ 　④

오답 피하기
②는 정용량형 유압 펌프, ③은 제어방식의 스프링식, ④는 공기탱크를 나타낸다.

SECTION 20 지게차의 구조와 기능

출제
빈도 상 중 하

01 지게차의 구조

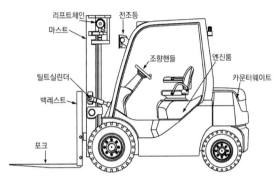

리프트체인 전조등
마스트
조향핸들 엔진룸
틸트실린더
백레스트 카운터웨이트
포크

① **축거** : 앞바퀴 중심축과 뒷바퀴 중심축 간의 거리
② **전폭** : 앞바퀴 최 외측 간의 거리
③ **전고** : 지면에서부터 마스트 상단까지의 거리 (단, 오버헤드가 높을 경우 오버헤드 높이)
④ **전장** : 포크 끝단에서 차체 끝까지의 거리
⑤ **윤거** : 좌우 바퀴 중심 사이의 거리(앞바퀴와 뒷바퀴의 윤거는 상이할 수 있음)

02 지게차의 형태

지게차는 화물의 적재, 하역 및 단거리 운반 (100~200m, 250ft) 작업에 적합하기 때문에 공장 또는 창고, 부두 지역의 화물 취급에 많이 사용되는 건설기계이다.

1) 지게차의 범위

지게차는 타이어식으로 "들어 올림 장치와 조종석을 가진 것"으로 전동식과 엔진식이 있으며 파워쉬프트 트랜스미션이 장착된 공기 타이어식 구조로 되어있고, 4륜(구동 2륜, 조향 2륜), 원동기, 전륜 구동, 후륜 조향 방식 등의 형식으로 이루어져 있다.

2) 지게차의 특징

① 기본적으로 포크가 3m 정도의 높이까지 상승할 수 있다.
② 마스트가 앞으로 5~6°(전경각), 뒤로 10~12° (후경각) 기울어진다.
③ 일반적으로 앞바퀴로 구동하고 뒷바퀴로 조향이 된다.
④ 화물을 적재하고 주행하는 속도는 8km/h 이하 정도다.
⑤ 공차일 경우 15~25km/h로 주행한다.
⑥ 차체의 앞부분에 화물이 놓이기 때문에 뒤쪽에 평형추가 있다.
⑦ 유압 펌프 압력은 70~130kgf/cm^{2}가 되며 유압 펌프는 주로 기어식을 사용한다.
⑧ 완충장치가 없기 때문에 도로 조건이 나쁜 곳에서 불리하다.
⑨ 최소 회전 반경은 약 1.8~2.7m로 작으며 안쪽 바퀴의 조향각은 65~75°이다.

> 🎓 **기적의 Tip**
>
> 리치형 지게차는 후륜 구동, 후륜 조향 방식이다.

03 지게차의 타이어

1) 타이어에 의한 분류

지게차는 운반물을 포크에 적재하고 주행하므로 차량 앞뒤의 안정도가 매우 중요한 성능의 지표가 된다. 보통 마스트를 수직으로 한 상태에서 앞 차축에 적재물에 의해 가해지는 힘이 다르므로 앞바퀴의 안정도가 중요하다.

① 공기식 타이어

튜브로 된 공기 주머니가 있으며 접지압이 높고 충격 흡수가 좋으나 펑크가 잘 나고 공기 압력을 일정하게 유지하여야 한다는 단점이 있다.

② 솔리드 타이어

튜브가 없는 형태로 통 타이어라고도 하며 고무로만 이루어졌다. 마모가 적고 펑크가 날 염려가 없으나 충격이 바로 전달되므로 평평한 지면을 가진 실내에서 사용을 권장한다.

2) 타이어 설치에 의한 분류

① 복륜식 지게차

앞바퀴가 한쪽에 2개 겹쳐서 있는 형식으로 무거운 화물을 들어 올릴 때 바퀴에 가해지는 하중의 변화에 잘 견디는 구조이다. 접지 면적이 넓어서 실외에서 많이 사용하고 있다.

② 단륜식 지게차

앞바퀴가 한쪽에 1개씩 있는 것으로 3톤 이하에 주로 채택되어 있으며 실내에서 주로 사용하고 있다.

04 지게차의 분류 및 용도

지게차는 일반적으로 전동 지게차, 엔진 지게차, 리치형* 입승식 지게차, 하이랜더 지게차, 트럭 적재식 지게차, 컨테이너 지게차, 굴절 지게차 등이 작업환경이나 작업조건에 따라 사용된다.

> ★ 리치형(reach type)
> 선채로 탑승하여 작업하는 형태

1) 엔진식 지게차

엔진을 동력원으로 하며 기동성이 요구되고 중량물 적재 작업에 이용된다.

> 기적의 Tip
> 디젤, 가솔린, LPG 엔진이 있다.

2) 전동식 지게차

배터리(축전지식)를 동력원으로 하며, 무소음·무공해를 요하는 장소에서 사용된다.

① 카운터밸런스 타입(좌승식)

엔진 지게차와 같은 구조로서 좌승식 운전석을 가지고 카운터웨이트가 장착된다.

② 리치 타입(입승식)

카운터웨이트*가 없으며 리치 레그(Reach Leg)가 있어 마스트가 전·후진할 수 있는 구조로 장착되며 노면이 평탄한 실내 작업에 적합하다.

> ★ 카운터웨이트
> 무게중심을 잡아주는 평형추

3) 하이랜더 지게차

장비의 균형을 잡기 위해 아웃트리거가 있는 것이 특징이다. 붐을 이용한 높은 곳과 멀리 있는 화물의 작업에 적합하며 특히 건축 현장에서 많이 응용하여 사용하고 있다.

4) 컨테이너 지게차

항만이나 부둣가에 있는 컨테이너의 적재 작업에 용이하도록 설계되어 있으며 중량작업에 용이하다.

5) 트럭 지게차

지게차의 단점 중 기동력이 부족한 점을 고려하여 설계되어 있으며 일반 화물차의 화물칸이 지게차인 형태이다.

6) 굴절식 지게차

몸체와 작업장치 사이에 굴절장치를 두고 좁은 공간에서 회전이 원활하게 이루어져 작업이 용이하도록 설계되었다.

05 작업장치 구조와 기능

1) 마스트

① 마스트는 핑거보드 및 백레스트가 가이드 롤러에 의해서 상하로 섭동한다.
② 이너 레일과 아웃 레일로 구성되어 있고 오버랩은 500 ± 50mm이다.

2) 리프트 체인

① 리프트 실린더와 함께 포크의 상승 및 하강 작용을 돕는 역할을 한다.
② 좌우 포크의 수평 높이는 리프트 체인에 의해서 조정된다.

3) 핑거보드

① 핑거보드는 포크가 설치되는 수평판으로 백레스트에 지지되어 있다.
② 리프트 체인의 한쪽 끝이 고정되어 있다.

4) 캐리어

① 포크를 롤러 베어링에 의해서 이너 레일을 따라 상승 및 하강 작용을 돕는다.
② 포크 상승 및 하강 작용 시 하중을 지지한다.

5) 백레스트

핑거보드 위에 설치되어 포크에 적재된 화물을 지지하는 역할을 한다.

6) 포크

① 포크는 핑거보드에 설치되어 화물을 들어 올리는 역할을 한다.
② 좌우 포크의 설치 간격은 팔레트 폭의 1/2~3/4 정도이다.

7) 평형추(카운터웨이트)

① 지게차 프레임의 최후단에 설치되어 차체가 앞쪽으로 쏠리는 것을 방지한다.
② 화물의 적재 및 하역 작업 시 지게차의 균형을 유지시키는 역할을 한다.

8) 리프트 실린더

① 마스트 크로스 멤버에 설치되어 포크를 상승 및 하강시키는 단동식 유압 실린더이다.
② 포크의 상승은 유압에 의해서 이루어지고 하강은 자중에 의해서 하강한다.
③ 리프트 실린더는 1~2개가 설치되어 있다.
④ 리프트 레버를 당기면 포크가 상승하고 밀면 하강한다.

9) 틸트 실린더

① 마스트와 프레임 사이에 설치되어 있는 복동식 유압 실린더이다.
② 마스트를 앞쪽 또는 뒤쪽으로 기울이는 역할을 한다.
③ 틸트 실린더는 좌우 각각 1개씩 설치되어 있다.
④ 틸트 레버를 밀면 마스트가 앞쪽으로, 당기면 뒤쪽으로 기울어진다.

▶ 마스트 경사각

종류	전경각	후경각
카운터밸런스형	5~6°	10~12°
리치형	3°	5°
사이드포크형	3~5°	5°

합격을 다지는 **예상문제**

01 지게차의 리프트 실린더는 어떤 일을 하는가?

① 포크를 앞·뒤로 기울게 한다.
② 포크를 상승·하강시킨다.
③ 마스트를 이동시킨다.
④ 마스트를 경사 이동시킨다.

지게차의 리프트 실린더는 포크를 상승 또는 하강시킨다.

02 카운터웨이트가 없으며 마스트가 앞·뒤로 전·후진할 수 있는 형식을 가진 지게차는?

① 전동 지게차
② 하이랜드 지게차
③ 카운터형 지게차
④ 리치형 지게차

서서 운전하는 입식형 지게차를 리치형이라고 한다.

03 지게차의 작업장치 구조에서 포크가 설치되어 있으며, 백레스트에 지지되어 리프트 체인의 한 쪽 끝이 부착되어 있는 것은?

① 마스트   ② 백레스트
③ 핑거 보드   ④ 리프트 체인

오답 피하기

① **마스트(mast)** : 백레스트가 가이드 롤러(리프트롤러)를 통하여 상·하 미끄럼 운동을 할 수 있는 레일이며, 바깥쪽 마스트(아웃 마스트)와 안쪽 마스트(인너마스트)로 구성되어 있다.
② **백레스트(back rest)** : 포크의 화물 뒤쪽을 받쳐주는 부분이다.
④ **리프트 체인(트랜스퍼 체인)** : 포크의 좌우 수평 높이 조정 및 리프트 실린더와 함께 포크의 상하 작용을 도와준다.

04 포크리프트 최후단에 붙어서 차체 앞쪽에 화물을 실었을 때 앞쪽으로 쏠리는 것을 방지하기 위하여 설치되어 있는 것은?

① 변속기   ② 기관
③ 클러치   ④ 평형추

평형추 : 밸런스웨이트라고도 부르며 메인 프레임의 맨 뒤 끝 부분에 설치된 것으로 적재·적하 시에 균형을 잡아주는 부분이다.

05 지게차의 유압장치에서 틸트 실린더는 일반적으로 몇 개가 설치되어 있는가?

① 2개
② 3개
③ 4개
④ 1개

틸트 실린더는 틸트 레버의 조작에 의해 마스트를 전경 또는 후경 시키는 작용을 하며 좌우 각 1개씩 사용한다.

06 포크의 부착 간격은 어느 정도로 하여 주는 것이 가장 적당한가?

① 팔레트 폭의 1/3~1/2
② 팔레트 폭의 1/3~2/3
③ 팔레트 폭의 1/2~2/3
④ 팔레트 폭의 1/2~3/4

포크의 폭은 일반적인 작업에서 팔레트 폭의 1/2~3/4 정도의 범위가 좋다.

07 틸트 레버를 운전자 쪽으로 당기면 마스트는 어떻게 기울어지는가?

① 위쪽으로
② 아래쪽으로
③ 뒤쪽으로
④ 앞쪽으로

....

틸트 레버 : 앞으로 밀면 전경, 뒤로 당기면 후경

08 지게차에 관한 내용으로 틀린 것은?

① 지게차는 주로 경화물을 운반하거나 하역 작업을 한다.
② 지게차는 후륜 구동식으로 되어 있다.
③ 조향장치는 뒷 차륜으로 한다.
④ 주로 디젤 엔진이 많이 사용된다.

....

지게차는 전륜 구동식이다.

마스트, 체인

01 마스트의 구조

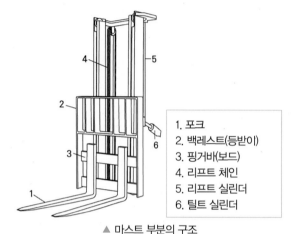

1. 포크
2. 백레스트(등받이)
3. 핑거바(보드)
4. 리프트 체인
5. 리프트 실린더
6. 틸트 실린더

▲ 마스트 부분의 구조

02 마스트의 종류별 기능

1) 프리 리프트 마스트(표준형)

① 마스트가 2단으로 되어 있는 형태이다.
② 출입문이나 천장이 낮은 공장 내에서 화물의 적재 및 적하 작업이 용이하다.
③ 마스트를 올리지 않고도 포크를 올릴 수 있다.

2) 3단 마스트

① 마스트가 3단으로 늘어나게 되는 형태이다.
② 저장 공간을 경제적으로 이용할 수 있는 장점이 있다.
③ 높은 장소의 화물 적재 및 적하 작업이 용이하다.

3) 하이 마스트

① 마스트가 2단으로 늘어나게 되는 형태이다.
② 표준형 지게차로 작업이 불가능한 높은 장소에서의 적재 및 적하 작업이 가능하다.
③ 저장 공간을 최대로 활용할 수 있다.
④ 포크의 상승이 신속하게 이루어진다.

4) 블록 클램프 마스트

① 클램프를 좌우에서 안쪽으로 이동시켜 화물을 고정시키는 형태이다.
② 클램프 안쪽에 고무판이 부착되어 있기 때문에 화물이 빠지는 것을 방지한다.

5) 사이드 시프트 마스트

① 백레스트와 포크를 좌측 또는 우측으로 이동시킬 수 있는 형태이다.
② 차체를 이동시키지 않고 적재 및 하역 작업을 할 수 있다.

6) 사이드 시프트 클램프 마스트

① 좌우측에 설치된 클램프를 좌측 또는 우측으로 이동시킬 수 있는 형태이다.
② 차체를 이동시키지 않고 적재 및 하역 작업을 할 수 있다.
③ 부피가 큰 경화물의 운반 및 적재 작업에 적합하다.
④ 화물의 손상이 적고 매우 신속하다.

7) 로드 스테빌라이저 마스트

① 백레스트 위쪽에 압착판이 설치된 형태이다.
② 화물을 포크 쪽을 향하여 누르기 때문에 화물의 낙하를 방지할 수 있다.
③ 화물을 요철이 심한 노면이나 경사진 노면에서 안전하게 운반할 수 있다.

8) 로테이팅 포크 마스트

① 백레스트와 포크를 좌우로 회전시킬 수 있는 형태이다.
② 용기에 들어있는 화물을 일으켜 세우는 작업에 적합하다.
③ 원추형의 화물을 운반 및 회전시켜 적재하는 데 적합하다.

9) 로테이팅 클램프 마스트

① 백레스트와 클램프를 좌우로 회전시킬 수 있는 형태이다.
② 원추형의 화물을 좌우로 조여 운반 및 회전시켜 적재하는 데 적합하다.
③ 클램프 안쪽에 고무판이 부착되어 있기 때문에 화물이 미끄러지는 것을 방지한다.

10) 힌지드 버킷 마스트

① 포크 대신에 버킷이 설치되어 있는 형태이다.
② 석탄, 소금, 비료 등 비교적 흘러내리기 쉬운 물건의 운반 및 하역 작업에 적합하다.

11) 힌지드 포크 마스트

포크가 45° 각도로 휘어져 원형의 목재, 파이프 등의 운반 작업에 적합하다.

03 체인의 구조와 기능

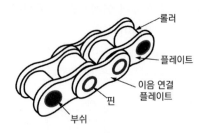

▲ 지게차 체인

1) 리프트 체인의 구조

① 플레이트
롤러 체인에 가해지는 장력과 충격을 받는 부분이다.

② 핀
플레이트를 통해 전달력과 굴곡력을 받는 동시에 롤러 체인이 구부러져 스프로킷과 맞물릴 때 부쉬와 함께 베어링부를 구성한다.

③ 부쉬
스프로킷과 맞물릴 때 롤러를 통해 반복 충격 하중을 받으므로 충격피로 강도가 커야하며 내마모성이 필요하다.

④ 롤러
롤러 체인이 스프로킷과 맞물릴 때 반복 충격 하중을 받는 부분으로 충격피로 강도가 커야 한다.

⑤ 안쪽 링크
부쉬 외측에 롤러가 회전할 수 있도록 끼워져 있다.

⑥ 이음 연결 플레이트
2개의 핀이 2개의 바깥 플레이트에 연결되어 있다.

2) 리프트 체인의 기능

① 포크의 상승 및 하강 작용을 돕는다.
② 체인의 한쪽은 아웃 레일의 스트랩에 고정되고 다른 한쪽은 스프로킷을 통과하여 핑거보드에 고정된다.
③ 리프트 체인의 길이는 핑거보드 롤러의 위치로 조정된다.
④ 체인의 장력은 좌우가 균일해야 하며 장력 조정은 조정 볼트로 한다.

01 지게차의 마스트에 부착되어 있는 주요 부품은?

① 롤러
② 차동기
③ 리치 실린더
④ 타이어

마스트에 부착되어 있는 주요 부품은 백레스트, 피스톤 헤드, 체인, 이너 마스트, 롤러, 아우터 마스트, 스톱퍼, 포크, 틸트 실린더 등이 있다.

02 작업 용도에 따른 분류 중 천장이 높은 장소와 출입구가 제한되어 있는 장소의 작업에 적합한 것은?

① 하이마스트
② 프리 리프트 마스트
③ 3단 마스트
④ 사이드 시프트 마스트

오답 피하기

① **하이마스트** : 포크가 2단으로 늘어나는 형태로 승강이 빠르고 고능률을 발휘할 수 있으며, 표준형 마스트에서 작업이 불가능한 높은 장소에서도 작업이 가능하다.
② **프리 리프트 마스트** : 리프트 마스트가 없는 지게차로 마스트를 올리지 않고도 포크만을 들어올려 창고의 출입문이나 천장이 낮은 장소에서도 적재 및 적하 작업이 용이하다.
④ **사이드 시프트 마스트** : 지게차의 방향을 바꾸지 않고도 백레스트와 포크를 좌우로 움직여 차량 중심에서 벗어난 파레트의 화물을 용이하게 적재 및 적하를 할 수 있다.

03 지게차 사이드 롤러 편마모의 주원인은?

① 오일펌프의 불량
② 윤활유 불충분
③ 리프트 실린더의 마모
④ 틸트 실린더의 마모

사이드 롤러 편마모의 주원인은 윤활의 불충분이다.

04 지게차의 체인 길이는 어느 것으로 조정하는가?

① 핑거보드 롤러
② 핑거보드 인너 레일
③ 틸트 실린더 조정 로드
④ 리프터 실린더 조정 로드

지게차의 체인 길이 조정 : 핑거보드 롤러 위치로 조정한다. 즉, 롤러 중심과 인너 레일의 거리가 20mm가 되도록 체인 길이를 조정한다.

01 포크(Fork)

L자형의 2개로 되어 있으며, 핑거보드에 체결돼 화물을 받쳐 드는 부분이다.

02 포크의 구조와 기능

핑거보드에 연결된 포크는 백레스트가 가이드 롤러에 의해서 상하로 섭동할 수 있는 레일로 이너 레일과 아웃 레일로 구성되어 있고 오버랩은 500 ±5mm이다.

> **기적의 Tip**
> 화물의 적재 및 하역 작업을 할 때 시선은 포크 끝에 두는 것이 좋다.

1) 핑거보드

① 핑거보드는 포크가 설치되는 수평판으로 백레스트에 지지되어 있다.
② 리프트 체인의 한쪽 끝이 고정되어 있다.
③ 고정핀을 이용하여 포크를 벌리거나 좁힐 수 있다.

▲ 지게차 핑거보드

2) 캐리어

① 상하 방향과 좌우 방향의 압력에 견딜 수 있도록 2° 기울여 설치되어 있다.
② 포크의 상승 및 하강 작용 시 하중을 지지한다.

3) 백레스트

겹쳐 쌓인 복수의 화물 등을 단번에 취급하는 파렛트 작업 등에서 포크 위에 올려진 짐이 마스트 후방으로 낙하할 위험을 방지하기 위한 짐받이 틀을 말하며 핑거보드 위에 설치되어 포크에 적재된 화물을 지지하는 역할을 한다.

4) 가이드

가이드는 포크가 안전하게 삽입할 수 있도록 안내하는 역할을 말한다.

03 주행장치 조작레버

1) 저 · 고속 레버

지게차의 1단과 2단을 선택하는 역할을 하며, 레버를 밀면 저속, 레버를 당기면 고속이 된다. 작업 시에는 저속의 위치에서 행한다.

2) 전 · 후진 레버

지게차의 전진과 후진을 선택하는 역할을 하며, 레버를 밀면 전진, 당기면 후진한다.

> **기적의 Tip**
> 지게차의 작동장치에는 주행장치, 작업장치, 조향장치, 제동장치 등이 있다.

04 작업장치의 모델번호 및 명칭

모델번호	작업장치 명칭
SS	사이드 쉬프트 캐리지 SIDE SHIFT CARRIAGE
HF	힌지 포크 HINGER FORK
DC	드럼 클램프 DRUM CLAMP
BC	블록 클램프 BLOCK CLAMP
RF	로테이팅 포크 ROTATING FORK
IP	인버트 푸쉬 클램프 INVERT PUSH CLAMP
FP	포크 포지셔너 FORK POSITIONER
DH	드럼 핸들러 DRUM HANDLER
LS	로드 스태빌라이즈 LOAD STABILIZER
SC	벨 클램프 BALE CLAMP
CC	카톤 클램프 CARTON CLAMP
TF	턴 A 포크 TURN–A FORK
RC	페이퍼 롤 클램프 PAPERT PUSH CLAMP
3F	3-웨이 헤드 포크 3 WAY HEAD FORK
PH	1~2 팔레트 핸들러 1~2 PALLET HANDLER
HB	힌지 버켓 HINGER BUCKET
MC	멀티 클램프 MULTI CLAMP
FC	포트 클램프 FORK CLAMP
TL	턴 A 로드 TURN–A LOAD
PP	로드 푸쉬 풀 ROAD PUSH PULL
RM	램 RAM
LF	로드 익스텐드 LOAD EXTEND

05 기본 작업장치 기능

1) 리프트 레버

포크의 상승이나 하강을 선택하는 역할을 한다. 레버를 밀면 포크가 하강하고 당기면 포크가 상승한다.

> **기적의 Tip**
>
> 포크에 화물을 적재하고 이동 시 지면에서 20~30cm 이상 포크를 상승시킨다.

2) 틸트 레버

마스트를 앞쪽 또는 뒤쪽으로 기울이는 위치를 선택하는 역할을 한다. 레버를 당기면 뒤쪽으로 최대 10~12° 기울어지고 밀면 최대 5~6° 정도 앞쪽으로 기울어진다.

3) 포크 포지셔너★

포크 간격을 운전석에서 조정할 수 있는 장치이다.

> **★ 포크 포지셔너**
> • 양개식 : 레버 1개로 포크를 좌우로 조정
> • 편개식 : 레버 2개로 각각의 포크를 조정

06 조작레버 작동 원리

1) 조작레버에 의한 유압원리

① 유압 펌프는 크랭크축 풀리에 연결된 자재이음(유니버설 조인트)을 통하여 구동된다.
② 유압을 발생하며 컨트롤 밸브에 공급되어 레버에 의해서 선택된 액추에이터에 공급된다.
③ 레버가 중립 위치에 있을 때 작동유는 컨트롤 밸브를 통하여 유압탱크로 리턴된다.
④ 유압조절 밸브는 항상 일정한 유압으로 유지시키는 역할을 한다.
⑤ 유압 펌프는 조향식 펌프와 직결되어 있다.

> **기적의 Tip**
>
> 발생 유압은 70~130kgf/cm²이다.

2) 리프트 실린더의 작동 원리

① 레버를 당기면 유압유가 실린더의 아래쪽으로 유입되어 피스톤을 밀어 포크가 상승된다.
② 레버를 밀면 화물의 중량 또는 포크의 자중에 의해 실린더에 유입된 유압유가 유압 탱크로 리턴되어 포크는 하강한다.

> **기적의 Tip**
>
> 화물의 중량에 의해서 포크가 갑자기 하강하는 것을 방지하기 위하여 안전체크 밸브(슬로우 리턴 밸브)가 설치되어 있다.

3) 틸트 실린더의 작동 원리

① 레버를 밀면 유압유가 피스톤의 뒤쪽으로 유입되어 마스트가 앞쪽으로 기울어진다.
② 레버를 당기면 유압유가 피스톤의 앞쪽으로 유입되어 마스트가 뒤쪽으로 기울어진다.

이론을 확인하는 개념 체크

01 지게차의 작업장치는 마스트에 장착된다. (O, X)

02 리프트 체인을 통해 틸트 실린더를 작동시킬 수 있다. (O, X)

03 포크가 설치된 수평판을 백레스트라고 한다. (O, X)

04 리프트 레버를 통해 마스트를 전후로 기울일 수 있다. (O, X)

05 전·후진 레버를 밀면 전진, 당기면 후진한다. (O, X)

06 포크 간격을 조정하는 레버는 포크 포지셔너이다. (O, X)

07 지게차가 기울어지는 것을 방지하는 무게추를 카운터 웨이트라고 한다. (O, X)

01 O 02 X 03 X 04 X 05 O 06 O 07 O

01 지게차의 마스트를 뒤로 기울이고 앞으로 기울이는 작동을 하는 것은?

① 틸트 레버
② 포크
③ 리프트 레버
④ 마스트

마스트의 전경과 후경 : 틸트 레버를 앞으로 밀면 전경으로, 뒤로 당기면 후경으로 마스트가 기울어진다.

02 리프트 레버를 뒤로 당겨 상승 상태를 점검하였더니 2/3 가량은 잘 상승되다가 그 후 상승이 잘 안 되는 현상이 생겼을 경우 점검 해야할 곳은?

① 엔진 오일의 양
② 유압유 탱크의 오일양
③ 냉각수의 양
④ 틸트 레버

유압유 탱크 내의 오일양이 부족할 때 일어나는 현상이다.

03 지게차 포크의 상승 속도가 느린 원인으로 가장 관계가 적은 것은?

① 작동유의 부족
② 조작 밸브의 손상 및 마모
③ 피스톤 패킹의 손상
④ 포크 끝의 약간 휨

포크의 상승 속도가 느린 원인
• 작동유의 부족
• 조작 밸브의 손상 및 마모
• 피스톤 패킹의 손상
• 피스톤 로드의 휨

04 지게차의 운전 장치를 조작하는 동작의 설명 중 틀린 것은?

① 전·후진 레버를 앞으로 밀면 후진이 된다.
② 틸트 레버를 뒤로 당기면 마스트는 뒤로 기운다.
③ 리프트 레버를 밀면 포크가 내려간다.
④ 전·후진 레버를 잡아당기면 후진이 된다.

운전 조작장치의 동작
• 전·후진 레버 : 앞으로 밀면 전진, 뒤로 당기면 후진
• 틸트 레버 : 앞으로 밀면 전경, 뒤로 당기면 후경
• 리프트 레버 : 앞으로 밀면 포크 하강, 뒤로 당기면 포크 상승
• 저·고속 레버 : 앞으로 밀면 저속, 뒤로 당기면 고속

05 지게차 조종 레버로 가능한 조종의 종류가 아닌 것은?

① 로우어링(lowering)
② 덤핑(dumping)
③ 리프팅(lifting)
④ 틸팅(tilting)

오답 피하기
① 로우어링 : 짐 낮추기
③ 리프팅 : 짐 들어올리기
④ 틸팅 : 경사시키기

06 포크를 하강시키려 한다. 그 조작 방법으로 옳은 것은?

① 가속페달을 밟고 리프트 레버를 앞으로 민다.
② 가속페달을 밟고 리프트 레버를 뒤로 당긴다.
③ 가속페달을 밟지 않고 리프트 레버를 뒤로 당긴다.
④ 가속페달을 밟지 않고 리프트 레버를 앞으로 민다.

• 포크의 하강 : 가속페달을 밟지 않고 리프트 레버를 앞으로 민다.
• 포크의 상승 : 가속페달을 서서히 밟고 리프트 레버를 뒤로 당긴다.

기타 지게차 작업장치

01 작업장치의 종류

1) 드럼 클램프(Drum Clamp)

① 기능 : 원통으로 된 드럼을 날개(암)를 이용하여 암 옆에서 클램핑하여 작업하며 용도에 따라 1개, 2개, 4개의 드럼을 취급할 수 있다.

② 용도 : 석유 화학제품, 페인트, 잉크 등 유사 원통형의 화물 취급에 적합하다.

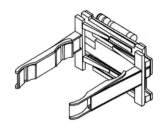

2) 드럼 피커(Drum Picker)

① 기능 : 서있는 상태의 드럼을 독수리 발톱과 같은 형태의 집게로 물어 세워진 상태로 이송이 가능하다.

② 용도 : 석유 화학제품, 페인트, 잉크 등 드럼 형태의 화물 취급 장소에 사용한다.

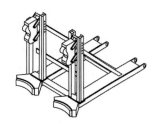

3) 힌지드 포크(Hinged Fork)

① 기능 : 포크를 상하로 경사를 주어 덤핑시켜 원주형의 화물 운반, 적재 작업을 수행한다.

② 용도 : 소형 원목이나 파이프 등의 적재 작업에 적합하다.

4) 힌지드 버킷(Hinged Bucket)

① 기능 : 힌지드 포크에 버킷을 추가하여 소형로더의 역할을 할 수 있으며 버킷은 핀으로 연결되어 있어 쉽게 탈부착이 가능하고, 탈거 후 포크 작업도 가능하다.

② 용도 : 모래, 석탄, 등 분말로 된 원재료 상태의 화물 운반이나 야적장이나 하역장에서의 하역 작업에 적합하다.

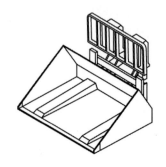

5) 로드 스태빌라이저(Load Stabilizer)

① 기능 : 상단의 압착판(덮게)을 이용하여 화물을 눌러줌으로써 바닥이 고르지 못한 노면에서도 화물을 안전하게 이송할 수 있다.

② 용도 : 음료회사, 주류회사, 골판지회사 등에서 사용한다.

6) 베일 클램프(Bale Clamp)

① 기능 : 다양한 크기의 날개(arm)를 부착하여 포크 없이 화물을 양옆에서 꽉 잡아준다.

② 용도 : 원면, 양모, 펄프 등을 취급하며, 컨테이너 등 항만 하역에 적합하다.

7) 페이퍼 롤 클램프(Paper Roll Clamp)

① 기능 : 로테이팅 롤 클램프라고도 하며 원형으로 된 화물을 꽉 잡고 회전시켜 하역, 적재 등의 작업을 수행한다.

② 용도 : 제지공장, 인쇄공장 등 롤 형태의 화물하역 및 적재 작업에 적합하다.

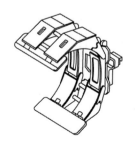

8) 포크 클램프(Fork Clamp)

① 기능 : 평상시에는 일반 지게차처럼 파렛트 작업을 하다가 필요 시 클램핑 작업을 할 수 있으며 포크의 간격을 조정하므로 다양한 제품을 클램핑할 수 있다.

② 용도 : 철재 화물 등, 길이가 긴 화물 등을 취급할 때 효과적이다.

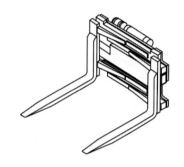

9) 아이스 클램프(Ice Clamp)

① 기능 : 얼음 창고에서 얼음 출고 시 얼음 덩어리를 빼낼 때 사용하며 지게차 마스트 구조의 붐이 앞으로 길게 뻗어 나가 클램프 부분의 핀으로 얼음을 클램핑하여 작업한다.

② 용도 : 얼음 공장 등에서 작업 시 효과적이다.

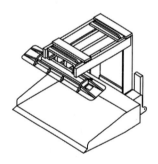

10) 파렛트 인버트 로드 푸시
(Pallet Invert Load Push)

① 기능 : 화물차, 컨테이너에 파렛트 제거 후 화물을 푸시 핀으로 밀어 상차하기 위한 전용 작업장치이다.

② 용도 : 파렛트 위에 무너지기 쉬운 상태로 적재된 포대나 상자형 화물을 팔레트 없이 작업한다. 파렛트를 회수하는 작업장이나 석유화학제품 물류에 효과적이다.

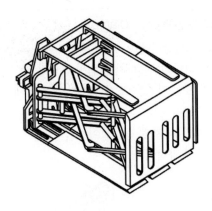

11) 사이드 쉬프트(Side Shift)

① 기능 : 지게차의 캐리지가 좌/우로 이동되면서
파렛트 작업 시 간격을 맞춤으로써 편리하게
포크를 삽입할 수 있다. 정지 상태에서 작업이
가능한 장치이다.
② 용도 : 창고나 컨테이너 등의 제한된 공간에서
작업이 효율적이다.

12) 포크 포지셔너(Fork Positioner)

① 기능 : 지게차 포크의 간격을 운전석에서 레버
를 작동시켜 조절할 수 있다.
② 용도 : 규격이 다양한 파렛트의 작업이나 기계
도비(운반) 작업에 효과적이다.

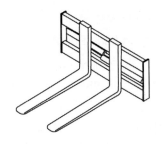

13) 로테이팅 포크(Rotating Fork)

① 기능 : 360° 회전하는 작업장치로 포크를 삽입
할 수 있는 구멍이 있는 철제상자를 회전시켜
화물을 쏟는 작업이 가능하다.
② 용도 : 폐기물업체, 주물공장 등 액체 물체의
적하 및 운반 작업에 적합하다.

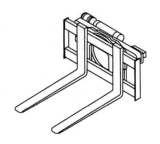

14) 카톤 클램프(Carton Clamp)

① 기능 : 넓은 크기의 날개로 화물을 옆에서 고정
하여 운반하는 작업장치
② 용도 : 전자제품이나 상자로 된 제품 등 충격이나
압력에 취약한 화물을 취급할 때 효과적이다.

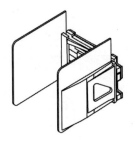

15) 파렛트 포크(Pallet Fork)

① 기능 : 버킷을 탈거하고 캐리지와 포크를 장착하
여 지게차처럼 사용할 수 있다.
② 용도 : 조경업, 건설업, 축산업, 산업체 등에서
사용이 가능하다.

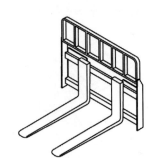

01 작업 용도에 따른 지게차의 종류가 아닌 것은?

① 로테이팅 클램프
② 곡면 포크
③ 로드 스태빌라이저
④ 힌지드 버킷

지게차의 작업 용도에 따른 분류에서 곡면 포크는 없다.

02 다음 지게차의 작업장치 중 둥근 목재나 파이프의 적재에 알맞은 것은?

① 블록 클램프
② 사이드 시프트
③ 하이 마스트
④ 힌지드 포크

오답 피하기
작업 용도에 따른 작업장치 분류
① **블록 클램프** : 콘크리트 블록을 다량으로 한 번에 운반
② **사이드 시프트** : 선박, 콘테이너 및 창고 등 좁은 공간 작업
③ **하이 마스트** : 마스트가 2단으로 늘어나는 형식으로 높은 위치의 적재 및 적하에 적합

03 지게차에서는 운반물의 종류에 따라 포크 대신에 부속장치를 부착하여 사용한다. 이 부속장치에 속하는 것은?

① 크레인
② 힌지드 버킷
③ 디퍼
④ 크램셸

힌지드 버킷 : 곡물, 소금, 설탕, 비료 등의 적재 · 적하 작업에 적합하다.

PART 02

안전관리

01 산업안전 관리 규정

산업재해 방지를 추진하기 위해 구체적인 시책을 정한 것을 말한다.

1) 산업안전 규칙

① 안전의 정의

위험 요인이 없거나 있더라도 위해를 받는 일이 없도록 대책을 세워 안전한 환경을 만든 상태를 말한다.

② 안전관리의 목적

안전한 환경과 인도주의 실현을 위한 인명의 존중, 사회복지 증진, 생산성 및 경제성의 향상과 대외여론의 개선으로 인한 신뢰성 향상을 목적으로 한다.

③ 산업안전보건법상의 산업재해★

근로자가 업무에 관계되어 사망, 부상, 질병에 걸리는 것을 말한다.

> ★ 산업재해
> 통제를 벗어난 에너지의 광란으로 인해 입은 인명과 재산의 피해

2) 안전사고와 부상

① **중상해** : 2주 이상의 노동 손실을 가져온 상해 정도 (일신 상해 : 3주)

② **경상해** : 1~14일 미만의 노동 손실을 가져온 상해 정도

③ **경미상해** : 8시간 이하의 휴무 또는 작업에 종사하면서 치료를 받는 상해 정도

3) 중대재해

① 사망자가 1인 이상 발생한 재해

② 3개월 이상의 요양이 필요한 부상자 또는 직업성 질병으로 동시에 2인 이상 발생한 재해

③ 부상자 또는 직업성 질병으로 동시에 10인 이상 발생한 재해

4) 사고와 재해

① 안전사고 : 고의성은 없으나 불안전한 행동이나 조건으로 발생하는 사고

② 재해 : 안전사고의 결과로 일어난 인명과 재산 손실

③ 무재해 사고 : 인명이나 물적 피해가 일체 없는 사고

5) 재해 형태별 분류

분류	세부 상태
추락	사람이 건축물, 비계, 기계, 사다리, 계단, 경사면, 나무 등에서 떨어지는 것
전도	사람이 평면상으로 넘어졌을 때를 말함(과속, 미끄러짐 포함)
충돌	사람이 정지 물에 부딪친 경우
낙하, 비래	물건이 주체가 되어 사람이 맞는 경우
협착	물건에 끼인 상태
감전	전기 접촉이나 방전에 의해 사람이 충격을 받은 경우

> 🎓 **기적의 Tip**
>
> **안전 행동의 원인 : 생리적, 심리적, 환경적**
> 재해의 직접적인 원인 98%에서 불안전한 행동이 88%이며 불안전한 상태가 10%이다.
>
> **불안전한 행동별 원인**
> • 안전작업과 표준 미작성 : 무단 작업 실시 → 재해 발생
> • 작업과 안전작업 표준의 상이 : 설비-작업의 수시 변경 → 재해 발생
> • 안전작업 표준에 결함 : 작업분석의 결함
> • 안전작업과 표준의 몰이해 : 안전교육의 결함
> • 안전작업 표준의 불이행 : 안전태도의 문제

02 안전보호구

재해를 방지하기 위해서 안전복장, 안전화, 안전모, 안전장갑, 보안경 등을 착용하거나 그 기구나 장치를 안전보호구라고 한다.

1) 안전보호구의 구비조건
① 착용이 간편하고 작업에 방해가 되지 않을 것
② 유해 · 위험요소에 대하여 방호가 완전할 것
③ 외관이 보기 좋고 사용되는 재료는 작업자에게 해로운 영향을 주지 않을 것
④ 구조 및 표면 가공이 양호하고 끝마무리가 우수할 것

2) 안전보호구 보관 방법
① 열을 받지 않는 곳과 햇빛이 들지 않고 통풍이 양호해야 한다.
② 다른 물건과 같이 혼합하여 보관하지 않는다.
③ 착용 후 세척하여 깨끗한 상태로 건조해서 보관한다.

3) 점검대상 안전보호구의 종류
① 머리에 대한 보호구 : 안전모(A, B, AB, AE, ABE형)
② 추락 방지를 위한 보호구 : 안전대
③ 발에 관한 보호구 : 안전화, 안전각반, 고무장화
④ 얼굴에 관한 보호구 : 보안면
⑤ 손에 관한 보호구 : 안전장갑
⑥ 유해 화학물질의 흡입 방지를 위한 보호구 : 방진 마스크, 방독 마스크, 송기 마스크
⑦ 눈을 보호하기 위한 보호구 : 보안경
⑧ 소음 차단을 위한 보호구 : 귀마개, 귀덮개

03 안전보호구의 종류별 기능

1) 안전모
내진성, 내열성, 내한성, 내수성, 난연성*이 높아야 하고 유해 위험물에 대한 방호가 적합한 안전모를 착용한다.

★ 난연성
연소하기 어려운 재료의 성질
가연성과 불연성의 중간

① 낙하방지용(A형)
물체의 낙하 및 비래에 의한 위험방지 또는 경감시키는 것, 재질은 합성수지

② 추락방지용(B형)
추락방지용이며, 재질은 합성수지

③ 낙하 · 추락방지용(AB형)
낙하 또는 비래에 의한 위험방지 및 추락방지용이며, 재질은 합성수지

④ 낙하 · 감전방지용(AE형)
낙하 및 비래에 의한 위험방지 및 감전방지용이며, 재질은 합성수지

⑤ 다목적용(ABE형)
낙하 및 비래 및 추락에 의한 위험방지 및 감전방지용이며, 재질은 합성수지

2) 안전화
다양한 환경에서 작업할 때 발등을 보호하기 위해 경 작업용, 보통 작업용, 중 작업용의 안전화를 착용한다.

기적의 Tip

경 작업용
비교적 경량 물품을 취급하는 작업에 사용

보통 작업용
공구가공품을 손으로 취급하는 작업 및 차량, 기계 등을 스스로 운전하는 일반 작업에 사용

중 작업용
중량물 운반작업 및 가공대상물의 중량이 큰 작업에 사용

① 가죽제 안전화
물체의 낙하나 충격 및 찔림 등의 상해 위험으로부터 발을 보호하는 기본 기능을 가진다.

② 고무제 안전화
기본 기능 및 고방수 또는 내화성이 있는 안전화이다.

③ 정전기 안전화

기본 기능 및 대전에 의해 생기는 정전기로부터 인체를 방어할 수 있다.

④ 발등 안전화

가죽제 안전화에서 발가락과 발등 보호 기능을 더한 것이다.

⑤ 절연화

기본 기능으로부터 발을 보호하고 저압의 전기에 의한 감전을 방지할 수 있다.

⑥ 절연장화

고압에 의한 감전을 방지하고 방수 기능을 제공한다.

3) 보안경*

① 위험에 대해서 적절한 보호가 되어야 한다.
② 착용했을 때 가볍고 편안하며 세척이 쉬워야 한다.
③ 작업자의 움직임에 쉽게 탈락 또는 움직이지 않아야 한다.
④ 안경테 각도와 길이를 조절할 수 있고 내구성이 있으며 충분히 소독되어 있어야 한다.

> ★ 일반 보안면
> 보안경 위에 겹쳐 착용하기도 한다.

4) 방진 안경

① 투과율은 투과 광선의 약 90%를 투과해야 하며 70% 이하로 떨어지면 안 된다.
② 광학적으로 질이 좋아 두통을 일으키지 않아야 한다.
③ 렌즈에는 줄이나 홈, 기포, 비뚤어짐 등이 없어야 한다.
④ 렌즈의 강도가 요구될 때에는 강화 렌즈를 사용할 필요가 있다.
⑤ 렌즈의 양면은 매끄럽고 평행해야 한다.

5) 보안면

① 차광 보안경

유해한 자외선을 차단하고, 강렬한 가시광선을 약하게 하여 광원의 상태를 관측 가능하게 하며, 열작업에서 발생하는 적외선을 차단한다.

② 용접 보안면

안면보호구로 유해광선으로부터 눈을 보호한다.

③ 일반 보안면*

면 전체가 전부 투시 가능한 것으로 일반 작업 및 점용접 작업 시 발생하는 비산물과 액체로부터 안면을 보호하는 것이다.

6) 방음 보호구(귀마개, 귀덮개)

소음이 발생하는 작업장에서 소음의 허용기준이 85~115dB일 때는 귀마개 또는 귀덮개를 선택하고, 110~120dB 이상일 때는 청력 보호를 위해 귀마개와 귀덮개를 동시 착용한다.

04 호흡용 보호구

보호 방식에 따라 공기정화식*과 공기공급식*의 방진 및 방독마스크가 있다.

> ★ 공기정화식
> 공기 중 산소 결핍(산소 농도 18% 미만)인 작업장에서 착용 불가
>
> ★ 공기공급식
> 산소 결핍에서 사용이 가능하나 사용 시간에 제약

1) 마스크 재질의 구비 조건

① 안면 접촉 부분은 피부에 해를 주지 않을 것
② 여과재는 여과 성능이 우수하고 인체에 해가 없을 것
③ 플라스틱은 내열성 및 내한성을 가질 것
④ 금속재료는 내식 처리(녹슬지 않음)가 되어 있을 것
⑤ 고무재료는 인장강도, 신장률, 경도, 내열성, 내한성 및 비중시험에 합격할 것
⑥ 섬유재료는 강도가 충분할 것

2) 방진 마스크 선정 조건

① 분진, 포집 효율, 안면 밀착성이 좋을 것
② 흡·배기 저항이 적고 피부 접촉 부위의 고무 재질이 좋을 것
③ 시야가 넓고 중량이 가벼우며 유효 공간이 적을 것

3) 방독 마스크 선정 조건

① 방진 마스크의 선정 기준에 따르며 정화통이 유해물질을 제독할 수 있을 것
② 정화통 내부의 흡착재가 포화상태가 되어 흡수능력을 상실하기까지 시간이 길 것

05 작업 복장 착용

1) 작업복

① 작업복은 신체에 맞고 가벼워야 하며 항상 청결을 유지한다.
② 작업의 성격에 따라 상의의 끝이나 바지자락이 말려 들어가지 않도록 잡아맨다.
③ 실밥이 풀리거나 터진 것은 즉시 꿰맨다.
④ 기름 묻은 작업복은 화재의 위험이 높으므로 즉시 세척한다.
⑤ 더운 계절이나 고온 작업에서 작업복을 절대 벗지 않는다.
⑥ 착용자의 연령, 직종 등을 고려해서 적절한 스타일을 선정한다.

2) 작업모

① 기계의 주위에서 작업을 하는 경우에는 반드시 모자를 착용한다.
② 장발자의 경우에는 모자나 수건으로 머리카락을 완전히 감싼다.

3) 신발

① 신발은 작업 내용에 잘 맞는 것을 선정한다.
② 맨발 작업 또는 샌들 착용은 절대 금지한다.
③ 안전화의 착용을 적극 유도한다.

이론을 확인하는 개념 체크

01 사고의 결과로 발생한 인명과 재산의 손실을 상해라고 한다. (O, X)

02 불안전한 행동의 원인으로는 생리적, 심리적, 환경적 요인이 있다. (O, X)

03 칩의 비산이 발생할 수 있는 곳에서는 필수적으로 착용해야 할 안전 보호구는 방진 마스크이다. (O, X)

04 안전 보호구는 항상 견고한 재질로 되어있어야 한다. (O, X)

05 작업복은 몸에 맞고 움직임이 편해야 한다. (O, X)

06 물체의 낙하가 예상되는 현장에서는 고무제 안전화를 착용해야 한다. (O, X)

07 발생하는 소음의 크기가 85dB 이상인 현장에선느 방음 보호구를 착용해야 한다. (O, X)

01 X 02 O 03 X 04 X 05 O 06 X 07 O

01 재해조사의 직접적인 목적에 해당되지 않는 것은?

① 동종재해의 재발 방지
② 유사재해의 재발 방지
③ 재해 관련 책임자 문책
④ 재해 원인의 규명과 예방자료 수집

재해조사의 주된 목적은 재해관련 책임자를 문책하기 위한 것이 아니라 재해를 예방하기 위해 조사를 하는 것이다.

02 생산 활동 중 신체장애와 유해물질에 의한 중독 등으로 직업성 질환에 걸려 나타난 장애를 무엇이라 하는가?

① 안전관리   ② 산업재해
③ 산업안전   ④ 안전사고

직업성 질환은 산업재해라 한다.

03 귀마개가 갖추어야 할 조건으로 틀린 것은?

① 내습 · 내유성을 가질 것
② 적당한 세척 및 소독에 견딜 수 있을 것
③ 가벼운 귓병이 있어도 착용할 수 있을 것
④ 안경이나 안전모와 함께 착용을 하지 못하게 할 것

귀마개는 안경이나 안전모를 쓴 상태에서도 착용을 할 수 있어야 한다.

04 안전모에 대한 설명으로 적합하지 않은 것은?

① 혹한기에 착용하는 것이다.
② 안전모의 상태를 점검하고 착용한다.
③ 안전모 착용으로 불안전한 상태를 제거한다.
④ 올바른 착용으로 안전도를 증가시킬 수 있다.

혹한기에 착용하는 모자는 방한모이다.

05 보안경을 사용하는 이유로 틀린 것은?

① 유해 약물의 침입을 막기 위하여
② 떨어지는 중량물을 피하기 위하여
③ 비산되는 칩에 의한 부상을 막기 위하여
④ 유해광선으로부터 눈을 보호하기 위하여

떨어지는 중량물에 의한 피해를 방지하기 위하여 착용하는 것은 안전모이다.

06 사고 결과로 인하여 인간이 입은 인명 피해와 재산상의 손실을 무엇이라 하는가?

① 재해   ② 안전
③ 사고   ④ 부상

사고로 인한 재산상의 손실이나 인명의 피해를 재해라 한다.

07 사고 원인으로서 작업자의 불안전한 행위는?

① 안전조치의 불이행
② 작업장 환경 불량
③ 물적 위험 상태
④ 기계의 결함 상태

작업자의 불안전한 행위는 작업자가 안전조치사항을 따르지 않음으로 발생되는 사고를 말한다.

08 사고의 직접적인 원인으로 가장 적합한 것은?

① 유전적인 요소
② 성격 결함
③ 사회적 환경 요인
④ 불안전한 행동 및 상태

사고의 직접적인 원인은 담당 근로자의 불안전한 행동과 상태에 의해 가장 많이 발생된다.

09 안전한 작업을 하기 위하여 작업 복장을 선정할 때의 유의사항으로 가장 거리가 먼 것은?

① 화기사용 장소에서는 방염성, 불연성의 것을 사용하도록 한다.

② 착용자의 취미, 기호 등에 중점을 두고 선정한다.

③ 작업복은 몸에 맞고 동작이 편하도록 제작한다.

④ 상의의 소매나 바지 자락 끝 부분이 안전하고 작업하기 편리하게 잘 처리된 것을 선정한다.

작업복은 작업 용도와 안전에 맞는 것을 선정하여야 한다.

10 산업재해 부상의 종류별 구분에서 경상해란?

① 부상으로 1일 이상 14일 이하의 노동 상실을 가져온 상해 정도

② 응급 처치 이하의 상처로 작업에 종사하면서 치료를 받는 상해 정도

③ 부상으로 인하여 2주 이상의 노동 상실을 가져온 상해 정도

④ 업무상 목숨을 잃게 되는 경우

경상해란 부상으로 1일 이상 14일 이하의 노동 상실을 가져오는 상해 정도를 말한다.

11 안전모의 관리 및 착용 방법으로 틀린 것은?

① 큰 충격을 받은 것은 사용을 피한다.

② 사용 후 뜨거운 스팀으로 소독하여야 한다.

③ 정해진 방법으로 착용하고 사용하여야 한다.

④ 통풍을 목적으로 모체에 구멍을 뚫어서는 안된다.

안전모의 소독은 약품을 이용한다.

12 불안전한 행동으로 인하여 오는 산업재해가 아닌 것은?

① 불안전한 자세

② 안전구의 미착용

③ 방호장치의 결함

④ 안전장치의 기능 제거

방호장치는 물적 결함에 속하는 것이다.

13 안전제일에서 가장 먼저 선행되어야 하는 이념으로 맞는 것은?

① 재산 보호

② 생산성 향상

③ 신뢰성 향상

④ 인명 보호

안전제일에서 가장 먼저 선행되어야 하는 것은 근로자의 인명 보호이다.

01 안전장치의 개념

안전장치는 작업자의 위해를 방지하거나 기계설비의 손상을 방지하기 위하여 기계적, 전기적인 기능을 구비한 장치이다.

> 🎓 기적의 Tip
>
> 작업자를 위험으로부터 보호하기 위해서 안전장치 외 여러 가지 안전수단을 활용하여야 한다.

02 기계의 안전장치

1) 동력기계의 표준 방호 덮개장치

① 확실한 방호 기능을 갖추어야 한다.
② 사용이 간편하고 작동과 노력이 적게 들어야 한다.
③ 작업자의 작업 행동이 기계의 특성에 맞아야 한다.
④ 운전 중 위험한 부분과 인체의 접촉이 없어야 한다.
⑤ 생산에 방해를 주어서는 안 된다.
⑥ 최소의 손실로 장기간 사용할 수 있고 가능한 자동화되어야 한다.
⑦ 통상적인 마모나 충격에 견뎌야 한다.
⑧ 기계장치와 조화를 이루어야 한다.

2) 방호장치의 종류

① 격리형 : 완전차단형, 덮개형, 방호망
② 위치제한형 : 작업자의 신체가 위험 한계 밖에 있도록 접근을 금지

③ 접근거부형 : 작업자의 신체가 위험에 접근하지 못하도록 제지
④ 접근반응형 : 작업자가 위험 범위 내에 들어오면 작업을 정지
⑤ 포집형 : 연삭기의 덮개처럼 위험원이 비산하거나 튀는 것을 방지

03 지게차 전도 방지 안전장치

지게차에 화물 적재 시 앞 타이어가 받침대 역할을 하고 후면 평형추(counter weight)의 무게에 의해 안정된 상태를 유지한다.

1) 지게차의 안정도

지게차의 화물 하역, 운반 시 전도에 대한 안전성을 표시하는 수치로 하중을 높이 올리면 중심이 높아져서 언덕길 등의 경사면에서는 가로 위치가 되면 쉽게 전도가 된다. 이 때문에 지게차의 안정도 시험을 해서 규정된 안정도를 유지한다.

① 하역 작업 시 전후 안정도 : 4% (5t 이상 : 3.5%)
② 주행 시 전후 안정도 : 18%
③ 하역작업 시 좌우 안정도 : 6%
④ 주행 시 좌우 안정도 : (15+1.1V)% (V : 최고 속도 km/h)

> 🎓 기적의 Tip
>
> 최대하중 이하로 적재하는 것이 중요하다.

2) 지게차 동력차단 안전장치

지게차 작업 시 안전을 위해서 동력을 차단하는 장치이다.

① 작업장치 동력 차단장치

운전석을 이탈 시 작업장치가 작동되지 않도록 센서장치를 연결한다.

② 주행장치 동력 차단장치

핸드브레이크를 이용해 주행 쪽의 전기를 차단하고 유압이 공급되지 않게 하여 운전석 이탈 시 주행이 되지 않도록 한다.

③ 변속장치 동력 차단장치

인칭 브레이크를 작동하여 변속기의 동력을 차단하고 작업할 수 있도록 하며 경사지에서는 사용을 금한다.

04 지게차 일반 안전장치

1) 주행 연동 안전벨트

지게차 전·후진 레버의 접점과 안전벨트를 연결하여 안전벨트 착용 시에만 전·후진할 수 있도록 인터록 시스템 구축으로 전도, 충돌 시 운전자가 운전석에서 튕겨져 나가는 것을 방지한다.

2) 후방 접근 경보 장치*

지게차 후진 시 사람 또는 물체와의 충돌을 방지하기 위해 후방 접근상태를 감지하고 지게차와의 거리를 운전석 정면에 숫자로 표시하여 운전자가 위험상태를 인지할 수 있는 접근 경보 장치를 설치한다.

★ 후방 접근 경보 장치
지게차 후면에 작업자 등이 있을 때 접근 감지장치의 센서가 감지하여 경보음이 발생

🎓 기적의 Tip
지게차 작업 시 다른 작업자 및 구조물과의 충돌을 방지하여 각종 위험으로부터 운전자를 안전하게 보호하는 장치이다.

3) 후사경

지게차 운전 시 후방 사각 지역의 타 근로자나 다른 장비와의 충돌 및 협착을 방지하기 위한 안전장치로, 룸미러의 정상 위치 및 오염 여부를 점검한다.

① 각도를 조절하여 후사경의 정상 여부를 확인

운전석에서 후방의 식별이 가능하도록 각도를 조절하여 사용한다.

② 탈부착이 쉬워야 하며 견고하게 조임 상태를 확인

볼트식으로 되어있으며 간단한 공구로 쉽게 탈부착이 가능하다.

4) 룸미러

후사경 외에도 지게차 뒷면의 사각지역 해소를 위하여 룸미러를 설치한다.

5) 지게차의 식별을 위한 형광 테이프 부착

조명이 어두운 작업장에서 약한 불빛으로 운행하더라도 지게차의 위치와 움직임 등을 식별할 수 있도록 지게차의 좌우 및 후면에 형광 테이프를 부착한다.

6) 경광등 및 작업등 설치

조명이 불량한 작업장 또는 지게차의 운행 상태를 알릴 수 있도록 지게차 후면에 경광등을 설치하고 작업 시 전후방에 작업등을 설치한다.

7) 출입 안전문 설치

지게차 전복 시 운전자가 밖으로 튕겨 나가는 것을 방지하고 소음, 기상의 악조건 등에서도 작업이 가능하도록 안전문을 설치한다.

8) 백레스트(Backrest)

포크 위의 화물이 후방으로 낙하할 위험을 막아주며, 백레스트를 초과해서 운반하지 않도록 화물 높이를 제한한다.

9) 오버헤드가드

화물의 낙하나 날아오는 물건 및 지게차 전복 사고 시 운전자를 보호하기 위해 프레임으로 운전석 주변을 감싸고 있다.

① 오버헤드가드와 기타 모든 안전장치가 제 위치에 있는지 확인한다.
② 확인 후 손상이 없으면 단단하게 부착되어 있는지 확인한다.
③ 용접부와 구조 부재의 균열 또는 기타 손상 여부를 검사한다.
④ 패스너의 헐거움 또는 분실 여부도 점검한다.
⑤ 점검이 종료되어 이상이 없음을 확인하고 운전한다.

🎓 기적의 Tip

오버헤드가드의 균열 및 변형을 수시로 점검한다.

10) 포크 고정장치

지정 위치에 포크를 고정하는 장치로 포크가 미끄러지지 않도록 체결한다.

이론을 확인하는 개념 체크

01 안전벨트 착용 시에만 전·후진이 가능하도록 한 시스템을 주행 연동 안전벨트라 한다. (O, X)

02 조명이 어두운 작업장에서 약한 불빛으로도 위치를 식별할 수 있도록 지게차 후방에 반사경을 부착한다. (O, X)

03 후진 시 충돌을 방지하기 위한 장비는 후방 접근 경보 장치이다. (O, X)

04 오버헤드가드는 충격을 흡수할 수 있도록 쉽게 파괴되는 재질이어야 한다. (O, X)

01 O 02 X 03 O 04 X

합격을 다지는 **예상문제**

01 작업점 외에 직접 사람이 접촉하여 말려들거나 다칠 위험이 있는 장소를 덮어씌우는 방호장치는?

① 격리형 방호장치
② 위치제한형 방호장치
③ 포집형 방호장치
④ 접근거부형 방호장치

위험이 있는 장소를 덮어씌우는 방호장치는 격리형 방호장치이다.

02 건설 현장의 이동식 전기기계·기구에 감전사고 방지를 위한 설비로 맞는 것은?

① 시건장치
② 피뢰기 설치
③ 접지설비
④ 대체 전위 상승장치

감전사고 방지를 위한 설비는 접지설비이다.

01 안전수칙과 표지

1) 운전 안전수칙

① 조종사면허 소지자 탑승
건설기계 조종사면허를 소지한 지게차 운전자만
탑승이 가능하며 안전교육을 반드시 받아야 한다.

② 작업 용도
작업 용도와 안전보호장치를 확인하고 탑승한다.

③ 안전보호구 착용 후 탑승
안전화, 안전모 등 안전복장을 착용하고 탑승한다.

2) 산업안전표지

① 안전표지의 사용 목적
위험성을 경고하고 작업환경을 통제하여 재해를
사전에 예방한다.

② 안전표찰
녹십자 모양의 표지에 안전제일이라고 표기하여
안전완장, 작업복의 우측 어깨, 안전모의 좌·우
측에 부착한다.

3) 안전표지의 색상별 표시

① 주황 : 위험을 표시, 안전명령 및 특정행위 금지
② 빨강 : 방화, 정지, 금지 등의 심리적 위험 표시
③ 노랑 : 주의를 표시
④ 녹색 : 안전, 진행, 구급기호
⑤ 파랑 : 조심, 지시
⑥ 자주 : 방사능
⑦ 흰색 : 통로, 정돈

02 안전표지의 종류

1) 금지표지(8종)

안전 명령으로 특정 행위를 금지시키는 내용으로
적색 원형이며, 바탕은 흰색, 관련 부호 및 그림
은 검정색으로 되어 있다.

2) 경고표지(15종)

유해 및 위험물에 대한 주의를 환기시키는 내용
이며 바탕은 노란색, 관련부호 및 그림은 검정색
으로 되어 있다.

3) 지시표지(9종)

청색 원형으로 보호구 착용을 지시하는 내용이며
바탕은 파랑, 관련 그림은 흰색으로 되어 있다.

4) 안내표지(8종)

위치(비상구, 의무실, 구급용구)를 알리는 내용으
로 녹색과 흰색의 조합으로 되어 있다.

03 안전표지 부착

위험 장소 및 작업별 위험 요인에 대한 경각심을
부여하기 위하여 작업장의 눈에 잘 띄는 장소 및
장비에 안전표지를 부착한다.

1) 위험경고 안전표지 부착

① 화물의 적재 상태 확인 및 허용 하중을 초과한
   적재를 금지한다.
② 마모가 심한 타이어 사용 및 무자격자의 운전
   을 금지한다.
③ 작업장 바닥의 요철을 확인하고 지게차 주변
   에 안전부착물을 부착한다.

2) 협착 및 충돌 예방을 위하여 지게차의 위치 안전 표지 부착

① 지게차 전용 통로를 확보한다.
② 지게차 운행구간별 제한속도를 지정하여 표지 판을 부착한다.
③ 교차로 등 사각지대에 반사경을 설치한다.
④ 시야를 확보할 수 있도록 지게차 위치를 알린다.
⑤ 경사진 노면에 지게차를 방치할 수 없도록 경 고표지판을 부착한다.

3) 추락재해 예방 안전표지 부착

① 지게차 주차 위치를 표시한다.
② 운전자 이외에는 지게차 탑승금지표시를 한다.

04 경고판 부착

지게차에는 경고판을 명확히 식별할 수 있도록 부착한다.

1) 들어 올려진 하물 아래 접근 금지 경고판

올려진 포크 아래로의 이동(운전자 포함)과 사람 들어올리기 또는 수송을 금지한다.

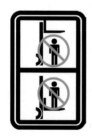

2) 압착 및 절단 경고판

업라이트상에 부착되어 그로스 빔, 체인, 로프 풀 리, 포크 캐리지 및 업라이트 기타 부품에 의해 발생할 수 있는 부상 위험을 경고한다.

3) 송풍기 경고판

라디에이터의 에어 디플렉터상에 부착되어 회전 하는 냉각 팬에 너무 가까이 접근하는 것과 송풍 방향에 위치하지 않도록 경고한다.

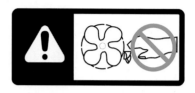

4) 안전벨트 경고판

지게차가 전복된 경우 지게차에서 뛰어내리지 말 고 착석위치를 유지하는 것이 가장 안전한 방법 이며, 안전벨트는 항상 몸에 맞게 착용해야 한다.

5) 표면 뜨거움 경고판

파이프, 엔진 표면 등 지게차 작업 시 발생하는 열로 인하여 표면이 뜨거워지므로 신체 접촉을 경고한다.

05 지게차 안전부착물 부착

지게차 작업 시 주의할 위험을 경고할 수 있도록
장비에 안전부착물을 부착할 수 있다.

1) 포크에 안전부착물 부착

① 포크의 위치를 쉽게 파악
② 마스트와 포크 후면에 위험을 경고하는 스티
　커 부착

2) 지게차 후면부에 위치표시 안전부착물 부착

① 후면부에 경광등을 설치
② 지게차 운행 시 후방 식별이 가능할 수 있도록
　형광표지띠를 설치

이론을 확인하는 개념 체크

01 금지표지는 적색 원형에 노란색 배경의 표지이다. (O, X)

02 안전표지에서 파란색은 지시의 의미이다. (O, X)

03 🔥 이 표지는 화기사용을 금지하는 표지이다. (O, X)

04 ⚠️ 이 표지는 추락 위험에 대해 경고하는 표지이다. (O, X)

05 포크에 안전부착물을 붙이면 포크의 위치를 쉽게 파악할 수 있다. (O, X)

01 X　02 O　03 X　04 X　05 O

합격을 다지는 예상문제

01 안전 · 보건표지의 종류와 형태에서 그림의 표지로 맞는 것은?

① 비상구
② 안전제일표지
③ 응급구호표지
④ 들것 표지

그림의 표지는 응급구호표지이다.

02 산업안전보건법상 안전 · 보건표지에서 색채와 용도가 틀리게 짝지어진 것은?

① 파란색 : 지시
② 녹색 : 안내
③ 노란색 : 위험
④ 빨간색 : 금지 · 경고

색상별 표시
• **주황** : 안전명령, 실제적인 위험을 표시(위험표지용 색상), 특정행위를 금지시키는 표지로서 적색 원형이다.
• **빨강** : 방화, 정지, 금지(심리적 위험을 표시한다.)
• **노랑** : 주의
• **녹색** : 안전, 진행, 구급기호, 안내
• **파랑** : 조심, 지시
• **자주** : 방사능
• **흰색** : 통로, 정돈

03 안전표지 종류 중 안내표지에 속하지 않는 것은?

① 녹십자표지
② 응급구호표지
③ 비상구
④ 출입금지

안전표지의 종류
• **금지표지(8종)** : 안전 명령으로 특정 행위를 금지시키는 내용으로 적색 원형이며, 바탕은 흰색, 기본 모형은 적색, 관련 부호 및 그림은 검정색으로 되어 있다.
• **경고표지(15종)** : 흑색 삼각형의 황색표지로 유해 및 위험물에 대한 주의를 환기시키는 내용으로 바탕은 노란색, 기본 모형 관련 부호 및 그림은 검정색으로 되어 있다.
• **지시표지(9종)** : 청색 원형으로 보호구 착용을 지시하는 내용으로 바탕은 파랑, 관련 그림은 흰색으로 되어 있다.
• **안내표지(8종)** : 위치(비상구, 의무실, 구급용구)를 알리는 내용으로 바탕은 흰색, 기본모형 및 관련부호는 녹색 또는 바탕은 녹색, 기본모형 및 관련 부호는 회색으로 되어 있다.

04 안전 · 보건표지의 종류와 형태에서 그림의 표지로 맞는 것은?

① 차량통행금지
② 사용금지
③ 탑승금지
④ 물체이동금지

그림의 표지는 차량통행금지표지이다.

05 안전 · 보건표지의 종류와 형태에서 그림의 표지로 맞는 것은?

① 안전복 착용
② 안전모 착용
③ 보안면 착용
④ 출입금지

그림의 안전표지는 안전모 착용을 지시하는 표지이다.

06 적색 원형의 띠로 만들어지는 안전표지판은?

① 경고표지
② 안내표지
③ 지시표지
④ 금지표지

적색 원형의 띠로 만든 안전표지는 금지표지이다.

지게차 안전수칙

01 지게차 안전수칙

1) 안전수칙 일반

① 안전보호구 착용

기계, 설비 등 위험 요인으로부터 작업자를 보호하기 위해 작업 조건에 맞는 안전보호구의 착용법을 숙지하고 착용한다.

② 안전보건표지 부착

위험장소 및 작업별로 위험 요인에 대한 경각심을 부여하기 위하여 작업장의 눈에 잘 띄는 해당 장소에 안전표지를 부착한다.

③ 안전보건교육 실시

작업자 및 사업주에게 안전보건교육을 실시하여 안전의식에 대한 경각심을 고취하고 작업 중 발생할 수 있는 안전사고에 대비한다.

④ 안전작업 절차 준수

정비, 보수 등의 비계획적 작업 또는 잠재 위험이 존재하는 작업 공정에서 지켜야 할 작업 단위별 안전작업 절차와 순서를 숙지하여 안전작업을 할 수 있도록 유도한다.

2) 작업장치 작동 상태 확인

① 의자 쪽의 센서라인을 확인한다.
② 운전자가 정위치에 있지 않을 때는 작업장치 작동 여부를 확인한다.
③ 작업장치 차단버튼 센서의 정상 작동 여부를 확인한다.

 기적의 Tip

운전자가 정위치에 있을 때만 작업장치가 작동되며 없으면 작업장치는 차단되어 작동이 멈춘다.

3) 지게차 운행 시 안전수칙

① 급유 중은 물론 운행 중에도 화기를 가까이하지 않는다.
② 내리막길에서는 브레이크를 밟으면서 서서히 주행한다.
③ 화물을 싣고 경사지를 내려갈 때는 후진으로 운행하여야 한다.
④ 이동 시 지면에서 포크는 20~30cm 정도 올린다.
⑤ 전 · 후진 변속은 지게차가 완전히 정지된 상태에서 한다.
⑥ 큰 화물에 의해서 전면의 시야가 방해받을 때는 후진으로 운행한다.
⑦ 포크의 끝단으로 화물을 들어 올리지 않는다.
⑧ 운행 조작은 시동 후 5분 정도 경과한 후에 한다.
⑨ 주행 중 필히 노면 상태에 주의하고 노면이 거친 곳에서는 천천히 운행한다.

4) 창고 또는 공장 출입 시 안전수칙

① 화물을 운반할 때 포크는 지상 20~30cm 정도 높이를 유지하여야 한다.
② 지게차의 폭과 출입구의 폭을 확인하여야 한다.
③ 부득이 포크를 올려서 출입하는 경우 출입구 높이에 주의한다.
④ 얼굴, 손, 발을 차체 밖으로 내밀지 않고 출입한다.

5) 주행 시의 안전수칙

① 도로주행 시 화물이동을 할 수 없다.
② 작업장 내에서는 제한속도를 준수한다.
③ 운전시야 불량 시 유도자의 지시에 따라 전후 좌우를 충분히 관찰 후 운행한다.
④ 진입로, 교차로 등 시야가 제한되는 장소에서는 주행 속도를 줄이고 운행한다.
⑤ 경사로 및 좁은 통로 등에서 급출발, 급정지, 급선회를 하지 않는다.
⑥ 다른 차량과 안전 차간 거리를 유지한다.
⑦ 선회 시 뒷바퀴에 주의하여 천천히 선회하며 다른 작업자나 구조물과의 충돌에 주의한다.

기적의 Tip

도로주행 시 도로교통법규를 준수하고 실내주행 시 산업안전보건법규를 준수한다.

6) 적재 작업 시 안전수칙

① 운반하려는 화물 가까이 접근하면 안전한 속도로 낮추어 일단 정지한다.
② 운반하려는 화물의 무너짐이나 파손 등의 위험성 여부를 확인한다.
③ 화물의 폭에 따라 포크 간격을 조절하여 화물 무게의 중심이 중앙에 오도록 한다.
④ 포크로 물건을 찌르거나 물건을 끌어서 올리지 않는다.
⑤ 지게차가 화물에 대해 똑바로 향하고 팔레트 또는 스키드에 포크의 삽입 위치를 확인 후 포크를 수평으로 유지하여 천천히 삽입한다.
⑥ 포크 삽입 후 포크를 지면으로부터 10cm 들어올려 화물의 안정 상태와 포크에 대한 편하중을 확인한다.
⑦ 마스트를 수직으로 화물을 쌓을 위치보다 조금 높은 위치까지 상승시킨다.
⑧ 화물을 상승할 때 포크를 수평이 되도록 한다.
⑨ 화물을 상승할 때 가속페달을 밟는 동시에 레버를 조작한다.

7) 운반 시 안전수칙

① 마스트를 뒤로 충분하게 기울인 상태에서 포크 높이를 지면으로부터 20cm 유지하며 운반한다.
② 적재한 화물이 운전 시야를 가릴 때에는 후진 주행이나 유도자를 배치하여 주행한다.
③ 이동방향을 확인하고 작업장 바닥과의 간격을 유지하면서 운반한다.
④ 경사로를 올라가거나 내려올 때는 적재물이 경사로의 위쪽을 향하도록 하고 경사로를 내려오는 경우에는 엔진 브레이크를 사용하여 천천히 내려온다.

8) 하역 작업 시 안전수칙

① 포크는 파렛트에 대해 항상 평행을 유지한다.
② 화물을 적하 시 마스트를 앞으로 약 4° 경사시킨다.
③ 화물을 적하 시 가속페달의 조작은 필요 없다.
④ 리프트 레버 사용 시 눈의 초점은 마스트를 주시한다.
⑤ 지게차가 경사된 상태에서 저하 작업을 하지 않는다.
⑥ 포크에 쌓아 올린 물건을 내릴 때는 수직으로 천천히 내린다.
⑦ 지게차를 천천히 주행하여 내려놓을 위치를 확인 후 적재할 장소에 화물을 하역한다.

9) 지게차 주차 시 안전수칙

① 포크를 완전히 지면에 내리고 마스트를 앞으로 기울인다.
② 주차 브레이크를 체결하고 전·후진 레버를 중립, 저·고속 레버는 저속 위치에 놓은 상태에서 시동을 정지한다.
③ 시동 키는 운전자가 지참하여 관리한다.
④ 기관을 공전상태로 정지시키는 경우에는 마스트를 뒤로 틸트해둔다.
⑤ 작업 후 점검을 실시하여 장비 이상 유무를 확인하고 내·외부를 청소한다.

02 장비 부품 취급 시 안전수칙

1) 엔진 취급 시의 안전수칙

① 엔진의 분해 전에는 작업에 필요한 공구, 기록 용지 및 부품 정리대를 준비한다.
② 작업하기 전에 방해가 되거나 손상될 우려가 있는 부품은 미리 떼어낸다.
③ 지게차 밑에서 작업을 할 경우에는 삼각대로 확실하게 고인다.
④ 엔진을 이동할 경우 체인 블록으로 묶어 운반 잭을 이용하여 작업대로 옮긴다.
⑤ 빼낸 볼트와 너트는 본래의 위치에 가볍게 꽂아둔다.
⑥ 전기제품을 떼어낼 때 축전지의 접지 단자를 먼저 제거한 다음 떼어낸다.
⑦ 분해 조립 순서를 정확히 지킨다.
⑧ 알맞은 공구를 선택하고 무리한 힘을 가하지 않는다.
⑨ 작업 시에는 장갑을 끼지 않도록 하고 불필요한 행동은 삼간다.
⑩ 작업은 항상 안전을 먼저 생각한다.

2) 섀시 취급 시의 안전수칙

① 변속기 탈착 등 차량 밑에서 작업을 할 경우에는 반드시 보안경을 착용한다.
② 차량 밑에서 작업할 경우 움직이는 차량이나 기계에 발이 닿지 않도록 한다.
③ 정비하고자 하는 차량을 받칠 때는 유압잭으로만 들지 말고 삼각대로 잘 고인다.
④ 차량이 잭에 올려져 있을 때는 절대로 차내에 들어가지 말아야 하며, 잭이나 차에 충격을 주지 않는다.

3) 전기장치 취급 시의 안전수칙

① 안전사항에 반드시 주의하고 특히 감전에 주의한다.
② 전장품을 세척할 경우에는 절연된 부분에 손상을 입히지 않도록 주의한다.
③ 절연된 부분은 오일이나 기름으로 세척하지 않는다.
④ 배선 연결의 경우 건조한 장소에서 작업하고 접촉저항이 작도록 확실히 조인다.
⑤ 전기제품을 다룰 때는 충격을 가하지 않는다.
⑥ 시험기 및 측정기의 조작 방법을 숙지한다.
⑦ 직류계기는 극성을 바르게 맞춘다.
⑧ 전류계는 부하와 직렬로 연결하고 전압계는 병렬로 연결한다.
⑨ 모든 측정용 계기의 사용은 명판을 확인하고 최대 측정 범위를 넘지 않는다.
⑩ 배선 연결은 부하측으로부터 전원측으로 접속하고 스위치를 열어 둔다.
⑪ 퓨즈는 크기가 잘 맞는 것을 사용한다.
⑫ 전기장치의 시험기를 사용할 때 정전이 되면 즉시 스위치를 OFF에 놓는다.

01 지게차를 경사면에서 운전할 때 짐의 방향은?

① 짐이 언덕 위쪽으로 가도록 한다.
② 짐이 언덕 아래쪽으로 가도록 한다.
③ 운전에 편리하도록 짐의 방향을 정한다.
④ 짐의 크기에 따라 방향이 정해진다.

지게차에 짐을 싣고 경사면을 운전할 때에는 짐의 방향을 경사면 위쪽으로 가도록 하여야 짐이 떨어지지 않게 된다.

02 지게차를 주차시켜 놓을 때 포크는 어떻게 두어야 하는가?

① 10cm 정도 들어놓는다.
② 30cm 정도 들어놓는다.
③ 땅에 내려놓는다.
④ 적당히 둔다.

지게차를 주차시켜 놓을 때 포크는 지면에 완전히 밀착시켜 보행자 등의 안전에 유의하여야 한다.

03 지게차의 적재 방법으로 틀린 것은?

① 화물을 올릴 때는 포크를 수평으로 한다.
② 화물을 올릴 때는 가속페달을 밟는 동시에 레버를 조작한다.
③ 포크로 물건을 찌르거나 물건을 끌어서 올리지 않는다.
④ 화물이 무거우면 사람이나 중량물로 밸런스웨이트를 삼는다.

지게차로 적재물 작업을 할 때에는 규정된 중량 이상을 들어 올려서는 안 되며 운전자 외에는 탑승을 시켜서는 안된다.

04 지게차가 회전할 때에 가장 주의할 점은 어느 것인가?

① 뒷바퀴에 주의한다.
② 포크 높이를 확인한다.
③ 회전 속도에 주의한다.
④ 포크가 땅에 닿는가를 주의한다.

지게차는 뒷바퀴 조향 방식으로 회전 시 뒷바퀴의 방향 전환에 주의하여야 한다.

05 지게차 작업 시 지켜야 할 안전수칙으로 틀린 것은?

① 후진 시는 반드시 뒤를 살필 것
② 전·후진 변속 시는 장비가 정지된 상태에서 행할 것
③ 주·정차 시는 반드시 주차 브레이크를 고정시킬 것
④ 이동 시는 포크를 반드시 지상에서 높이 들고 이동할 것

지게차를 이동할 때에는 포크를 지상으로부터 20~30cm 정도 들고 이동한다.

06 지게차의 화물 적재 운반 작업 시 다음 중 가장 적당한 것은?

① 댐퍼를 뒤로 3° 경사시켜서 운반한다.
② 샤퍼를 뒤로 6° 경사시켜서 운반한다.
③ 마스트를 뒤로 4° 경사시켜서 운반한다.
④ 바이브레이터를 8° 뒤로 경사시켜서 운반한다.

지게차의 화물 적재 운반 작업 시에는 마스트를 뒤로 4° 정도 경사시켜서 운반작업을 한다.

07 지게차를 정지시킬 때의 조작 방법으로 틀린 것은?

① 기관을 공전 상태로 차를 세우는 경우에는 마스트를 뒤로 틸트하여 둔다.
② 기관을 정지시킬 때에는 마스트는 앞으로 틸트하고 포크가 지면에 닿도록 한다.
③ 기관을 정지하고 장시간 주차할 때에는 전·후진 레버는 중립으로 하고, 저·고속 레버는 저속 위치로 한다.
④ 기관을 정지시킬 때에는 마스트를 뒤로 틸트하고 포크를 지면에 닿도록 한다.

지게차의 주, 정차 요령
• 가속페달에서 발을 뗀다.
• 브레이크 페달과 클러치 페달을 밟는다.
• 포크를 지면에 내리고 마스트를 앞으로 틸트한다.
• 엔진 스톱 버튼을 완전히 당겨 엔진을 정지시킨다.
• 시동 스위치를 "OFF" 위치로 돌린 후 키를 뺀다.
• 엔진 스톱 버튼을 다시 원위치 시킨다.
• 주차 브레이크를 작동한다.

08 지게차로 화물 취급 시 준수해야 할 사항으로 틀린 것은?

① 화물 앞에서 일단 정지해야 한다.
② 화물의 근처에 왔을 때에는 가속페달을 살짝 밟는다.
③ 팔레트에 실려있는 물체의 안전한 적재 여부를 확인한다.
④ 지게차를 화물 쪽으로 반듯하게 향하고 포크가 팔레트를 마찰하지 않도록 주의한다.

화물 근처에 왔을 때에는 가속페달에서 발을 떼고 브레이크로 속도를 조절하면서 진입한다.

09 다음은 지게차 운행 시 안전 수칙이다. 틀린 것은?

① 포크에 사람을 싣거나 들어 올리지 말아야 한다.
② 짐을 적재하고 경사지를 내려갈 때에는 시야 확보를 위하여 전진으로 운행해야 한다.
③ 경사지를 오르거나 내릴 때는 급회전을 금해야 한다.
④ 주차시킬 때는 포크를 완전히 지면에 내려놓아야 한다.

짐을 적재하고 경사지를 내려갈 때에는 짐의 안전을 위하여 마스트를 뒤로 기울이고 후진으로 서서히 내려온다.

10 창고나 공장을 출입할 때 주의할 점으로 틀린 것은?

① 부득이 포크를 올려서 출입하는 경우 출입구 높이에 주의한다.
② 차폭과 입구의 폭은 확인할 필요가 없다.
③ 손이나 발을 차체 밖으로 내밀지 말아야 한다.
④ 주위 안전상태를 확인하고 나서 출입한다.

창고나 공장을 출입할 때 차폭과 입구의 폭을 확인하여야 한다.

11 다음 중 지게차 운행 시 주의사항이 아닌 것은?

① 이동 시 포크를 지면에서 30cm 정도 올린다.
② 주차 시 포크를 지면에 완전히 내린다.
③ 짐을 싣고 경사지를 내려갈 때는 전진으로 하는 것이 좋다.
④ 운행 조작 시에는 시동 후 5분 정도 지난 후에 한다.

짐을 싣고 내려갈 때는 후진으로 서행하며 하강한다.

01 작업장 주변 상황 파악

1) 지게차 주기 상태 파악

작업 지시사항에 따라 정확하고 안전한 작업을 수행하기 위해서는 작업에 투입하는 지게차의 일일점검을 실시해야 하므로 지게차의 주기 상태를 육안으로 확인한다.

2) 지게차 작업 반경 내의 위험요소 확인

작업 시 안전사고 예방을 위해 지게차 작업 반경 내의 위험요소를 확인한다.

3) 주변 시설물의 위치 확인

작업 지시사항에 따라 안전한 작업을 수행하기 위해 작업장 주변 구조물의 위치를 육안으로 확인한다.

4) 작업 환경

① 채광 : 자연광선인 태양광선(4500Lux)을 충분히 받아 조명하도록 한다.
② 조명 : 실내 작업장 조명의 밝기를 충분히 확보한다.
③ 환기 통풍 : 우리나라 기준으로 바람직한 온도(여름 : 25~27℃, 겨울 : 15~23℃)와 습도(50~60%)의 작업 환경을 조성할 수 있도록 한다.

02 지게차 작업 시 위험요소 예방

1) 화물의 낙하재해 예방

① 화물의 적재 상태를 확인한다.
② 허용 하중을 초과한 적재를 금지한다.
③ 마모가 심한 타이어를 교체한다.
④ 무자격자는 운전을 금지한다.
⑤ 작업장 바닥의 요철을 확인한다.

> 🎓 **기적의 Tip**
>
> **지게차 작업 시 주 위험요소**
> • 화물의 낙하
> • 협착 및 충돌
> • 전도 및 추락

2) 협착 및 충돌재해 예방

① 지게차 전용 통로를 확보한다.
② 지게차 운행 구간별 제한속도 지정 및 표지판을 부착한다.
③ 교차로 등 사각지대에 반사경을 설치한다.
④ 불안전한 화물 적재 금지 및 시야를 확보하도록 적재한다.
⑤ 경사진 노면에 지게차를 방치하지 않는다.

3) 지게차 전도재해 예방

① 연약한 지반에서는 받침판을 사용하고 작업한다.
② 연약한 지반에서 편하중에 주의하여 작업한다.
③ 지게차의 용량을 무시하고 무리하게 작업하지 않는다.
④ 급선회, 급제동, 급출발 등의 오작동을 하지 않는다.
⑤ 화물의 적재 중량보다 작은 지게차로 작업하지 않는다.

4) 추락재해 예방

① 운전석 이외에 작업자 탑승을 금지한다.
② 난폭운전 금지 및 유도자의 신호에 따라 작업한다.
③ 작업 전 안전 벨트를 착용하고 작업한다.

이론을 확인하는 개념 체크

01 지게차로 화물을 싣고 경사지를 내려갈 때에는 직진으로 서행한다. (O, X)

02 노면이 거친 곳은 신속하게 통과한다. (O, X)

03 적재한 화물을 들어올릴때는 가속페달을 동시에 밟는다. (O, X)

04 화물을 하역할 시에 가속페달을 이용한다. (O, X)

05 지게차를 주차할 시에는 포크는 지면에 닿지 않도록 한다. (O, X)

06 차량 아래에서 작업할 시에는 오일 등이 떨어질 우려가 있으므로 보안경을 착용해야 한다. (O, X)

07 지게차 운용 시 고려해야 할 위험요소는 화물의 낙하, 협착, 충돌, 전도, 추락 등이다. (O, X)

08 낙하란 사람이 평면상으로 미끄러짐을 의미한다. (O, X)

09 협착이란 기계의 작동 부분 사이에 신체가 끼는 것을 말한다. (O, X)

10 협소한 곳에서는 적재 중량보다 작은 소형 지게차를 사용하는 것이 안전하다. (O, X)

01 X 02 X 03 O 04 X 05 X 06 O 07 O 08 X 09 O 10 X

01 작업 중 기계에 손이 끼어들어 가는 안전사고가
발생했을 경우 우선적으로 해야 할 것은?

① 신고부터 한다.
② 응급처치를 한다.
③ 기계의 전원을 끈다.
④ 신경 쓰지 않고 계속 작업한다.

작업 중 기계에 손이 끼어들어 가는 안전사고가 발생했을 경우 우선적으로 해야 하는 것은 기계의 전원을 차단하는 일이다.

02 다음 중 현장에서 작업자가 작업안전상 꼭 알아두
어야 할 사항은?

① 장비의 가격
② 종업원의 작업 환경
③ 종업원의 기술 정도
④ 안전 규칙 및 수칙

작업자 또는 근로자가 작업 현장에서 꼭 알아두어야 하고 지켜야하는 것은 안전 규칙과 수칙이다.

03 보기에서 작업자의 올바른 안전 자세로 모두 짝지
어진 것은?

[보기]
a. 자신의 안전과 타인의 안전을 고려한다.
b. 작업에 임해서는 아무런 생각 없이 작업한다.
c. 작업장 환경조성을 위해 노력한다.
d. 작업안전사항을 준수한다.

① a, b, c
② a, c, d
③ a, b, d
④ a, b, c, d

작업에 임해서는 작업안전사항 준수와 작업장의 환경조성, 그리고 자신과 타인의 안전을 고려하여 항상 안전하게 작업에 임하여야 한다.

출제
빈도 상 중 하

01 주행장치

1) 저 · 고속 레버

지게차의 1단과 2단을 선택하는 역할을 하며, 레버를 밀면 저속, 레버를 당기면 고속이 된다. 작업 시에는 저속의 위치에서 행한다.

> **기적의 Tip**
>
> **장비 사용설명서**
> 지게차를 유지 관리하는 사용 방법 등에 관한 구체적인 항목이 열거되어 있으며 주행장치, 작업장치, 조향장치, 제동장치, 유압장치, 등화장치 등을 설명하는 지침서

2) 전 · 후진 레버

지게차의 전진과 후진을 선택하는 역할을 하며, 레버를 밀면 전진, 당기면 후진한다.

02 작업장치

1) 리프트 레버

포크를 상승하거나 하강할 경우 선택하는 역할을 한다. 레버를 밀면 포크가 하강하고, 당기면 포크가 상승한다.

> **기적의 Tip**
>
> 포크에 화물을 적재하고 이동 시 지면에서 20~30cm 정도 들고 이동한다.

2) 틸트 레버

마스트를 앞쪽 또는 뒤쪽으로 기울이는 위치를 선택하는 역할을 한다. 레버를 당기면 뒤쪽으로 최대 10~12° 기울어지고, 밀면 최대 5~6° 정도 앞쪽으로 기울어진다.

03 조향장치

지게차의 진행 방향을 임의로 바꾸는 장치로써 후륜으로 방향을 바꾸어 준다.

1) 기계식 조향 방법

회전하고자 하는 방향으로 핸들을 돌리면 조향기어 박스를 통해 피트만 암으로 전달된다. 이때 피트만 암의 운동은 드래그 링크와 조향 실린더를 거쳐 밸 크랭크를 회전시켜 조향 너클과 연결되고 타이로드가 휠에 힘을 가하면서 방향을 전환할 수 있다.

2) 유압식 조향 방법

조향기어 박스 하단에 연결된 유량 조절 밸브는 핸들의 각 변위에 따라 조향 펌프로부터 나오는 유량을 조절하여 조향 실린더로 보낸다. 조향 실린더로 들어온 유압유는 로드를 수축 또는 팽창시켜 밸 크랭크에 전달해 주어 방향을 전환하며 핸들 조작력이 작아도 방향 회전이 가능한 방식이다.

04 제동장치★

제동장치는 주행 중에 지게차를 감속 및 정지시키는 것을 목적으로 하는 것 이외에도 주차 상태를 유지하기 위한 안전상의 중요한 장치로 유압식이나 진공 배력을 이용한 형식이 대부분 사용되고 있다.

> **★ 제동장치**
>
> 모든 구조 및 기능과 작용원리는 일반건설기계와 차량이 같으나 진공력 발생부분인 진공 펌프 부분만 다르다. 주차 브레이크는 기계식 방법의 센터 브레이크가 사용되고 있다.

1) 핸드 브레이크

주행이 될 수 없도록 잠금장치의 역할을 수행하며 전원이 연결되어 하부 구동축으로의 유압을 차단하여 작동을 제어한다.

2) 풋 브레이크

주행 중에 제동할 수 있도록 설계되어 있으며 주행 중 정지 또는 감속 제어하는 역할을 수행한다.

3) 인칭 브레이크

페달을 조작하면 변속장치로 가는 동력을 차단하고 작업장치의 작동만 할 수 있도록 설계된 보조 브레이크 장치이다.

05 유압계통

1) 유압 펌프

① 유압 펌프는 크랭크축 풀리에 연결된 자재 이음(유니버설 조인트)을 통하여 구동된다.
② 컨트롤 밸브의 유압유를 레버에 의해 선택된 액추에이터에 공급한다.
③ 발생 유압은 70~130kgf/㎠정도이다.
④ 레버가 중립 시 작동유는 컨트롤 밸브를 통하여 유압 탱크로 리턴된다.
⑤ 유압 조절 밸브는 항상 일정한 유압으로 유지하는 역할을 한다.
⑥ 유압 펌프는 조향식 펌프와 직결되어 있다.

2) 리프트 실린더*

① 레버를 당기면 유압유가 실린더의 아래쪽으로 유입되고 피스톤을 밀면 포크가 상승한다.
② 레버를 밀면 화물의 중량 또는 포크의 자중에 의해 실린더에 유입된 유압유가 유압탱크로 리턴 되어 포크가 하강한다.

> ★ 리프트 실린더
> 화물의 중량에 의해서 포크가 갑자기 하강하는 것을 방지하기 위하여 안전 체크 밸브(슬로우 리턴 밸브)가 설치되어 있다.

3) 틸트 실린더

① 레버를 밀면 유압유가 피스톤 뒤쪽으로 유입되어 마스트가 앞쪽으로 기울어진다.
② 레버를 당기면 유압유가 피스톤 앞쪽으로 전달되어 마스트가 뒤쪽으로 기울어진다.

06 포크 간격, 리프트 실린더 조작

1) 포크 간격 조절

① 먼저 파렛트에 실은 화물이 안전하고 확실하게 실려 있는지 확인한다.
② 포크의 부착 간격은 옆 방향의 안정을 좋게 할 만큼 넓혀 균형을 유지한다.
③ 포크 간격은 일반적으로 파렛트 폭의 1/2 이상 3/4 이하 정도로 하는 것이 적당하다.

2) 균형 유지

① 포크 앞 끝으로 직접 중량물을 밀거나 물건을 당겨서는 안 된다.
② 포크를 뺄 때도 넣을 때와 마찬가지로 접촉 또는 비틀림이 없도록 주의한다.
③ 와이어를 통해 짐을 걸어 올릴 때는 포크에 잘 맞는 고리를 사용한다.
④ 포크를 지면에서 5~10cm 정도 올려 화물의 안전과 포크에 편하중은 없는지 등을 확인한다.
⑤ 이상 없음이 확인되면 마스트를 뒤로(후경각) 완전히 틸트시키고 지상에서 20~30cm의 위치까지 리프트(상승) 자세에서 균형을 유지하면서 주행한다.
⑥ 포크 높이는 원칙적으로 지면부터 파렛트 밑면 또는 포크 밑면에서 30cm를 넘지 않도록 한다.

3) 리프트 실린더 조작

① 지게차 전고를 확인하고 화물의 상부가 마스트보다 높은지 확인한다.
② 상부에 장애물이 있는지와 천정을 확인하고 높이를 실측한다.
③ 리프트 실린더 및 리프트 레버 위치를 확인한다.
④ 상부 장애물 접촉에 주의하여 리프트 실린더를 조작한다.

합격을 다지는 예상문제

01 화물을 적재하고 주행할 때 포크와 지면과의 간격으로 가장 적당한 것은?

① 지면에 밀착
② 20~30cm
③ 50~55cm
④ 80~85cm

지게차에 화물을 적재하고 운행할 때의 지면과 포크와의 간격은 20~30cm 정도로 유지하는 것이 가장 이상적이다.

02 지게차의 주행에 있어 속도 변경은 어떻게 하여야 하는가?

① 가속페달을 원위치로 복귀한 후에 한다.
② 변속레버 작동을 한 후에 한다.
③ 경보 부저가 울려도 계속 가동 후에 한다.
④ 브레이크 페달에서 발을 떼고 가속 후에 한다.

지게차의 속도 변경 요령
• 저속 → 고속 : 가속페달을 밟아 가속시킨 후 가속페달을 놓으면서 변속레버를 고속으로 레버를 이동시킨다.
• 고속 → 저속 : 장비의 속도가 떨어졌을 때 가속페달을 놓으면서 저속으로 레버를 이동시킨다.

03 일반적으로 지게차에 사용하는 유압 펌프의 압력은?

① 일반적으로 30~50kgf/cm^2
② 일반적으로 70~130kgf/cm^2
③ 일반적으로 10~30kgf/cm^2
④ 일반적으로 200~250kgf/cm^2

지게차에는 일반적으로 기어 펌프를 사용하며 작동 유압은 70~130kg/cm^{2}이다.

04 지게차의 변속 단수는 일반적으로 다음 중 어느 것인가?

① 3 ~ 4단
② 4 ~ 5단
③ 5 ~ 6단
④ 1 ~ 2단

지게차의 변속 단수는 저속(1단), 고속(2단)으로 되어 있다.

05 지게차의 전경각과 후경각은 조종사가 적절하게 선정하여 작업을 하여야 하며, 보통 짐을 들 때에는 전경각으로 하고 짐을 운반할 때에는 후경각으로 하는 것이 안전하다. 이를 조종하는 레버는?

① 틸트 레버
② 리프트 레버(마스트 레버)
③ 변속레버
④ 전 · 후진 레버

오답 피하기
각 레버의 기능
② **리프트 레버** : 뒤로 당기면 포크가 상승되고, 앞으로 밀면 포크가 하강한다.
③ **변속레버** : 중립 상태에서 밀면 저속(1단), 당기면 고속(2단)이 된다.
④ **전 · 후진 레버** : 밀면 전진의 위치로, 당기면 후진의 위치가 된다.

. SECTION .
07 안전운반

출제
빈도 상 중 하

01 작업장

1) 작업장의 바닥

넘어지거나 미끄러지는 등 위험이 없도록 안전하고 청결한 상태를 유지해야 한다.

2) 작업 발판

선반 롤러 등의 기계가 해당 작업에 종사하는 근로자의 신장에 비하여 현저하게 높을 때에는 안전하고 적당한 높이의 작업 발판을 설치한다.

3) 작업장의 출입문 설치기준

① 출입문의 위치, 수 및 크기가 작업장의 용도와 특성에 적합하도록 할 것
② 근로자가 쉽게 열고 닫을 수 있도록 할 것
③ 주목적이 하역운반기계용인 출입구에는 인접하여 보행자용 문을 따로 설치할 것
④ 하역운반기계 통로와 인접하여 있는 출입문에서 접촉에 의하여 근로자에게 위험을 미칠 우려가 있을 시 비상등, 비상벨 등 경보 장치를 할 것

02 통행과 운반

1) 통행 시의 안전수칙

① 통행로 위의 높이 2m 이하에는 장해물이 없을 것
② 기계와 다른 시설물 사이의 통행로 폭은 80cm 이상으로 할 것
③ 뛰거나 주머니에 손을 넣고 걷지 말 것
④ 작업자나 운반자에게 통행을 양보할 것

2) 통행로의 계단 고려사항

① 경사는 심하지 않고 견고한 구조로 할 것
② 각 계단의 간격과 너비는 동일하게 할 것
③ 높이 5m를 초과할 때에는 높이 5m 이내마다 계단실을 설치할 것
④ 적어도 한쪽에는 손잡이를 설치할 것

3) 운반 시의 안전수칙

① 운반차는 규정 속도를 지키고 운반 시 시야를 가리지 않게 쌓을 것
② 통행로와 운반차, 기타의 시설물에는 안전표지 색을 이용한 안전표지를 할 것
③ 긴 물건에는 끝에 표지를 단 후 운반할 것

03 화물 취급

1) 안전 · 유의사항

① 작업 전 안전 교육을 실시하고 안전모, 안전작업복, 안전조끼, 안전화를 착용하여야 하며 작업장 여건에 따라 필요시 보안경을 착용한다.
② 장비 유지관리 및 안전사고를 사전에 예방하기 위해 장비 사용설명서를 참조하여 작업 전 점검을 실시하고 최적의 지게차 상태를 유지한다.

2) 적재중량 준수

① 화물 적재 시 과다, 편하중, 불안정한 상태로 화물을 적재하지 않는다.
② 운전 시야를 확보하고 적재 상태를 확인한다.
③ 화물 적재 후 후륜이 뜬 상태가 되게 적재하지 않는다.
④ 연약한 지반에서 작업 시 받침판을 사용한다.

3) 화물 취급 시 주의사항

① 정격용량을 초과하는 짐을 싣거나 균형을 맞추기 위해 밸런스웨이트에 사람을 태우지 말 것
② 포크를 전경한 채로 화물을 올리거나 올린 상태에서 전방으로 기울이지 말 것

04 지게차의 주행

1) 안전벨트 착용

① 안전벨트가 허리보다 낮게 착용되도록 조정하여 움직임이 최소화 되도록 한다.
② 장비를 작동하기 전에 항상 안전벨트를 착용한다.

2) 시야 확보

① 화물이 시야를 방해하는 경우 전진하지 말고 후진한다.
② 시야가 방해 받으면 안내자의 도움을 받아 작업한다.
③ 도보에 해당하는 5km 미만의 속도로만 운전한다.
④ 작업장에는 충분한 조명 시설이 구비되도록 한다.

3) 안정성

① 하물은 뒤로 경사진 형태로 운반하며 가능한 한 지면에 가깝도록 유지한다.
② 적재, 비적재 상태 상관없이 주행 중에는 똑같이 주의를 기울인다.

4) 제동

① 전방의 적정 제동거리를 확보한다.
② 제동 시험은 지게차를 청소한 후에 수행한다.
③ 지게차의 운전자 시트에서 브레이크가 제대로 작동하지 않는 경우 주차 브레이크를 걸어 지게차를 정지시킨다.

5) 주행 시 주의사항

① 후진 주행 시는 카운터웨이트(평형추) 뒤에 사람이 있는가를 확인하고 경보를 울리고 주행한다.
② 젖은 손이나 기름 묻은 손 또는 기름 묻은 구두를 신고 운전하지 않는다.
③ 엔진 시동 중에는 차에서 내려오지 않는다.
④ 좌우 체인의 길이가 항상 같도록 조정한다.
⑤ 화물 밑에는 절대로 접근하지 않는다.

05 지게차 안전운반

1) 비탈길에서의 운반

① 비탈길에서는 항상 하물을 상행(언덕 위) 방향으로 위치시킨다.
② 적재 상태에서 비탈길 상행은 전진하고 하행은 후진으로 주행한다.
③ 비탈길을 상행 또는 하행할 때 선회하지 않도록 한다.
④ 비탈길을 가로질러 비스듬하게 운전하지 않는다.
⑤ 비탈길 지면은 충분히 거친 지면이어야 한다.

2) 컨테이너 내부 운반

① 컨테이너 내부 주행에 적합하여야 한다.
② 운전자는 적재 또는 적하할 때 컨테이너가 단단히 고정되어 구르지 않고 지게차 하중을 견딜 수 있는지 확인한다.
③ 엔진형식 지게차는 배기가스 관련해서 주의하여야 한다.

3) 포크가 올려진 상태에서 운반

① 하물이 올려진 상태 및 전방으로 기울어진 상태로 지게차를 이동해서는 안 된다.
② 하물을 내리고 적재할 때에만 업라이트(마스트)를 올려진 상태로 운전한다.

4) 마스트 기울이고 후 운반

① 하물을 적재 및 하역하는 경우 업라이트인 마스트를 적재 장소보다 높은 위치로 올린 후에 전방으로 기울인다.
② 업라이트인 마스트를 뒤로 기울인 상태로 지게차를 운전한다.

5) 차량의 상하차 작업을 위한 운반

① 하물의 상하차 작업을 위해 차량 위로 이동 시 차량과 연결된 바닥판의 최대 허용 하중을 초과하지 않도록 한다.
② 바닥판은 확실하게 고정되어 진입 시 미끄러지지 않도록 한다.

③ 진입 시 차량의 움직임 방지를 위해 차량을 블록으로 지지한다.
④ 지면이 축축하거나 미끄러운 경우 특별히 진입부 끝단으로 안전거리를 유지한다.

6) 운반 작업 중 금지사항

① 팔, 다리를 지게차 밖으로 내밀거나 운전자가 지게차의 가장자리에 기대는 행위
② 한 지게차에서 다른 지게차 또는 건물의 고정 부분으로 이동하는 행위

이론을 확인하는 개념 체크

01 작업장에서 지게차의 통행은 다른 작업자나 운반자보다 우선시 된다. (O, X)

02 작업장 내 계단의 간격에 변동을 주어 보행자의 주의를 환기해야 한다. (O, X)

03 지게차에 화물을 적재하고 후륜이 뜬 상태가 되어서는 안된다. (O, X)

04 작업장의 지반이 무른 경우 받침판을 사용한다. (O, X)

05 적재 상태에서 비탈길을 오르는 경우 후진으로 주행한다. (O, X)

06 지게차 운전 중 보행자에게 신호할 경우, 신호가 잘 보이도록 팔을 밖으로 내민다. (O, X)

01 X 02 X 03 O 04 O 05 X 06 X

01 지게차를 운전할 때 포크의 높이는(운반 시) 일반적으로 몇 cm로 올려야 하는가?

① 지상 20~30cm 정도 높인다.
② 지상 50~80cm 정도 높인다.
③ 지상 100cm 정도 높인다.
④ 높이에는 관계없이 편리하게 한다.

지게차를 운전할 때 포크의 높이는 지상으로부터 20~30cm 정도 높여 운행을 한다.

02 작업장에 대한 안전관리상 설명으로 틀린 것은?

① 항상 청결하게 유지한다.
② 작업대 사이 또는 기계 사이의 통로는 안전을 위한 너비가 필요하다.
③ 공장 바닥은 폐유를 뿌려 먼지 등이 일어나지 않도록 한다.
④ 전원 콘센트 및 스위치 등에 물을 뿌리지 않는다.

공장 바닥에 폐유를 뿌려두면 보행 시 미끄러지기 쉽고 화재의 위험이 따른다.

03 작업장에서 공동 작업으로 물건을 들어 이동할 때 잘못된 것은?

① 힘의 균형을 유지하여 이동할 것
② 불안전한 물건은 드는 방법에 주의할 것
③ 보조를 맞추어 들도록 할 것
④ 운반 도중 상대방에게 무리하게 힘을 가할 것

운반 도중 상대방에게 무리하게 힘을 가하면 상대방이 넘어지거나 물건을 떨어트려 사고를 유발한다.

작업 안전 및 기타 안전사항

01 지게차 작업 전 행동요령

1) 지게차의 난기운전

① 시동 전 충분히 예열하고 시동을 건다.

② 엔진을 가동한 후에 5분 정도 저속 운전(후열)을 실시한다.

③ 리프트 레버로 상승 및 하강 운동을 실린더 전행정으로 2~3회 실시한다.

④ 틸트 레버를 사용하여 전후 경사 작용을 2~3회 실시한다.

⑤ 전진주행 레버를 밀고 천천히 주행한다.

⑥ 후진주행 레버를 당기고 천천히 주행한다.

⑦ 전진과 후진을 반복하여 주행한 후 후륜 조향을 작은 각도로 회전한다.

고장점검 관리요령

작업을 실시하기 전에 "일일점검" 항목에 준하여 지게차를 매일 점검해야 하며 모든 안전장치는 정확하게 작동되는지 확인한다.

2) 더운 날씨에서의 관리요령

① 라디에이터(방열기)의 냉각수량을 점검한다.

② 팬 벨트 장력을 점검하고 적절하게 조정한다.

③ 엔진이 과열되어 냉각수가 끓어 넘치면 후드를 열고 엔진을 공회전하여 온도가 떨어지게 한 후 엔진을 정지시킨다.

④ 더운 날씨의 장시간 운전은 운전감각이 떨어지며 작업효율이 저하될 수 있으므로 주기적으로 휴식을 취한다.

⑤ 압축 공기로 라디에이터를 정기적으로 불어내고 냉각수가 누수되는지 점검한다.

3) 추운 날씨에서의 관리요령

① 장비를 작동시키기 전에 창문에 있는 얼음이나 눈을 제거한다.

② 장비 승·하차 시 미끄럼방지 처리가 되지 않은 부분은 밟지 않는다.

③ 냉각수의 부동액 상태를 점검한다.

④ 빙판길 주행 시에는 급제동이나 급출발을 해서는 안 된다.

4) 전·후진 주행장치 점검

① 포크를 지면으로부터 20~30cm 들어 올린다.

② 브레이크 페달을 밟은 채 기어 변속레버를 전진 위치에 놓는다.

③ 주차 브레이크를 해제한다.

④ 브레이크 페달에서 발을 떼고 가속페달을 서서히 밟는다.

⑤ 브레이크 페달을 밟아 제동이 되면 정상이다.

5) 인칭 주행장치 점검

인칭 페달은 좌측 페달에 의해 작동되도록 연결되어 있으며 인칭 작동 후에는 브레이크를 작동하도록 되어 있다. 인칭 페달을 밟아 페달의 유격을 점검한다.

02 하역 운반기계의 작업안전

차량계 하역 운반기계로는 적하·적재·운반이 가능한 지게차, 화물 자동차 등이 있다.

1) 운반기계의 안전수칙

① 차량을 도로변에 방치하고 작업하지 않는다.
② 인도 근처에서는 서행하고 제한속도를 준수해야 한다.
③ 작업계획서를 작성한다.
④ 화물의 붕괴 또는 낙하 등의 위험을 방지하기 위한 로프를 걸어야 한다.
⑤ 운전석을 떠날 때에는 원동기를 정지시키고 제동장치를 확실히 하는 등 불시주행을 방지하기 위한 조치를 취한 후 떠난다.
⑥ 평탄하고 견고한 지면에서 상차 및 하역을 한다.
⑦ 작업장의 통행 우선순위(작업차(짐 차)→빈차→보행자 순)를 지킨다.

2) 취급 운반사고의 원인

① 부적절한 공구를 사용하거나 작업장소의 정리 정돈이 불충분
② 협소한 작업장 또는 불안전한 바닥
③ 작업자의 불안전한 동작
④ 무리한 작업 또는 공동 작업에서 호흡 불일치
⑤ 작업자의 부족한 체력 또는 취급물에 대한 안전지식 부족
⑥ 운반 작업의 기본 자세 및 안전수칙 준수 불량

3) 운반 작업

① 운반차량의 구내속도 : 5~8km/h
② 정차 중 또는 운반 중 앞차와의 거리 : 5m
③ 운반 물품 무게 : 작업자 몸무게의 35~40% 적당

03 화재

화재는 가연성물질, 산소, 점화원이 있을 때 발생할 수 있다.

> **기적의 Tip**
> 화재 현장에서는 인명구조를 위한 조치를 먼저 취한다.

1) 연소의 3요소와 점화원

① 연소의 3요소 : 가연물, 산소공급원(공기), 점화원
② 점화원(열원) : 불꽃, 고열물, 단열압축, 산화열

2) 가연성의 조건

① 산소와의 접촉면이 크고 산화하기 쉬우며 건조도가 양호한 것
② 발열량이 크고 열전도율이 작은 것

3) 연소의 특성

① 인화점 : 점화원을 주었을 때 연소가 시작되는 최저온도
② 발화점(착화점) : 점화원이 없이 스스로 연소가 시작되는 최저온도
③ 연소온도 : 인화점보다 10℃ 정도 높음

4) 화재의 종류

① A급 화재(일반 화재)
일반 가연물로 연소 후 재를 남기는 화재이며, 소화 방법은 물에 의한 냉각소화로 주수, 산, 알칼리 등으로 소화한다.

② B급 화재(유류 화재)
가연성 액체 등의 유류 화재로 이산화 탄소, 분말 소화기를 사용하여 소화한다.

③ C급 화재(전기 화재)
전기장치 등에서 누전 또는 과부하 등에 의하여 발생하는 화재로 증발성 액체, 탄산가스 소화기 등으로 질식 냉각시켜 소화하며 분말 소화기를 사용하지 않는다.

④ D급 화재(금속 화재)
마그네슘 같은 금속에 발생하는 화재로 건조사(모래)를 사용하여 질식 소화한다.

5) 자연발화의 방지

① 저장실의 온도 상승을 피해야 하며, 통풍을 잘 시킨다.
② 습도가 높은 것을 피하고 연소성 가스의 발생에 주의한다.

6) 인화성 물질의 성질 및 위험성

① 인화가 대단히 쉬우며, 정전기가 발생하기 쉽다.

② 물보다 가볍고 물에 잘 녹지 않는다.

③ 증기는 공기보다 무거우며 공기와 약간 혼합되어도 연소할 우려가 있다.

④ 아황화 탄소와 같이 착화온도가 낮은 물질은 취급에 주의한다.

7) 소화기의 종류

① 포말 소화기 : 탄산수소 나트륨 용액과 황산 알루미늄 용액이 반응하여 이산화 탄소와 수산화 알루미늄이 생긴 거품이 공기를 차단한다.

② 분말 소화기 : 분말이 불에 닿아 분해되면서 이산화 탄소나 여러 기체를 발생하여 공기를 차단한다.

이론을 확인하는 개념 체크

01 더운 계절에는 라디에이터의 냉각수량을 점검해야 한다. (O, X)

02 추운 계절에는 냉각수에 부동액을 첨가해야 한다. (O, X)

03 지게차의 운전석을 잠시 떠날때는 시동을 끄지 않는다. (O, X)

04 B급 화재는 물을 이용해 진화할 수 있다. (O, X)

05 목재 구조물에 발생한 화재는 C급 화재로 분류한다. (O, X)

01 O   02 O   03 X   04 X   05 X

SECTION 09 장비 안전관리

01 장비 관리, 점검 및 작업요청서

1) 안전작업 매뉴얼 준수

① 작업계획서를 작성한다.
② 지게차 작업 장소의 안전한 운행경로를 확보
   한다.
③ 안전수칙 및 안정도를 준수한다.

2) 작업 시 안전수칙 준수

① 작업 전, 작업 중, 작업 후 일일점검을 실시한다.
② 주행 및 작업 시 안전수칙을 준수한다.

3) 작업계획서 작성

지게차 작업계획서는 작업의 내용, 개시 및 작업
시간, 종료시간 등을 세우는 계획서로 운반할 화
물의 품명, 중량, 운반수량, 운반거리 및 장비제원
등이 포함된다.

① 작업계획서

작업 내용과 관련된 준비사항에 대하여 파악한다.

② 작업 개요

작업명, 작업 장소, 작업일, 작업 시작시간 및 종
료시간, 운반경로, 신호 방법, 작업 책임자, 신호
수의 배치에 대하여 확인한다.

③ 신호수의 배치

작업 동선에 대하여 신호수의 위치와 인원이 적
절하게 배치되었는지 확인한다.

④ 화물 확인

운반할 화물의 물품명, 규격, 단위중량, 운반량,
총 운반중량, 운반거리에 대하여 확인한다.

⑤ 지게차 제원

작업에 적합한 지게차의 기종, 운전자, 차체중량
및 부대작업장치를 기록한다.

> **기적의 Tip**
>
> • 실외용 화물 : 엔진식 지게차
> • 실내용 화물 : 전동식 지게차

⑥ 보험가입 확인

작업계획서를 확인하여 운반할 위험화물이 보험
에 가입되었는지 확인한다.

⑦ 운전자의 안전복장

안전모, 작업복, 안전조끼, 안전화의 착용 여부를
확인한다.

02 지게차 일상점검

일상점검표에 의거 작업 전, 중, 후 점검을 실시
한다.

1) 리프트 실린더 작동 상태를 점검한다.

① 리프트 실린더 레버를 작동하여 리프트 실린더의
   누유 여부 및 실린더 로드의 손상을 점검한다.
② 리프트 실린더 내벽의 마모가 심하면 실린더
   로드의 내부 섭동으로 포크가 자연 하강한다.

2) 변속장치, 제동장치 및 핸들 조작 상태 점검

① 전·후진 작동 점검 : 작업 전, 후진 레버를 조작
   하여 레버가 부드럽게 작동하는지 확인한다.
② 제동장치 점검 : 브레이크 페달을 밟아 페달 유
   격이 정상인지 확인한다.

③ 주차 브레이크 점검 : 주차 브레이크가 원활하게 해제되고 확실히 제동되는지 확인한다.

④ 핸들 작동 상태 점검 : 조향 핸들을 조작해서 핸들에 이상 진동이 느껴지는지 확인하고 유격상태를 점검한다.

3) 누유 · 누수 상태 점검

지게차가 안전하게 주기된 상태에서 연료 및 각종 오일 누유 점검과 냉각계통의 누수를 육안으로 확인하고 기록한다.

기적의 Tip

누유·누수 상태 점검
- 연료 누유 점검
- 엔진 오일 누유 점검
- 작업장치 유압계통오일 누유 점검
- 제동계통 누유 점검
- 조향계통 누유 점검
- 냉각계통 누수 점검

03 작업요청서

작업요청서는 화물 운반 작업을 해당 업체에 의뢰하는 서류로 의뢰인의 작업요청 내용을 정확하게 파악할 수 있도록 작성되어 있다.

1) 도로 상태 확인

① 내비게이션 및 미디어 매체를 활용하여 운행 경로 상의 상 · 하수도 및 가스 공사 등의 작업 현장을 확인하여 우회도로를 선택해 주행한다.

② 우천 시 수막현상으로 제동거리가 길어지므로 감속운행 한다.

2) 작업시간 확인

작업요청서의 화물명, 규격, 중량, 운반수량, 운반거리 및 작업에 필요한 장비를 선정하고 출발지, 도착지 및 작업장 환경을 고려하여 작업시간을 계산한다.

3) 운반할 화물 확인

작업요청서에 따라 운반할 화물의 물품명, 규격, 중량, 수량을 확인한다.

4) 화물의 보험가입 여부 파악

운반할 화물이 보험에 가입되어 있는지 작업요청서를 확인한다.

이론을 확인하는 개념 체크

01 일상점검은 작업 전, 중 후에 걸쳐 수행해야 한다. (O, X)

02 팬벨트의 장력은 손으로 직접 눌러 점검한다. (O, X)

03 팬벨트의 장력이 부족하면 엔진 과열과 발전기의 출력 저하가 나타날 수 있다. (O, X)

04 리프트 실린더가 잘 움직이지 않으면 누수가 원인일 수 있다. (O, X)

05 작업요청서는 의뢰인의 요청 내용을 상세하게 나타내야 한다. (O, X)

01 O 02 O 03 O 04 X 05 O

합격을 다지는 **예상문제**

01 예방 정비에 대한 설명 중 틀린 것은?

① 예기치 않은 고장이나 사고를 사전에 방지하기 위하여 행하는 정비이다.
② 예방 정비를 실시할 때는 일정한 계획표를 작성 후 실시하는 것이 바람직하다.
③ 예방 정비의 효과는 장비의 수명 연장, 성능유지, 수리비 절감 등이 있다.
④ 예방정비는 정비사만 할 수 있다.

⌐⌐⌐⌐⌐⌐⌐⌐⌐⌐⌐⌐⌐⌐⌐⌐⌐⌐⌐⌐⌐⌐⌐⌐⌐⌐⌐⌐⌐⌐⌐

예방 정비는 운전자와 정비사가 할 수 있는 사항으로 운전자는 시동 전, 운전 전, 정지간, 운전 후 점검과 주간, 월간 정비를 실시한다.

02 작업자가 반드시 알아두어야 할 사항으로 잘못된 것은?

① 작업내용
② 경영관리
③ 작업시간
④ 안전수칙

⌐⌐⌐⌐⌐⌐⌐⌐⌐⌐⌐⌐⌐⌐⌐⌐⌐⌐⌐⌐⌐⌐⌐⌐⌐⌐⌐⌐⌐⌐⌐

작업자는 작업에 관한 전반적인 사항을 알아두어야 한다.

03 지게차 작업계획서에 들어가야 할 사항으로 거리가 먼 것은?

① 작업의 동선 및 신호수 배치에 관한 사항
② 작업의 상세 내용에 관한 사항
③ 작업에 소요되는 비용에 관한 사항
④ 화물의 종류 및 특성에 관한 사항

⌐⌐⌐⌐⌐⌐⌐⌐⌐⌐⌐⌐⌐⌐⌐⌐⌐⌐⌐⌐⌐⌐⌐⌐⌐⌐⌐⌐⌐⌐⌐

작업계획서에 비용에 관한 사항은 포함되지 않는다.

04 기계장치를 취급할 때 사고가 발생하는 원인으로 거리가 먼 것은?

① 적합한 공구를 사용하지 않을 때
② 기계장치가 넓은 장소에 설치되어 있을 때
③ 안전장치 및 보호장치가 잘 되어 있지 않을 때
④ 정리정돈 및 조명장치가 잘 되어 있지 않을 때

⌐⌐⌐⌐⌐⌐⌐⌐⌐⌐⌐⌐⌐⌐⌐⌐⌐⌐⌐⌐⌐⌐⌐⌐⌐⌐⌐⌐⌐⌐⌐

기계장치는 좁은 곳에 설치될 때 사고 위험이 높다.

05 다음 중 작업계획서에 기록되는 사항이 아닌 것은?

① 작업의 내용
② 작업개시 및 작업시간
③ 신호수 및 작업 보조자 성명
④ 작업 종료시간

⌐⌐⌐⌐⌐⌐⌐⌐⌐⌐⌐⌐⌐⌐⌐⌐⌐⌐⌐⌐⌐⌐⌐⌐⌐⌐⌐⌐⌐⌐⌐

작업계획서에는 작업의 내용, 개시 및 작업시간, 종료시간, 운반할 화물의 품명, 중량, 운반수량, 운반거리 및 장비제원 등이 기록되어 있다.

06 운반작업 시 안전수칙 중 틀린 것은?

① 무거운 물건을 이동할 때 호이스트 등을 활용한다.
② 화물은 될 수 있는 대로 중심을 높게 한다.
③ 어깨보다 높이 들어올리지 않는다.
④ 무리한 자세로 장시간 사용하지 않는다.

⌐⌐⌐⌐⌐⌐⌐⌐⌐⌐⌐⌐⌐⌐⌐⌐⌐⌐⌐⌐⌐⌐⌐⌐⌐⌐⌐⌐⌐⌐⌐

운반작업에서 화물의 중심은 낮게 유지하는 것이 좋다.

SECTION 10 장비 안전관리 교육, 안전수칙

출제
빈도 상 중 하

01 장비 안전관리

1) 안전관리 교육

① 유자격자를 지정하여 운전하도록 하고, 시동 키는 별도 관리하도록 한다.
② 작업 전 안전 교육과 점검을 실시하고 안전복 장을 착용한다.
③ 장비 유지관리 및 안전사고를 예방하기 위해 장비 사용설명서를 확인한다.

2) 위험 요인에 대한 안전대책 수립

① 지게차 작업 시 안전 통로를 확보하고 안전장 치를 설치한다.
② 지게차 전용 작업 구간에 보행자의 출입을 금 지시킨다.
③ 작업구역 내 장애물을 제거한다.
④ 안전표지판을 설치하고 안전표지를 부착한다.
⑤ 사각지역에 반사경을 설치하고 지게차 운전 시야를 확보한다.

02 중량물 운반 및 취급 방법

1) 화물 적재 방법

① 모양을 갖추어서 적재한다.
② 즉시 사용할 물품이나 파손되기 쉬운 물품은 별도로 보관한다.
③ 중량물은 랙의 하단에 적재하고 경량물은 랙 의 상단에 적재한다.
④ 큰 것에서 작은 것으로 겹쳐서 보관한다.
⑤ 높이는 밑의 넓이보다 3배 이하로 하고 긴 물 건은 옆으로 눕혀 놓는다.

⑥ 취급물의 안정성이 나쁜 것은 눕혀 놓는다.
⑦ 취급물을 세워서 보관 시에는 전도 방지 조치 를 한다.
⑧ 구르는 것은 고임대로 받친다.

2) 화물 정리정돈

① 적재물이 흐트러지지 않도록 보관하고 항상 청결하게 유지한다.
② 필요 없는 물품은 치우고 정해진 장소에 물건 을 보관한다.
③ 품명, 수량을 알 수 있도록 정확하게 정리정돈 한다.

> **기적의 Tip**
> • 중량물 운반 3원칙 : 안전하게 들어 올리고, 나르고, 놓는다.
> • 중량물 취급 방법 : 동력기계 및 기구와 운반구 또는 인력에 의한 방 법이 있다.

03 기계/기구에 관한 안전수칙

1) 공작기계의 안전수칙

① 공작기계 위에 공구나 재료를 올려놓지 않는다.
② 기계의 회전을 손이나 공구로 멈추지 않는다.
③ 절삭 중 절삭면에 손이 닿아서는 안 된다.
④ 절삭 중이나 회전 중에는 공작물을 측정하지 않는다.

> **기적의 Tip**
> **안전수칙 일반**
> • 공구류는 기름이 묻은 것을 사용해서는 안 된다.
> • 공구류는 종류별로 정리하고 지정된 장소에 보관한다.
> • 절삭공구는 절삭 날에 유의해야 하며, 필요에 따라 방진안경을 사용 한다.

2) 드릴 작업의 안전수칙

① 회전하고 있는 축이나 드릴에 신체를 가까이 하지 않는다.
② 드릴을 고정하거나 풀 때는 주축이 완전히 멈춘 후에 한다.
③ 작은 물건은 바이스나 고정구로 고정하고 직접 손으로 잡지 말아야 한다.
④ 얇은 물건을 드릴 작업 할 때에는 밑에 나무 등을 놓고 구멍을 뚫어야 한다.
⑤ 드릴 끝이 가공물의 맨 밑에 나올 때 회전하기 쉬우므로 이때는 이송을 늦춘다.
⑥ 가공 중 드릴이 가공물에 박히면 기계를 정지시키고 손으로 돌려서 뽑는다.

3) 연삭 작업의 안전수칙

① 숫돌은 반드시 지정된 사람이 설치해야 한다.
② 숫돌을 설치하기 전에 나무망치로 숫돌을 때려 숫돌의 상태를 점검한다.
③ 몸을 피하여 안전에 유의 하고 숫돌은 작업개시 전에 3분 이상 시운전한다.
④ 공작물과 숫돌은 조용하게 접촉하고 무리한 압력으로 연삭하여서는 안 된다.
⑤ 소형 숫돌은 측압에 약하므로 컵형 숫돌 외에는 측면 사용을 피한다.
⑥ 안전 차폐막을 갖추지 않은 연삭기를 사용할 때에는 방진 안경을 사용한다.

4) 정 작업 안전수칙

① 정은 기름을 깨끗이 닦고 방진안경을 착용한 후 사용한다.
② 날 끝이 결손된 것이나 둥글어진 것은 사용하지 않는다.
③ 정 작업 시 반대편에 차폐막을 설치한다.
④ 정 작업은 처음에는 가볍게 두들기고 목표가 정해진 후에 차츰 세게 두들긴다.
⑤ 담금질한 재료를 정으로 쳐서는 안 된다.

5) 바이스 작업의 안전수칙

① 죠의 기름을 잘 닦아낸다.
② 죠의 중심에 공작물이 오도록 고정한다.
③ 가공물을 체결한 다음에는 반드시 핸들을 밑으로 내린다.
④ 둥근 가공물은 프리즘형 보조구를 이용하여 고정한다.
⑤ 공작물이 손상되지 않도록 연한 금속판을 죠에 댄다.
⑥ 다듬질한 공작물은 가죽이나 고무를 대고 고정한다.

6) 줄 다듬질 작업의 안전수칙

① 자루는 든든한 쇠고리가 끼워진 것을 선택하고 확실하게 고정하여 사용한다.
② 입으로 불거나 맨손으로 털지 말고 반드시 브러시 또는 솔을 사용한다.
③ 밀 때만 힘이 작용하도록 한다.
④ 새 줄은 처음에는 연질재에 사용하고 차차 경질재에 사용한다.

04 용접 작업 시 안전수칙

1) 산소 용기 취급 시 주의사항

① 충격을 주지 말고 밸브는 천천히 개폐한다.
② 항상 40℃ 이하로 유지하고 직사광선을 쬐지 않는다.
③ 밸브 조정기 등에 기름이 묻어있지 않게 한다.
④ 산소 용기는 뉘어 놓지 말며, 150kgf/cm^2의 고압이므로 취급에 주의한다.

2) 아세틸렌 용기 취급 시 주의사항

① 용기를 거꾸로 눕히지 말며 충격에 주의한다.
② 누설 검사는 비눗물로 하고, 사용 후에는 반드시 약간 잔압을 남겨 둔다.
③ 화기나 열기를 가까이 하지 않는다.

🎓 **기적의 Tip**

사용가스량 및 압력은 각각 1,000 ℓ /h 이내, 1kgf/cm² 이하로 사용한다.

▶ 가스용기의 색상

산소	녹색
아세틸렌	황색
액화석유가스(LPG)	회색
액화염소	갈색
수소	주황색
탄산가스	청색
암모니아	백색

3) 토치 취급 시 주의사항

① 신중히 다룰 것이며 팁을 모래나 먼지 위에 놓지 않는다.
② 토치를 함부로 분해하지 말고, 기름을 바르지 않는다.
③ 팁이 과열되면 산소만 조금씩 분출시키면서 물속에 넣어 냉각시킨다.
④ 팁이 막혔으면 팁 구멍 클리너로 청소한다.

4) 아크 용접 작업 시 안전수칙

① 용접 시에는 소화기 및 소화수를 준비하고 우천 시에는 옥외 작업을 피한다.
② 장시간 용접 시 수시로 용접기를 점검한다.
③ 작업 시에는 반드시 보호구를 착용하고 벗겨진 홀더는 사용하지 않는다.
④ 작업 중단 시에는 전원 스위치를 끄고 커넥터를 풀어준다.
⑤ 환기장치가 완전한 일정한 장소에서만 용접한다.

5) 산소 용접 시 일반적인 주의사항

① 점화는 성냥불로 직접 하지 말고 마찰식 라이터를 사용한다.
② 아세틸렌 밸브를 먼저 열고 점화한 다음 산소 밸브를 열어 불꽃을 조절한다.
③ 작업 후에는 산소 밸브를 먼저 잠그고 아세틸렌 밸브를 닫는다.
④ 역화의 위험을 방지하기 위하여 안정기를 사용한다.
⑤ 역류 · 역화 시에는 산소 밸브를 잠근다.

05 공구에 관한 안전수칙

1) 일반적인 사항

① 사용법에 알맞게 사용하고 주위를 정리정돈한다.
② 손이나 공구에 묻은 기름, 물 등은 잘 닦아낸다.
③ 공구나 부속품 세척 시에는 석유, 경유, 솔벤트 등을 사용한다.
④ 기름걸레나 인화 물질은 철제통에 보관한다.
⑤ 작업복에 기름이 배었을 때에는 빨리 갈아입는다.
⑥ 엔진 기동 및 연료장치 정비 시에는 소화기를 비치한다.
⑦ 작업 중 부상을 당할 때 경중을 막론하고 응급치료 후 보고한다.
⑧ 정비에 필요한 공구, 계기, 전용 공구는 작업 전에 미리 준비한다.
⑨ 복잡한 부분의 분해는 조립 작업이 쉽도록 각인 또는 조립 표시를 한다.

2) 해머 작업의 안전수칙

① 좁은 곳에서는 사용하지 않는다.
② 최초에는 서서히 타격하여야 하며, 해머를 자루에 꼭 끼운다.
③ 장갑을 절대로 끼지 말고, 대형의 해머는 능력에 맞게 사용한다.
④ 녹슨 공작물에는 보호 안경을 착용하고 작업 전 반드시 주위를 살핀다.

3) 스패너, 렌치 작업의 안전수칙

① 몸의 중심에서 조금씩 잡아당겨 사용한다.
② 스패너와 볼트, 너트 사이에 쐐기 등의 물림쇠를 끼워 사용하지 않는다.
③ 공구가 볼트나 너트에서 벗겨져도 넘어지지 않을 자세를 취한다.
④ 녹이 슨 볼트나 너트에는 오일을 넣어 스며들게 한 후에 작업한다.

4) 공기구 작업의 안전수칙

① 공기구를 사용할 때에는 반드시 방진 안경 및 마스크를 착용한다.
② 공기 밸브는 서서히 열어서 속도를 조절하여야 하며, 일시에 열어서는 안 된다.
③ 공기구는 항상 기름 또는 그리스를 주유하여 원활하게 움직이도록 한다.
④ 공기구의 호스를 꺾거나 구부려서는 안 된다.
⑤ 공구 교체 또는 고장 시에는 반드시 공기 밸브를 잠그고 처리해야 한다.

5) 드라이버 작업의 안전수칙

① 자루가 휜 것, 끝이 무뎌진 것은 사용하지 않는다.
② 드라이버로 작업 시에는 테이블이나 작업대 위에 올려놓고 작업한다.
③ 작은 공작물은 바이스 등으로 고정하고 작업한다.

이론을 확인하는 개념 체크

01 공구류는 녹이 슬지 않도록 기름을 발라두어야 한다. (O, X)

02 드릴 작업 시 작업 물건은 움직이지 않도록 직접 손으로 단단하게 잡는다. (O, X)

03 해머 작업 시에는 양손에 장갑을 반드시 착용한다. (O, X)

04 아세틸렌 용기는 영하의 장소에 보관한다. (O, X)

05 아크 용접 시 안면 보호구를 반드시 착용한다. (O, X)

06 산소 용기는 뉘어둔다. (O, X)

07 스패너는 몸쪽으로 당기면서 사용한다. (O, X)

08 스패너를 당기는 힘이 부족하다면 자루에 파이프를 연결하여 사용한다. (O, X)

09 토크 렌치는 볼트를 조이는 힘을 측정할 수 있다. (O, X)

10 드라이버 사용 시 작은 공작물은 바이스 등으로 고정한다. (O, X)

01 X 02 O 03 X 04 X 05 O 06 X 07 O 08 X 09 O 10 O

01 일반 공구의 안전한 사용법으로 적합하지 않은 것은?

① 언제나 깨끗한 상태로 보관한다.
② 엔진의 헤드 볼트 작업에는 소켓렌치를 사용한다.
③ 렌치의 조정 조에 잡아당기는 힘이 가해져야 한다.
④ 파이프 렌치에는 연장대를 끼워서 사용하지 않는다.

> 일반 공구 사용에서 렌치의 경우에는 고정 조(고정된 입)에 힘이 가해지도록 하여 공구를 몸의 중심에서 잡아당겨 사용하여야 한다.

02 스패너 사용 시 주의사항으로 틀린 것은?

① 스패너는 밀면서 작업한다.
② 스패너는 볼트, 너트의 규격에 맞는 것을 사용한다.
③ 녹이 슨 볼트나 너트는 녹을 제거하고 사용한다.
④ 스패너 사용 시 몸의 균형을 유지한다.

> 스패너는 몸의 중심에서 잡아당겨 사용한다.

03 사용한 공구를 정리 · 보관할 때 가장 옳은 것은?

① 사용한 공구는 종류별로 묶어서 보관한다.
② 사용한 공구는 녹슬지 않게 기름칠을 잘해서 작업대 위에 진열해 놓는다.
③ 사용 시 기름이 묻은 공구는 물로 깨끗이 씻어서 보관한다.
④ 사용한 공구는 면 걸레로 깨끗이 닦아서 공구상자 또는 공구 보관으로 지정된 곳에 보관한다.

> 사용한 공구는 면 걸레로 깨끗이 닦아서 공구상자 또는 공구 보관으로 지정된 곳에 보관한다.

04 안전관리상 장갑을 끼고 작업할 경우 위험할 수 있는 것은?

① 드릴 작업   ② 줄 작업
③ 용접 작업   ④ 판금 작업

> 드릴은 급속 회전장치로 장갑을 끼고 작업해서는 안 되는 작업이다.

05 공구 사용에 대한 사항으로 틀린 것은?

① 공구를 사용 후 공구 상자에 넣어 보관한다.
② 볼트와 너트는 가능한 한 소켓 렌치로 작업한다.
③ 토크 렌치는 볼트와 너트를 푸는데 사용한다.
④ 마이크로미터를 보관할 때는 직사광선에 노출시키지 않는다.

> 토크 렌치는 볼트나 너트를 조일 때 사용하는 공구로 볼트나 너트를 조일 때 조임력을 나타내는 공구이다.

06 작업장에서 지킬 안전사항 중 틀린 것은?

① 안전모는 반드시 착용한다.
② 고압전기, 유해가스 등에 적색 표지판을 부착한다.
③ 해머 작업을 할 때는 장갑을 착용한다.
④ 기계의 주유 시는 동력을 차단한다.

> 해머 작업에는 장갑의 착용이 금지된다. 이는 해머 작업 중 손에서 미끄러져 해머가 이탈되지 않도록 하기 위함이다.

PART 03

작업 전 점검

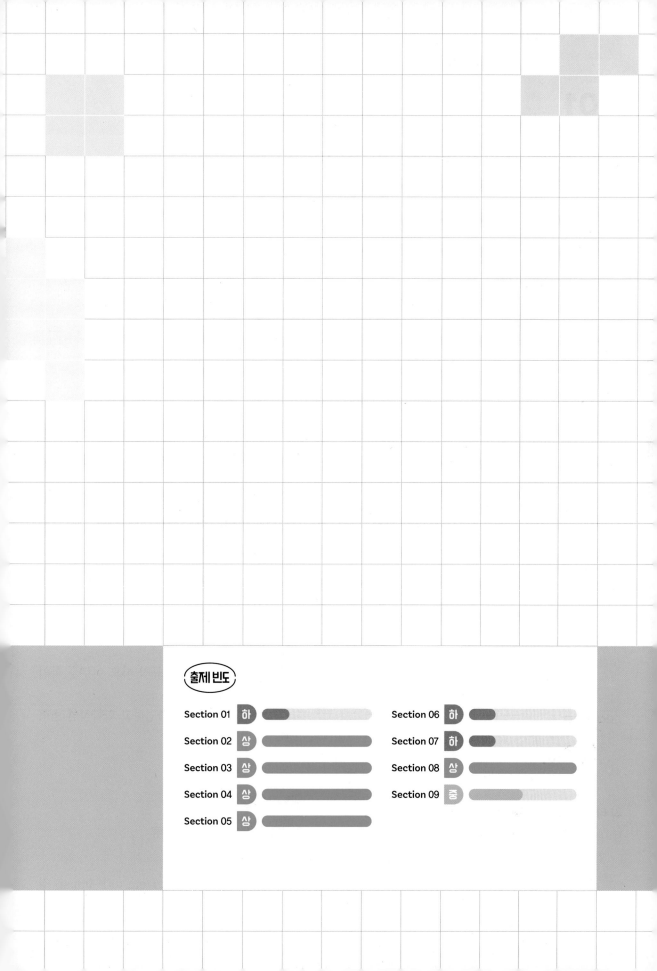

출제 빈도

Section 01	하		Section 06	하	
Section 02	상		Section 07	하	
Section 03	상		Section 08	상	
Section 04	상		Section 09	중	
Section 05	상				

타이어 손상 및 공기압 점검

01 타이어 손상

타이어의 손상 여부는 안정성과 승차감에 영향을 미친다.

> 🎓 기적의 Tip
>
> **지게차 안전주기 상태**
> • 지면이 고르고 평탄한 곳인가?
> • 포크는 지면에 정확하게 내려져 있는가?
> • 마스트는 전경으로 하였는가?

1) 타이어의 종류

공기압 타이어와 쿠션 타이어가 있으며 공기압 타이어는 사용하는 공기 압력에 따라 고압 타이어, 저압 타이어, 초저압 타이어로 구분된다. 엔진식 지게차는 공기압 타이어를, 전동식 지게차는 쿠션 타이어(솔리드 타이어)를 주로 사용한다.

2) 타이어의 마모 한계

마모 한계 표시는 타이어 홈 속 둘출된 부분이다.

① 소형차 : 1.6mm
② 중형차 : 2.4mm
③ 대형차 : 3.2mm

> 🎓 기적의 Tip
>
> **타이어의 역할**
> • 지게차의 하중을 지지
> • 동력과 제동력 전달
> • 노면에서의 충격을 흡수

3) 타이어 마모 한계를 초과하여 사용 시 발생 현상

① 브레이크 사용 시 미끄러지거나 제동거리가 길어진다.

② 빗길 운전 시 수막현상[*] 발생율이 높아져 사고 위험이 높아진다.
③ 도로의 작은 이물질에 의해서도 타이어 트레드에 상처가 발생하여 사고의 원인이 될 수 있다.

> ★ 수막현상
> 도로와 타이어 사이의 배수가 잘 안되어 타이어가 물에 떠 있는 것과 같아지는 현상

4) 타이어의 손상 여부 확인

▲ 타이어 마모 상태 점검

① 타이어 직진 상태에서 타이어 유격 및 한 쪽으로 기울여진 상태를 점검한다.
② 공기식 타이어의 공기 압력을 확인한다.
③ 타이어의 마모 상태와 트레드 상태를 육안으로 확인한다.
④ 타이어의 편마모 및 불규칙 마모 여부를 확인한다.
⑤ 타이어의 제조날짜를 확인하고 화학적인 변형 여부를 확인한다.

02 공기압 점검

1) 사용 공기 압력에 의한 분류

① 고압 타이어
사용 공기압이 $4.2 \sim 6.3 kgf/cm^2$(60~90psi) 정도로 고하중에 잘 견딘다.

② 저압 타이어

사용 공기압이 $2.0 \sim 2.5 kgf/cm^2$(30~35psi) 정도로 접지압이 낮아 완충 효과가 좋다.

③ 초저압 타이어

사용 공기압이 $1.0 \sim 2.0 kgf/cm^2$(24~30psi) 정도로 주로 승용차에 사용된다.

> 🎓 **기적의 Tip**
>
> **공기식 타이어 점검사항**
> - 림의 변형 여부
> - 타이어의 편마모 및 손상 여부
> - 타이어 공기압
> - 휠 볼트 및 너트의 조임
> - 타이어 접지면의 이물질

2) 타이어 취급 시 주의사항

① 자동차 용도에 알맞은 크기, 트레드 패턴, 플라이 수의 것을 선택해 사용한다.
② 급출발, 급정지 및 급선회는 타이어 마멸을 촉진하므로 피한다.
③ 알맞은 림을 사용하고 앞바퀴 얼라인먼트를 바르게 조정한다.
④ 과부하와 고속 운전을 가능한 피한다.
⑤ 타이어 온도가 120~130℃(임계온도)가 되면 강도와 내마멸성이 급감하므로 주의한다.
⑥ 고속주행 시 트레드 마모가 30% 이하의 것을 사용한다.
⑦ 솔리드 타이어를 공기압 타이어로 변경하는 것은 위법이다.

3) 타이어의 호칭 치수

타이어의 호칭 치수는 타이어 폭, 타이어 안지름, 바깥지름 및 플라이 수, 림의 지름과 최고 허용속도를 표시한다.

① 저압 타이어 : 타이어 폭 – 타이어 안지름 – 플라이 수
② 고압 타이어 : 타이어 바깥지름×타이어 폭 – 플라이 수

4) 타이어 공기압 점검

① 측면이 아닌 타이어 트레드를 마주 보는 위치에서 공기압을 점검한다.
② 공기압 점검 시 신체와 멀리 유지하기 위해 손잡이가 긴 게이지를 사용한다.
③ 타이어 교환은 동일 타이어 2개를 동시에 교환하거나 같은 공기압을 유지한다.

03 휠 볼트 조임 상태 점검

1) 구동 휠 볼트 조임 상태 확인 후 조치

① 구동 휠 볼트를 확인할 때 조향 휠 앞뒤에 고임목을 설치하고 고정한다.
② 반드시 구동 휠을 부하 받지 않은 상태에서 볼트를 조인다.
③ 지게차를 들어 올리기 위해서 업라이트를 이용하여 올린다.
④ 업라이트가 정지할 때까지 후방으로 기울인다.
⑤ 업라이트 아래에 고임목 및 강재를 설치한다.
⑥ 업라이트를 수직 이치가 되도록 전방으로 기울인다.
⑦ 구동 휠이 탈거할 수 있는 자유로운 상태에서 조임 상태를 확인하고 조치한다.

2) 조향 휠 볼트 조임 상태 확인 후 조치

① 지게차를 카운터웨이트 밑에서 들어 올리지 않는다.
② 지게차를 들어올리기 전에 볼트의 조임 상태를 확인하고 제동장치를 체결한다.
③ 구동 휠 앞 쪽에 고임목을 설치한다.
④ 지게차를 고정시키고 포크 캐리지를 지면에서 약 10cm로 들어 올린다.
⑤ 휠 볼트 및 너트는 하중을 받아서 구동되므로 정확한 위치에 고정되어 조인다.
⑥ 규정된 토크를 이용하여 휠 볼트 및 너트를 다시 체결한다.

01 저압 타이어의 호칭 치수로 알맞은 것은?

① 타이어 폭 – 타이어 내경 – 플라이 수
② 타이어 외경 – 타이어 폭 – 플라이 수
③ 타이어 폭 – 타이어 외경 – 플라이 수
④ 타이어 내경 – 타이어 폭 – 플라이 수

타이어의 호칭 치수
• **저압 타이어** : 타이어 폭 – 타이어 내경 – 플라이 수
• **고압 타이어** : 타이어 외경 x 타이어 폭 – 플라이 수

02 타이어 공기 압력에 관한 설명으로 알맞은 것은?

① 공기 압력이 너무 낮으면 트레드 중앙부의 마멸이 많게 된다.
② 공기 압력이 낮으면 수명이 길게 된다.
③ 온도가 높게 되면 공기 압력도 높게 된다.
④ 공기 압력이 높으면 조향 핸들이 무겁게 된다.

공기 압력이 너무 낮으면 트레드의 양쪽 모서리 부분이 마모되어 수명이 짧아지고, 공기 압력이 높으면 트레드 중앙부가 마모된다.

03 타이어 트레드 패턴의 필요성과 관계 없는 것은?

① 타이어가 옆 방향으로 미끄러지는 것을 방지한다.
② 타이어에서 발생한 열을 방산한다.
③ 트레드부에 생긴 절상 등의 확산을 방지한다.
④ 주행 중 진동을 흡수하고 소음을 방지한다.

트레드 패턴의 기능 : 타이어 내부 열 방산, 트레드부에 생긴 절상 확산 방지, 옆 및 전진 방향으로 미끄러짐 방지, 구동력 및 선회 성능 향상

SECTION 02 제동 · 조향장치 점검

출제
빈도 상 중 하

01 제동장치의 역할

1) 제동장치의 분류

제동장치는 운전자의 발로 조작하는 풋 브레이크
와 손으로 조작하는 핸드 브레이크가 있다. 조작
기구는 로드나 와이어를 사용하는 기계식과 유압
식으로 구분되며 기계식은 핸드 브레이크에, 유
압식은 풋 브레이크에 사용된다.

> **기적의 Tip**
>
> **제동장치의 기본 조건**
> • 작동이 확실하고 제동 효과가 커야 한다.
> • 신뢰성을 가지며 내구성이 강해야 한다.
> • 점검 및 정비가 쉬워야 한다.

2) 브레이크 페달 자유 유격

브레이크 페달을 밟았을 때 마스터 실린더의 유
압이 브레이크 라이닝을 밀어서 드럼에 밀착될
때까지의 간격이다. 장비 크기에 따라 대형 15~
30mm, 중형 10~15mm, 소형 5~10mm 정도
를 둔다.

> **기적의 Tip**
>
> **브레이크 페달 자유 유격**
> 브레이크 라이닝이 드럼과 붙어 있으면 마찰에 의해 파열되므로 일정
> 한 간격을 둔다.

3) 브레이크 오일의 조건

① 점도가 알맞고 점도지수가 커야 한다.
② 침전물 발생이 없어야 하며, 윤활성이 있어야
　한다.

③ 빙점이 낮고 비등점은 높아야 한다.
④ 고무 또는 금속을 부식시키지 않아야 하고 화
　학적 안정성이 높아야 한다.

> **기적의 Tip**
>
> 지게차에 사용되는 브레이크 오일은 유압오일이며 제작사에서 추천하
> 는 브레이크 오일을 사용해야 한다.

02 유압식 브레이크

파스칼의 원리*를 응용한 것으로 유압을 발생시
키는 마스터 실린더와 이 유압을 받아 브레이크
슈(또는 패드)를 드럼(또는 디스크)에 압착시켜
제동력을 발생시키는 휠 실린더, 파이프 및 플렉
시블 호스 등으로 구성된다.

> **★ 파스칼의 원리**
> 밀폐된 공간에 채워진 유체에 힘을 가하면, 내부로 전달된 압력은 밀폐
> 된 공간의 각 면에 동일한 압력으로 작용한다는 원리

1) 유압식 브레이크의 장점

① 제동력이 모든 바퀴에 동일하게 작용한다.
② 마찰 손실이 적다.
③ 페달 조작력이 작아도 제동이 된다.

2) 유압식 브레이크의 단점

① 유압회로가 파손되어 오일이 누출되면 제동기
　능이 상실된다.
② 유압회로 내에 공기가 침입하면 제동력이 감
　소된다.

02 제동장치 작동 상태 점검

1) 주 브레이크 점검

① 지게차 포크를 지면으로부터 20cm 들어올린다.

② 발로 브레이크 페달을 밟을 때 딱딱한 저항력이 느껴지는지 점검한다.

③ 스펀지 현상이 생길 때 브레이크 계통을 신속히 정비한다.

④ 브레이크 페달을 밟은 채 전·후진 기어를 전진기어에 넣는다.

⑤ 브레이크 페달을 밟은 채 주차 브레이크를 해제한다.

⑥ 브레이크 페달에서 발을 서서히 떼고 주행하거나 가속페달을 서서히 밟아본다.

⑦ 브레이크 페달을 밟아 제동이 되면 정상이다.

> 🎓 **기적의 Tip**
>
> 지게차 제동장치에는 주 브레이크, 인칭 브레이크, 주차 브레이크가 있다.

2) 인칭 브레이크 점검

① 브레이크 마스터 실린더로부터 저항이 느껴질 때까지 손으로 페달을 누른다.

② 좌측에 있는 인칭 브레이크 페달을 완전히 누른다.

③ 페달을 완전히 누른 위치에서 기어를 전진 또는 후진 상태에서 제어하여 본다.

④ 지게차는 최대 엔진 회전수로 이동해서는 안 된다.

3) 주차 브레이크 점검

① 포크를 지면으로부터 20cm 들어 올린다.

② 브레이크 페달을 밟은 채 전·후진 기어를 전진에 넣는다.

③ 주차 브레이크를 해제한 다음 다시 체결한다.

④ 주차 브레이크 체결 상태에서 가속페달을 서서히 밟는다.

⑤ 주차 브레이크 성능을 점검하기 위해서 경사지에 주차한 후 주차 브레이크 작동 상태를 점검한다.

⑥ 체결 상태에서 제동이 되면 주차 브레이크 제동장치는 정상이다.

▶ 브레이크 라이닝과 드럼의 간극

간극이 클 때	간극이 작을 때
• 브레이크 작동이 늦어진다. • 브레이크 페달의 행정이 길어진다. • 브레이크 페달이 발판에 닿아 제동 작용이 불량해진다.	• 라이닝과 드럼의 마모가 촉진된다. • 베이퍼 록★의 원인이 된다.

> ★ **베이퍼 록(Vapor Lock)**
>
> 브레이크액에 기포가 발생하여 브레이크가 제대로 작동하지 않는 현상

4) 브레이크 제동 불량 원인

① 브레이크 회로 내의 오일 누설 및 공기 혼입이 생긴 경우

② 라이닝에 기름, 물 등이 묻은 경우

③ 라이닝 또는 드럼의 과도한 편마모가 생긴 경우

④ 라이닝과 드럼의 간극이 너무 큰 경우

⑤ 브레이크 페달의 자유 간극이 너무 큰 경우

> 🎓 **기적의 Tip**
>
> 제동에 미끄러짐이 발생하면 브레이크 오일양을 확인한다.

03 조향장치(Steering System)

진행 방향을 운전자가 의도하는 바에 따라 조향할 수 있는 장치로 일반적으로 핸들이라고 말하며 조향 핸들을 조종하면 조향기어에 회전력이 전달되어 바퀴의 방향을 바꾼다.

1) 기계식 조향장치

핸들을 이용하여 방향을 바꾸어 줌과 동시에 회전력을 증대시켜 주행 링크에 전달하는 기어와, 기어의 작동을 조향 바퀴에 전달하고 좌우 바퀴의 관계 위치를 바르게 지지하는 링크 등으로 구성되어 있다.

2) 유압식 조향장치

가볍고 원활한 조향 조작을 위해 엔진의 동력으로 유압오일펌프를 구동하여 발생한 유압을 통해 조향 핸들의 조작력을 가볍게하는 장치이다.

① 조향 조작력이 작아도 조작력에 상관없이 조향기어비를 선정할 수 있다.
② 노면으로부터 받은 충격과 진동을 흡수하여 완화시킬 수 있다.
③ 조향 조작이 빠르고 바퀴에 오는 진동(시미)현상*을 방지할 수 있다.
④ 유압오일펌프 구동에 엔진의 출력이 일부 소비된다.
⑤ 구조가 복잡하고 가격이 비싸다.

> ★ 시미 현상
> 주행 중 앞바퀴의 흔들림 현상

04 조향장치 점검

조향 핸들을 조작해서 유격 상태와 이상 진동이 느껴지는지 확인한다. 조향 핸들 조작 시 조향비 및 조작력에 큰 차이가 느껴진다면 점검이 필요하다.

1) 조향 핸들이 무거운 원인

① 타이어의 공기압이 부족할 때
② 조향기어의 백래시(Backlash)*가 작거나 기어오일 양이 부족할 때
③ 타이어 정렬이 불량하거나 마멸이 과대할 때

> ★ 백래시
> 기어의 회전을 원활히 하기 위한 기어와 기어 사이의 간극

2) 핸들 조작 상태 점검

① 조향장치의 차축 및 링크를 주기적으로 점검한다.
② 손상, 실 누출 등이 있는지 확인한다.

③ 핸들 선회 시의 딱딱함과 과도한 헐거움 또는 비정상적인 소음을 확인한다.

> 🎓 기적의 Tip
>
> 핸들을 끝까지 돌렸을 때 양쪽 바퀴의 돌아가는 각도가 같으면 정상이다.

3) 정상 작동 상태 점검

① 후방 휠이 직진 방향으로 놓여진 상태에서 스티어링 휠 유격을 점검한다.
② 스티어링 휠을 원주 방향으로 돌리고 위아래로 움직여 헐거움이 없는지 점검한다.
③ 조향 핸들을 좌우로 돌리면서 조향 바퀴가 정상적으로 돌아가는지 확인한다.

05 조향장치의 고장진단

1) 조향 핸들이 한쪽으로 쏠리는 원인

① 타이어 공기 압력과 브레이크 라이닝 간극의 불균일
② 앞바퀴 얼라인먼트가 불량하거나 앞차축 한쪽의 스프링 절손
③ 한쪽 쇽업 소버의 작동이 불량하고 한쪽의 허브 베어링 마멸
④ 뒤차축이 자동차 중심선에 대하여 직각이 되지 않는 경우

2) 조향 핸들이 무거운 원인

① 타이어 공기압이 낮거나 마멸 과다
② 앞바퀴 얼라인먼트가 불량하고 조향기어 박스 내에 오일 부족
③ 조향기어의 백래시 조정 불량

> 🎓 기적의 Tip
>
> **조향 핸들 조작을 가볍게 하는 방법**
> • 타이어 공기압을 높이거나 조향기어비를 크게 한다.
> • 앞바퀴 얼라인먼트를 정확히 하고 고속 주행한다.
> • 동력 조향장치를 부착한다.

3) 조향 핸들의 유격이 크게 되는 원인

① 조향기어 백래시가 크고 조향 링키지의 접촉부 헐거움
② 조향기어와 조향 너클의 베어링 마멸
③ 피트먼 암과 조향 너클 암 헐거움

4) 조향 핸들에 충격을 느끼는 원인

① 타이어 공기압이 너무 높거나 바퀴의 불균형
② 앞바퀴 얼라인먼트 불량 또는 조향 너클의 휨
③ 조향기어의 조정이 불량하거나 쇽업소버(Shock absorber)의 작동 불량

5) 동력 조향장치의 유압이 낮은 원인

① 오일펌프의 구동 벨트가 헐겁고 오일이 누출
② 압력 조절(제어) 밸브가 고착됨

6) 동력 조향장치의 핸들이 무거운 원인

① 오일 회로에 공기가 유입
② 오일펌프의 유압과 타이어의 공기압이 낮음

이론을 확인하는 개념 체크

01 타이어 마모 한계를 초과하여 사용하면 수막현상이 발생할 수 있다. (O, X)

02 브레이크 라이닝과 드럼의 간극이 크면 마모가 빨라진다. (O, X)

03 브레이크 액에 기포가 발생하는 베이퍼 록이 발생하면 제동이 잘 되지 않는다. (O, X)

04 브레이크 라이닝에 기름이나 물이 묻으면 제동이 잘 되지 않을 수 있다. (O, X)

05 조향기어의 백래시가 크면 조향 핸들이 무거울 수 있다. (O, X)

06 앞바퀴 얼라인먼트가 불량하면 조향 핸들이 한쪽으로 쏠릴 수 있다. (O, X)

07 타이어 공기압을 낮추면 핸들 조작감이 가벼워진다. (O, X)

01 O 02 X 03 O 04 O 05 X 06 O 07 X

01 시동 전 점검

1) 팬 벨트의 장력 점검

① 오른손 엄지손가락으로 팬 벨트 중앙을 약 10kgf 힘으로 눌러 처짐 상태를 확인한다.
② 벨트의 처짐이 13~15mm 정도면 정상이다.
③ 벨트 장력이 느슨하면 벨트의 미끄럼 현상으로 이상음이 발생하고 엔진 과열과 충전 부족 현상이 발생한다.

2) 벨트의 장력 조정

① 벨트 조정기(텐션)*의 상태를 점검한다.
② 발전기의 조정 볼트를 풀고 발전기를 밀거나 당겨 조절한다.

> ★ 텐션(Tension)
> 밸트장력의 팽팽한 상태

02 공기 청정기 상태 점검

1) 공기 청정기의 역할

① 공기 청정기는 흡입 공기의 먼지 등을 여과하고 소음을 감소시키며 역화 발생 시 불길을 저지한다.
② 공기와 함께 흡입되는 먼지 등의 이물질은 기관 내 작동 부분의 마멸 원인이 될 수 있다.

2) 건식 공기 청정기 점검

① 공기 청정기 케이스와 여과 엘리먼트로 구성되어 있으며 지게차에 주로 사용된다.
② 더스트 인디케이터가 설치되며, 이것은 공기 청정기 엘리먼트의 막힘 정도를 나타낸다.

3) 원심식 공기 청정기 점검

① 흡입 공기의 원심력을 이용하여 먼지를 분리한다.
② 정제된 공기를 건식 공기 청정기에 공급한다.
③ 프리크리너(엔진용 집진기)*라고도 한다.

> ★ 프리크리너
> 에어필터 앞에 장착되며 1차 분진을 걸러내서 에어필터로 보냄

03 시동 후 점검

1) 후진 경보 장치 점검

후진 운전 시 후면에 통행 중인 다른 작업자나 물체와의 충돌 및 접촉을 방지하기 위해서 접근 경보 장치의 음량 상태, 경광등의 점등 상태를 점검한다.

2) 룸미러 점검

운전 시 후방 사각 지역의 타 근로자나 다른 장비와의 충돌 및 협착을 방지하기 위해서 룸미러의 정상 위치 및 오염 여부를 점검하고 오염 시 오염 물질을 제거한다.

3) 전조등 점등 여부 점검

짙은 안개 및 야간작업 시 안전작업을 확보하는 전조등의 점등 여부를 점검한다.

4) 후미등 점등 여부 점검

후진 시 충돌을 방지하기 위해서 지게차의 위치 표시를 위한 후미등의 점등 여부를 점검한다.

5) 엔진 공회전 시 소음 상태 점검

① 공회전 시 발전기, 물 펌프 구동 벨트의 부분에서 소음이 발생하면 점검한다.
② 엔진 내 · 외부 각종 베어링의 불량으로 이상 소음이 발생하면 점검한다.
③ 엔진 헤드 부분에 이상 소음이 들리면 흡배기 밸브 및 밸브 기구를 점검한다.
④ 볼트의 풀림과 같은 유격이 발상하는 소음 여부를 확인하고 점검한다.

6) 배출되는 배기가스의 색과 연소 상태 점검

① 백색 또는 회색
피스톤 링의 마모, 실린더 간극의 과대 등으로 윤활유가 연소되는 경우이다.

② 흑색
공기 청정기가 막히거나 연료량이 과대하여 불완전 연소를 나타낸다.

③ 무색 또는 엷은 청색
정상연소일 때 배출된다.

7) 공회전 상태 점검

① 겨울철 계기판의 RPM의 회전 속도가 증가하고 소음이 발생한다.
② 공회전 후 RPM의 회전 속도는 내려가고 소음은 줄어들면 정상이다.

04 디젤 노크

착화 지연기간 동안 분사된 연료가 급격히 연소되는 과정으로 실린더나 피스톤이 충격을 받아 두드리는 것 같은 현상이다. 화염전파에 의한 노크와 기계적인 노크가 있다.

> **기적의 Tip**
>
> **노크 현상(knocking)**
> 내연기관에서 이상폭발로 금속음이 발생하는 현상

1) 디젤 노크 방지법

① 착화 지연 기간을 짧게 한다.
② 분사 시기가 상사점 부근에 오도록 한다.
③ 흡입 공기에 와류를 주고 압축온도 및 압력을 높게 한다.
④ 엔진, 흡기, 냉각수의 온도를 높게 한다.
⑤ 분사개시에 분사량을 적게하여 급격한 압력 상승을 억제한다.

2) 착화 지연 기간을 짧게 하는 방법

① 흡기온도와 압축비를 높인다.
② 착화성이 좋은 연료(세탄가가 높은 연료)를 사용한다.
③ 실린더 벽의 온도를 높인다.
④ 와류가 일어나게 한다.

이론을 확인하는 개념 체크

01 공기 청정기가 막힌 경우 백색의 배기가스가 분출될 수 있다. (O, X)

02 노크 현상은 이상 연소로 인해 엔진에서 부자연스러운 진동이나 소음이 발생하는 것을 말한다. (O, X)

03 세탄가가 높은 연료를 사용하면 착화 지연시간이 줄어든다. (O, X)

01 X 02 O 03 O

합격을 다지는 예상문제

01 지게차를 운전할 때 준수하여야 할 사항으로 틀린 것은?

① 기관이 작동 온도가 되기까지는 가속시키지 말 것
② 짐이 없을 때에는 가속시키지 말 것
③ 기관을 시동한 후 반드시 브레이크 페달을 밟아 볼 것
④ 급가속, 급제동, 급회전 등을 피할 것

지게차의 취급 방법
• 시동 후 5분간 엔진을 공전 운전할 것
• 엔진을 무부하 상태로 공전 가속 운전하지 말 것
• 급가속, 급제동, 급회전 등을 피할 것
• 최초 50시간은 정격 용량 부하의 50%로 작업 할 것
• 최초 50시간 가동 후 각종 오일 및 여과기를 교환할 것
• 최초 50시간 가동 후 밸브 간극을 조정하고 각종 볼트와 너트를 재조임할 것

02 조향 핸들의 유격이 커지는 원인과 관계없는 것은?

① 피트먼 암의 헐거움
② 타이어 공기압 과대
③ 조향기어, 링키지 조정 불량
④ 앞바퀴 베어링 과대 마모

타이어 공기압은 핸들 조작력과 관계가 있으며 유격과는 관계가 없다.

03 기관을 시동하여 공전 시에 점검할 사항이 아닌 것은?

① 기관의 팬 벨트 장력을 점검
② 오일 누출 여부를 점검
③ 냉각수의 누출 여부를 점검
④ 배기가스의 색깔을 점검

기관의 팬 벨트의 점검은 엔진이 정지된 상태에서 이루어지며 10kgf의 하중 작용 시 그 처짐량이 13~20mm 정도이면 정상이다.

04 자동 변속기가 장착된 건설기계의 모든 변속단에서 출력이 떨어질 경우 점검해야 할 항목과 거리가 먼 것은?

① 토크 컨버터 고장
② 오일의 부족
③ 엔진 고장으로 출력 부족
④ 추진축의 휨

추진축의 휨이 발생되면 차체의 진동을 유발한다.

05 건설기계 장비로 현장에서 작업 중 각종 계기는 정상인데 엔진부조가 발생한다면 우선 점검해 볼 계통은?

① 연료계통
② 충전계통
③ 윤활계통
④ 냉각계통

디젤 엔진의 부조화 현상은 연료의 공급이 불완전할 때 주로 나타난다.

01 윤활장치 점검

1) 윤활장치 경로

오일 팬 ⇨ 오일 스트레이너 ⇨ 오일펌프 ⇨ 릴리프 밸브(압력조절) ⇨ 오일 필터 ⇨ 오일 통로 ⇨ 오일 압력 스위치 ⇨ 크랭크축 ⇨ 커넥팅 로드 ⇨ 실린더 및 피스톤 ⇨ 실린더 헤드 ⇨ 로커 암 축 ⇨ 로커 암 ⇨ 캠 및 밸브 ⇨ 캠축(저널)

> **기적의 Tip**
>
> 누유 · 누수를 확인하기 위해서 엔진의 오일 누유를 점검하고 보충할 수 있으며 냉각계통의 누수를 확인하고 유압계통, 제동장치 계통, 조향장치 계통의 누수를 확인한다.

2) 엔진 오일의 색 점검

오일의 색이 검을수록 심하게 오염된 상태이며 회색 및 우유색일 경우 냉각수가 침입된 상태이다.

3) 엔진 오일 양 점검*

① 엔진 오일 유면표시기를 빼어 유면표시기에 묻은 오일을 깨끗이 닦는다.
② 엔진 오일 유면표시기를 다시 끼웠다 빼어 오일이 묻은 부분을 확인한다.
③ 오일이 상한선과 하한선의 중간 부분에 위치하면 정상이다.
④ 하한선에 가까우면 오일이 부족한 것으로 보충하여야 한다.
⑤ 오일 보충의 경우 보충 후 약 5분 정도 경과 후 다시 점검한다.

> ★ 엔진 오일 양 점검
>
> 지면이 평탄한 곳에서 지게차를 주차하고 엔진을 정지시킨 다음 5~10분이 경과한 후 점검하며, 유량계를 빼내어 "F"(Full 또는 MAX)마크에 가까이 있으면 정상이다.

02 엔진 오일의 누유 점검

1) 엔진 오일 누유 점검

① 엔진에서 누유되는 부분이 있는지 육안으로 확인한다.
② 주기된 지게차의 지면을 확인하여 엔진 오일의 누유 흔적을 확인한다.

2) 엔진 오일이 누유되는 원인

① 크랭크축 오일 실의 마멸 및 소손
② 오일펌프 개스킷의 마멸 또는 오일 여과기의 오일 실(Oil seal)* 소손
③ 로커 암 커버 개스킷 소손
④ 오일 팬 고정 볼트의 이완 또는 팬의 균열 및 개스킷 불량과 소손

> ★ 오일 실(oil seal)
>
> 윤활유가 누설되는 것을 방지하기 위한 밀봉장치

3) 엔진 오일이 연소되는 원인

① 오일양이 과대하거나 피스톤 링의 장력이 부족할 때
② 오일의 열화로 점도가 낮을 때
③ 피스톤과 실린더의 간극이 클 때
④ 밸브 스템과 가이드 간극의 과대
⑤ 밸브 가이드 오일 실의 파손

> **기적의 Tip**
>
> 엔진 오일의 소비가 증대되는 원인은 연소와 누설이다.

4) 오일 교환 시 주의사항

① 엔진에 알맞은 오일을 선택하여야 하며 재생 오일을 사용하지 않는다.
② 오일양을 점검하면서 주입하고 주입 시 불순물 유입에 유의한다.
③ 오일 보충 시 동일 등급의 오일을 사용하며, 교환 시기에 맞추어 교환한다.
④ 점도가 서로 다른 오일을 혼합 사용해서는 안 된다.

03 냉각계통의 누수 점검

실린더 헤드 개스킷, 라디에이터 및 냉각수 연결 호스의 손상 징후를 점검하고 연결 부분의 누수 여부를 점검한다.

1) 냉각수량 점검

① 지게차를 평탄한 곳에 주기하고 엔진이 정지된 상태에서 점검한다.
② 보조 탱크의 옆면에 표시된 상한선과 하한선 사이에 있으면 정상이다.
③ 라디에이터 캡을 열고 냉각수량을 확인한다.

2) 라디에이터* 점검

① 라디에이터 캡을 열고 냉각수가 가득 차 있는지 확인한다.
② 냉각수 수준이 낮을 경우 냉각수를 보충하고 냉각계통의 누수를 점검한다.

> ★ 라디에이터(Radiator, 방열기)
> 실린더 주위에 물 재킷을 설치하고 냉각수를 순환시켜 냉각하는 장치

3) 오버플로(Overflow) 보조 탱크 냉각수량 점검

① 엔진 냉각 상태의 냉각수는 "COLD" 표시에 있어야 한다.
② 엔진 블록과 실린더 헤드 부분을 점검하고 누수를 점검한다.

4) 실린더 헤드 개스킷 파손 점검방법

① 압축압력을 이용하여 점검
② 흡기 다기관의 진공도에 의하여 진공계로 점검
③ 라디에이터 캡을 열어 냉각수에 오일이 떠 있는지 점검
④ 시동 후 냉각수에 기포 발생 여부로 점검

> 🎓 기적의 Tip
>
> **오버 히트(Over Heat)**
> 냉각수가 높은 온도에서 비등하여 라디에이터 캡에서 증기가 뿜어져 나오는 현상

04 냉각수 점검

1) 부동액 확인

① 엔진 냉각 계통에 사용되는 물은 수돗물과 증류수 등의 연수로 한다.
② 부동액은 영구 부동액인 에틸렌글리콜을 주로 사용한다.
③ 일반적으로 물 50%, 부동액 50% 비율의 방청제가 함유된 혼합액을 사용한다.
④ 겨울철은 부동액의 비율을 올려서 사용한다.

2) 냉각수 보충 전 확인

① 부동액은 냉각수 용량의 80% 정도 넣고 기관을 시동하고 난기 운전하여 수온 조절기가 열린 후 규정 위치까지 넣는다.
② 보충은 영구 부동액은 물만 보충하고 반영구 부동액은 최초에 주입한 농도의 부동액을 넣는다.
③ 부동액이 녹 등으로 변색된 경우는 냉각계통을 청소한 다음 부동액을 넣는다.
④ 부동액이 흘러 도장 부분에 묻었을 때는 세척하여야 한다.
⑤ 냉각수를 보충할 때 차가운 냉각수를 보충하지 말아야 실린더 헤드 또는 블록의 균열 위험을 방지한다.

3) 냉각수 보충 방법

① 엔진이 식은 후 방열기 캡을 탈거하고 캡 상태를 확인한다.
② 방열기 캡을 탈거할 때 캡을 살짝 돌려 압축가스를 배출시킨 후 돌린다.
③ 과열되어 위험하므로 얼굴을 돌리고 작업한다.
④ 캡을 열고 부동액 잔량 및 보조 탱크 잔량 수준을 확인한다.
⑤ 보조 탱크 잔량은 "COLD" 표시 위치까지 보충한다.
⑥ 방열기 캡을 열고 코어 부분이 잠길 때까지 보충한다.
⑦ 라디에이터 캡을 닫고 연결 호스에 누수 여부를 확인한다.
⑧ 방열기 밑 부분에 녹색 색깔(부동액)이 떨어지는지 확인한다.

05 유압장치 누유 점검

1) 유압 실린더의 누유 점검

① 유압 펌프 배관 및 호스와의 이음새 누유, 컨트롤 밸브의 누유, 리프트 실린더 및 틸트 실린더의 누유를 확인한다.
② 유압오일 양을 확인하여 부족할 때 유압오일을 보충한다.

2) 유압오일 유면표시기 확인

① 유면표시기에는 아래쪽에 "L"(Low or Min), 위쪽에 "F"(Full or Max)의 눈금이 표시되어 있다.
② 유압오일이 유면표시기의 L과 F 중간에 위치하고 있으면 정상이다.

> **기적의 Tip**
>
> **유압오일 유면표시기**
> 유압오일 탱크 내의 유압오일 양을 점검할 때 사용되는 표시기

3) 유압오일의 누유 점검

① 유압장치에서 유압오일이 누유된 부분이 있는지 육안으로 확인한다.
② 주기된 지게차의 지면을 확인하여 유압오일의 누유 흔적을 확인한다.

06 틸트 실린더, 리프트 실린더 누유 점검

1) 틸트 실린더의 누유 점검 및 보충

① 틸트 레버를 이용하여 틸트 실린더를 전후 작동하여 본다.
② 실린더 연결 호스 부분 및 로드의 실 부분의 누수 여부를 점검한다.
③ 누유 상태를 점검하고 이상 여부에 따라서 밀봉한 다음 유압유를 보충한다.

2) 리프트 실린더의 누유 점검 및 보충

① 리프트 레버를 이용하여 리프트 실린더를 상하 작동하여 본다.
② 실린더 연결 호스 부분 및 로드의 실 부분의 누수 여부를 점검한다.
③ 누유 상태를 점검하고 이상 여부에 따라서 밀봉한 다음 유압유를 보충한다.

07 제동계통의 누유 점검

1) 유압 브레이크 작동 원리

브레이크 페달을 밟으면 마스터 실린더에서 유압이 발생하고, 그 유압이 브레이크 파이프를 지나서 각 제동 휠에 설치되어 있는 휠 실린더 내의 피스톤을 움직여 브레이크 슈를 확장시킨 후 드럼을 밀어붙여 브레이크 작용을 하게 된다.

2) 누유 점검

① 풋 브레이크 계통의 누유 점검

마스터 실린더 및 제동계통 파이프 연결 부위의 누유를 점검한다.

② 인칭 브레이크 계통의 누유 점검

안전상 주행 중에 사용할 수 없으며 작업을 수행할 경우에는 보조 브레이크 장치로 사용된다.

3) 브레이크액 보충

브레이크 오일 리저버(Oil Reservoir)* 내의 브레이크 오일 수준을 점검하고 부족 시 오일 수준 MIN과 MAX 사이에 있도록 오일을 보충한다.

> ★ 오일 리저버
> 브레이크 오일을 저장하고 온도를 유지하는 탱크

08 브레이크 계통의 공기 빼기 작업

1) 공기 빼기 작업을 하여야 하는 경우

① 브레이크 파이프, 호스를 교환할 때
② 베이퍼 록 현상이 생겼을 때
③ 휠 실린더의 분해 수리를 할 때
④ 마스터 실린더의 분해 수리를 할 때

2) 공기 빼기 작업

① 에어 블리더를 통하여 배출 작업을 한다.
② 마스터 실린더에서 제일 먼 곳의 휠 실린더부터 행한다.
③ 마스터 실린더에 오일을 보충하면서 행한다.

④ 블리더 플러그에 비닐 호스를 끼우고 다른 끝은 오일을 받을 수 있는 통에 연결한다.
⑤ 페달을 몇 번 밟고 블리더 플러그를 1/2~3/4 정도 풀었다가 내압이 저하되기 전에 플러그를 잠근다.
⑥ 위와 같은 작업을 반복하여 에어가 완전히 배출될 때까지 실시한다.
⑦ 공기 배출 작업은 2인이 1조로 하고 브레이크 페달을 밟고 있는 상태에서 블리더 플러그를 잠그고 페달에서 발을 떼어야 한다.

> **기적의 Tip**
>
> **페이드 현상**
> 과도하게 브레이크를 사용하였을 때 드럼과 디스크 마찰로 열 팽창으로 인해 브레이크가 잘 작동하지 않는 현상

09 조향장치 계통의 누유 점검

1) 조향장치 작동 원리 확인

핸들을 우측으로 회전하면 후륜 조향 실린더가 좌측으로 이동하여 우회전을 하고 좌측으로 회전하면 후륜 조향 실린더가 우측으로 이동하여 좌회전한다.

2) 조향계통의 누유 점검

① 조향 실린더는 양로드형 복동 실린더이며 유압 호스가 양쪽으로 연결된 구조이다.
② 조향계통 유압 호스 연결 부위 및 양쪽 로드 실 부분의 누유를 점검한다.
③ 유압탱크의 오일 수준을 점검한다.

01 작업장에서 냉각수를 보충할 때 어느 것이 좋은 가?

① 연수
② 경수
③ 청수
④ 청정수

엔진에 주입하는 냉각수는 연수를 사용하여야 한다.

02 과열된 엔진에 냉각수를 보충할 때 올바른 방법은?

① 엔진을 고속으로 하여 순환시키며 보충한다.
② 공전 상태에서 잠시 후 물을 보충한다.
③ 시동을 끄고 잠시 후 물을 보충한다.
④ 시동을 끄고 엔진을 완전히 냉각시킨 후 물을 보충한다.

03 다음은 유압기기의 점검 중 이상 발견 시 조치사항이다. ( ) 안의 내용을 순서대로 나열한 것은?

> 작동유가 누출되는 상태라면 이음부를 더 조여 주거나 부품을 (   ) 하는 등 응급조치를 하는 것이 당연하지만 그 원인을 조사하여 재발을 방지하고 그 고장이 더 확대되지 않도록 유압기기 전체를 (   ) 하는 일도 필요하다.

① 플러싱, 교환
② 교환, 재점검
③ 열화, 재점검
④ 재점검, 교환

작동유가 누출되는 상태라면 이음부를 더 조여 주거나 부품을 (교환) 하는 등 응급조치를 하는 것이 당연하지만 그 원인을 조사하여 재발을 방지하고 그 고장이 더 확대되지 않도록 유압기기 전체를 (재점검) 하는 일도 필요하다.

04 유압유 탱크에 저장되어 있는 오일의 양을 점검할 때의 유압유 온도는?

① 과냉 온도일 때
② 온냉 온도일 때
③ 정상 작동 온도일 때
④ 열화 온도일 때

유압유 탱크의 오일량 점검은 평탄한 장소에서 측정해야 하며 유압유의 온도는 정상 작동 온도일 때 측정한다.

05 리프트 레버를 뒤로 밀어 상승 상태를 점검하였더니 2/3 가량은 잘 상승되다가 그 후 상승이 잘 안 되는 현상이 생겼을 경우 점검해야 할 곳은?

① 엔진 오일의 양
② 유압유 탱크의 오일량
③ 냉각수의 양
④ 틸트 레버

유압유 탱크 내의 오일량이 부족한 현상이다.

06 유압계통에서 오일 누설 시의 점검사항이 아닌 것은?

① 오일의 윤활성
② 실의 마모
③ 실의 파손
④ 펌프 고정볼트의 이완

오일 누설 점검사항에서 윤활성은 해당되지 않는다.

지게차 계기판 명칭 및 작동 상태 점검

01 계기판 확인

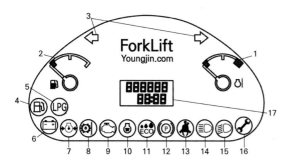

```
1. 냉각수 온도 게이지        9. 엔진 점검 경고등
2. 연료 게이지              10. 예열플러그
3. 방향(좌우) 지시등         11. ECO 모드 아이콘
4. 연료량 경고등            12. 주차 브레이크
5. LPG 장비 표시등          13. 시트 안전벨트 지시등
6. 배터리 충전 상태 경고등    14. 작업등
7. 엔진 오일 압력 경고등      15. 후방 작업등
8. 트랜스미션 오일 온도       16. 이상고장 경고등
   경고등                  17. 아워미터
```

▲ 계기판 명칭 [클라크지게차 GTS30H모델 참고]

02 게이지, 경고등 점검

1) 냉각수 온도 게이지

① 냉각수 온도 게이지는 저온에서 고온으로 점
  진적인 증가를 보이도록 작동된다.
② 게이지의 지침이 적색의 범위를 가리키면 엔
  진 과열 상태이다.
③ 과열 시에는 엔진을 공회전 상태로 냉각시키
  고 냉각장치를 점검한다.

2) 연료 게이지

① 연료 탱크에 남아 있는 현재 연료량을 표시한다.
② 부족 시 연료를 보충 주유한다.

3) 방향(좌우) 지시등

방향(좌우)지시 스위치가 동작
하고 있음을 알리는 표시이다.

🎓 **기적의 Tip**

방향지시등 고장 원인
• 규정과 다른 전구 사용
• 접지 불량
• 플래셔 유닛의 결함
• 축전지 용량 저하 또는 단선

4) 연료량 경고등

지게차의 연료량이 부족할 때 점
등되는 경고등이다.

5) LPG 장비 표시등

LPG 엔진 지게차인 경우 점등되
어 표시한다.

6) 배터리 충전 상태 경고등

엔진 작동 중에 축전지의 충
전 상태를 알려주는 경고등으
로 얼터네이터*가 축전지 충
전을 위한 전기를 공급하지
않으면 점등되며 충전계통을 점검하여야 한다.

★ 얼터네이터(Alternator)
기계 에너지를 전기 에너지로 바꾸는 장치

7) 엔진 오일 압력 경고등

엔진 오일 압력이 너무 낮을 때 점등되는 경고등으로 점등되면 작동을 중지하고 점검해야 하며 점등 후 30초가 경과되면 정지해야 한다.

8) 트랜스미션 오일 온도 경고등

점등되면 지게차의 작동을 정지하고 점검해야 하며 점등 후 30초가 경과하거나 부저가 작동하면 지게차를 정지한다.

9) 엔진 점검 경고등

엔진 계통의 이상이 있을 때 점등되는 경고등이다.

10) 예열플러그

시동 스위치가 ON 위치일 때 점등된다. 엔진의 냉각수 온도에 따라 약 15~45초 정도의 예열시간이 소요되고 예열이 완료되어 램프가 소등되면 엔진을 시동한다.

11) ECO 모드 아이콘

ECO 모드가 동작되고 있음을 표시하며, 연료의 소모량을 줄일 수 있다.

12) 주차 브레이크

주차 브레이크를 해제하면 소등되며 키 스위치를 OFF하면 경고등과 알람음이 울린다. 주차 브레이크를 체결하면 점등되고 경고등과 알람음이 멈춘다.

13) 시트 안전벨트 지시등

시동 시 표시등과 경고음을 3초간 발생하여 안전벨트 착용을 상기할 수 있도록 하며 안전벨트를 착용하면 소등된다.

14) 작업등

전방 작업등이 동작하고 있다는 표시이며 전조등의 역할도 수행한다.

15) 후방 작업등

후방 작업등이 동작하고 있다는 표시다.

16) 정비 아이콘(이상 고장 경고등)

정비시간을 설정하고 사용시간이 도달하면 표시하는 경고등으로 사용자의 정비지침에 따라 점검한다.

17) 아워미터

① 현재까지 장비의 가동시간을 표시한다.
② 가동 중일 때만 시간이 올라가며 동작 상태를 확인할 수 있다.
③ ON 위치에서 2초 동안 정비 설정시간이 표시된 후 아워미터가 표시된다.

03 그 밖의 경고등

1) 냉각수 고온 경고등

엔진이 과열 상태(104℃ 이상)일 때 점등된다.

2) 연료 수분 경고등

① 수분 분리기에 물이 가득 차거나 고장일 때 점등된다.
② 램프가 점등되면 엔진을 정지시키고 수분 분리기에서 물을 배출시켜야 한다.

3) 에어 클리너 경고등

① 에어 클리너 필터가 막혀 진공이 발생하면 점등된다.
② 램프가 점등되면 에어 클리너를 청소 또는 교환한다.

> **기적의 Tip**
>
> **브레이크 고장 경고등**
> • 주행 브레이크 오일 압력이 정상운전 영역 이하가 되면 점등된다.
> • 램프가 점등되면 엔진을 정지하고 원인을 점검하여야 한다.

4) OPSS 표시등

① 운전자가 운전석을 이탈하면 점등되며 좌석에 앉아야 시동이 가능하다.
② 운전자가 운전석을 이탈하면 자동적으로 변속기가 중립상태로 변경된다.

5) 연료 가열 경고등

① 냉각수 온도가 10℃, 유압유 온도가 20℃일 때 점등된다.
② 시동 스위치를 ON으로 하고 냉각수 온도가 60℃ 이상, 유압유 온도가 45℃ 이상일 때는 자동으로 연료 가열이 취소된다.

이론을 확인하는 개념 체크

01 냉각수 게이지의 바늘이 적색 범위에 도달하면 과열상태이다. (O, X)

02 계기판에서 🔋 등이 켜지면 축전지가 완전충전된 것이다. (O, X)

03 계기판에서 🌡 등이 켜지면 냉각수의 보충이 필요하다. (O, X)

04 아워미터는 총 주행거리를 나타낸다. (O, X)

01 O 02 X 03 X 04 X

01 방향지시등 스위치를 작동할 때 한쪽은 정상이고 다른 한쪽은 점멸이 정상과 다르게(빠르게 또는 느리게) 작용한다. 고장 원인이 아닌 것은?

① 전구 1개가 단선되었을 때
② 전구를 교체하면서 규정 용량의 전구를 사용하지 않았을 때
③ 플래셔 유닛이 고장났을 때
④ 한쪽 전구 소켓에 녹이 발생하여 전압 강하가 있을 때

플래셔 유닛 : 방향지시등(깜박이)의 릴레이를 말하는 것으로 플래셔 유닛이 불량하면 모든 방향지시등이 똑같이 작동되거나 아니면 모두 작동이 안 된다.

02 다음 중 지게차 계기판에 없는 것은?

① 냉각수 온도게이지
② 운행거리 적산계
③ 연료게이지
④ 아워미터

지게차는 운행거리 적산계를 통한 주행거리를 표시하지 않으며 아워미터를 통해 관리한다.

03 지게차에서 아워미터의 역할은?

① 엔진 가동시간을 나타낸다.
② 주행거리를 나타낸다.
③ 오일량을 나타낸다.
④ 작동유량을 나타낸다.

아워미터는 시간계로서 장비의 가동시간, 즉 엔진이 작동되는 시간을 나타내며 예방 정비 등을 위해 설치되어 있다.

04 운전석 계기판에 그림과 같은 경고등이 점등되었다면 가장 관련이 있는 경고등은?

① 냉각수 배출 경고등
② 엔진 오일 온도 경고등
③ 냉각수 온도 경고등
④ 엔진 오일 압력 경고등

그림은 엔진 오일 압력 경고등으로 엔진 정지 후 윤활계통을 점검하여야 한다.

출제 빈도 상 중 하

01 온도 게이지 점검

냉각수 온도게이지를 점검하여 냉각수의 정상 순환 여부를 확인한다.

> 🎓 기적의 Tip
>
> **온도 게이지 점검**
> 게이지의 눈금은 중간 지점이 정상 온도이며 과도하게 올라가면 비정상이다.

1) 정상 상태 확인

① 키 스위치를 OFF에서 ON 위치에 놓으면 전기 회로가 작동되어 게이지가 움직인다.
② 30초 이상 게이지가 움직이지 않으면 게이지 고장 여부를 확인한다.
③ 게이지 고장이 아닐 경우 냉각계통을 점검한다.
④ 냉각수가 부족하면 누수 및 누유를 점검하고 냉각수를 보충한다.

2) 온도 게이지 움직임 확인

물 통로나 호스류	누수되면 온도가 가열되어 온도 게이지가 움직임
방열기 (라디에이터)	물 때가 끼거나 코어의 막힘률이 20% 이상이면 열 방출이 안 되거나 냉각수 누출로 온도 게이지가 움직임
물 펌프	펌프의 고장은 냉각수 순환상태의 불량을 초래하고 과열하므로 온도 게이지가 움직임
냉각 팬 V벨트	벨트의 장력이 부족하면 느슨하여 과열이 되고 너무 팽팽하면 벨트가 손상됨
온도 조절기	온도 조절기가 열린 상태로 고장이 나면 과냉의 원인이 되며, 닫힌 상태로 고장이 나면 과열되어 온도 게이지가 움직임
냉각수	증류수와 에틸렌글리콜이 혼합된 부동액의 냉각수 량이 부족하게 되면 과열되어 온도 게이지가 움직임

02 연료 게이지 점검

연료 게이지 눈금에 따라서 연료의 잔량을 확인할 수 있으며 연료 경고등의 점등은 연료가 없음을 경고한다.

연료 보충	• 공기 중의 습기가 혼합되지 않도록 주의하면서 보충 • 반드시 엔진을 정지하고 불씨는 멀리해야 함 • 이물질이 들어가지 않도록 주의해야 함
연료 탱크	• 수시로 연료 탱크 내의 수분 및 이물질을 제거 • 수분 발생 방지를 위해서 운전 종료 후 항상 연료를 보충 • 연료 라인에 연료와 수분을 분리시키는 유수분리기를 장착 • 연료 여과기는 필히 순정품을 사용하고 주기적으로 교환
연료 계통 공기 빼기	먼저 핸들을 해제시킨 다음 수동으로 작동시키고, 에어 브리더를 통하여 기포가 나오지 않을 때까지 반복 작업하여 공기 빼기 작업을 하며 수동 펌프(프라이밍 펌프)를 누르고 있는 상태로 핸들을 다시 원위치로 눌러 고정

SECTION 07 체인 연결 부위, 마스트, 베어링 점검

출제
빈도 상 중 하

01 체인 점검하기

1) 리프트 체인*

체인의 한쪽은 아웃 레일의 스트랩에 고정되고 다른 한쪽은 핑거보드에 고정된다.

> ★ 리프트 체인
> 리프트 실린더와 함께 포크를 상승 및 하강시키는 작용을 한다.

2) 포크와 체인의 연결 부위 균열 상태 점검

① 포크와 리프트 체인 연결부의 균열 여부를 확인한다.
② 포크의 휨, 이상 마모, 균열 및 핑거보드와의 연결 상태를 점검한다.

3) 체인 조정

① 체인 앵커에서 조정되며, 조정을 위해서는 로크 너트를 먼저 푼다.
② 세팅에 필요한 만큼 탑 너트를 잠그거나 풀어 조정한다.
③ 조정이 끝나면 로크 너트는 다시 잠근다.

> 🎓 기적의 Tip
>
> **리프트 체인 조정 점검**
> 체인의 처짐을 고려해야 하기 때문에 리프트 체인 점검 시에는 지게차의 정격용량과 동일한 하중을 사용한다.

4) 체인 핀 회전 또는 돌출 시 교체

부적합한 오일 주입 시 비정상적인 마찰력을 발생시켜 고정된 핀이 회전될 경우가 있으며 이때는 즉시 체인 조립체를 교체한다.

정상   회전된 핀
(체인 조립체 즉시 교체)

5) 리프트 체인 마모 및 교체기준

① 정상 체인의 길이
② 마모된 체인의 길이
③ 측정할 체인의 길이에서 핀의 수(스팬, span)
④ 1개 핀과 다른 핀 중심까지의 거리(피치, pitch)

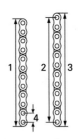

> 🎓 기적의 Tip
>
> 체인이 원래 길이보다 3% 이상 늘어나면 안전상 체인을 교환한다.

02 마스트, 베어링 점검

마스트는 핑거보드 및 백레스트가 가이드 롤러를 통하여 상하 미끄럼 운동을 할 수 있는 레일이며, 리프트 실린더, 리프트 체인, 체인 스프로킷, 리프트 롤러, 틸트 실린더, 핑거보드, 백레스트, 캐리어, 포크 등이 부착되어 있다.

1) 마스트 상하 작동 확인

① 운전석 우측에 있는 리프트 레버를 밀어 상승 작용을 한다.
② 리프트 레버를 잡아당겨 하강작용을 한다.

2) 마스트 작동 상태 점검

① 마스트의 휨, 이상 마모, 균열 여부 및 변형을 확인한다.
② 리프트 실린더를 조작하여 마스트의 정상 작동 상태를 점검한다.

3) 마스트 베어링 상태를 점검

① 리프트 레버를 조작, 리프트 실린더를 작동하여 리프트 체인 고정 핀의 마모 및 헐거움을 점검한다.
② 마스트 롤러 베어링의 정상 작동 상태를 점검한다.
③ 윤활 클리너(예 경유)로 체인을 세척한다.
④ 업라이트 내부 레일, 롤러 및 사이드 시프터를 세척 및 윤활한다.

이론을 확인하는 개념 체크

01 온도 게이지의 눈금은 아래로 내려와야 정상 상태이다. (O, X)

02 연료 경고등 점등 시 반드시 엔진을 정지하고 주유한다. (O, X)

03 체인 조정 후 로크 너트를 풀어야 한다. (O, X)

04 마스트의 작동 상태는 리프트 실린더를 조작하여 확인할 수 있다. (O, X)

05 체인은 증류수로 세척한다. (O, X)

01 X 02 O 03 X 04 O 05 X

01 지게차의 리프트 체인에 주유하기에 가장 적합한 오일은?

① 자동 변속기 오일
② 작동유
③ 엔진 오일
④ 솔벤트

지게차의 리프트 체인에 주유하는 오일은 엔진 오일로 100시간마다 정기적으로 주유하여야 한다.

02 지게차 체인 장력 조정법이 아닌 것은?

① 좌우 체인이 동시에 평행한가를 확인한다.
② 포크를 지상에서 10~15cm 올린다.
③ 손으로 체인을 눌러 양쪽이 다르면 조정 너트로 조정한다.
④ 조정 후 록크 너트가 풀려 있어도 확인하지 않는다.

지게차 체인 장력 조정법
좌·우 체인이 동시에 평행한가를 확인하기 위해 포크를 지상에서 10~15cm 올린 다음 눌러보아 양쪽이 다르면 조정 너트로 조정하고, 반드시 록크 너트가 조여져 있는지를 확인하여야 한다.

03 지게차 작업장치의 포크가 한쪽으로 쏠리는 원인으로 가장 옳은 것은?

① 한쪽 체인이 늘어져 있다.
② 한쪽 롤러가 마모되었다.
③ 한쪽 실린더의 작동유가 부족하다.
④ 한쪽 리프트 실린더가 마모되었다.

포크가 한쪽으로 쏠리는 원인
• 좌·우 체인 길이가 다르다.
• 한쪽 체인이 늘어져 있다.

04 지게차의 체인 길이 조정은 어느 것으로 하는가?

① 핑거보드 롤러
② 핑거보드 인너 레일
③ 틸트 실린더 조정 로드
④ 리프터 실린더 조정 로드

지게차 체인 길이를 조정할 때는 핑거보드 롤러 위치를 조정한다.

축전지 및 결선 상태 점검

01 축전지(Battery)

1) 축전지의 특성

① 기전력 : 단전지당 2.1~2.3V

전해액의 비중과 온도에 비례하고 방전 정도에 반비례한다.

② 방전 종지 전압 : 단전지당 1.7~1.8V

20시간 동안 연속하여 전류를 방전 시 방전 종지 전압은 1.47V이다.

③ 용량

완전 충전된 축전지를 일정한 전류로 연속 방전 시켜 방전 종지 전압이 될 때까지 꺼낼 수 있는 전기량이다.

④ 자기 방전

외부의 전기부하가 없는 상태에서 전기에너지가 자연히 소멸되는 현상으로 충전된 축전지를 방치하면 사용하지 않아도 조금씩 방전하여 용량이 감소한다.

> **기적의 Tip**
>
> **축전지의 성능**
> • 전압은 12.6~13.8V가 일반적
> • 단전지(2.1~2.3V) 6개의 셀이 직렬로 접속
>
> **축전지의 용량**
> 극판의 크기, 극판의 수, 전해액의 양, 셀의 수에 의해 정해짐
>
> **용량(Ah)=A(방전 전류)×h(방전 시간)**

> **기적의 Tip**
>
> 충전된 축전지는 사용하지 않더라도 15일마다 충전하여야 한다.

2) 알칼리 축전지

전류를 양극에서 음극으로 내부에서 흐르게만 하기 때문에 충전 및 방전 시 비중은 변화되지 않는다. 보수 및 취급이 용이하고 수명이 길다는 장점이 있으나 가격이 비싸다.

3) MF(Maintenance Free) 축전지[★]

무보수 축전지라고도 부르며 알칼리(보충용) 축전지의 단점인 자기 방전이나 화학 반응할 때 발생하는 가스로 인한 전해액의 감소를 방지하기 위해 개발되었다.

> **★ MF 축전지**
> • 증류수를 보충할 필요가 없으며, 장기간 보존할 수 있다.
> • 자기 방전이 적으며, 철망 모양의 극판 격자를 사용한다.

4) 축전지 연결에 따른 용량과 전압의 변화

① 직렬연결

같은 전압, 같은 용량의 축전지 2개 이상을 ⊕ 단자 기둥과 다른 축전지의 ⊖ 단자 기둥에 서로 접속하는 방법이다.

▲ 축전지의 직렬연결

> **기적의 Tip**
>
> 전압은 접속한 개수만큼 증가하고 용량은 변화되지 않는다.

② 병렬연결

같은 전압, 같은 용량의 축전지 2개 이상을 ⊕ 단자 기둥과 다른 축전지의 ⊕ 단자 기둥에 또 ⊖ 단자 기둥은 ⊖ 기둥에 서로 연결하는 방법이다.

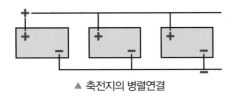

▲ 축전지의 병렬연결

> 🎓 기적의 Tip
>
> 전압은 변화되지 않고 용량은 접속한 개수만큼 증가한다.

5) 커넥터와 단자 기둥

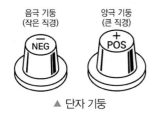

음극 기둥
(작은 직경)

양극 기둥
(큰 직경)

▲ 단자 기둥

① 커넥터 : 납 합금이며 각 단전지를 직렬로 접속한다.
② 터미널 : 외부 전장품과 연결하기 위한 납 합금으로 된 단자 기둥으로 테이퍼(taper)*로 되어 있다.

> ★ 테이퍼
> 원뿔체에서 서로 상대하는 양측면이 대칭적으로 경사가 진 형태

> 🎓 기적의 Tip
>
> **터미널 식별 방법**
> • 직경 : 양(+)극 단자가 음(−)극보다 더 굵다.
> • 단자색 : 양(+)극은 암갈색, 음(−)극은 회색
> • 문자 : '+', '−' 또는 P(POS), N(NEG)
> • 부식 : 양(+)극 단자가 산화되어 부식물이 많다.

6) 축전지 케이스 및 셀 커버

① 황산에 내력이 있는 합성수지 또는 에보나이트로 되어 있다.
② 케이스나 커버의 세척은 탄산소다와 물, 중탄산소다, 소다수, 암모니아수로 한다.

7) 필러 플러그(Filler Plug)

액체를 보충할 수 있는 마개로 작은 구멍이 있어 축전지 내부에서 발생한 수소 가스나 산소 가스를 방출한다.

02 축전지의 충전 방식

1) 급속 충전

① 차에 설치한 상태에서 급속 충전 시 배터리 단자를 떼어낸다.
② 충전 시간은 가능한 한 짧게 한다.

> 🎓 기적의 Tip
>
> **보충전(recharge)**
> 사용 중에 소비된 전기에너지를 보충하기 위해 하는 충전 방법으로 급속 충전, 정전류 충전, 정전압 충전, 단별 전류 충전이 있다.
>
> **급속 충전**
> 충전 전류가 축전지 용량의 1/2로 시간적 여유가 없고 긴급할 때 하는 충전이다.

2) 정전압 충전

충전 시작부터 완료까지 일정한 전압으로 충전하는 방법이다. 충전 능률이 우수하나 충전 초기 큰 전류로 축전지의 수명이 단축된다.

3) 정전류 충전

충전 시작부터 종료까지 일정한 전류로 충전하는 방법이다. 충전이 진행될수록 전압이 높아지고 과충전 우려가 있다.

4) 단별 전류 충전

충전 중에 단계적으로 전류를 감소시켜 충전하는 방법이다.

> 🎓 기적의 Tip
>
> • 충전이 완료되면 셀당 전압은 2.1~2.7V에서 일정 값을 유지한다.
> • 충전이 진행되어 가스가 발생하기 시작하면 비중은 1.280 부근에서 일정값을 유지한다.
> • 충전이 진행되면 양극에서 산소, 음극에서 수소가 발생한다.

03 축전지의 충전 방법

1) 충전할 때의 주의할 점

① 과충전이 되지 않도록 할 것
② 전해액의 양을 맞출 것(극판 위 10~13mm)
③ 병렬접속 충전을 하지 말 것
④ 충전 중 축전지 근처에서 불꽃을 일으키지 말 것
⑤ 충전 중 전해액의 온도를 45℃ 이상 올리지 말 것
⑥ 전지(셀)당 전압이 1.7~1.8V 이하로 내려가지 않도록 할 것

> 🎓 기적의 Tip
>
> **방전 종지 전압**
> 어떤 전압 이하로 방전해서는 안 되는 전압을 말한다. 한 셀당 약 1.7~1.8V(20시간 기준율은 1.75V)이다.

2) 충전 시 연결 방법

① 축전지를 설치할 때는 절연선(+)을 먼저 연결하고 접지선(−)은 나중에 연결한다.
② 축전지를 제거할 때는 접지선(−)을 먼저 제거하고 절연선(+)은 나중에 제거한다.

> 🎓 기적의 Tip
>
> 방전된 상태에서 보조 축전지를 연결하여 충전하는 경우 병렬접속 충전을 한다.

04 축전지의 점검

1) 일반적인 점검

① 전해액의 양(극판 위 10~13mm 정도)을 정기적으로 점검한다.
② 전해액의 비중을 정기적으로 점검하고 비중이 1,200 이하이면 즉시 보충전한다.
③ 케이스와 ⊕, ⊖ 케이블의 설치상태를 정기적으로 점검한다.
④ 축전지의 ⊕, ⊖ 단자와 커버 윗면을 깨끗하게 유지한다.

2) 축전지 사용 시 주의할 점

① 연속적으로 큰 전류로 방전하지 않는다.
② 기동 전동기를 10~15초 이상 연속 사용하지 않는다.
③ 한랭 시에는 10초 이상 연속 사용하지 않는다.
④ 전해액을 보충할 때에는 증류수만 보충한다.
⑤ 벤트 플러그의 공기구멍 막힘 유무를 점검한다.

3) 축전지의 충전 불량 원인

① 축전지 극판의 셀페이션 현상이 발생되었다.
② 전압 조정기의 전압 조정이 낮다.
③ 충전 회로가 접지되었다.
④ 발전기에 고장이 있으며 전기의 사용량이 많다.

4) 축전지가 과충전되는 원인

① 축전지의 충전 전압이 높으며, 전해액의 온도 및 비중 또한 높다.
② 전압 조정기의 조정 전압이 높다.

5) 과충전 시 나타나는 현상

① 양극 커넥터가 부풀어 있고 양극판 격자가 산화된다.
② 축전지 케이스가 부풀어 오른다.
③ 축전지의 전해액이 자주 부족하게 된다.

합격을 다지는 **예상문제**

01 축전지 충전에서 충전 말기에 전류가 거의 흐르지 않기 때문에 충전 능률이 우수하며 가스 발생이 거의 없으나 충전 초기에 많은 전류가 흘러 축전지 수명에 영향을 주는 단점이 있는 충전 방법은?

① 정전류 충전
② 정전압 충전
③ 단별전류 충전
④ 급속 충전

충전 시작부터 충전이 끝날 때까지 일정 전압으로 충전하는 방법으로 충전 초기에 높은 전압으로 인한 축전지에 무리를 주어 잘 사용하지 않는 방법이다.

02 지게차 축전지의 관리 방법으로 잘못된 것은?

① 시동 시 엔진을 과하게 회전시키지 않는다.
② 지게차를 장기간 사용하지 않는다면 충전하지 않는다.
③ 전기장치 스위치가 켜진 상태로 장시간 놓지 않는다.
④ 시동을 걸지 않은 상태에서 전기장치를 사용하지 않는다.

축전지는 사용하지 않아도 자연적으로 방전되므로 장기간 방치 시 충전 및 점검을 하도록 한다.

03 급속 충전 시에 유의할 사항으로 틀린 것은?

① 통풍이 잘 되는 곳에서 충전한다.
② 건설기계에 설치된 상태로 충전한다.
③ 충전 시간을 짧게 한다.
④ 전해액 온도가 45℃를 넘지 않게 한다.

급속 충전 시 주의사항
• 통풍이 잘 되는 곳에서 한다.
• 차에 설치한 상태에서 급속 충전을 할 경우 배터리 접지 단자를 떼어 놓아야 한다(발전기 다이오드 보호).
• 충전 시간을 가능한 한 짧게 한다.
• 전해액의 온도를 45℃ 이상 올리지 말아야 한다.

04 자동차에 사용되는 납산 축전지에 대한 내용 중 맞지 않는 것은?

① 음(-)극판이 양(+)극판보다 1장 더 많다.
② 격리판은 비전도성이며 다공성이어야 한다.
③ 축전지 케이스 하단에 엘레먼트 레스트 공간을 두어 단락을 방지한다.
④ (+)단자 기둥은 (-)단자 기둥보다 가늘고 회색이다.

(+)단자 기둥은 (-)단자 기둥보다 굵다.

01 예열장치(Preheating System)

디젤 엔진의 실린더나 흡기 다기관 내의 공기를
미리 가열하여 시동을 쉽게 해주는 장치로 예열
플러그식과 흡기가열식이 있다.

1) 예열플러그(Glow plug)식

① 예열플러그 파일럿
운전석 앞 계기판에 설치되어 예열상태를 확인할
수 있다.

② 예열플러그 저항기
예열과 기동 시 사용한다.

③ 예열플러그 릴레이
기동 전동기 스위치의 손상을 방지한다.

> **기적의 Tip**
>
> 연소실에 흡입된 공기를 직접 예열하는 방식으로 코일형과 실드형이
> 있다.

2) 흡기 가열식

실린더에 흡입되는 공기를 가열하는 방식으로 직
접분사실식 엔진에 사용하며 흡기 히터, 히트 레
인지 등으로 구성되어 있다.

02 예열플러그 점검

1) 예열플러그 작동 여부

① 엔진이 과열되었을 때 단선되기 쉽다.
② 엔진 가동 중에 예열시킬 때 단선되기 쉽다.

③ 예열플러그에 규정 이상의 과대 전류가 흐를
  때 손상되어 작동이 안 된다.
④ 예열시간이 너무 길 때 단선되기 쉽다.
⑤ 예열플러그 설치 시 조임 불량일 때 작동이 안
  된다.

2) 예열시간 확인

① 코일형의 예열시간은 40~60초이다.
② 실드형의 예열시간은 90~120초이다.

> **기적의 Tip**
>
> 외부환경에 따라서 예열시간이 달라진다.

03 기동 전동기 정상 작동 상태 점검

내연기관은 자기시동이 불가하므로 외력을 이용
하여 크랭크축을 회전시키는 장치인 기동 전동기
가 필요하다.

1) 기동 전동기 사용 시 주의

① 기동 전동기 기동 시간은 1회 10초 정도이고,
  시동되지 않으면 다른 부분을 점검하고 다시
  시동한다. 기동 전동기 최대 연속 사용시간은
  30초 이내로 한다.
② 엔진이 시동되면 재기동하지 않는다.
③ 기동 전동기의 회전 속도가 규정 이하이면 장
  시간 연속 기동해도 엔진이 시동되지 않으므
  로 회전 속도에 유의한다.

2) 기동 전동기의 회전이 느린 원인

① 축전지의 전압 강하 또는 케이블의 불량
② 정류자와 브러시의 마멸 또는 접촉 불량
③ 계자 코일의 단락
④ 브러시 스프링 장력 과소
⑤ 전기자 코일의 접지 문제

3) 기동 전동기가 회전하지 못하는 이유

① 축전지의 과방전
② 기동 회로의 단선 또는 솔레노이드 스위치의 접촉 불량
③ 브러시와 정류자의 접촉 불량
④ 솔레노이드 스위치의 풀인 코일 또는 홀드인 코일의 단선

04 지게차 난기 운전

한랭 시 지게차 시동 후 바로 작업을 시작하면 유압기기의 갑작스러운 동작으로 인해 유압장치의 고장을 유발하게 되므로 작업 전에 유압오일 온도를 상승시키는 난기운전을 해야 한다.

기적의 Tip

작업 전 유압오일 온도를 최소 20~27℃ 이상이 되도록 상승시킨다.

1) 지게차 난기운전 방법

① 엔진의 온도를 정상온도까지 상승시킨다.
② 가속페달을 서서히 밟으면서 리프트 실린더를 최고 높이까지 상승시킨다.
③ 가속페달에서 발을 떼고 리프트 실린더를 하강시킨다.
④ ②와 ③을 10회 정도 반복 실시한다(동절기에는 횟수를 증가해서 실시한다).
⑤ 가속페달을 서서히 밟으면서 틸트 실린더를 후경시킨다.
⑥ 가속페달을 서서히 밟으면서 틸트 실린더를 전경시킨다.
⑦ ⑤와 ⑥을 10회 정도 반복 실시한다(동절기에는 횟수를 증가해서 실시한다).

2) 유압오일의 정상온도

① 난기운전 후 유압오일의 온도 : 20~27℃
② 최저 허용 유압오일의 온도 : 40℃
③ 작업 중 적정 유압오일의 온도 : 50±5℃(45~55℃)
④ 최고 허용 오일의 온도 : 80℃
⑤ 열화되는 오일의 온도 : 80~100℃

이론을 확인하는 개념 체크

01 단전지(셀)당 기전력은 2.1~2.3V이다. (O, X)

02 MF 축전지는 증류수를 보충하지 않아도 된다. (O, X)

03 정전압 충전은 과충전에 대한 우려가 있다. (O, X)

04 엔진의 예열이 너무 길어지면 예열플러그가 단선될 수 있다. (O, X)

05 난기운전은 동절기 유압오일의 온도를 상승시키는 목적으로 수행한다. (O, X)

01 O 02 O 03 X 04 O 05 O

01 작업장치를 갖춘 건설기계의 작업 전 점검사항으로 틀린 것은?

① 제동장치 및 조정 장치 기능의 이상 유무
② 하역장치 및 유압장치 기능의 이상 유무
③ 유압장치의 과열 이상 유무
④ 전조등, 후미등, 방향지시등 및 경보 장치의 이상 유무

전조등, 후미등, 방향지시등 및 경보장치의 이상 유무의 점검은 전기장치의 점검사항으로 운전 전 점검사항은 맞으나 작업장치의 점검항목은 아니다.

02 디젤 기관의 시동을 용이하게 하기 위한 방법이 아닌 것은?

① 압축비를 높인다.
② 흡기온도를 상승시킨다.
③ 겨울철에 예열장치를 사용한다.
④ 시동 시 회전 속도를 낮춘다.

시동 시 엔진의 회전 속도가 낮으면 압축 작용이 서서히 발생되어 압축열의 발생이 약하므로 시동이 어렵게 된다.

03 디젤 기관에서 예열플러그가 단선되는 원인으로 틀린 것은?

① 너무 짧은 예열시간
② 규정 이상의 과대 전류 흐름
③ 기관 과열 상태에서의 잦은 예열
④ 예열플러그 설치할 때 조임 불량

예열플러그의 단선 원인으로는 과대 전류 흐름, 기관 과열 상태에서의 잦은 예열, 예열플러그 설치 불량 등에 그 원인이 있다.

04 예열장치의 고장 원인이 아닌 것은?

① 가열시간이 너무 길면 자체 발열에 의해 단선된다.
② 접지가 불량하면 전류의 흐름이 적어 발열이 충분하지 못하다.
③ 규정 이상의 전류가 흐르면 단선되는 고장의 원인이 된다.
④ 예열 릴레이가 회로를 차단하면 예열플러그가 단선된다.

예열 릴레이는 예열장치에 과대전류가 흐르거나 과열 시에 전류를 차단하여 예열장치를 보호한다.

05 다음 기동 전동기 취급 시 주의사항으로 틀린 것은?

① 기동 전동기의 연속 사용시간은 40초 정도로 하고 기동이 되지 않을 때는 다른 부분을 점검한 다음 다시 기동한다.
② 엔진이 기동된 다음 기동 전동기 스위치를 원 위치 시킨다.
③ 기동 전동기의 회전 속도가 규정 이하이면 오랜 시간 연속 회전시켜도 기동이 되지 않으므로 회전 속도에 유의해야 한다.
④ 배선용 전선이나 굵기가 규정 이하의 것을 사용하지 않아야 한다.

기동 전동기의 사용 시간은 일반적으로 10초 이내이며 최대 연속 사용 시간은 30초 이내이다.

PART 04

화물 적재 / 하역 / 운반 작업 및 운전

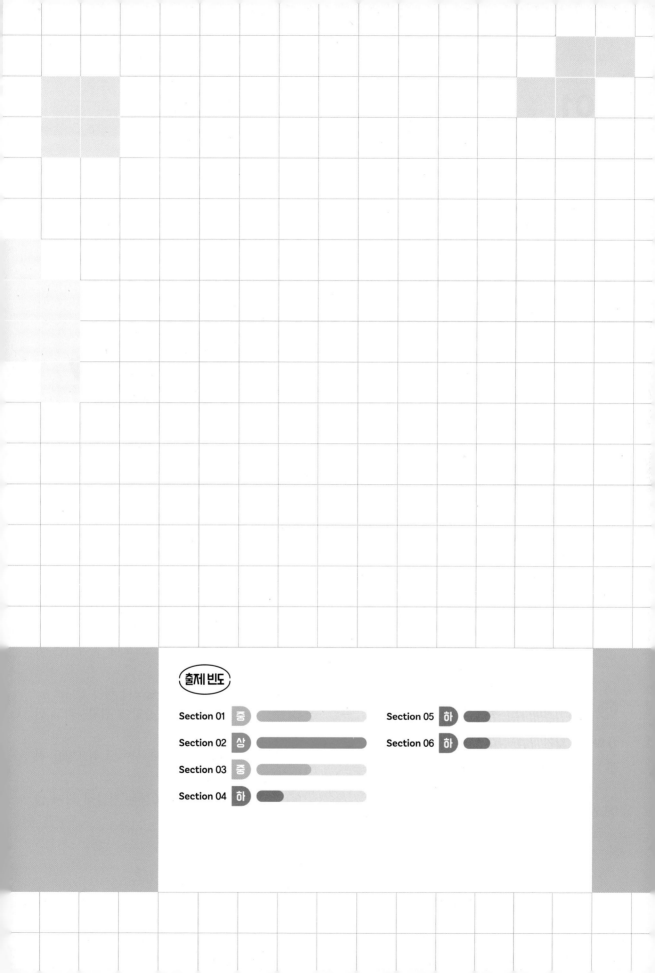

출제 빈도

Section 01 중 ▰▰▰▱▱

Section 02 상 ▰▰▰▰▰

Section 03 중 ▰▰▱▱▱

Section 04 하 ▰▱▱▱▱

Section 05 하 ▰▱▱▱▱

Section 06 하 ▰▱▱▱▱

SECTION 01 화물의 적재 작업

출제빈도 상 **중** 하

01 일반적인 화물의 분류

1) 형태에 따른 분류
① 건화물 : 컨테이너, 파렛트, 목재 등
② 액체화물 : 용기에 담을 수 있는 탱크를 이용한 화물

2) 포장상태에 따른 분류
① 산적화물 : 석탄, 곡물, 알루미늄 등과 같은 화물
② 포장화물 : 포대나 박스 등에 담은 화물

3) 성질에 따른 분류
① 위험화물 : 폭발물, 인화성, 독성, 방사선 등 오염의 우려가 있는 화물
② 장척화물 : 파이프, H빔, 강판 등 길이가 길어 취급상 주의를 요하는 화물
③ 액체화물 : 드럼이나 병에 들어가는 화물
④ 냉동화물 : 생선이나 육류 등을 신선도 유지를 위해 얼린 화물
⑤ 청결화물 : 다른 화물을 오염시킬 우려가 없는 화물

02 화물에 따른 무게중심 확인

1) 화물의 확인
① 파렛트* 작업 시 적재중량을 유지하고 무게중심을 잡는다.
② 빔 또는 철재 운반 작업 시 무게중심에 포크를 놓고 안전로프를 포크 끝단에 고정한다.

③ 컨테이너 운반 작업 시 포크의 폭을 조절하고 한쪽으로 무게가 기울여지는지 확인한다.
④ 목재 및 가설재 작업 시 무게중심에 포크를 위치하고 최대한 포크를 벌려 작업한다.

▲ 파렛트

★ 파렛트(pallet)
지게차로 한번에 들어 운반할 수 있는 용도로 사용하며, 1,100×1,100mm 및 1,200×1,000mm 규격을 주로 사용

2) 준수사항 확인
① 화물이 들어 올려진 상태에서는 사이드 쉬프트 작동을 하지 않는다.
② 화물의 꼭대기가 백레스트보다 높아서는 안 된다.
③ 총 포크 용량은 화물 중량보다 커야 한다.
④ 주행하기 전에 화물을 중앙에 위치시키고 반듯이 틸트시켜야 한다.
⑤ 포크 포지셔너 실린더로 사이드 쉬프팅을 하지 않는다.
⑥ 주행 중에 작업장치 조작은 가급적 하지 않는다.

3) 무게중심 확인

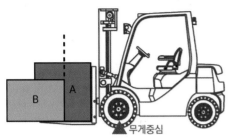

▲ 무게중심점

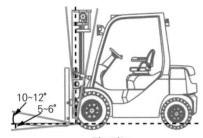

10~12°
5~6°

▲ 틸트각도

① 평형추(Counter weight)가 장착된 뒷부분이 들리지 않는 상태로서 화물은 포크의 중심점 안쪽으로 작업하여 임계하중 안에서 작업하는 것이 이상적인 작업이다.
② 마스트는 레일 확장식으로 마스트 리프트 실린더가 상하 작동되는 원리로 무게중심은 화물의 높이에 따라서 변동 폭이 증가하므로 주의한다.
③ 포크의 각도를 변형하고 포크를 위아래로 조절하여 작업을 수행한다.

03 작업장치 점검

작업장치는 유압으로 작동되며 엔진에 부착된 펌프로 액체를 보내고 유압조종밸브를 작동하여 마스트 상하 리프트 실린더와 마스트 전후 틸트 실린더, 포크 좌우 및 폭 조정 실린더를 작동할 수 있다.

1) 작업장치 작동

① 마스트 상승 레버를 당기면 올라가고 밀면 마스트가 내려간다.
② 틸트 레버를 당기면 마스트가 뒤로 최대 10~12° 기울며, 밀면 5~6°까지 마스트 경사각을 조절할 수 있다.
③ 포크 폭 조절장치 및 좌우 이동장치는 포크를 좌우로 이동 및 포크 폭을 조정한다.

2) 작업장치의 기능

① 마스트★는 2단이 표준형이며 작업 용도에 따라 3단 이상으로 사용할 수도 있다.
② 포크 이동장치란 포크의 폭 또는 좌우를 조정하는 유압 실린더를 탑재하고 포크케이지에 장착된 장치이다.
③ 포크란 핑거보드에 연결된 장치로써 화물을 적재하는 데 사용한다.
④ 수동인 경우 포크 조정은 포크 상부의 안전핀을 사용한다.

★ 마스트
포크를 상하 또는 전후로 작동하게 하는 장치

3) 작업장치와 화물

① 화물이 백레스트보다 낮아야 한다.
② 작업장치를 이용하여 최종적인 무게중심을 잡는다.
③ 화물의 무게중심을 확인 후 작업장치 상태를 확인한다.

04 포크 삽입 확인

1) 화물에 따른 무게중심 판단

① 마스트를 수직으로 한 상태에서 앞차축에 생기는 적재 화물과 차체의 무게에 의한 중심점 균형을 잘 판단한다.

② 포크 깊이와 화물 중량 및 밀도, 높이에 따른 무게중심 변동을 확인한다.

③ 화물은 포크의 중심점 안쪽으로 작업하여 임계하중 모멘트 안에서 작업한다.

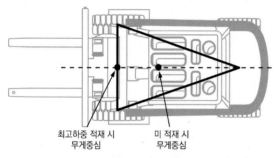

최고하중 적재 시   미 적재 시
무게중심   무게중심

▲ 화물에 따른 무게중심 확인

> 🎓 **기적의 Tip**
>
> • 화물의 무게(W)는 차체무게(G)를 초과할 수 없다.
> • 화물의 종류에 상관 없이 포크를 수평상태에서 최대한 깊이 삽입한다.
> • 리프트 실린더와 틸트 실린더를 이용하여 무게중심을 조절할 수 있다.

2) 화물 상차 시 주의사항

① 화물을 5~10cm 들어올린 후 포크에 대한 편하중이 없는지 점검한다.

② 포크는 지면으로부터 20~30cm의 높이를 유지하고 마스트를 뒤로 기울인다.

③ 후진 시 브레이크 작동으로 화물의 내용물에 동하중이 발생되는지를 확인한다.

3) 적재 상태 확인

① 불안정한 적재 화물은 밧줄 등의 결착도구를 이용해 안전조치 후 적재한다.

② 단위 화물의 바닥이 불균형할 때 화물의 사이에 고임목을 사용한다.

③ 파렛트는 손상과 변형이 없고 적재하는 화물의 중량에 따른 충분한 강도가 있어야 한다.

> 🎓 **기적의 Tip**
>
> 적재 후 필히 화물의 적재 상태의 이상 유무를 확인한다.

이론을 확인하는 개념 체크

01 화물 적재 시 화물을 포크 중앙에 적재하고 틸트시켜야 한다. (O, X)

02 화물을 적재하고 뒷부분이 들리면, 평형추에 중량을 추가해 균형을 잡는다. (O, X)

03 틸트 레버를 당기면 마스트가 뒤로 최대 10~12°까지 기운다. (O, X)

04 화물은 백레스트보다 낮게 적재되어야 한다. (O, X)

05 화물의 무게는 차체무게를 초과할 수 있다. (O, X)

06 화물 상차 시 5~10cm 들어올린 후 편하중이 없는지 우선 확인한다. (O, X)

07 상차 상태가 불안정하면 밧줄 등으로 결착하여 운반한다. (O, X)

01 O 02 X 03 O 04 O 05 X 06 O 07 O

01 평탄한 노면에서 지게차 운전 하역 시 올바른 취급 방법이 아닌 것은?

① 파렛트에 실은 짐이 안전하고 확실하게 실려 있는가를 확인한다.
② 포크는 상황에 따라 안전한 위치로 이동한다.
③ 불안전한 적재의 경우에는 빠른 속도로 이동한다.
④ 파렛트를 사용하지 않고 밧줄로 짐을 걸어 올릴 때에는 포크에 잘 맞는 고리를 사용한다.

불안전한 적재의 경우에는 포크를 다시 하강시켜 안전한 상태로 적재하여 이동한다.

02 지게차의 적재 방법으로 틀린 것은?

① 화물을 올릴 때는 포크를 수평으로 한다.
② 화물을 올릴 때는 가속페달을 밟는 동시에 레버를 조작한다.
③ 포크로 물건을 찌르거나 물건을 끌어서 올리지 않는다.
④ 화물이 무거우면 사람이나 중량물로 밸런스웨이트를 삼는다.

지게차로 적재물 작업을 할 때에는 규정된 중량 이상을 들어올려서는 안 되며 운전자 외에는 탑승을 시켜서는 안 된다.

03 무게중심을 확인하기 위한 준수사항 확인이 틀린 것은?

① 화물이 들어 올려진 상태에서는 사이드쉬프트 작동을 하지 않는다.
② 화물의 꼭대기가 백레스트보다 높아서는 안 된다.
③ 주행하기 전에 화물의 중앙에 센터링시키고 반듯이 틸트시켜야 한다.
④ 주행 중에 작업장치 조작은 가급적 자주 한다.

주행 중에 작업장치 조작은 가급적 하지 말고 화물의 무게중심을 잡고 안전하게 주행한다.

04 다음 일반적인 화물의 성질에 따른 분류에서 장척 화물에 대한 것은?

① 오염물질이 있는 화물
② 길이가 길어 취급상 주의를 요하는 화물
③ 드럼이나 병에 들어가는 화물
④ 신선도를 유지하기 위한 화물

• **장척화물** : 파이프, H빔, 강판 등 길이가 길어 취급상 주의를 요하는 화물
• **위험화물** : 폭발물, 인화성, 독성, 방사성 등 오염의 우려가 있는 화물
• **액체화물** : 드럼이나 병에 들어가는 화물
• **냉동화물** : 고기나 생선, 과일 등 신선도 유지가 필요한 화물
• **청결화물** : 다른 화물을 오염시킬 우려가 있는 화물

05 적재 시 주의사항 중 가장 옳은 것은?

① 정격 용량을 초과할 시에는 밸런스웨이트 위에 사람을 태워 조정한다.
② 화물 하중 초과는 크게 관계가 없다.
③ 경사면에서 운행할 때는 짐이 경사면으로 향하게 한다.
④ 화물 밑에는 절대로 접근하지 말고 올린 화물은 빨리 내린다.

화물 적재 시 정격 용량을 초과해서는 안 되며 경사면에서는 짐이 경사면으로 향하게 한다.

SECTION

02 화물의 하역 작업

출제
빈도 상 중 하

01 적재 상태 확인

화물의 적재 방법	• 불안정한 화물인 경우 슬링 와이어, 로프, 체인블록 등 결착 도구(공구)를 사용하여 결착 • 결착 시 화물의 형태에 따라 결착도구(공구)와 화물 간에 손상 방지를 위하여 보호대를 사용할 수 있음
포크의 깊이와 각도 확인	• 화물 앞에서 일단 정지하여 포크를 수평으로 함 • 포크의 간격(폭)은 가이드 폭의 1/2 이상 3/4 이하 정도로 유지 • 컨테이너, 파렛트, 스키드에 포크를 꽂아 넣을 때 삽입 위치를 확인한 후 포크를 천천히 넣음 • 화물의 무게중심에 따라 포크 폭을 조정
소둔선 (반생)을 이용한 결착	• 반생(소둔선)은 철선을 열처리하여 부드럽게 만든 제품 • 푸른 색상이 은은하게 나며, 거푸집이나 각목 등을 묶거나 고정시킬 때 사용
마스트 각도 조절	• 화물을 운반할 경우 마스트 각도를 후경각으로 조절 • 주행 중 화물의 흔들림을 방지하기 위해서 비닐랩 등을 이용한 후 후경각을 함 • 둥근 파이프의 경우 무게중심을 잡고 단단하게 결착하여 후경각을 줌

02 지게차의 제원 확인

1) 최대 올림 높이

마스트를 수직으로 하고 기준 하중의 중심에 최대 하중을 적재한 상태에서 포크를 최고 위치로 올렸을 때 지면에서 포크의 윗면까지의 높이는 3,000mm이다.

2) 안정도

안정도	건설기계의 상태	구배(%)
전·후 안정도	기준 무부하 상태에서 포크를 최고로 올린 상태	최대 하중 5톤 미만의 경우 : 4 최대 하중 5톤 이상의 경우 : 3.5
	주행 시 기준 무부하 상태	18
좌·우 안정도	기준 무부하 상태에서 포크를 최고로 올리고 마스트를 최대로 기울인 상태	6
	주행 시 기준 무부하 상태	15+1.1×최고속도

3) 기준 부하 상태

기준 하중의 중심에 최대 하중을 적재하고 마스트를 수직으로 지상 3m까지 올린 상태이다.

4) 기준 무부하 상태

하중 없이 마스트를 수직으로 하여 지상 3m까지 올린 상태이다.

03 하역 작업

1) 하역 장소 확인

사전답사로 하역장소의 지반 및 주변 여건을 확인하고 불안정할 경우 작업관리자에게 통보하여 안전한 상태로 수정한다.

> 🎓 기적의 Tip
>
> 지정된 장소로 이동 후 낙하에 주의하여 하역한다.

2) 하역 작업

① 하역하는 장소의 바로 앞에 오면 안전한 속도로 감속한다.
② 하역하는 장소의 앞에 접근하였을 때에는 일단 정지한다.
③ 하역하는 장소에 화물의 붕괴, 파손 등의 위험이 없는지 확인한다.
④ 포크를 수평으로 한 후, 내려놓을 위치보다 약간 높은 위치까지 올린다.
⑤ 내려놓을 위치를 잘 확인한 후, 천천히 전진하여 예정된 위치에 내린다.
⑥ 천천히 후진하여 포크를 10~20cm 정도 빼내고, 다시 약간 들어올려 안전하고 올바른 하역 위치까지 밀어 넣고 내려야 한다.

⑦ 파렛트에 포크를 삽입할 때와 마찬가지로 접촉 또는 비틀리지 않도록 조절한다.
⑧ 하역 작업 중 절대로 차에서 내리거나 이탈하여서는 안 된다.
⑨ 주행 시 전후 안정도는 4%, 좌우 안정도는 6% 이내이며 마스트는 전후 작동이 5~12%로 마스트 작동 시에 변동 하중이 가산됨을 숙지한다.

> 🎓 **기적의 Tip**
>
> 항상 주변 위험 요소를 파악하고 인지하면서 작업한다.

이론을 확인하는 개념 체크

01 포크의 간격은 가이드 전체 폭의 1/2 이상 3/4 이하를 유지한다. (O, X)

02 기준 부하 상태란 기준 하중의 중심에 최대 하중을 적재하고 마스트를 수직으로 지상 2m까지 올린 상태이다. (O, X)

03 경사지에 하역해야 하는 경우 최대한 빠르게 하역한다. (O, X)

04 하역 중 화물이 불안정하면 서둘러 하차한다. (O, X)

05 우선 화물을 하역 위치 가깝게 내려놓은 뒤 천천히 후진하여 포크를 10~20cm 정도 빼내고 다시 약간 들어올려 올바른 하역위치에 내려놓는다. (O, X)

01 O 02 X 03 X 04 X 05 O

01 지게차의 최대 올림 높이는 원칙적으로 몇 밀리미터로 하여야 가장 적당한가?

① 1,000mm
② 2,000mm
③ 3,000mm
④ 4,000mm

최대 올림 높이
마스트를 수직으로 하고 기준 하중의 중심에 최대 하중을 적재한 상태에서 포크를 최고 위치로 올린 때의 지면에서 포크 윗면까지의 높이로 건설기계 구조 및 성능 기준상 원칙적으로 3,000mm로 하되, 필요한 경우에는 안정도의 범위 안에서 조정할 수 있다.

02 평탄한 노면에서 지게차를 운전하여 하역 작업 시 올바른 방법이 아닌 것은?

① 파렛트에 실은 짐이 안정되고 확실하게 실려 있는가를 확인한다.
② 포크를 삽입하고자 하는 곳과 평행하게 한다.
③ 불안전한 적재의 경우에는 빠르게 주행시킨다.
④ 화물 앞에서 정지한 후 마스트가 수직이 되도록 기울여야 한다.

불완전한 적재의 경우 짐을 다시 적재하거나 부득이 다시 적재가 불가능할 경우 서행하여야 한다.

. SECTION .

03 화물의 운반 작업

출제
빈도 상 중 하

01 노면과 주변상황 확인

노면 상태 확인	• 작업장의 지반상태가 연약 지반일 경우 장비의 접지압과 비교한 후 지반을 보강하고 작업 • 비포장 작업장의 경우 지반의 침하 및 주행 시 미끄러짐에 주의
상황에 따른 타이어 선택	지게차의 타이어는 작업장 환경이나 또는 도로면(지반)에 따라서 효율적인 것을 선택할 수 있음

🎓 기적의 Tip

• **공기압식** : 공기를 주입하는 튜브가 있는 타입으로 접지압이 좋음
• **솔리드식** : 통고무 타이어로 가격이 비싼 대신 마모가 적음

02 후진 시 주의

후사경 확인	• 후사경의 위치 및 조임 상태를 확인 • 후사면의 시야 확보를 위해서 후사경 각도를 조절 • 후사경으로 보는 것은 실제 사물을 볼 때와 차이가 있으므로 유의해야 함
경광등과 후진 경고음	• 경광등의 설치 위치를 확인하고 후진 시 후진 경고음과 작동 여부를 확인 • 후진 경고음은 국가별 소음의 규정에 따라야 함 • 야간작업 또는 도로주행 시 경광등을 반드시 사용해야 함

03 적재 화물 낙하 주의

화물의 적재 상태 확인	• 적재 상태가 심한 손상이나 변형이 없는지 확인 • 화물이 무너질 우려가 있는 경우에는 묶거나 그 밖의 안전조치해야 함 • 금속끼리 결착 시 중간에 목재 및 하드보드, 종이, 천 등을 사용하여 금속 간 미끄러짐 방지 및 완충역할을 하도록 함
낙하의 위험 요인	• 주행 중에 작업장치를 작동하거나 부적당한 작업 • 화물의 무게중심이 맞지 않거나 조작의 미숙 • 급출발, 급정지 또는 급선회

04 주행 시 속도

제한속도 규칙준수	• 운전자는 필히 정해진 규칙을 준수해야 함 • 일반차도 주행 시는 관련 법규를 준수해야 함
작업 시 속도	• 포크를 지면에서 20~30cm 들고 천천히 제한속도를 준수하고 이동 • 작업 장소의 근처에선 안전한 속도로 감속

▲ 작업장 내 제한속도 표지판

05 신호수 조건과 배치

1) 신호수와 운전자 간 수신호 방법 확인

① 지게차의 신호수는 작업장의 책임자가 지명한 자 외에는 할 수 없다.
② 신호수는 1인으로 하여 수신호, 경적 등을 정확하게 사용하여야 한다.
③ 신호수는 운전자와 긴밀한 연락을 취하여야 한다.
④ 신호수의 부근에 혼동되기 쉬운 경적, 음성, 동작 등이 있어서는 안 된다.
⑤ 신호수는 운전자의 중간 시야가 차단되지 않는 위치에 항상 있어야 한다.
⑥ 신호수는 장비의 성능, 작동 등을 충분히 이해하고 비상시 응급 처치가 가능하도록 항시 현장의 상황을 확인하여야 한다.

🎓 기적의 Tip

작업장 내 신호 방법은 지게차 사용자지침서 및 건설기계 신호지침과 거의 동일하다.

2) 신호수의 배치

① 근로자에게 위험이 있는 장소의 경우
② 지반의 부동침하나 붕괴 위험이 있는 경우
③ 사람이 빈번하게 통행하는 경우

06 수신호 확인

1) 신호체계

신호 방법은 KS에서 규정하고 있으며 (KS B ISO 16715 크레인 – 수신호[2016. 04. 04 제정]) 현장여건에 맞는 체계적 신호방법을 정하여 시행이 가능하다.

2) 수신호자

① 신호는 명확하고 간결해야 한다.
② 신호수는 안전한 곳에 위치하고 운전자가 명확하게 볼 수 있어야 한다.
③ 화물 또는 장비를 명확하게 식별이 가능해야 한다.

3) 보조자의 수신호 방법

작업 시작 (나의 지시를 따르시오)	두 팔을 수평으로 뻗고 손바닥은 펴서 정면을 향하게 한다.	
멈춤 (보통 멈춤)	한 팔을 수평으로 뻗어 손바닥은 바닥을 향하게 하고, 팔은 수평을 유지하며 앞뒤로 움직인다.	
비상멈춤 (긴급 멈춤)	두 팔을 수평으로 뻗어 손바닥은 바닥을 향하게 하고 팔은 수평을 유지하며 앞뒤로 움직인다.	
미동 혹은 최저속	두 손바닥을 마주치며 원을 그리듯 문지른다. 이 신호 후에 기타 수신호를 적용한다.	
포크 확장	양손을 앞쪽으로 뻗고(주먹을 쥔 상태) 엄지손가락을 서로 반대방향으로 유지한다.	
포크 축소	양손을 앞쪽으로 뻗고(주먹을 쥔 상태) 엄지손가락을 마주 보는 방향으로 유지한다.	
포크(붐) 올리기	한쪽 팔을 수평으로 뻗고서 엄지 손가락을 위로 향하게 한다.	
포크(붐) 내리기	한쪽 팔을 수평으로 뻗고서 엄지 손가락을 아래로 향하게 한다.	
주행/선회 방향표시	한 팔을 수평으로 뻗으며 손은 펴고 손바닥은 아래로 향하게 하여 원하는 방향을 가리킨다.	
주행 (나에게서 멀어지시오)	두 팔을 앞쪽으로 펴서 벌리고 두 손은 펴서 손바닥을 아래쪽으로 유지한 상태에서, 두 팔뚝을 위아래로 반복하여 움직인다.	
주행 (나에게로 오시오)	두 팔을 앞쪽으로 펴서 벌리고 두 손은 펴서 손바닥을 위쪽으로 유지한 상태에서, 두 팔뚝을 위아래로 반복하여 움직인다.	
작업중지 (나의 지시 따름을 중지하시오)	양손을 신체 앞가슴 높이에서 모으고 움켜쥔다.	

07 작업장 확인

1) 전도의 방지

① 작업장에서 넘어지거나 미끄러지는 등의 위험이 없도록 작업장 바닥 등을 안전하고 청결한 상태로 유지하여야 한다.

② 제품, 자재, 부재 등이 넘어지지 않도록 붙들어 지탱하게 하는 등 안전 조치를 하여야 한다.

2) 채광 및 조명

작업하는 장소에 채광 및 조명을 하는 경우 명암의 차이가 심하지 않고 눈이 부시지 않도록 해야 한다.

> **기적의 Tip**
>
> **조도**
> - **초정밀작업** : 750럭스(lux) 이상
> - **정밀작업** : 300럭스 이상
> - **보통작업** : 150럭스 이상
> - **그 밖의 작업** : 75럭스 이상

3) 작업장의 출입구

① 출입구의 위치, 수, 크기는 작업장의 용도와 특성에 맞도록 한다.

② 출입구에 설치하는 문은 근로자가 쉽게 열고 닫을 수 있도록 한다.

③ 출입구에는 인접한 보행자용 출입구를 따로 설치한다.

④ 통로와 인접한 출입구에는 비상등, 비상벨 등 경보 장치를 설치한다.

⑤ 계단이 출입구와 바로 연결된 경우에는 안전한 통행을 위하여 그 사이에 1.2m 이상 거리를 두거나 안내표지 또는 비상벨 등을 설치한다.

4) 비상구의 설치

① 출입구와 같은 방향에 있지 아니하고 출입구로부터 3m 이상 떨어져야 한다.

② 작업장에서 비상구 또는 출입구까지의 수평거리가 50m 이하가 되도록 한다.

③ 비상구의 너비는 0.75m 이상으로 하고, 높이는 1.5m 이상으로 한다.

④ 비상구의 문은 피난 방향으로 열리도록 한다.

08 출입구 확인

1) 출입 금지 장소에 방책을 설치

① 추락에 의하여 근로자에게 위험을 미칠 우려가 있는 장소

② 유압, 체인 또는 로프 등에 의하여 지탱되어 있는 기계·기구의 리프트, 포크 등이 갑자기 작동함으로써 근로자에게 위험을 미칠 우려가 있는 장소

③ 지게차, 구내 운반차, 화물 자동차 등의 차량계 하역 운반 기계의 포크 등에 의하여 지탱되어 있는 화물의 밑에 있는 장소

④ 화재 또는 폭발의 위험이 있는 장소

⑤ 작업 시 쌓아놓은 화물이 무너지거나 떨어져 근로자에게 위험을 미칠 우려가 있는 장소

2) 출입구 높이와 폭 확인

① 출입구 바닥 상태, 출입구 폭과 높이를 확인한다.

② 지게차의 제원과 화물의 폭과 높이를 확인한다.

03 통로의 조건

1) 통로의 조명

작업자가 안전하게 통행할 수 있도록 통로에 75럭스 이상의 채광 또는 조명시설을 설치하여야 한다.

> **기적의 Tip**
>
> **가설 통로의 준수사항**
> - 견고한 구조로 한다.
> - 경사는 30도 이하로 하며 15도 이상은 미끄러지지 않는 구조로 한다.
> - 추락할 위험이 있는 장소에는 안전 난간을 설치해야 한다.

2) 통로의 설치

① 작업장으로 통하는 장소 또는 작업장 내에 안전한 통로를 설치한다.
② 통로의 주요 부분에는 통로 표시를 한다.
③ 통로 면으로부터 높이 2미터 이내에는 장애물이 없게 한다.

01 운전시야 확보

주행 중에 시야 미확보로 인한 충돌 및 접촉의 위험요소를 파악한다.

1) 지게차 운행통로 확보

① 운행 시 도로는 지게차의 최대 폭 이상이어야 하고, 좌·우측 각 30cm 이상의 여유 간격을 유지한다.

② 지게차 통행로 바닥에 황색 실선을 12cm 두께로 라인 표시한다.

> **기적의 Tip**
>
> **안전장치 파악**
> • **후사경** : 운전 중 후면의 운전 시야를 확보
> • **후방카메라** : 운전 중 후방 사각지대의 시야를 확보
> • **백레스트** : 화물 적재 시 화물 높이의 기준을 정하고 전방 시야 확보

2) 충돌 및 접촉의 위험 요인 확인

① 작업장 내 다른 장비와의 교차지점에서 충돌의 위험요소를 파악한다.

② 운행 중 다른 시설 및 장비와의 접촉요소를 파악한다.

③ 보행자와 작업자 간의 동선이 겹쳐 충돌할 위험요소가 있는지 파악한다.

02 작업장 주변 상황 파악

작업 전에 작업 반경 내의 위험요소 및 시설물의 위치를 확인한다.

1) 지게차 주기 상태 파악

작업 지시사항에 따라 정확하고 안전한 작업을 수행하기 위해서는 작업에 투입하는 지게차의 일일점검을 실시해야 하므로 지게차의 주기 상태를 확인한다.

2) 지게차 작업 반경 내의 위험요소 확인

작업 시 안전사고 예방을 위해 지게차 작업 반경 내의 위험요소를 확인한다.

3) 주변 시설물의 위치 확인

안전한 작업을 수행하기 위해 작업장 주변 구조물의 위치를 육안으로 확인한다.

> **기적의 Tip**
>
> 안전사고 예방을 위해 지게차 이동 시 「도로교통법」을 준수한다.

> **기적의 Tip**
>
> **적재물 낙하 위험 요인**
> • 불안전한 화물 적재
> • 주행 중 작업장치를 작동하거나 부적당한 작업 수행
> • 화물의 무게중심이 맞지 않거나 운전 조작 미숙
> • 급출발, 급정지, 급선회

03 사고 사전예방

1) 안전표지 등의 설치

① 지게차의 통행로, 출입구 등에는 도로교통표지 또는 안전보건표지와 같이 일반적으로 잘 알려진 기호를 사용하는 표지를 부착하여야 한다.

② 건물 뒤편, 사각지대 등에 대한 경고 표지는 운전자 및 보행자가 커브를 돌기 전에 사전 표지하여 미리 알도록 하여야 한다.

2) 운행 동선 확인

① 출입구 진입 시 높이와 폭을 확인하여 진입 가능 여부를 판단하도록 한다.

② 주행 시 적재 화물의 낙하에 주의하여야 하며 사전에 통행로에 문제점이 있는지를 확인하여야 한다.

③ 주행 시 화물의 중량, 내용물 체적 및 도로의 요철 상태에 따라 동하중이 발생되므로 적재 전 공차로 현장 답사를 하여 예측 가능한 속도 및 장애물 대처 능력을 검토해야 한다.

04 안전거리 확보

1) 보행자의 안전거리 확보

① 보행자 통로의 폭은 60cm 이상이어야 하며 양방향으로 다닐 수 있도록 100cm 정도 확보한다.

② 보행자 통로는 황색 사선으로 표시하고 안전표시 시설물을 설치한다.

③ 운전자와 보행자가 조망 상태를 유지할 수 있도록 장애물을 제거한다.

2) 제한속도 준수 규칙

① 화물의 종류와 지면의 상태에 따라서 제한속도를 준수하고 안전거리를 확보한다.

② 작업장 내에서 지게차의 주행 속도는 10km/h 이하이다.

05 접촉사고 예방

1) 야간작업 시 주의사항

① 작업장에는 충분한 조명시설을 설치한다.

② 작업등, 전조등 그 밖의 등화장치가 고장난 상태에서 작업해서는 안 된다.

2) 안전경고 표시

① 통로와 동선의 장애물을 확인하고 제거한다.

② 작업장 내 안전표지판은 목적에 맞는 것으로 정위치에 설치한다.

③ 안전경고 라벨의 표시가 정위치에 부착되었는지 확인한다.

3) 보조자의 도움

① 보조 신호수와는 맞대면으로 항상 의사가 통해야 한다.

② 운반용 차량의 적재 시는 차량 운전원 입회하에 작업을 진행하여야 한다.

③ 지게차 화물은 전방 작업이므로 시야가 확보되지 않은 작업 상태에서는 보조 신호수를 두어 충돌과 낙하의 사고를 예방하여야 한다.

출제
빈도 상 중 하

01 작업장치 작동 확인

1) 리프트 레버 성능 확인

① 레버를 밀면 포크가 하강하고, 당기면 포크가 상승한다.
② 포크의 상하 작용을 통해서 마스트의 휨, 이상 마모, 균열 여부 및 변형을 확인하며 리프트 실린더를 조작하여 마스트의 정상 작동 상태를 점검한다.

2) 틸트 레버 성능 확인

① 레버를 밀면 마스트가 앞쪽으로 기울어지고, 당기면 마스트가 뒤쪽으로 기울어진다.
② 포크를 전경각 또는 후경각을 주어 포크의 휨, 이상 마모, 균열 여부 및 변형을 확인하며 틸트 실린더를 조작하여 틸트의 정상 작동 상태를 점검한다.

3) 포크 포지셔너 성능 확인

운전석에서 레버로 포크 간격을 조정할 수 있다.

> 🎓 기적의 Tip
> • **양개식** : 레버 1개로 포크를 좌우로 조정
> • **편개식** : 레버 2개로 각각의 포크를 조정

4) 운전 중 주의

운전 중 계기판에 경고등이 점등되면 레버를 중립으로 하고 지게차를 정지시킨 후 엔진을 공회전하여 정지시킨 다음 문제점을 해결한다.

02 엔진 부분에서의 이상 소음 여부 확인

1) 가동되는 엔진의 이상 소음

이상 소음이 발생되면 기관을 즉시 정지하고 벨트 유격, 엔진 오일 및 냉각수량을 확인한다.

2) 변속장치의 이상 소음

이상 소음이 발생하면 변속 오일을 점검하고 부족 시 보충하거나 교환한다.

03 작업장치에서의 이상 소음 여부 확인

1) 작업장치의 이상 소음

이상 소음이 발생하면 리프트 실린더 및 틸트 실린더의 누유 여부를 확인하고 접촉 부분의 볼트를 조이거나 링을 교환하며 접촉 부위에서 소음발생 시 윤활 상태를 확인하여 그리스를 주입한다.

2) 사이드 롤러 및 체인의 이상 소음

이상 소음이 발생하면 윤활유 주입상태 및 마모 상태를 확인하고 체인에 오일을 주입하거나 롤러 부분에 그리스를 도포한다.

04 운전 중 엔진주변의 누유 · 누수 확인

1) 냉각계통의 누수 여부 확인

① 라디에이터 입 · 출구 호스 이음부의 냉각수 누수를 확인한다.
② 수온 조절기, 물 펌프 등 냉각장치 각 부품의 연결부에서 누수를 확인한다.
③ 라디에이터 및 보조 탱크의 누수를 확인한다.

2) 엔진 오일의 누유 여부 확인

① 헤드 커버에서 오일 누유 여부를 확인한다.
② 엔진 주위에서의 오일 누유 여부를 확인한다.
③ 실린더 블록 하부에서의 오일 누유 여부를 확인한다.
④ 엔진 오일이 공급되는 각 부품에서의 오일 누유 여부를 확인한다.

05 운전 중 유압계통 및 차체 부분의 누유·누수 확인

1) 작동유의 누유 여부 확인

① 틸트 및 리프트 실린더 호스 연결부에서 작동유의 누유 여부를 확인한다.
② 틸트 및 리프트 실린더에서의 오일 누유 여부를 확인한다.
③ 오일 쿨러에서의 오일 누유 여부를 확인한다.
④ 각 장치의 연결부에서의 누유 여부를 확인한다.

2) 차체 부분에서의 누유 여부 확인

① 변속기에서의 오일 누유 여부를 확인한다.
② 각 장치 필터주위와 게이지 주위에서의 오일 누유 여부를 확인한다.
③ 차동·종 감속장치에서의 오일 누유 여부를 확인한다.
④ 파이널 드라이브 및 허브 주위에서의 오일 누유 여부를 확인한다.

이론을 확인하는 개념 체크

01 지게차 통행로는 바닥에 12cm 두께의 황색 실선으로 표시한다. (O, X)

02 지게차의 통행로나 출입구에는 도로교통표지와 다른 표지를 사용한다. (O, X)

03 작업장 내 지게차의 주행 속도는 20km/h까지 가능하다. (O, X)

04 작업 중 이상한 소음이나 냄새가 나면 인근 정비소까지 즉각 이동한다. (O, X)

05 운전 중 계기판에 경고등이 점등되면 레버를 중립으로 하고 정지한다. (O, X)

06 유압유의 성능 향상을 위해 다른 점도의 유압유를 혼합할 수 있다. (O, X)

01 O 02 X 03 X 04 X 05 O 06 X

01 운전 중 날씨 변화

1) 운전 중 비가 내릴 경우

사전에 비닐 등을 준비하여 화물이 손상되지 않도록 한다.

2) 운전 중 눈이 내릴 경우

천천히 작업을 수행하고 바닥이 미끄러우면 주변에 있는 토사 또는 모래를 이용하여 미끄럼을 방지한다.

02 이동경로의 맨홀 또는 배수로

1) 이동경로에 맨홀이 있을 경우

맨홀을 피해서 우회경로를 확보하고 부득이한 경우 맨홀의 강도나 상태를 확인하여 천천히 넘어간다.

2) 이동경로에 배수로가 있을 경우

가급적 배수로를 피해서 우회로를 확보한다.

> 🎓 **기적의 Tip**
>
> 이동경로의 맨홀, 배수로, 요철 구간 등의 위험 요소는 사전에 파악되어야 한다.

03 노면 지지력이 약하거나 요철이 있는 구간

1) 노면 지지력이 약할 때

① 우회도로를 확보한다.
② 부득이하게 작업할 경우 바닥에 철판이나 자갈을 깔아 다짐 작업을 한다.

③ 우회도로를 확보하지 못하거나 바닥의 다짐 작업을 못할 경우 작업을 중지한다.

2) 작업장이나 운행상 요철 구간이 있는 경우

① 운행구간에 요철이 있으면 우회도로를 확보한다.
② 부득이하게 운행한다면 요철을 제거한다.
③ 우회도로를 확보하지 못하여 요철 구간으로 운행 시 아주 천천히 주행한다.

3) 미끄러운 구간이 있는 경우

① 운전 중 미끄러운 구간인 경우 급출발 및 급정차를 하지 않는다.
② 적재된 화물의 높이와 폭 또는 적재 상태를 확인한다.
③ 다른 운반기계와 충돌을 예방하기 위한 작업 계획을 세워 작업한다.

04 운전 중 장비 고장

1) 운전 중 지게차가 빠질 경우

응급상황에 대처하기 위해 다른 지게차의 연락처를 확보하여 도움을 요청한다.

2) 운전 중 장비의 고장 또는 전조 증상이 나타날 경우

① 장비가 이상하다고 느끼면 안전한 곳으로 이동하여 주차시킨다.
② 상태를 점검하고 응급조치하거나 정비사에게 연락한다.
③ 정비가 완료될 때까지 안전표지판을 부착하여 위험에 대처한다.

05 운전 중 교통사고 및 인명사고가 발생할 때

1) 운전 중 교통사고

안전한 사고 수습을 진행하고 작업 현장으로 즉시 연락하여 상황을 설명한다.

2) 인명사고가 발생할 때

① 인명구조를 먼저 취하고 2차 사고가 발생되지 않도록 조치한다.
② 병원에 연락하고 응급조치를 취한 후 지게차는 안전한 장소로 이동 주차한다.

이론을 확인하는 개념 체크

01 노면 지지력이 약한 곳에서 작업할 경우 서행하며 작업을 진행한다. (O, X)

02 맨홀은 최대한 신속하게 통과한다. (O, X)

03 인명사고가 발생하면 인명의 구조를 우선시한다. (O, X)

01 X 02 X 03 O

합격을 다지는 예상문제

01 지게차에서 리프트 실린더의 상승력이 부족한 원인과 거리가 먼 것은?

① 오일 필터의 막힘
② 유압 펌프의 불량
③ 리프트 실린더에서 유압유 누출
④ 틸트 록 밸브의 밀착 불량

틸트 록 밸브 : 적재 중 틸트 실린더가 앞으로 기우는 것을 방지하기 위한 안전
장치 중의 하나이다.

02 철길 건널목 안에서 차가 고장이 나서 운행할 수 없게 된 경우 운전자의 조치사항과 가장 거리가 먼 것은?

① 철도 공무 중인 직원이나 경찰 공무원에게 즉시 알려 차를 이동하기 위해 필요한 조치를 한다.
② 즉시 차를 건널목 밖으로 이동시킨다.
③ 즉시 승객을 하차시켜 대피시킨다.
④ 현장을 그대로 보존하고 경찰서로 가서 고장 신고를 한다.

철도 건널목 안에서 고장 시에는 즉시 승객을 대피시키고 철도 공무원 등에게
알리며 차를 이동할 조치를 취하여 이동한다.

03 교통사고가 발생하였을 때 운전자가 가장 먼저 취해야 할 조치로 적절한 것은?

① 즉시 보험회사에 신고한다.
② 모범 운전자에게 신고한다.
③ 즉시 피해자 가족에게 알린다.
④ 즉시 사상자를 구호하고 경찰에 연락한다.

교통사고 발생 시 즉시 정지하여 사상자를 구호하고 경찰에 신고하며 2차 사고
방지를 위한 조치를 취하여야 한다.

04 충돌사고를 사전에 예방하기 위해서 안전표지 등의 설치로 틀린 것은?

① 안전표지 등을 설치한다.
② 운행 동선을 확인하여야 한다.
③ 사각지대에 경고표지판을 부착한다.
④ 신호수는 고정위치에 위치한다.

신호수는 고정위치가 아니며 작업동선을 확인하고 운전자의 시야를 벗어나면
안 된다.

PART 05

작업 후 점검

01 주차 금지 장소 및 주기장 선정

1) 건설기계관리법 시행 규칙 내용

건설기계 대여업 등록신청 시 사무소의 소재지를 관할하는 시장·군수 또는 구청장에게 제출하여야 한다.

① 건설기계 소유 사실을 증명하는 서류
② 사무실의 소유권 또는 사용권이 있음을 증명하는 서류
③ 주기장 소재지를 관할하는 시장·군수·구청장이 발급한 주기장시설보유확인서
④ 계약서 사본

2) 주기장

바닥이 평탄하여 지게차를 주차하기에 적합하여야 하며 진입로는 건설기계 및 수송용 트레일러가 통행할 수 있는 곳을 말한다.

3) 주차 금지 장소 확인

모든 차는 다음 사항에 해당하는 곳에 주차해서는 안 된다.

① 소방용기계·기구가 설치된 곳으로부터 5m 이내
② 소방용 방화 물통, 소화전, 소화용 물통으로부터 5m 이내
③ 화재경보기로부터 3m 이내
④ 터널 안 및 다리 위
⑤ 도로공사 중인 경우 공사구역의 양쪽 가장자리로부터 5m 이내
⑥ 시·도지사가 도로에서의 위험을 방지하고 교통의 안전과 원활한 소통을 확보하기 위하여 필요하다고 인정하여 지정한 곳(안전표시를 설치한 곳)

4) 주기장 선정

① 주기장 위치와 주변 환경 및 노면 상태를 확인한다.
② 관련 법규에서 규정한 허가받은 주기장인지 확인한다.
③ 지게차의 제동장치 체결 상태와 고임목을 확인하고 주기장 선정을 완료한다.

02 주차 제동장치의 체결

1) 제동장치의 종류

① 인칭 브레이크 작동하기

인칭 페달을 1/2 정도 밟으면 클러치가 되고 끝까지 페달을 밟으면 브레이크가 작동되어 장비가 정지하게 된다.

> 🎓 **기적의 Tip**
>
> **인칭 조절**
> 주행만 할 때는 인칭이 필요 없다. 주행하면서 작업 레버를 사용하면 작업장치의 속도가 느려지는데, 빠르게 하려면 인칭 페달을 밟아 주행장치로 가는 동력을 차단하고 작업장치에 동력을 전부 전달하여 작업을 빠르게 진행시킨다.

② 풋 브레이크 작동하기

풋 브레이크는 운전석 바닥 가운데에 위치하며 도로주행에서 동력을 제어하기 위해 사용되는 주 브레이크 장치이다.

③ 주차 브레이크 작동하기

지게차를 주차시켜 둘 때 사용하며 대부분 수동 레버, T bar 등으로 레버를 잡아당기면 브레이크가 잠기고 밀어 놓으면 해제된다.

2) 주행장치 상태 확인

① 전진 레버 작동하기

주행 레버를 밀면 전진으로 주행한다.

② 중립 레버 작동하기

주행 레버를 가운데 놓으면 중립이므로 정지 시 항상 가운데에 놓는다.

③ 후진 레버 작동하기

주행 레버를 잡아당기면 후진으로 주행한다.

3) 주차 제동장치 체결

① 주차지역에 주차하고 주차 브레이크 위치를 확인한다.

② 기어를 중립에 놓고 브레이크 페달을 완전히 누르고 정지한다.

③ 주차 제동장치의 기능을 점검하기 위해서 레버를 내렸다가 다시 올려 주차 체결 여부를 확인한다.

④ 주차 제동장치의 잠금장치를 눌러 위로 올려서 체결을 완료한다.

03 주차 방법

1) 포크가 지면에 닿게 주차

보행자의 안전을 위하여 포크를 내린 후 끝부분이 완전히 지면에 닿게 마스트를 앞쪽으로 기울여 주차한다.

① 주차 위치에 주차 상태를 확인한다.

② 보행자의 안전을 위하여 포크를 지면까지 내린다.

③ 마스트를 앞쪽으로 기울여서 포크가 완전히 지면에 닿도록 한다.

④ 포크 끝 부분이 지면에 닿게 앞쪽으로 기울여져 있는 주차 상태를 확인하고 주차를 완료한다.

▲ 주차 시 포크

2) 경사지 주차 시 고임대를 사용하여 주차

① 경사지에 지게차를 임시 주차할 경우 포크 발이 아래쪽으로 향하게 주차한다.

② 포크를 완전히 내려 포크 끝이 지면에 닿게 주차한 후 주차 브레이크를 체결한다.

③ 키는 정지 위치에 놓고 주행 레버는 중립에 놓는다.

④ 키를 안전하게 빼고 지게차의 움직임을 확인한다.

⑤ 차량의 우발적인 움직임을 방지하기 위해서 바퀴에 고임목을 반드시 받쳐 놓는다.

▲ 고임대 사용

> **기적의 Tip**
>
> **장비 키의 취급**
> • 운행을 종료한 후 장비의 키를 정지 위치로 하여 시동을 정지시킨다.
> • 시동이 정지되면 안전하게 키를 빼낸다.
> • 키의 보관을 위한 지정된 곳에 안전하게 보관한다.

01 지게차를 주차시켜 놓을 때 포크는 어떻게 두어야 하는가?

① 10cm 정도 들어놓는다.
② 30cm 이상 들어놓는다.
③ 땅에 내려 놓는다.
④ 운전자가 판단하여 적당한 위치에 놓는다.

지게차를 주차시켜 놓을 때 포크는 지면에 완전 밀착시켜 보행자 등의 안전에 유의한다.

02 지게차 주기장 선정 시 확인할 사항으로 잘못된 것은?

① 주기장 위치 및 노면 상태를 확인한다.
② 법에서 규정한 주기장인지 확인한다.
③ 주차 시 지정된 주기장일 경우 고임목은 제외한다.
④ 주기장 주변 상태를 확인한다.

제동장치 체결 상태와 고임목을 확인하여야 한다.

03 지게차의 주 · 정차에 대한 안전 사항이다. 맞지 않는 것은?

① 마스트를 전방으로 틸트하고 포크를 바닥에 내려놓는다.
② 키 스위치를 OFF에 놓고 주차브레이크를 고정시킨다.
③ 주 · 정차 후에는 항상 장비에 키를 꽂아 놓는다.
④ 막힌 통로나 비상구에는 주차하지 않는다.

주 · 정차 후에 조종자가 조종석을 떠날 때에는 장비에서 키를 빼놓아야 한다.

01 연료 게이지 확인 및 연료 주입

1) 연료 상태 확인 후 주입

① 연료 게이지의 지시 바늘을 확인하고 현재 연료 탱크에 남아있는 연료량을 확인한다.
② 반드시 엔진을 끄고 연료 주입구를 통해 적정량의 연료를 보충한다.
③ 연료를 보충하는 동안에 수분이나 이물질이 들어가지 않도록 주의한다.
④ 적정량의 연료를 보충한 후 연료캡을 잠근다.

2) 연료 주입 시 주의사항

① 폭발성 가스가 존재하므로 급유 중에 흡연을 하면 안 된다.
② 지게차의 급유는 안전한 장소에서만 하며 옥내보다는 옥외가 좋다.
③ 연료량이 적으면 연료 탱크 내의 침전물이나 기타 불순물이 연료계통으로 유입될 수 있다.
④ 불순물로 필터가 조밀하거나 막히면 시동이 어렵거나 부품이 손상된다.
⑤ 연료가 넘치면 청소하고 흡수제로 깨끗이 정리한다.

02 동절기 결로 현상 방지

1) 결로 현상의 원인

① 공기 중 수증기가 온도 차이로 인하여 물방울로 맺히는 현상이다.
② 습기를 함유한 공기를 탱크에서 제거하여 응축이 안 되게 해야 한다.

기적의 Tip

동절기에는 연료를 가득 채워 결로 현상을 방지할 수 있다. 하절기에는 연료가 팽창하므로 가득 채우지 않는다.

2) 결로 현상의 확인

① 수분이 연료 탱크에 있는 경우 연료 라인 또는 탱크에 부식이 나타난다.
② 연료 필터 또는 수분 분리기에서 수분이 걸러지며 수분 분리 감지 센서가 있으면 경고등이 나타난다.

3) 연료 필터 또는 수분 분리기 확인

① 연료 필터의 드레인 플러그를 열어 물을 배출한다.
② 수분 분리기가 있으면 수분량을 확인하고 가득 채워진 물은 배출시킨다.

4) 연료 탱크에 결로가 생기면 나타나는 현상

① 연료 탱크의 부식이 초래되어 연료 상태가 불량해진다.
② 탱크 내의 연료 상태가 불량하여 시동에 영향을 준다.
③ 출력과 수명이 떨어진다.

03 축전지 충전 상태 확인

1) 축전지 충전 시 주의사항

① 충전할 때 전해액의 온도가 45℃를 넘지 않도록 한다.

② 전해액을 부은 축전지를 사용하지 않고 보관해 둘 경우에는 15일마다 충전을 해주어야 한다(단, MF축전지가 아닌 경우).
③ 충전할 때 축전지 내에 가연성의 수소 가스가 발생된다.
④ 기관을 회전시키고 있을 때 전해액이 넘쳐 흐르면 축전지가 과충전되어 있기 때문이다.

2) 축전지의 과충전으로 나타나는 현상
① 양극단자 쪽의 셀 커버가 볼록하게 부풀어 있다.
② 양극판 격자가 산화된다.
③ 전해액이 갈색을 나타낸다.

3) 축전지를 급속 충전할 때 주의사항
① 충전은 통풍이 양호한 곳에서 하며 충전 시간은 가능한 한 짧게 한다.
② 충전 중인 축전지에 충격을 가하지 않도록 한다.
③ 충전을 시작할 때 벤트 플러그를 모두 열도록 한다.
④ 충전할 때 축전지 단자 전압보다 조금 높은 전압으로 하되 과충전에 주의한다.

> **기적의 Tip**
>
> 급속 충전할 때 발전기의 다이오드를 보호하기 위해 축전지의 접지 케이블을 떼어 낸다.

4) 축전지 관리요령
① 축전지를 보관할 경우에는 완전 충전시킨 후 보관하여야 한다.
② 전해액이 자연 감소된 축전지의 경우 증류수를 보충한다.
③ 동절기에 충전이 불량하면 전해액이 결빙될 수 있으므로 완전 충전시킨다.
④ 동절기에 시동을 쉽게 하기 위하여 축전지를 보온시킨다.

> **기적의 Tip**
>
> 축전지의 방전이 계속되면 전압과 비중이 낮아진다.

04 방전 시 보조 축전지 사용

1) 충전 방법 숙지
보조 축전지는 같은 용량 이상의 축전지를 준비한다. 충전 연결선은 충분한 두께여야 하며 빨간색을 가진 (+)연결선과 검정색을 가진 (−)연결선을 준비한다. 충전하기 위해서 반드시 전원을 차단하고 키를 OFF하며, 안전장치를 체결한다.

2) 방전 시 보조 축전지를 이용한 병렬충전 방법

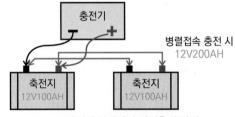

▲ 방전된 상태에서 병렬충전 방법

① 각종 전기장치의 OFF 상태에서 보조 축전지의 (+)단자를 연결한 다음 차량에 설치된 축전지의 (+)단자와 연결한다.
② 연결선은 단단히 연결하며 반드시 같은 극끼리 연결하여야 한다.
③ 접지선을 보조 축전지 (−)단자와 차량의 (−)단자와 연결한다.
④ 같은 극끼리 연결이 완료되었으면 시동을 건다.

05 전류계와 충전 경고등

1) 전류계
① 전류계는 축전지의 충·방전 상태와 그 크기를 운전자에게 알려준다.
② 0의 눈금에서 오른쪽(+)으로 움직이면 충전, 왼쪽(−)으로 움직이면 방전을 표시한다.

2) 충전 경고등
기관 작동 시 충전계통이 정상이면 소등되고 이상이 있으면 점등된다.

06 발전기(충전장치) 점검과 정비

1) 발전기를 점검할 때 일반적인 주의사항

① 발전기 탈착 작업을 할 때 가장 먼저 축전지의 접지 케이블을 떼어낸다.

② 절대로 축전지의 극성(+,−)을 바꾸어 접속해서는 안 된다.

> **기적의 Tip**
>
> **주행 중 충전 경고등 점등 원인**
> - 팬 벨트의 이완으로 미끄러짐에 의한 충전 부족
> - 발전기 전선 접속부의 이완 및 이탈에 의한 충전 부족
> - 축전지 접지 케이블의 이완에 의한 충전 부족 또는 조정기의 작동 불량

2) 발전기 극성 검사 및 다이오드 점검 시 주의사항

① 발전기는 절연저항계(megger) 또는 고압 시험기로 시험을 하여서는 안 된다.

② 다이오드는 정격 전류, 정격 전압 이상으로 사용하여서는 안 된다.

③ 다이오드는 열과 역전류에 약하므로 주의하여야 한다.

④ 배터리는 완전 충전되어 있어야 한다.

⑤ 슬립 링에 먼지나 기름이 묻어 있을 때에는 마른 헝겊으로 청소한다.

⑥ 스테이터와 로터 등의 절연부 세척은 깨끗한 헝겊을 이용한다.

이론을 확인하는 개념 체크

01 운행 후에는 연료 탱크에 가능한 연료가 적게 남도록 하는 것이 좋다. (O, X)

02 동절기에 연료탱크를 가득 채우면 결로 현상을 예방할 수 있다. (O, X)

03 과충전된 축전지는 셀 커버가 부풀어 오른 것으로 확인할 수 있다. (O, X)

04 납산 충전지는 사용하지 않고 보관하는 경우에도 30일마다 충전을 해야 한다. (O, X)

01 X 02 O 03 O 04 X

01 급속 충전 시에 유의할 사항으로 틀린 것은?

① 통풍이 잘 되는 곳에서 충전한다.
② 건설기계에 설치된 상태로 충전한다.
③ 충전 시간을 짧게 한다.
④ 전해액 온도가 45℃를 넘지 않게 한다.

급속 충전 시 주의사항
• 충전 중 전해액의 온도를 45℃ 이상 올리지 말아야 한다.
• 차에 설치한 상태로 급속 충전을 할 경우 배터리 단자를 떼어 놓아야 한다
  (발전기 다이오드 보호).
• 급속 충전은 통풍이 잘 되는 곳에서 실시한다.
• 충전 시간을 가능한 한 짧게 한다.

02 축전지가 완전 충전이 제대로 되지 않는다. 그 원인이 아닌 것은?

① 배터리 극판 손상
② 배터리 어스선 접속 불량
③ 본선(B+) 연결부 접속 이완
④ 발전기 브러시 스프링 장력 과다

배터리의 충전 부족 원인
• 배터리 배선의 접속 불량
• 발전기 벨트의 느슨함
• 배터리 극판 손상
• 전해액 불량 및 부족

03 발전기의 발전 전압이 과다하게 높은 원인은?

① 메인 퓨즈의 단선
② 발전기 "L"단자의 접촉 불량
③ 아이들 베어링 손상
④ 발전기 벨트 소손

메인 퓨즈가 단선이 되면 발전기의 발생 기전력이 배터리 등 외부의 전기부하로 공급이 되지 않아 발전기의 전압이 높게 된다.

04 연료계통에 응축수가 생기면 시동이 어렵게 되는데, 이 응축수는 주로 어느 계절에 많이 생기는가?

① 봄
② 여름
③ 가을
④ 겨울

응축수란 연료 탱크에서 연료가 출렁이며 발생된 증발가스가 온도가 낮아질 때 증발되지 못하여 생성된 물로 겨울철에 많이 발생한다.

05 충전장치에서 발전기는 어떤 축과 연동되어 구동되는가?

① 크랭크축
② 캠축
③ 추진축
④ 변속기 입력축

충전장치의 발전기는 엔진의 크랭크축으로부터 동력을 받아 벨트로 구동된다.

01 휠 볼트 상태 점검

1) 휠 볼트, 너트 상태 점검

① 구동 바퀴와 조향 바퀴에 연결된 볼트를 렌치 및 전동공구를 사용하여 조임 상태를 확인한다.
② 너트는 대각선 방향의 순차로 조인다.

2) 조임 토크

① 구동 바퀴는 $600 \pm 90 N \cdot m^{*}$의 토크까지 조인다.
② 조향 바퀴는 $440 \pm 35 N \cdot m$의 토크까지 조인다.

★N·m
뉴턴미터

02 타이어 점검

1) 타이어 공기압 확인

① 공기압을 체크하여 부족할 경우 공기압 주입기로 보충한다.
② 공기가 많을 경우는 주입구로 밸브를 살짝만 눌러 에어를 빼준다.

2) 타이어 손상 유무 점검

① 타이어 마모 및 손상 유무를 육안으로 확인한다.
② 림이 굽었는지 그리고 로킹 링의 자리 잡기가 잘 되었는지 살핀다.
③ 타이어를 교환할 때는 모든 림 부품을 청소해서 부식을 방지한다.

03 그리스(Grease) 주입 개소 확인

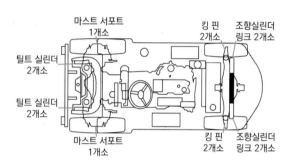

▲ 전체 그리스 주입 개소

1) 조향장치 그리스 주입 개소 니폴 확인

① 좌우 조향 바퀴 부위의 킹 핀 4개소를 확인한다.
② 좌우 조향 실린더 링크에 4개소를 확인한다.

2) 작업장치 그리스 주입 개소 니폴 확인

① 마스트 서포트 양쪽에 2개소를 확인한다.
② 좌우 2개의 틸트 실린더 연결 부위 양쪽 2개소, 총 4개소를 확인한다.

3) 그리스 니폴 세척

솔이나 헝겊으로 깨끗이 닦은 후 니폴을 세척한다.

04 그리스 주입 방법

1) 수동 그리스 주입기 사용 방법

① 수동 그리스 주입기를 선택하고 준비한다.
② 펌프 손잡이가 달린 아랫부분을 분리한다.
③ 그리스 통에 그리스를 주입한다.

④ 주입이 완료되면 아랫부분에 묻은 그리스를 깨끗하게 닦아내고 다시 조립한다.
⑤ 손잡이 옆에 있는 버튼을 눌러서 밀어 넣고 펌프를 사용하여 에어를 뺀다.
⑥ 그리스 주입기를 깨끗하게 청소한다.
⑦ 그리스가 정상적으로 나오면 그리스 건에 연결된 호스를 니폴에 연결한다.

2) 지게차 작업에 필요한 주입 부분 확인

① 리프트 체인
② 마스트 가이드 레일 롤러의 작동 부위
③ 슬라이드 가이드 및 슬라이드 레일
④ 마스트 사이의 미끄럼 부분
⑤ 포크와 핑거바 사이의 미끄럼 부분

05 윤활유 점검

윤활유는 마찰감소 및 마멸방지 작용, 기밀(밀봉) 작용, 냉각 작용, 세척 작용, 응력분산 작용, 방청 작용 등을 한다.

1) 부위별 윤활장치 확인 및 점검

윤활유에는 부위별로 엔진 오일, 미션 오일, 유압 오일, 브레이크 오일, 기어 오일이 있으므로 위치를 확인하고 누유 점검 및 보충한다.

2) 자동 변속기 오일 점검

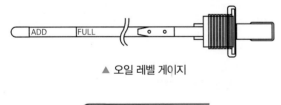

▲ 오일 레벨 게이지

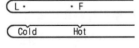

▲ 게이지의 여러 가지 형태

① 시프트 레버를 P 레인지로 선택한 후 주차 브레이크를 체결한다.
② 엔진을 걸고 변속기 오일이 약 65~85℃에 이를 때까지 엔진을 공전 상태로 한다.
③ 게이지를 빼내어 오일양이 HOT 범위에 있는가를 확인한다.

▶ 자동 변속기 오일의 색과 상태

색	상태
투명도 높은 붉은 색	정상
갈색	자동 변속기의 가혹한 사용으로 열화를 일으킨 상태
투명도 없는 검은 색	자동 변속기 내부 클러치판의 마멸 분말에 의한 오일의 오손, 부싱 및 기어 마멸
니스 모양 (varnish)	장시간 고온에 노출된 경우
백색	다량의 수분이 유입된 상태

3) 자동 변속기 오일 점검 시 주의사항

① 점검은 평탄한 장소에서 한다.
② 오일 레벨 게이지를 빼내기 전에 게이지 주위를 깨끗이 청소한다.
③ 오일이 부족하여 보충할 경우 ATF(자동 변속기용 오일)를 보충한다.

> 🎓 기적의 Tip
>
> 오일량이 부족하면 오일에 공기가 유입되어 라인 압력이 낮아진다.

4) 오일의 보충

① 오일이 부족하면 오일 레벨 게이지의 "FULL" 표시까지 보충한다.
② 오일온도가 대기온도 수준일 때는 오일 레벨 게이지의 "ADD" 표시까지 보충한다.

> 🎓 기적의 Tip
>
> 엔진 가동 온도가 아닌 상태에서 오일을 "FULL" 표시까지 보충하면 넘칠 수 있다.

06 냉각수 점검

1) 냉각수 확인

① 냉각장치와 연결된 연결 호스 및 엔진 부분의
누수를 점검한다.

② 화상 방지를 위해 엔진이 식은 후 라디에이터
캡을 천천히 탈거한다.

③ 냉각수는 필러 넥(filler neck)의 하단부까지
위치하는지 확인한다.

④ 냉각수준이 낮을 경우 냉각계통의 누수를 점
검한다.

2) 냉각계통 누수 점검

① 기관이 과열된 경우에는 기관의 시동을 정지
시킨 후 라디에이터에 냉각수를 천천히 부어
주어야 한다.

② 실린더 헤드 개스킷의 불량, 헤드 볼트의 풀림
등이 발생하면 냉각계통에서 배기가스 누출
및 냉각수 누수 여부를 점검한다.

③ 냉각수 통로 및 연결 호스 이음새 등의 누수
여부를 점검한다.

④ 라디에이터 캡의 불량 또는 라디에이터 기기
의 누수 여부를 점검한다.

07 냉각수 보충

1) 냉각수 선정

① 냉각수는 증류수(연수)를 선택하여 사용한다.

② 겨울철에는 냉각수가 동결되는 것을 방지하기
위하여 냉각수에 에틸렌글리콜 등을 혼합한 부
동액을 사용한다.

2) 냉각수 보충

① 부동액이 녹 등으로 변색된 경우는 냉각계통
을 청소한 다음 부동액을 넣는다.

② 냉각수로는 계절에 알맞게 증류수 또는 부동
액을 선정한다.

③ 기관을 정지한 후 충분히 냉각이 되었을 때 다
시 시동을 걸어둔다.

④ 보충이 필요할 때 영구 부동액은 물만 보충
하고 반영구 부동액은 최초에 주입한 농도의
부동액을 넣는다(물 50%, 부동액 50% 비율
의 방청제가 함유된 혼합액).

SECTION 04 · 작업 및 관리일지

출제
빈도 상 중 하

01 작업 중 특이사항

작업 중 엔진, 차체, 작업장치, 전기장치, 운전 상태에서 발생한 특이사항을 작업일지를 작성하여 기록한다.

1) 작업일지 작성내용
① 운전 중 발생한 특이사항
② 사용자의 성명과 작업의 종류, 가동시간 등
③ 연료 게이지

2) 작업 중 특이사항 기록
① 엔진 상태
이상 소음, 오일이나 냉각수 누유·누수 상태의 특이사항

② 외관 상태
타이어 공기압 또는 타이어 상태의 특이사항

③ 본체 및 제동장치
제동 상태, 가속 상태, 주차제동 상태, 변속 상태 등의 특이사항

④ 작업장치
체인의 상태, 포크 리프트 및 틸트 작동 상태 특이사항

⑤ 유압장치
유량, 펌프 및 제어밸브 작동 상태 및 유압오일 누유 상태 등의 특이사항

⑥ 전기장치
배터리단자 접지 상태, 등화장치, 방향지시등, 후진경보기 등의 작동 상태

⑦ 방호장치
헤드가드, 백레스트, 포크 고정볼트 상태 확인

⑧ 화물
심한 손상, 변형 또는 부식 상태, 파렛트와 스키드는 적재 중량에 대한 충분한 강도를 갖는지 기록

02 일상 점검 관리상태

1) 지게차의 작업 전 일상 점검
① 좌·우 차륜의 허브 너트 체결 점검
② 타이어의 손상 및 공기압 점검
③ 좌·우 틸트 실린더 오일 누유 상태 및 로드 끝의 체결 후 점검
④ 연료 게이지의 점검
⑤ 엔진 오일량의 점검 및 오일 이물질의 유무 점검
⑥ 냉각수량 점검
⑦ 작동유의 오일양과 오염 유무 점검
⑧ 컨트롤 밸브 배관 접속부 또는 오일 실에서의 누유 점검
⑨ 브레이크 배관 접속부의 오일 누유, 파이프의 찌그러짐 등을 점검
⑩ 리프트 체인을 앞으로 당겨서 좌·우의 장력이 평행한지 등을 점검
⑪ 체인에 오일이 말라붙지 않는지 등을 점검
⑫ 체인 앵커 볼트 등을 점검
⑬ 리프트 실린더 캡, 호스의 접촉부, 피스톤 로드 또는 실린더 표면의 이상 유무 점검
⑭ 포크 또는 접합부의 이상 유무 점검
⑮ 인칭 페달, 풋 브레이크 페달의 유격을 점검
⑯ 핸드 브레이크 체결 상태를 점검

2) 작업 중 일상 점검

① 최대 적재하중 이상으로 짐을 싣지는 않는가?
② 시야가 확보되지 않을 때는 유도자를 배치하였는가?
③ 제한속도(10km/h)를 준수하는가?
④ 포크를 지상 30cm 이상 들어올린 상태에서 주행하고 있지 않은가?
⑤ 급출발, 급정지, 급선회 운전을 하고 있지는 않은가?
⑥ 포크 끝에 불안전하게 화물을 싣지는 않았는가?

3) 작업 종료 후 일상 점검

① 내부의 청소
② 오일 누유 유무를 점검
③ 타이어 손상과 공기압 점검
④ 연료 사용량을 기록하고 보충
⑤ 볼트 및 너트 등의 풀림상태 점검
⑥ 엔진 키 스위치를 제거하고 확실히 보관
⑦ 부동액 사용 시 필히 냉각수 배출 후 사용

03 점검 및 정비주기

1) 월간 점검(200시간)

① 차체 세척, 체결 후 조임 상태 확인
② 엔진 오일 및 필터 청소 및 교환
③ 에어 클리너 청소 및 교환
④ 배터리 전해액의 비중과 전기 배선 및 각 단자의 점검 및 청소
⑤ 변속기 또는 차동장치 유량 점검
⑥ 조향 휠, 조향 감속장치, 차축 중심 핀 등 급유
⑦ 진공 배력장치 및 브레이크 부스터(변압기)의 조정
⑧ 휠 실린더, 브레이크 슈 간극 조정
⑨ 브레이크 페달, 주차 브레이크, 링크에 급유
⑩ 리프트 체인 청소 및 인장 조정
⑪ 유압배관 각부의 체결 후 점검, 고압 호스의 손상 점검

⑫ 유압계통의 작동 점검, 최고 작동압에서 조작 기능 상태 점검
⑬ 외부 또는 도장의 점검 보수

2) 일정시간 이후 정비(600시간)

① 예열플러그 점검(디젤 기관일 경우)
② 분사 압력, 거버너 조정 및 오일 교환
③ 라디에이터 세척 및 에어 클리너, 연료 필터의 엘리먼트 교환
④ 시동장치(전동기)의 브러쉬 점검
⑤ 전압조정기의 점검 및 조정
⑥ 펌프, 밸브, 실린더 및 작동유 상태 점검

3) 일정시간 이후 정비(1,200시간)

① 엔진 주요부 점검
② 각부 오일 교환
③ 작동유 탱크 세척

04 장비관리일지 기록

1) 지게차의 안전과 효율적 관리를 위한 기록

① 사용자의 성명과 작업의 종류, 가동시간 등을 기록한다.
② 연료량을 확인하고 보충 내용을 기록한다.
③ 정비 개소 및 사용 부품 등을 기록한다.

2) 일일 점검 후 기록

① 브레이크 점검
저항이 느껴질 때까지 손으로 페달을 눌러 간극이 3~6mm이면 정상이며, 발로 브레이크 페달을 밟아서 딱딱한 저항력이 느껴지는지 점검한다.

② 인칭 기능 점검
페달을 완전히 누른 위치에서 기어를 전진 또는 후진으로 제어한다.

③ 주차 브레이크 점검
경사면에서 레버를 내렸다가 다시 올려 주차 브레이크 상태를 점검한다.

④ 연료 수준 점검 및 보충

연료가 충분한지 게이지를 확인하고, 연료 보충 시에는 반드시 엔진을 정지하고 연료에 공기 중의 습기가 혼합되지 않도록 한다.

⑤ 업라이트, 유압장치 기능 점검

손상, 누유 및 오염 징후가 있는지 점검한다.

⑥ 포크 캐리지의 포크 점검

2개의 포크 사이의 높이 차이 또는 마모나 굽은 상태를 점검한다.

⑦ 작동유 점검

작동유는 최소 6개월(1,200시간)마다 교환하고 오일을 다른 종류와 혼합해 사용하지 않는다.

⑧ 기어오일 점검

변속기, 차동기, 조향기어 박스, 토크 컨버터를 점검하고 오일은 6개월마다 교환한다.

01 다음 중 지게차의 유압오일량을 점검할 때 올바른 내용은?

① 저속으로 운행하면서 기어 변속 시 점검한다.
② 포크를 중간쯤에 둔다.
③ 포크를 최대로 낮춘다.
④ 포크를 최대로 높인다.

지게차의 작동유량을 점검할 때에는 포크를 최대로 낮춘 상태에서 시동 전 점검을 한다.

02 지게차의 일상 점검 사항이 아닌 것은?

① 토크 컨버터의 오일 점검
② 타이어 손상 및 공기압 점검
③ 틸트 실린더 오일 누유 상태
④ 작동유의 양

토크 컨버터는 유체 클러치의 개량형으로 자동 변속기가 설치된 장비에서 사용되며 오일의 점검은 정기점검 사항이다.

03 다음은 작업일지에 기록하여야 할 내용이다. 해당되지 않는 것은?

① 사용자의 성명
② 가동시간
③ 작업의 종류
④ 정비 개소 및 사용부품

정비 개소 및 사용부품은 장비관리일지에 기록하는 사항이다.

04 다음 중 매월 간 정비사항에 해당되지 않는 것은?

① 엔진 오일 필터 교환
② 에어크리너 청소 및 교환
③ 변속기, 차동장치 유량점검
④ 연료 탱크 내부 세척

연료 탱크의 내부 세척은 연간 정비사항이다.

PART 06

도로주행 및
건설기계관리법

도로주행 관련 도로교통법

01 도로교통법 용어

1) 도로 관련 용어

보행자 전용도로	보행자만 다닐 수 있도록 안전표지나 그와 비슷한 인공 구조물로 표시한 도로
자동차 전용도로	자동차만 다닐 수 있도록 설치된 도로
고속도로	자동차의 고속 운행에만 사용하기 위하여 지정된 도로
차도	연석선(차도와 보도를 구분하는 돌 등으로 이어진 선), 안전표지 또는 그와 비슷한 인공구조물을 이용하여 경 계를 표시하여 모든 차가 통행할 수 있도록 설치된 도 로의 부분
중앙선	차마의 통행 방향을 명확하게 구분하기 위하여 도로에 황색 실선이나 황색 점선 등의 안전표지로 표시한 선 또는 중앙분리대나 울타리 등으로 설치한 시설물. 다만, 가변 차로가 설치된 경우에는 신호기가 지시하는 진행 방향의 가장 왼쪽에 있는 황색 점선
차로	차마가 한 줄로 도로의 정하여진 부분을 통행하도록 차 선으로 구분한 차도의 부분
차선	차마가 한 줄로 도로의 정하여진 부분을 통행하도록 차 선으로 구분한 차도의 부분
보도	연석선, 안전표지나 그와 비슷한 인공 구조물로 경계를 표시하여 보행자가 통행할 수 있도록 한 도로의 부분
길 가장자리 구역	보도와 차도가 구분되지 아니한 도로에서 보행자의 안 전을 확보하기 위하여 안전표지 등으로 경계를 표시한 도로의 가장자리 부분

🎓 기적의 Tip

보행자는 유모차와 행정안전부령으로 정하는 보행보조용 의자차를 포함한다.

2) 안전시설 관련 용어

횡단보도	보행자가 도로를 횡단할 수 있도록 안전표지로 표시한 도로의 부분
교차로	'十'자로, 'T'자로나 그 밖에 둘 이상의 도로(보도와 차도 가 구분되어 있는 도로에서는 차도를 말한다)가 교차하 는 부분
안전지대	도로를 횡단하는 보행자나 통행하는 차마의 안전을 위 하여 안전표지나 이와 비슷한 인공구조물로 표시한 도 로의 부분
신호기	도로교통에서 문자·기호 또는 등화를 사용하여 진 행·정지·방향전환·주의 등의 신호를 표시하기 위하 여 사람이나 전기의 힘으로 조작하는 장치
안전표지	교통안전에 필요한 주의·규제·지시 등을 표시하는 표지판이나 도로의 바닥에 표시하는 기호·문자 또는 선 등

3) 차량 관련 용어

차마	사람 또는 가축의 힘이나 그 밖의 동력으로 도로에서 운전되는 것
자동차	철길이나 가설된 선을 이용하지 아니하고 원동기를 사 용하여 운전되는 차
원동기장치 자전거	자동차관리법에 따른 이륜자동차 가운데 배기량 125CC 이하의 이륜자동차 또는 배기량 50CC 미만의 원동기를 단 차
자동차	자동차와 원동기장치 자전거
긴급자동차	소방차, 구급차, 혈액 공급차량, 그 밖에 대통령령으로 정하는 자동차로서 그 본래의 긴급한 용도로 사용되고 있는 자동차

4) 운행 관련 용어

주차	차를 계속 정지 상태에 두거나 차를 운전할 수 없는 상태에 두는 것
정차	운전자가 5분을 초과하지 아니하고 차를 정지시키는 것
운전	도로에서 차마를 그 본래의 사용 방법에 따라 사용하는 것
서행	운전자가 차를 즉시 정지시킬 수 있는 정도의 느린 속도로 진행하는 것
앞지르기	앞서가는 다른 차의 옆을 지나서 그 차의 앞으로 나가는 것
일시정지	차의 운전자가 그 차의 바퀴를 일시적으로 완전히 정지시키는 것

02 신호등

1) 신호등의 신호 순서

① 4색 신호등 작동 순서 : 적색 및 녹색 화살표시 → 황색 → 녹색 → 황색 → 적색
② 3색 신호등 작동 순서 : 녹색 → 황색 → 적색
③ 2색 신호등 작동 순서 : 녹색 → 적색

> **기적의 Tip**
>
> 가변 신호등의 녹색↓ 표시는 진행하라는 신호이며, 적색 × 표시는 통행 금지 신호이다.

2) 신호등의 성능

등화의 밝기는 낮에 150m 앞쪽에서 식별할 수 있으며 빛은 사방으로 각각 45도 이상 발산하고 태양광선이나 그 밖의 다른 빛에 의하여 방해받지 않아야 한다.

3) 신호 중 가장 우선하는 신호

신호기의 신호보다 경찰 공무원의 수신호를 우선으로 한다.

03 교통안전표지

① 주의표지 : 도로상태가 좋지 않거나 위험하다고 판단된 경우에 필요한 안전조치를 할 수 있도록 도로 사용자에게 알리는 표지
② 규제표지 : 도로교통의 안전을 위하여 각종 제한·금지 등의 규제를 도로사용자에게 알리는 표지
③ 지시표지 : 도로의 통행 방법·통행 구분 등 도로교통의 안전을 위하여 필요한 지시를 하는 경우에 도로사용자가 이를 따르도록 알리는 표지
④ 보조표지 : 주의표지·규제표지 또는 지시표지의 주기능을 보충하여 도로사용자에게 알리는 표지
⑤ 노면표지 : 도로교통의 안전을 위하여 각종 주의, 규제, 지시 등의 내용을 노면에 기호, 문자 또는 선으로 도로사용자에게 알리는 표지

황색	청색
• 반대 방향의 도로 이용의 제한 및 지시 • 중앙선, 도로중앙장애물, 주정차금지표시 및 안전지대표시	• 지정 방향의 표시 • 버스전용차로, 다인승차량 전용차선

백색	적색
동일 방향의 경계 표시	• 어린이보호구역, 주거지역 안에 설치하는 속도제한 표시의 테두리선 • 소방시설 주변 주정차금지표시

> **기적의 Tip**
>
> **교통안전표지**
> 주의·규제·지시 등을 표시하는 표지와 보조표지·주의·규제·지시의 내용을 도로바닥에 표시하는 문자·기호·선 등의 노면표지가 있다.

01 그림의 교통표지는?

① 좌·우회전 금지표지이다.
② 양 측방 일방통행표지이다.
③ 좌·우회전 표지이다.
④ 양 측방 통행금지표지이다.

그림의 교통안전표지는 좌·우회전 표지이다.

02 도로교통법상 건설기계를 운전하여 도로를 주행할 때 서행에 대한 정의로 옳은 것은?

① 매시 60km 미만의 속도로 주행하는 것을 말한다.
② 운전자가 차를 즉시 정지시킬 수 있는 느린 속도로 진행하는 것을 말한다.
③ 정지거리 2m 이내에서 정지할 수 있는 경우를 말한다.
④ 매시 20km 이내로 주행하는 것을 말한다.

서행 : 운전자가 차를 즉시 정지시킬 수 있는 정도의 느린 속도로 진행하는 것

03 도로교통법상 3색 등화로 표시되는 신호등의 신호 순서로 맞는 것은?

① 녹색(적색 및 녹색 화살표)등화, 황색등화, 적색등화의 순이다.
② 적색(적색 및 녹색 화살표)등화, 황색등화, 녹색등화의 순이다.
③ 녹색(적색 및 녹색 화살표)등화, 적색등화, 황색등화의 순이다.
④ 적색점멸등화, 황색등화, 녹색(적색 및 녹색 화살표)등화의 순서이다.

3색등화의 작동 순서는 녹색(적색 및 녹색 화살표)등화, 황색등화, 적색등화의 순으로 작동된다.

04 다음 그림의 교통안전표지에 대한 설명으로 맞는 것은?

① 30톤 자동차 전용도로
② 최고 중량 제한 표지
③ 최고 시속 30킬로미터 속도 제한 표지
④ 최저 시속 30킬로미터 속도 제한 표지

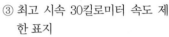

그림의 교통표지는 최저 속도 제한표시이다.

05 도로교통법의 제정 목적을 바르게 나타낸 것은?

① 도로 운송 사업의 발전과 운전자들의 권익 보호
② 도로상의 교통사고로 인한 신속한 피해 회복과 편익 증진
③ 건설기계의 제작, 등록, 판매, 관리 등의 안전 확보
④ 도로에서 일어나는 교통상의 모든 위험과 장해를 방지하고 제거하여 안전하고 원활한 교통을 확보

도로교통법의 제정은 도로에서 일어나는 교통상의 모든 위험과 장해를 방지하고 제거하여 안전하고 원활한 교통을 확보하는데 그 목적이 있다.

06 도로교통법상 교통안전표지의 종류를 올바르게 나열한 것은?

① 교통안전표지는 주의, 규제, 지시, 안내, 교통표지로 되어있다.
② 교통안전표지는 주의, 규제, 지시, 보조, 노면표지로 되어있다.
③ 교통안전표지는 주의, 규제, 지시, 안내, 보조표지로 되어있다.
④ 교통안전표지는 주의, 규제, 안내, 보조, 통행표지로 되어있다.

도로교통법상 교통안전표지는 주의, 규제, 지시, 보조, 노면으로 구성되어 있다.

01 도로명 표기

1) 도로명주소의 표기방법

「행정구역명」+「도로명」+「건물번호」+「,」+
「상세주소」+「참고사항」

2) 도로명주소 부여절차 및 도로구간의 이동

① 도로구간설정 : 서쪽 → 동쪽, 남쪽 → 북쪽 방향
   으로 설정
② 건물번호 부여 : 하나의 기초구간에 두 개 이상
   의 건물이 있을 경우 두 번째부터 기초번호에
   가지번호(-) 부여

3) 도로명 부여 대상 도로별 구분

① 대로 : 40m 이상 또는 왕복 8차로 이상
② 로 : 12m 이상 40m 미만 또는 왕복 2~7차선
③ 길 : 2차선 미만(대로와 로 외의 도로)

4) 기초번호

도로 구간의 시작 지점부터 끝 지점까지 일정한
간격으로 부여된 번호이다.

① 기초번호방식 도로명
길의 시작지점이 분기되는 도로구간의 도로명으
로 기초번호에 분기되는 순서에 "번길"이라는 단
어를 차례로 부여

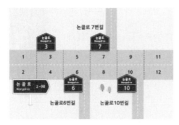

▲ 기초번호방식

② 일련번호방식 도로명

길에 분기되는 지점의 일련번호(일정한 간격 없
이 체계적인 순서에 따라 부여)에 "길"이라는 단
어를 부여

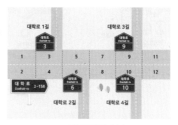

▲ 일련번호방식

5) 기초번호 부여기준

① 왼쪽은 홀수번호, 오른쪽은 짝수번호 부여가
   원칙
② 도로의 시작지점에서 끝지점까지 "좌우대칭"
   을 유지
③ "대로", "로"는 기초간격 20m 원칙이나 다만
   "길"은 필요시 10m 설정 가능
④ 종속 구간은 20m 간격이 원칙이나 10m마다
   기초번호에 가지번호 부여 가능

6) 도로명판의 종류 및 이미지

① 왼쪽 또는 오른쪽 한방향용 도로명판

▲ 도로의 시작지점   ▲ 도로의 끝 지점

② 양방향용 도로명판 또는 앞쪽 방향용 도로명판

▲ 양방향 교차지점   ▲ 진행하는 방향

③ 예고용 도로명판 및 기초번호판

▲ 예고용 도로명판

▲ 기초번호판

④ 건물번호판

▲ 일반용 건물번호판

▲ 일반용 건물번호판

▲ 문화재 · 관광용

▲ 관공서용

02 도로 표지판

이용자가 원하는 목적지까지 안내할 목적으로 행정구역명, 지명, 시설물명 및 도로명을 표기하여 도로의 방향, 노선, 시설물 및 도로명의 정보를 안내한다.

1) 방향 표지판

방향을 나타내는 표지로 도로명 표지, 도로명예고 표지, 차로지정 표지 등으로 분류한다.

▲ 도로명 표지

▲ 도로명예고 표지

▲ 차로지정 표지

2) 이정 표지판

지정 위치까지의 거리를 나타내는 표지이다.

▲ 1지명 이정 표지　▲ 2지명 이정 표지　▲ 3지명 이정 표지

3) 경계 표지판

특별시, 광역시, 특별자치시, 도지사 또는 시 · 군 · 읍 · 면 사이의 행정구역의 경계를 나타내는 표지이다.

▲ 시계 표지

4) 노선 표지판

주행 노선 또는 분기 노선을 나타내는 표지판으로 노선 유도, 노선 방향, 노선 확인 표지판 등으로 분류한다.

노선 유도 표지	곧 만나게 되는 도로의 노선 정보를 안내하기 위해 도로명 표지 및 도로명 예고 표지 상단에 설치하는 표지이다.	
노선 방향 표지	현재 주행 중인 도로의 노선정보를 안내하기 위해 도로명 표지 및 도로명 예고 표지 상단에 설치하는 표지이다.	
노선 확인 표지	현재 주행 중인 도로의 노선 정보를 안내하기 위해 단독으로 설치하는 표지이다.	

5) 안내 표지판

① **공공시설 표지** : 공공시설을 안내하는 표지이다.

② **관광지 표지** : 관광지를 안내하는 표지이다.

③ **주차장 표지** : 주차장을 안내하는 표지이다.

④ **시설물 표지** : 하천 표지, 교량 표지, 터널 표지, 도로관리기관 표지이다.

⑤ **자동차 전용도로 표지** : 자동차 전용도로의 시점 및 종점을 안내하는 표지이다.

합격을 다지는 예상문제

01 차량이 남쪽에서부터 북쪽 방향으로 진행 중일 때, 그림의 「3방향 도로명 표지」에 대한 설명으로 틀린 것은?

① 차량을 좌회전하는 경우 '중림로', 또는 '만리재로'로 진입할 수 있다.
② 차량을 좌회전하는 경우 '중림로', 또는 '만리재로' 도로구간의 끝 지점과 만날 수 있다.
③ 차량을 직진하는 경우 '서소문공원' 방향으로 갈 수 있다.
④ 차량을 '중림로'로 좌회전하면 '충정로역' 방향으로 갈 수 있다.

차량이 좌회전하는 경우 중림로 또는 만리재로 도로구간의 끝 지점과 서로 만나지 않는다.

02 차량이 남쪽에서 북쪽 방향으로 진행 중일 때 그림의 「다지형 교차로 도로명 예고표지」에 대한 설명으로 틀린 것은?

① 차량을 좌회전하는 경우 '신촌로' 또는 '양화로'로 진입할 수 있다.
② 차량을 좌회전하는 경우 '신촌로' 또는 '양화로' 도로구간의 끝 지점과 만날 수 있다.
③ 차량을 직진하는 경우 '연세로' 방향으로 갈 수 있다.
④ 차량을 '신촌로'로 우회전하면 '시청' 방향으로 갈 수 있다.

차량이 좌회전하는 경우 신촌로 또는 양화로의 끝 지점과 서로 만나지 않는다.

03 다음의 도로 표지판이 의미하는 것으로 알맞은 것은?

① 도로명 등을 나타내는 도로명 표지이다.
② 도로명 등을 예고해 주는 도로명 예고표지이다.
③ 교통의 흐름을 명확히 분류하기 위하여 진행방향의 차로를 안내하는 표지이다.
④ 목적지까지의 거리를 나타내는 이정표지이다.

그림은 도로명 표지이다.

04 다음 중 왼쪽 한 방향용 도로명판에 대한 설명으로 알맞은 것은?

① 왼쪽과 오른쪽 양 방향용 도로 명판이다.
② "← 65" 현 위치는 도로의 시작점이다.
③ 대정로 23번 길은 65km이다.
④ 대정로 23번 길 끝점을 의미한다.

왼쪽 한 방향용 도로명판으로 대정로 23번 길 끝점을 의미하며 "← 65" 현 위치는 도로의 끝 지점, 65는 650m(65×10m)를 의미한다.

05 다음 중 관공서용 건물 번호판으로 알맞은 것은?

①   ②

③   ④

오답 피하기

① 관공서용 건물 번호판
② 일반용 건물 번호판
③ 문화재 및 관광용 건물 번호판
④ 일반용 건물 번호판

01 도로통행 방법

1) 차마의 통행구분

① 차마는 보도와 차도가 구분된 도로에서 차도 우측으로 통행하여야 한다.

② 보도와 차도가 구분되지 않은 도로에서는 도로의 중앙 우측을 통행하여야 한다.

2) 도로의 중앙이나 좌측 부분을 통행할 수 있는 경우

① 도로가 일방통행으로 된 때

② 도로가 파손되거나 공사 등의 장해로 우측 부분을 통행할 수 없는 때

③ 도로의 우측 부분의 폭이 통행에 충분하지 못할 때

④ 도로 우측 부분의 폭이 6m가 되지 않는 도로에서 앞지르기를 할 때

⑤ 가파른 비탈길의 구부러진 곳에서 지방 경찰청장이 필요하다고 인정하여 지정한 방법에 따를 때

02 차로에 따른 통행기준

1) 차로의 설치 기준

① 차로를 설치할 때는 중앙선을 표시한다.

② 차로의 순위는 도로의 중앙으로부터 1차로로 한다.

③ 차로의 너비는 3m 이상으로 한다.

2) 차로를 설치할 수 없는 곳

횡단보도, 교차로, 철길건널목에서는 차로를 설치할 수 없다.

3) 진로변경 제한선 표시

자동차의 진로변경을 제한할 필요가 있을 때 백색실선으로 설치하고 교차로, 횡단보도의 직전 또는 지하차도, 터널 등에 주로 설치한다.

4) 정차, 주차를 금지하는 길 가장자리 구역선

주차만을 금지하는 곳에서는 황색점선으로 표시하고 정차, 주차를 동시에 금지하는 곳에서는 황색실선으로 표시하여 설치한다.

5) 중앙선

차마의 통행을 구분하기 위하여 도로에 설치한 황색실선 및 황색점선 등의 선 또는 중앙분리대, 철책, 울타리 등으로 설치한 도로분리선을 말한다.

① 중앙선의 황색실선은 자동차가 넘어갈 수 없음을 표시한다.

② 중앙선의 황색점선은 자동차가 선을 넘어갈 수 있음을 표시한다.

③ 중앙선의 황색실선과 황색점선의 복선은 자동차가 실선 쪽에서는 넘을 수 없으나 점선 쪽에서는 반대 방향으로 넘어갈 수 있다.

④ 중앙선은 노면 폭이 6m 이상인 도로에 설치한다.

⑤ 편도 1차로 도로에서는 황색실선 또는 점선의 단선으로 표시하거나 황색실선과 점선을 복선으로 하여 설치한다.

⑥ 중앙분리대가 없는 편도 2차로 이상인 도로의 중앙선은 황색실선 복선으로 설치한다.

03 차로에 따른 통행방법

1) 앞지르기

① 앞지르기 정의

차가 앞서가는 다른 차의 옆을 지나서 그 차의 앞으로 나가는 것을 말한다.

② 앞지르기 당할 때의 방해 금지

모든 차는 앞지르기를 하려는 차가 앞지르기 신호를 하는 때에는 속도를 높여 경쟁을 하거나 앞지르기를 하려는 차의 앞을 가로막는 등 방해를 금지한다.

2) 건널목

① 일단정지와 안전 확인

모든 차는 철길건널목을 통과하고자 하는 때에는 그 건널목 앞에서 일단정지를 하여 안전함을 확인한 후에 통과하여야 한다.

② 일단정지의 예외

건널목을 통과하고자 하는 때에 신호기의 진행신호 또는 철도 공무원의 진행신호에 따르는 때에는 정지하지 아니하고 통과할 수 있다.

04 긴급자동차

소방자동차. 구급자동차 그 밖의 대통령령이 정하는 자동차로서 그 본래의 긴급한 용도로 사용되고 있는 자동차를 말한다.

1) 대통령령으로 정한 긴급자동차

① 소방자동차, 구급자동차, 경찰용 자동차 중 범죄 수사차. 교통단속 자동차

② 군용자동차 중 군 질서유지 및 부대이동을 유도하는 자동차

③ 교도기관용 자동차 중 도주자의 체포 또는 호송, 경비용 자동차

2) 교차로 및 그 부근에서 긴급자동차에 대한 양보 방법

도로의 우측 가장자리에 일시 정지한다. 일방향으로 된 도로에서는 우측 또는 좌측 가장자리로 피하여 정지한다.

05 지게차 주행 시 포크의 위치

1) 지게차 주행 시 안전수칙

도로상을 주행하는 경우에는 파렛트, 연장 포크를 꽂거나 포크의 선단에 표식을 부착하여 주행한다.

2) 지게차 주행 시 사각지대의 시야 확보와 안전운전

① 주행 경로가 항상 잘 보이게 유지한다.

② 화물이나 마스트 장치(작업장치 등)가 시야를 가릴 경우 후진 주행을 한다.

③ 출입구, 교차점, 시야가 좁아지는 그 밖의 장소를 지날 때는 특히 저속 주행한다.

④ 교통이 복잡한 지역에서는 주행 경로 내의 장애물, 기타 위험 요소를 피한다.

⑤ 화물은 가능한 한 낮게 내리고 마스트를 뒤로 기울인 상태로 이동한다.

⑥ 경사진 면에서 운행할 때는 화물을 경사진 면 위쪽으로 향하게 한다.

3) 지게차 도로주행 시 정지 방법

횡단보도 근처에서는 보행자의 횡단을 방해하거
나 위험을 주지 아니하도록 횡단보도 앞 정지선
에서 일시정지하여야 한다.

① 횡단보도의 신호를 준수한다. 보행자 통행 시
　일시정지한다.
② 일시정지할 경우 포크 끝단을 바닥에 밀착시
　켜 정지한다.

이론을 확인하는 개념 체크

01 도로 폭이 5m라면 앞지르기를 위해 반대방향의 교통에 방해가 되지 않는 한 도로의 중앙이나 좌측 부분을 통행할 수 있다. (O, X)

02 차로의 너비는 2m 이상으로 한다. (O, X)

03 길 가장자리 구역선으로 황색실선이 있다면 주차는 금지되며, 정차는 가능하다. (O, X)

04 철도 공무원이 건널목 앞에서 진행신호를 하는 경우 건널목 앞에서 정지하지 않고 통행할 수 있다. (O, X)

05 생명이 위급한 환자를 태운 승용자동차는 긴급자동차로 취급할 수 있다. (O, X)

01 O 02 X 03 X 04 O 05 O

01 다음 중 통행의 우선순위가 맞는 것은?

① 긴급자동차 → 일반 자동차 → 원동기장치자전거
② 긴급자동차 → 원동기장치자전거 → 승용자동차
③ 건설기계 → 원동기장치자전거 → 승합자동차
④ 승합자동차 → 원동기장치자전거 → 긴급자동차

도로에서의 통행 우선순위는 긴급자동차 → 일반자동차 → 원동기 장치자전거 순이다.

02 교차로 또는 그 부근에서 긴급자동차가 접근하였을 때 피양 방법으로 가장 적절한 것은?

① 교차로를 피하여 도로의 우측 가장 자리에 일시정지 한다.
② 그 자리에서 즉시 정지 한다.
③ 그대로 진행 방향으로 진행을 계속 한다.
④ 서행하면서 앞지르기 하라는 신호를 한다.

교차로 또는 그 부근에서 긴급자동차가 접근하였을 때에는 교차로를 피하여 도로의 우측 가장자리에 일시 정지한다.

03 도로의 중앙으로부터 좌측을 통행할 수 있는 경우는?

① 편도 2차로의 도로를 주행할 때
② 도로가 일방통행으로 된 때
③ 중앙선 우측에 차량이 밀려있을 때
④ 좌측도로가 한산할 때

도로의 중앙 좌측을 통행할 수 있는 경우는 일방통행 도로일 때이다.

04 신호등이 없는 철길 건널목 통과 방법 중 옳은 것은?

① 차단기가 올라가 있으면 그대로 통과해도 된다.
② 반드시 일시정지를 한 후 안전을 확인하고 통과한다.
③ 신호등이 진행 신호일 경우에도 반드시 일시정지를 하여야 한다.
④ 일시정지를 하지 않아도 좌우를 살피면서 서행으로 통과하면 된다.

신호등이 없는 철길 건널목을 통과할 때에는 철길 건널목 직전에 반드시 일시정지를 한 후 좌우를 살펴 안전을 확인하고 서행으로 통과하여야 한다.

05 도로교통법상에서 운전자가 주행방향 변경 시 신호를 하는 방법으로 틀린 것은?

① 방향 전환, 횡단, 유턴, 정지 또는 후진 시 신호를 하여야 한다.
② 신호의 시기 및 방법은 운전자가 편리한 대로 한다.
③ 진로 변경 시 손이나 등화로서 신호할 수 있다.
④ 진로 변경의 행위가 끝날 때까지 신호를 하여야 한다.

주행방향 전환 시 신호시기 및 방법은 도로교통법에 명시되어 있으며 이에 따라야 한다.

06 밤에 도로에서 지게차를 운행하거나 일시정차할 때 켜야 할 등화는?

① 전조등, 안개등과 번호등
② 전조등, 차폭등과 미등
③ 전조등, 실내등과 미등
④ 전조등, 제동등과 번호등

야간에 차가 주행하거나 일시정차할 때 켜야 하는 등화는 전조등, 차폭등, 미등이다.

도로주행 시 안전운전

01 서행 및 일시정지

1) 서행하여야 할 곳

① 교통정리가 행하여지지 아니하고 좌·우를 확인할 수 없는 교차로

② 도로의 구부러진 곳이나 비탈길의 고개마루 부근, 가파른 비탈길의 내리막

③ 교통의 안전과 원활한 소통을 확보하기 위하여 필요하다고 인정하여 지정한 곳

2) 일시정지하여야 할 장소

① 교통정리가 행하여지지 아니하고 교통이 빈번한 교차로

② 철길 건널목

③ 교통의 안전과 원활한 소통을 확보하기 위하여 필요하다고 인정한 곳

④ 도로 이외의 곳에 출입하기 위하여 보도를 횡단하고자 하는 곳

02 주차 및 정차

1) 정차·주차의 방법

① 자동차가 도로에서 정차할 때에는 차도의 우측 가장자리에 정차를 하여야 한다.

② 자동차가 차도와 보도의 구분이 없는 도로에서 정차할 때에는 우측 가장자리로부터 50cm 이상의 거리를 두고 정차하여야 한다.

2) 정차·주차 금지 장소

① 교차로, 횡단보도, 보도와 차도가 구분된 도로의 보도 또는 건널목, 단 보도와 차도에 걸쳐서 설치된 노상 주차장의 주차는 제외된다.

② 지방 경찰청장이 도로에서의 위험을 방지하고 교통의 안전과 원활한 소통을 확보하기 위하여 필요하다고 인정하여 지정한 곳

• 5m 이내의 곳 : 교차로 가장자리 또는 도로 모퉁이

• 10m 이내의 곳 : 철길 건널목, 안전지대, 버스 정류장, 횡단보도

03 신호

1) 차의 신호

① 좌·우회전, 유턴, 횡단, 진로 변경의 경우 : 일반도로에서는 30m 이상의 지점. 고속도로에서는 100m 이상의 지점

② 정지, 서행, 후진을 하는 경우 : 그 행위를 하고자 하는 지점

③ 뒤차를 앞지르기 시키고자 할 경우 : 그 행위를 하고자 하는 지점

2) 신호의 방법

① 유턴, 횡단, 진로를 변경하는 경우에는 방향지시등을 조작한다.

② 정지하고자 할 경우 브레이크 페달을 밟으면 제동등이 켜진다.

③ 후진하고자 할 경우 변속레버를 후진에 넣으면 후진등이 점등된다.

④ 서행할 때 브레이크 페달을 밟았다 놓았다 하며 제동등을 점멸한다.

3) 손으로 신호하는 방법(수신호 방법)

신호를 행하여야 할 시기	수신호의 방법
정지하고자 할 때	팔을 차체 밖으로 내어 45도 밑으로 편다.
후진하고자 할 때	팔을 차체 밖으로 내어 45도 밑으로 펴서 손바닥을 뒤로 향하게 하여 앞뒤로 흔든다.
뒤차를 앞지르기 시키고자 할 때	팔을 차체 밖으로 내어 수평으로 펴서 손을 앞뒤로 흔든다.
서행하고자 할 때	팔을 차체 밖으로 내어 45도 밑으로 펴서 상하로 흔든다.

04 도로주행 시 금지 사항

1) 무면허 운전금지

건설기계 조종사 면허증을 가지고 지게차를 운전할 수 있으며 도로주행 시 무면허 운전을 하지 말아야 한다.

2) 주취 중 운전금지

① 누구든지 술에 취한 상태에서 건설기계 등을 운전하여서는 아니 된다.
② 경찰 공무원은 교통의 안전과 위험 방지를 위하여 운전자가 술에 취하였는지를 호흡 조사로 측정할 수 있다.
③ 측정 결과에 불복하는 운전자에 대하여는 그 운전자의 동의를 받아 혈액 채취 등의 방법으로 다시 측정할 수 있다.

> 🎓 기적의 Tip
>
> **음주단속 기준**
> 혈중 알코올 농도 0.03% 이상

3) 과로한 때 등의 운전금지

술에 취한 상태 이외에 과로, 질병, 약물의 영향과 그 밖의 사유로 인하여 정상적인 운전을 하지 못할 염려가 있는 상태에는 운전을 하지 말아야 한다.

4) 모든 운전자 준수사항

① 안전운전 의무

운전자는 작동장치를 정확히 조작하여야 하며 도로의 교통상황과 그 차의 구조 및 성능에 따라 다른 사람에게 위해를 주는 속도나 방법으로 운전하여서는 안 된다.

② 면허증 휴대 및 제시의무

운전자는 운전 중에 경찰 공무원으로부터 운전면허증의 제시요구를 받은 때에는 이를 제시하여야 한다.

③ 좌석 안전띠의 착용

지게차를 운전할 때에는 좌석 안전띠를 매도록 하여야 한다.

④ 공동 위험행위의 금지

운전자는 도로에서 2명 이상이 공동으로 2대 이상의 자동차 등을 정당한 사유 없이 앞뒤로 또는 좌우로 줄지어 통행하면서 주변에 위험을 발생하게 해선 안 된다.

05 보행자 보호 및 양보 운전

1) 운전자 안전수칙

① 물이 고인 곳을 운행하는 때에는 다른 사람에게 피해를 주는 일이 없도록 한다.
② 보호를 요하는 사람이 걷고 있을 때는 일시정지하거나 서행하여야 한다.
③ 시비, 다툼 등으로 도로에서 자동차 등을 세워둔 채로 다른 차마의 통행을 방해하여서는 안 된다.
④ 운전자가 운전석을 떠날 때는 시동을 끄고 정지 상태를 안전하게 유지하고 다른 사람이 함부로 운전하지 못하도록 필요한 조치를 하여야 한다.
⑤ 운전자는 안전을 확인하지 아니하고 차의 문을 열거나 내려서는 안 된다.
⑥ 운전자는 다른 사람에게 피해를 주는 소음을 발생해서는 안 된다.

- 최고 속도의 100분의 20을 줄인 속도로 운행 : 비가 내려 노면이 젖어 있거나 눈이 20mm 미만으로 쌓인 경우
- 최고 속도의 100분의 50을 줄인 속도로 운행 : 폭우, 폭설, 안개 등으로 가시거리가 100m 이내이거나 노면이 얼어붙고 눈이 20mm 이상 쌓인 경우

2) 교통정리가 없는 교차로에서 통행 우선순위

① 교차로 내에 먼저 진입한 차
② 넓은 도로에서 진입한 차는 좁은 도로에서 직진 또는 좌. 우회전하려는 차보다 우선 통행
③ 우선순위가 같은 차의 경우 우측 도로의 차가 우선 통행
④ 직진 또는 우회전하려는 차는 좌회전하려는 차보다 우선 통행
⑤ 좌회전하려는 차

3) 안전거리 확보

① 앞차가 갑자기 정지하게 되는 경우 그 앞차와의 충돌을 피할 수 있는 필요한 거리를 확보하여야 한다.
② 정상적인 통행에 장애를 줄 우려가 있을 때 진로를 변경하여서는 안 된다.
③ 운전하는 차를 갑자기 정지시키거나 속도를 줄이는 등의 급제동을 하지 않는다.

4) 교통사고의 정의

차의 교통으로 인하여 사람을 사상하거나 물건을 손괴하는 것이다.

5) 사고 시 운전자 등 그 밖의 승무원의 조치

① 곧 정차하여 사상자를 구호하고 필요한 조치를 취한다.
② 가까운 경찰관서 또는 경찰 공무원에게 신고한다.
③ 차만 파손되어 위험방지 및 원활한 교통소통을 위한 필요한 조치를 한 때는 신고를 면제한다.
④ 경찰 공무원의 지시에 따른다.

06 운전면허 취소 · 정지 처분 기준

1) 벌점 등 초과로 인한 운전면허의 취소 · 정지

① 벌점 · 누산점수 초과로 인한 면허 취소
1회의 위반 · 사고로 인한 벌점 또는 연간 누산점수가 다음 표의 벌점 또는 누산점수에 도달한 때에는 그 운전면허를 취소한다.

기간	벌점 또는 누산점수
1년간	121점 이상
2년간	201점 이상
3년간	271점 이상

② 벌점 · 처분벌점 초과로 인한 면허 정지
운전면허 정지처분은 1회의 위반 · 사고로 인한 벌점 또는 처분벌점이 40점 이상이 된 때부터 결정하여 집행하되, 원칙적으로 1점을 1일로 계산하여 집행한다.

2) 취소처분 주요 개별기준

① 교통사고를 일으키고 구호조치를 하지 아니한 때
② 혈중 알코올 농도 0.03% 이상에서 운전하다 교통사고로 사람을 죽게 하거나 다치게 한 때
③ 혈중 알코올 농도 0.08% 이상에서 운전한 때
④ 술에 취한 상태의 측정에 불응한 사람이 다시 술에 취한 상태인 혈중 알코올 농도 0.03% 이상에서 운전한 때
⑤ 술에 취한 상태에서 경찰공무원의 측정 요구에 불응할 때
⑥ 도난, 분실 제외하고 다른 사람에게 운전면허증 대여할 때

혈중 알코올 농도 0.03% 이상 ~ 0.08% 미만에서 운전하면 벌점 100점이 부여된다.

01 도로교통법상 반드시 서행하여야 할 장소로 지정된 곳으로 가장 적절한 것은?

① 안전지대 우측
② 비탈길의 고개 마루 부근
③ 교통정리가 행하여지고 있는 교차로
④ 교통정리가 행하여지고 있는 횡단보도

서행하여야 할 곳
· 교통정리가 행하여지지 아니하고 좌·우를 확인할 수 없는 교차로
· 도로의 구부러진 곳
· 비탈길의 고개 마루 부근
· 가파른 비탈길의 내리막
· 지방경찰청장이 도로에서의 위험을 방지하고 교통의 안전과 원활한 소통을 확보하기 위하여 필요하다고 인정하여 지정한 곳

02 도로교통법상 술에 취한 상태의 기준으로 옳은 것은?

① 혈중 알코올 농도 0.02% 이상일 때
② 혈중 알코올 농도 0.1% 이상일 때
③ 혈중 알코올 농도 0.03% 이상일 때
④ 혈중 알코올 농도 0.2% 이상일 때

술에 취한 상태의 기준은 혈중 알코올 농도 0.03%이다.

03 도로교통법상 주차를 금지하는 곳으로 틀린 것은?

① 상가 앞 도로의 5m 이내인 곳
② 터널 안 및 다리 위
③ 도로공사를 하고 있는 경우에는 그 공사구역의 양쪽 가장자리로부터 5m 이내인 곳
④ 화재경보기로부터 3m 이내인 곳

상가 앞 도로의 5m 이내인 곳은 주차 금지 구역이 아니다.

04 도로교통법에 위반이 되는 것은?

① 밤에 교통이 빈번한 도로에서 전조등을 계속 하향했다.
② 낮에 어두운 터널 속을 통과할 때 전조등을 켰다.
③ 소방용 방화 물통으로부터 10m 지점에 주차하였다.
④ 노면이 얼어붙은 곳에서 최고 속도의 20/100을 줄인 속도로 운행하였다.

노면이 얼어붙은 때의 주행 속도는 최고 속도의 50/100으로 줄인 속도로 운행을 하여야 한다.

05 다음 중 교통정리가 행하여지지 않는 교차로에서 통행의 우선권이 가장 큰 차량은?

① 우회전하려는 차량
② 좌회전하려는 차량
③ 이미 교차로에 진입하여 좌회전하고 있는 차량
④ 직진하려는 차량

교통정리가 행하여지지 않는 교차로에서 통행의 우선은 선 진입차량이다.

06 도로교통법상 폭우, 폭설, 안개 등으로 가시거리가 100m 이내일 때 최고속도의 감속기준으로 옳은 것은?

① 20%
② 50%
③ 60%
④ 80%

폭우, 폭설, 안개 등으로 가시거리가 100m 이내일 때와 눈이 20mm 이상 쌓인 도로에서는 최고속도의 50%를 감속 운행하여야 한다.

07 횡단보도로부터 몇 m 이내에 정차 및 주차를 해서는 안 되는가?

① 3m
② 5m
③ 8m
④ 10m

....

횡단보도로부터 10m 이내에는 주차 및 정차가 금지되어 있다.

08 도로교통법상 도로의 모퉁이로부터 몇 m 이내의 장소에 정차하여서는 안 되는가?

① 2m
② 3m
③ 5m
④ 10m

....

도로 모퉁이로부터 5m 이내의 장소는 주·정차 금지 장소이다.

건설기계관리법-건설기계 등록 및 검사

01 건설기계관리 법의 목적 및 정의

건설기계의 등록·검사·형식승인 및 건설기계 사업과 건설기계조종사면허 등에 관한 사항을 정하여 건설기계를 효율적으로 관리하고 건설기계의 안전도를 확보하여 건설공사의 기계화를 촉진함을 목적으로 한다.

> **기적의 Tip**
>
> **건설기계**
> 불도저, 굴착기, 지게차 등 27종을 대통령령으로 정함
>
> **건설기계사업**
> • 건설기계 대여업
> • 건설기계 정비업
> • 건설기계 매매업
> • 건설기계 해체재활용업

02 건설기계의 등록

1) 건설기계의 신규 등록

건설기계의 소유자는 건설기계를 취득한 날부터 2개월(전시·사변 등 국가비상 사태 시는 5일)이내에 시·도지사에게 건설기계 등록신청을 하여야 한다.

2) 미등록건설기계의 사용금지

건설기계 등록을 한 후가 아니면 이를 사용하거나 운행하지 못한다. 다만, 등록하기 전에 관련 법령이 정하는 사유로 일시적으로 운행하는 경우에는 관련 법령이 정하는 바에 따라 임시번호표를 부착하고 운행한다.

3) 건설기계의 임시운행 사유

① 등록신청을 하기 위하여 건설기계를 등록지로 운행하는 경우
② 신규 등록검사 및 확인검사를 받기 위하여 건설기계를 검사장소로 운행하는 경우
③ 수출을 위해 건설기계를 선적지로 운행하거나 점검·정비 목적으로 운행하는 경우
④ 신개발 건설기계를 시험·연구 목적으로 운행하는 경우
⑤ 판매 및 전시를 위하여 건설기계를 일시적으로 운행하는 경우

> **기적의 Tip**
>
> **건설기계의 임시운행 기간**
> 임시운행 기간은 15일 이내로 한다. 다만 신개발 건설기계를 시험·연구의 목적으로 운행하는 경우는 3년 이내로 한다.

4) 건설기계 등록사항 변경신고

건설기계 소유자 또는 점유자는 등록사항 중 시·도간의 변경사항(주소지 또는 사용 본거지가 변경된 경우를 제외)이 있는 때에는 30일 이내에 신고하고 상속인 경우는 6개월 이내에 신고한다(전시·사변 등 이에 준하는 국가비상사태 하에서는 5일 이내).

03 건설기계 등록의 말소

소유자의 신청이나 시·도지사의 직권으로 말소할 수 있다.

① 거짓이나 그 밖의 부정한 방법으로 등록을 한 경우

② 건설기계 천재지변 또는 이에 준하는 사고 등으로 사용할 수 없게 되거나 멸실 된 경우

③ 건설기계의 차대가 등록 시의 차대와 다른 경우

④ 건설기계안전기준에 적합하지 아니하게 된 경우

⑤ 최고(독촉 통지)를 받고 지정된 기한까지 정기 검사를 받지 아니한 경우

⑥ 건설기계를 수출한 경우

⑦ 건설기계를 도난당하거나 폐기

⑧ 건설기계를 연구 목적으로 사용

⑨ 건설기계를 횡령 또는 편취 당한 경우

04 건설기계등록번호판 [건설기계등록번호표의 규격 · 재질 및 표시방법(제13조제3항 관련) 2022.5.25 개정, 2022.11.26. 시행]

1) 규격

일반적인 건설기계 번호판의 재질은 알루미늄판이며 규격은 mm로 한다. 번호표 문자 및 외곽선은 1.5mm 돌출한다.

2) 건설기계의 장비별 기종번호

번호	장비명	번호	장비명	번호	장비명
01	불도저	02	굴착기	03	로더
04	지게차	05	스크레이퍼	06	덤프트럭
07	기중기	08	모터 그레이더	09	롤러
10	노상 안정기	11	콘크리트 뱃칭플랜트	12	콘크리트피니셔
13	콘크리트 살포기	14	콘크리트 믹서트럭	15	콘크리트 펌프
16	아스팔트믹싱 플랜트	17	아스팔트 피니셔	18	아스팔트살포기
19	골재살포기	20	쇄석기	21	공기압축기
22	천공기	23	항타 및 항발기	24	자갈채취기
25	준설선	26	특수 건설기계	27	타워크레인

3) 일련번호[건설기계등록번호표의 규격 · 재질 및 표시방법(제13조제3항 관련) 2022. 5.25 개정]

① 비사업용(관용 또는 자가용) : 흰색 바탕에 검은색 문자

② 대여사업용 : 주황색 바탕에 검은색 문자

③ 숫자 : 관용 0001~0999, 자가용 1000~5999, 대여사업용 6000~9999

05 건설기계의 검사

1) 검사의 종류

① 신규 등록 검사

건설기계를 신규로 등록할 때 실시하는 검사

② 정기 검사

건설공사용 건설기계로서 국토교통부령으로 정한 검사 유효기간이 끝난 후에 계속하여 운행하려는 경우 실시하는 검사

③ 구조 변경 검사

건설기계의 주요구조를 변경 또는 개조한 경우 실시하는 검사

④ 수시 검사

성능이 불량하거나 사고가 빈발하는 건설기계의 안전성 등을 점검하기 위하여 수시로 실시하는 검사와 신청에 의하여 실시하는 검사

2) 정기 검사의 신청

정기 검사를 받으려는 자는 검사 유효기간의 만료일 전후 각각 31일 이내의 기간에 정기 검사 신청서를 시 · 도지사 또는 검사대행자를 지정하는 경우에는 검사대행자에게 이를 제출한다.

▶ 정기 검사 대상 건설기계 및 검사 유효기간

기종	구분	검사유효기간	
		20년 이하	20년 초과
1. 굴착기	타이어식	1년	
2. 로더	타이어식	2년	1년
3. 지게차	1톤 이상	2년	1년
4. 덤프트럭	–	1년	6개월
5. 기중기		1년	
6. 모터그레이더	–	2년	1년
7. 콘크리트믹서트럭	–	1년	6개월
8. 콘크리트펌프	트럭적재식	1년	6개월
9. 아스팔트살포기	–	1년	
10. 천공기	–	1년	
11. 항타 및 항발기	–	1년	
12. 타워크레인	–	6개월	
13. 특수건설기계			
가. 도로보수트럭	타이어식	1년	6개월
나. 노면파쇄기	타이어식	2년	1년
다. 노면측정장비	타이어식	2년	1년
라. 수목이식기	타이어식	2년	1년
마. 터널용 고소작업차	–	1년	
바. 트럭지게차	타이어식	1년	6개월
사. 그 밖의 특수건설기계	–	3년	1년
14. 기타 건설기계	–	3년	1년

3) 검사소에서 검사를 받아야 하는 건설기계

도로교통법에 따라 운전면허를 받아 조정해야 하는 건설기계로서 덤프트럭, 콘크리트믹서트럭, 콘크리트펌프(트럭적재식), 아스팔트살포기, 트럭지게차이다.

4) 건설기계가 위치한 장소에서 검사를 받을 수 있는 건설기계

① 도서지역에 있는 경우
② 자체중량이 40t을 초과하거나 축 하중이 10t을 초과하는 경우
③ 너비가 2.5m를 초과하는 경우
④ 최고속도가 시간당 35km 미만인 경우

06 건설기계사업의 등록

건설기계 사업을 하고자 하는 자는 대통령령이 정하는 바에 따라 종류별로 국토교통부령으로 정하는 기준을 갖추고 시장·군수 또는 구청장에게 등록을 하여야 한다.

1) 건설기계 대여업

건설기계 대여업의 등록을 하려는 자는 건설기계 소유사실 증빙서, 소유권·사용권증빙서류, 주기장시설보유확인서, 계약서 사본 등을 첨부하여 제출하여야 한다.

① 일반 건설기계 대여업
2 이상의 법인 또는 개인이 공동으로 일반 건설기계 대여업을 영위하고자 하는 경우 그 대표자 및 각 구성원은 각각 건설기계를 소유한 자이어야 한다.

② 건설기계 대여업의 등록기준

구분	일반	개별
1. 건설기계 대수	5대 이상(둘 이상의 개인 또는 법인이 공동 운영하는 경우를 포함한다.)	4대 이하
2. 사무실	사무실에 대한 소유권 또는 사용권이 있음을 증명하는 서류	
3. 사무설비	수입금의 관리, 건설기계의 건설현장 배치 관리 등 대여업의 수행에 필요한 사무설비 및 통신수단을 갖출 것	없음
4. 주기장	다음에 해당하는 면적의 주기장에 대한 소유권 또는 사용권을 확보할 것 $24m^2 \times$ (타워크레인 외의 건설기계대수)$^{0.815}$ + $80m^2 \times$ (타워크레인대수)$^{0.815}$	

2) 건설기계 정비업

등록신청서에 정비장의 소유권 또는 사용권이 있음을 증명하는 서류, 건설기계정비기술자의 명단과 정비시설의 보유를 증명하는 서류를 첨부하여 제출하여야 한다.

3) 건설기계 매매업

건설기계 매매업의 등록을 하려는 자는 건설기계 매매업 등록신청서에 다음과 같은 서류를 첨부하여 제출하여야 한다.
① 주기장시설보유 확인서
② 수행에 필요한 사무설비 및 통신수단을 갖춘 사무실의 소유권 또는 사용권이 있음을 증명하는 서류
③ 5천만 원 이상의 하자보증금 예치증서 또는 보증보험증서

4) 건설기계 해체재활용업

등록신청서에 소유권 또는 사용권이 있음을 증명하는 서류와 시설을 증명할 수 있는 서류를 첨부하여 제출하여야 한다.

07 건설기계 조종사면허증

건설기계 조종사면허를 받고자 하는 자는 발급신청서에 각호의 서류를 첨부하여 시장·군수 또는 구청장에게 제출하여 건설기계 조종사면허증을 교부 받아야 한다.

1) 건설기계 조종사면허 발급기준

① 건설기계를 조종하고자 하는 자는 건설기계 조종사면허를 받아야 하며 "국가기술자격법"에 따른 해당 분야의 기술자격을 취득하고 적성검사에 합격하여야 한다.
② 국토교통부령이 정하는 바에 따라 건설기계의 종류별로 받아야 한다.

③ 국토교통부령이 정하는 소형건설기계의 경우로서 시·도지사가 지정한 교육기관에서 소형건설기계의 조종에 관한 교육과정의 이수로 "국가기술자격법"에 따른 기술자격의 취득을 대신할 수 있다.

2) 건설기계 조종사면허 신청 시 구비서류

① 신체검사서 또는 1종 보통이상의 운전면허증 사본(3톤 미만의 지게차는 필수)
② 소형건설기계 조종 교육 이수증 또는 국가기술 자격증 사본
③ 6개월 이내에 촬영한 상반신 사진 2매

3) 적성검사 기준

① 두 눈을 동시에 뜬 시력(교정시력을 포함)이 0.7 이상, 두 눈의 시력이 각각 0.3 이상일 것
② 55데시벨(보청기를 사용하는 사람은 40데시벨)의 소리를 들을 수 있고, 언어 분별력이 80 퍼센트 이상일 것
③ 시각은 150도 이상일 것

4) 건설기계 조종사면허의 결격 사유

① 18세 미만인 사람
② 정신질환자 또는 뇌전증 환자로서 국토교통부령으로 정하는 사람
③ 앞을 보지 못하거나 듣지 못하는 사람, 그 밖에 국토교통부령으로 정하는 장애인
④ 마약·대마·향정신성의약품 또는 알코올중독자로서 국토교통부령으로 정하는 사람
⑤ 건설기계 조종사면허가 취소된 날부터 1년이 지나지 아니하였거나 건설기계 조종사면허의 효력정지 처분 기간 중에 있는 사람

5) 정기 적성 검사

최종면허를 받은 날을 기준으로 10년마다(65세 이상인 경우는 5년마다) 정기적성검사 신청서에 서류를 첨부하여 주소지 관할 시장·군수 또는 구청장에게 제출하여야 한다.

6) 수시 적성 검사

안전한 조종에 장애가 되는 후천적 신체장애 또는 신체장애 등이 있다고 시장·군수 또는 구청장이 인정할만한 이유가 있는 경우 통지받은 날로 3개월 이내에 수시 적성검사를 받아야 한다.

7) 교육 대상별 조종사 안전교육

① 일반 건설기계★

건설기계 관련 법령 이해, 건설기계의 구조, 작업안전, 재해사례 및 예방대책

② 하역운반 등 기타 건설기계★

건설기계 관련 법령 이해, 하역운반 등 기타건설기계의 구조, 하역운반 등 기타 건설기계 작업안전, 재해사례 및 예방대책

★ 일반건설기계
굴착기, 불도저, 로더, 롤러

★ 하역운반 등 기타건설기계
지게차, 기중기, 타워크레인, 이동식 콘크리트펌프, 천공기, 쇄석기, 공기압축기, 준설선

기적의 Tip

일반 건설기계 조종사, 하역운반 등 기타 건설기계 조종사 안전교육은 총 4시간, 교육주기 3년으로 진행된다.

이론을 확인하는 개념 체크

01 비가 내려 노면이 젖어있는 경우 최고속도의 100분의 20을 줄인 속도로 운행해야 한다. (O, X)

02 도로 모퉁이에서 5m 이내에서는 주정차 할 수 없다. (O, X)

03 교통정리가 없는 교차로에서 폭이 넓은 도로에서 진입한 차는 좁은 도로에서 진입하는 차보다 통행 우선순위가 낮다. (O, X)

04 건설기계를 취득하고 나서 2개월 이내에 특별시장·광역시장 또는 시·도지사에게 등록 신청해야 한다. (O, X)

05 건설기계에 변경사항이 발생하면 60일 이내에 신고해야 한다. (O, X)

06 건설기계 정기검사는 유효기간 만료일 전후로 15일 이내의 기간에 신청해야 한다. (O, X)

07 건설기계사업을 하고자 한다면 시장·군수 또는 구청장에게 등록하여야 한다. (O, X)

01 O 02 O 03 X 04 O 05 X 06 X 07 O

합격을 다지는 예상문제

01 등록사항 변경 또는 등록이전 신고 대상이 아닌 것은?

① 소유자 변경
② 소유자의 주소지 변경
③ 건설기계의 소재지 변경
④ 건설기계의 사용 본거지 변경

건설기계의 소재지 변경은 등록사항 변경 또는 등록이전 신고 대상이 아니며 소재지 변경은 관할관청에 신고만 하면 된다.

02 검사소 이외의 장소에서 출장 검사를 받을 수 있는 건설기계에 해당하는 것은?

① 덤프트럭
② 콘크리트 트럭
③ 아스팔트살포기
④ 지게차

지게차는 장비가 위치한 곳에서 검사를 받을 수 있는 장비이다.

03 건설기계조종사의 적성검사 기준으로 가장 거리가 먼 것은?

① 두 눈을 동시에 뜨고 잰 시력이 0.7 이상이고 두 눈의 시력이 각각 0.3 이상일 것
② 시각은 150° 이상일 것
③ 언어 분별력이 80% 이상일 것
④ 교정시력의 경우는 시력이 1.5 이상일 것

시력은 교정시력이 포함된 시력이다.

04 건설기계 기종별 표시로 틀린 것은?

① 03 : 로더　　② 06 : 덤프트럭
③ 07 : 기중기　　④ 09 : 지게차

지게차는 04이며 09는 롤러이다.

05 건설기계 조종사면허에 대한 설명 중 틀린 것은?

① 건설기계를 조정하려는 사람은 시·도지사에게 건설기계 조종사면허를 받아야 한다.
② 건설기계 조종사면허는 국토 교통부령으로 정하는 바에 따라 건설기계의 종류별로 받아야 한다.
③ 건설기계 조종사면허를 받으려는 사람은 국가 기술자격법에 따른 해당 분야의 기술자격을 취득하고 적성검사에 합격하여야 한다.
④ 건설기계 조종사면허증의 발급, 적성검사의 기준, 그밖에 건설기계 조종사면허에 필요한 사항은 대통령령으로 정한다.

건설기계 조종사면허증의 발급, 적성검사의 기준, 그밖에 건설기계 조종사 면허에 필요한 사항은 국토교통부령으로 정한다.

06 건설기계의 임시 운행 허가 사유가 아닌 것은?

① 확인 검사를 받기 위하여 건설기계를 검사장소로 운행하는 경우
② 신규 등록 검사를 받기 위하여 건설기계를 검사장소로 운행하는 경우
③ 신개발 건설기계를 시험 연구의 목적으로 운행하고자 할 때
④ 말소 등록을 하기 위하여 운행하고자 할 때

말소 등록은 이미 등록을 마친 장비를 폐차시키고자 할 때하는 등록으로 번호표를 반납하여야 한다.

07 건설기계 사업에 해당되지 않는 것은?

① 건설기계 대여업
② 건설기계 매매업
③ 건설기계 재생업
④ 건설기계 정비업

건설기계 사업에는 건설기계 대여업, 매매업, 해체재활용업, 정비업이 있다.

08 건설기계 등록번호표의 색칠 기준으로 틀린 것은?

① 자가용 — 흰색 바탕에 검은색 문자
② 영업용 — 주황색 바탕에 검은색 문자
③ 관용 — 흰색 바탕에 검은색 문자
④ 수입용 — 적색 바탕에 흰색 문자

번호표에서의 색칠 기준에 수입용은 별도로 지정되어 있지 않다.

09 건설기계의 구조변경 및 개조의 범위에 해당되지 않는 것은?

① 원동기의 형식변경
② 주행장치의 형식변경
③ 적재함의 용량증가를 위한 형식변경
④ 유압장치의 형식변경

적재함의 용량증가를 위한 형식변경은 건설기계의 구조 변경 및 개조의 범위에 해당하지 않는다.

10 특별표지 부착 대상 건설기계가 아닌 것은?

① 총 중량 42톤인 건설기계
② 총 중량 상태에서 축 하중 11톤인 건설기계
③ 높이가 3.5m인 건설기계
④ 너비가 2.7m인 건설기계

특별표지 부착 대상은 높이가 4.0m인 건설기계이다.

. SECTION .
06 건설기계 조종사면허

출제
빈도 [상] [중] [하]

01 건설기계 면허의 종류

1) "도로교통법"에 의한 운전면허를 받아 조종할 수 있는 건설기계

기종 번호	장비명	기종 번호	장비명	기종 번호	장비명
06	덤프트럭	10	노상안정기	14	콘크리트 믹서트럭
15	콘크리트 펌프	18	아스팔트 살포기	26	트럭지게차

그 밖에 특수건설기계 중 국토교통부령으로 지정하는 건설기계

2) 국토교통부령이 정하는 소형건설기계

▶ 소형건설기계의 교육 이수시간

톤수 구분	이수시간	총 이수시간	적용 건설기계
3톤 미만 건설기계	이론 6시간, 조종실습 6시간	12시간 이수	굴착기, 로더 지게차 (1종이상면허소지)
5톤 미만 건설기계	이론 6시간, 조종실습 12시간	18시간 이수	로더, 불도저, 천공기 (트럭적재식 제외)
톤수 제한 없는 건설기계	이론 8시간, 조종실습 12시간	20시간 이수	공기압축기, 쇄석기, 준 설선, 콘크리트 펌프 (이동식)

3) 국가기능사 자격증 취득 건설기계

▶ 한국산업인력공단 자격증

자격증	자격의 범위
불도저	불도저
굴착기	굴착기, 무한궤도식천공기(굴착기의 몸체에 천공 장치를 부착한것)
로더	로더
지게차	지게차
기중기	기중기

롤러	롤러, 모터그레이더, 스크레이퍼, 아스팔트 피니 셔, 콘크리트 피니셔, 콘크리트 살포기 및 골재 살포기
천공기	타이어식, 무한궤도식 및 굴진식을 포함, 트럭 적 재식은 제외), 항타 및 항발기, 시추기
타워크레인	타워크레인

02 건설기계 조종사면허의 조종자격

1) 건설기계 면허의 취소 사유

① 거짓 그 밖의 부정한 방법으로 건설기계 조종
사면허를 받은 경우
② 건설기계 조종사면허의 효력 정지 기간 중 건
설기계를 조종한 경우
③ 고의로 인명피해(사망, 중상, 경상) 또는 과실
로 중대 재해가 발생한 경우
④ 국가기술자격법에 해당 분야의 기술자격이 취
소 또는 정지된 경우
⑤ 건설기계 조종사 면허증을 다른 사람에게 빌
려준 경우
⑥ 술에 취한 상태에서 건설기계를 조종하다가
사람을 죽게 하거나 다치게 한 경우
⑦ 술에 만취한 상태(혈중 알코올 농도 0.08% 이
상)에서 건설기계를 조종한 경우
⑧ 건설기계 조종상의 위험과 장해를 일으킬 수
있는 마약·대마·향정신성의약품 또는 환각
물질을 투여한 상태에서 조종한 경우
⑨ 2회 이상 술에 취한 상태에서 건설기계를 조
종하여 면허 효력 정지를 받은 사실이 있는 사
람이 다시 술에 취한 상태에서 건설기계를 조
종한 때

⑩ 정기적성검사를 받지 않거나 적성검사에 불합격한 경우
⑪ 건설기계조종사면허의 결격사유에 해당하게 된 경우

> **기적의 Tip**
> • **중상** : 3주 이상의 치료
> • **경상** : 3주 미만의 치료

2) 건설기계 면허의 효력 정지

① 면허 효력 정지 180일
건설기계의 조종 중에 고의 또는 과실로 가스공급시설을 손괴하거나 가스공급시설의 기능에 장애를 입혀 가스의 공급을 방해한 때

② 면허 효력 정지 60일
술에 취한 상태인 혈중 알코올 농도 0.03% 이상 0.08% 미만에서 건설기계를 조종한 때

③ 인명피해를 입힌 때 정지 기간
면허 효력 정지 기간이 1명 기준으로 사망 시 45일, 중상 15일, 경상 5일이며 총 정지 기간은 90일을 초과할 수 없음

④ 재산 피해를 입힌 때 정지 기간
피해금액 50만 원마다 면허 효력 정지는 1일

03 벌칙사항

1) 2년 이하의 징역 또는 2천만 원 이하의 벌금
① 등록되지 아니한 또는 말소된 건설기계를 사용하거나 운행한 자
② 시·도지사의 지정을 받지 아니하고 등록번호표를 제작하거나 등록번호를 새긴 자 및 시정명령을 이행하지 아니한 자
③ 검사대행자 또는 그 소속 직원에게 재물이나 그 밖의 이익을 제공하거나 제공 의사를 표시하고 부정한 검사를 받은 자
④ 건설기계의 주요구조나 원동기, 동력 전달 장치, 제동장치 등을 변경, 개조한 자
⑤ 무단해체된 건설기계를 사용·운행하거나 타인에게 유상·무상으로 양도한 자
⑥ 시정명령을 이행하지 아니한 자
⑦ 등록하지 않고 건설기계 사업을 하거나 거짓으로 등록을 한 자
⑧ 등록이 취소되거나 정지된 건설기계 사업자로서 계속하여 건설기계 사업을 한 자

2) 1년 이하의 징역 또는 1천만 원 이하의 벌금
① 건설기계를 거짓이나 그 밖의 부정한 방법으로 등록을 한 자
② 건설기계의 등록번호를 지워 없애거나 그 식별을 곤란하게 한 자
③ 구조변경검사 또는 수시검사를 받지 아니한 자
④ 검사에 불합격하고 정비명령을 이행하지 아니한 자
⑤ 건설기계의 정기검사, 수시검사, 정비 명령에 따른 사용·운행 중지 명령을 위반하여 사용·운행한 자
⑥ 검사대행자로 사업정지명령을 위반하여 사업정지기간 중에 검사를 한 자
⑦ 형식승인, 형식변경승인 또는 확인검사를 받지 아니하고 건설기계의 제작등을 한 자
⑧ 사후관리에 관한 명령을 이행하지 아니한 자
⑨ 내구연한을 초과한 건설기계 또는 건설기계 장치 및 부품을 운행하거나 사용한 자
⑩ 내구연한을 초과한 건설기계 또는 건설기계 장치 및 부품의 운행 또는 사용을 알고도 말리지 아니하거나 운행 또는 사용을 지시한 고용주
⑪ 부품인증을 받지 아니한 건설기계 장치 및 부품을 사용한 자
⑫ 부품인증을 받지 아니한 건설기계 장치 및 부품을 건설기계에 사용하는 것을 알고도 말리지 아니하거나 사용을 지시한 고용주
⑬ 매매용 건설기계를 시험운행, 정비, 국토교통부령으로 정하는 경우 외의 목적으로 운행하거나 사용한 자
⑭ 폐기인수 사실을 증명하는 서류의 발급을 거부하거나 거짓으로 발급한 자

⑮ 폐기요청을 받은 건설기계를 폐기하지 아니하거나 등록번호표를 폐기하지 아니한 자
⑯ 건설기계조종사면허를 받지 아니하고 건설기계를 조종한 자
⑰ 건설기계조종사면허를 거짓이나 그 밖의 부정한 방법으로 받은 자
⑱ 소형 건설기계의 조종에 관한 교육과정의 이수에 관한 증빙서류를 거짓으로 발급한 자
⑲ 술에 취하거나 마약 등 약물을 투여한 상태에서 건설기계를 조종한 자와 그러한 자가 건설기계를 조종하는 것을 알고도 말리지 아니하거나 건설기계를 조종하도록 지시한 고용주
⑳ 건설기계조종사면허가 취소되거나 건설기계조종사면허의 효력정지처분을 받은 후에도 건설기계를 계속하여 조종한 자
㉑ 건설기계를 도로나 타인의 토지에 버려둔 자

04 과태료

과태료는 대통령령으로 정하는 바에 따라 국토교통부장관, 시·도지사, 시장·군수 또는 구청장이 부과·징수한다.

1) 300만 원 이하의 과태료

① 등록번호표를 부착하지 아니하거나 봉인하지 아니한 건설기계를 운행한 자
② 정기검사를 받지 아니한 자
③ 건설기계임대차 등에 관한 계약서를 작성하지 아니한 자
④ 정기 적성 검사 또는 수시 적성 검사를 받지 아니한 자
⑤ 소속 공무원의 검사·질문을 거부·방해·기피한 자
⑥ 시설 또는 업무에 관한 보고를 하지 아니하거나 거짓으로 보고한 자
⑦ 정당한 사유 없이 조사기관에 소속된 직원의 출입을 거부하거나 방해한 자

2) 100만 원 이하의 과태료

① 수출의 이행 여부를 신고하지 아니하거나 폐기 또는 등록을 하지 아니한 자
② 등록번호표를 부착·봉인하지 아니하거나 등록번호를 새기지 아니한 자
③ 등록번호표를 가리거나 훼손하여 알아보기 곤란하게 한 자 또는 운행한 자
④ 건설기계 안전기준에 적합하지 아니한 건설기계를 도로에서 운행하거나 운행하게 한 자
⑤ 조사 또는 자료제출 요구를 거부·방해·기피한 자
⑥ 특별한 사정없이 건설기계임대차 등에 관한 계약과 관련된 자료를 제출하지 아니한 자
⑦ 건설기계사업자의 의무를 위반한 자
⑧ 안전교육 등을 받지 아니하고 건설기계를 조종한 자

3) 50만 원 이하의 과태료

① 임시번호표를 부착하지 아니하고 운행한 자
② 등록사항의 신고, 말소, 변경신고를 하지 아니하거나 거짓으로 신고한 자
③ 등록번호표를 반납하지 아니한 자 또는 정기검사를 받지 아니한 자
④ 정비시설을 갖추지 않고 건설기계를 정비하거나 형식승인신고를 아니한 자
⑤ 건설기계사업자의 신고의무를 이행하지 아니하거나 거짓으로 신고한 자
⑥ 건설기계 매매업자의 이행의무 신고를 아니하거나 거짓으로 신고한 자
⑦ 건설기계의 해체재활용업자의 신고의무를 아니하거나 거짓으로 신고한 자
⑧ 건설기계 소유자 또는 점유자의 이행의무를 위반하고 건설기계를 세워둔 자

05 기타 과태료 부과

1) 조종사 안전교육

건설기계 조종사 안전교육 등을 받지 않고 건설기계를 조종할 경우 1차 50만 원, 2차 70만 원, 3차 100만 원으로 최고 100만 원 미만의 과태료를 부과한다.

2) 건설기계 정기 검사를 받지 않은 경우, 건설기계 조종사 정기 적성 검사 또는 수시 적성 검사를 받지 않은 경우

① 1차 위반 시 2만 원을 부과하고 초과하는 경우 3일 초과 시마다 1만 원을 가산
② 2차 위반 시 3만 원을 부과하고 초과하는 경우 3일 초과 시마다 2만 원을 가산
③ 3차 위반 시 5만 원을 부과하고 초과하는 경우 3일 초과 시마다 3만 원을 가산

합격을 다지는 **예상문제**

01 과실로 사망 1명의 인명 피해를 입힌 건설기계를 조종한 자의 처분기준은?

① 면허 효력 정지 45일
② 면허 효력 정지 30일
③ 면허 효력 정지 15일
④ 면허 효력 정지 5일

과실로 사망 1명의 인명 피해를 입힌 건설기계를 조종한 자는 면허 효력 정지 45일의 처분을 받는다.

02 다음 중 무면허 운전에 해당되는 것은?

① 제2종 보통면허로 원동기장치자전거 운전
② 제1종 보통면허로 12t 화물자동차를 운전
③ 제1종 대형면허로 긴급자동차 운전
④ 면허증을 휴대하지 않고 자동차를 운전

제1종 보통면허로 12t의 화물자동차를 운전하면 무면허로 처분을 받게 된다.

03 건설기계 조종사의 면허 취소 사유에 해당하는 것은?

① 과실로 인하여 1명을 사망하게 하였을 때
② 면허 정지 처분을 받은 자가 그 기간 중에 건설기계를 조종한 때
③ 과실로 인하여 10명에게 경상을 입힌 때
④ 건설기계로 1천만 원의 재산 피해를 냈을 때

면허정지 처분을 받은 자가 그 기간 중에 건설기계를 조종한 때에는 건설기계 조종사의 면허가 취소된다.

04 건설기계 조종사면허증을 반납해야 할 사유가 아닌 것은?

① 면허가 취소된 때
② 무면허로 조종한 때
③ 면허의 효력이 정지된 때
④ 면허증을 재교부 받은 후 잃어버린 면허증을 발견한 때

무면허는 면허증이 없기 때문에 반납할 수 없으며 무면허 처분을 받게 된다.

05 폐기요청을 받은 건설기계를 폐기하지 아니하거나 등록번호표를 폐기하지 아니한 자에 대한 벌칙은?

① 2년 이하의 징역 또는 1천만 원 이하의 벌금
② 1년 이하의 징역 또는 1천만 원 이하의 벌금
③ 2백만 원 이하의 벌금
④ 1백만 원 이하의 벌금

1년 이하의 징역 또는 1천만 원 이하의 벌금의 벌칙을 받는다.

06 건설기계조종사 면허를 취소하거나 정지시킬 수 있는 사유에 해당하지 않는 것은?

① 면허증을 타인에게 대여한 때
② 조종 중 과실로 중대한 사고를 일으킨 때
③ 면허를 부정한 방법으로 취득하였음이 밝혀졌을 때
④ 여행을 목적으로 1개월 이상 해외로 출국하였을 때

고의로 사고를 내거나 면허증 대여, 과실로 중대한 사고 또는 부정한 방법으로 면허를 받은 경우에는 정지 및 취소 사유에 해당이 되나 여행을 목적으로 1개월 이상 해외로 출국하였을 때는 면허 취소 또는 정지를 시킬 수 없다.

PART 07

응급조치

고장 시 점검 및 응급조치

01 표지판 설치 및 고장 내용 점검

작업장의 근로자, 차량, 장애물 등을 확인하여 사고를 예방하기 위하여 표지판을 설치하는 등 안전 상태에서 고장 내용을 점검한다.

> **더 알기 Tip**
>
> **운전 중 시동이 꺼졌을 때 고장표지판 설치**
> - 지면에 포크를 최대한 낮춘다.
> - 업라이트를 전방으로 기울이고 주차 브레이크를 채운다.
> - 기어를 중립으로 하고 키를 "off" 위치로 하고 키를 빼낸다.
> - 비상등을 점등하고 주변에 삼각대 및 고장표지판을 설치한다.

02 제동계통 불량 시 고장 내용 점검

주행 중 제동 불량은 브레이크액 부족, 브레이크 연결 호스 및 라인 파손, 디스크패드 마모, 휠 실린더 누유, 베이퍼 록(증기폐쇄) 현상★, 페이드 현상★ 등을 포함하며, 지게차를 안전주차하고 후면 안전거리에 고장표지판을 설치한다.

> ★ **베이퍼 록(Vapor Lock) 현상**
> 브레이크 사용으로 마찰열이 축적되어 브레이크 오일이 기화되고 공기가 유입된 것처럼 기포가 형성되어 제대로 작동하지 않는 현상
>
> ★ **페이드 현상**
> 브레이크 사용으로 마찰열이 축적되어 드럼이나 라이닝이 경화되어 제동력이 감소되는 현상

1) 제동력 불량일 경우
① 브레이크 라인에 공기가 유입된 경우
② 브레이크가 마멸된 경우
③ 브레이크 파이프에서 오일이 누유될 경우
④ 마스트 실린더 및 휠 실린더 불량일 경우

2) 공기 브레이크 취급 주의사항
① 라이닝 교환은 반드시 세트(조)로 한다.
② 운행이 끝난 다음 매일 공기탱크의 물을 제거한다.
③ 운행할 때는 규정 공기 압력을 확인하고 출발한다.
④ 공기 브레이크에 사용되는 공기압은 5~7kgf/cm^{2}이다.
⑤ 공기 브레이크에서 제동력의 세기 조정은 압력 조정 밸브로 한다.

3) 브레이크 페달 및 핸드 브레이크 점검 조정
① 브레이크 페달의 유격(기계식 : 20~25mm, 유압식 : 6~10mm)
② 기계식 페달의 유격은 브레이크 케이블의 어저스팅으로 조절
③ 유압식 페달의 유격은 푸시로드의 길이로 조절

4) 브레이크가 잘 듣지 않는 일반적인 원인
① 마스터 실린더, 휠 실린더에서 누유
② 브레이크 오일 부족, 브레이크 오일 라인에 공기 혼입
③ 라이닝의 마멸, 너무 큰 간극
④ 라이닝에 물 또는 오일이 묻음

5) 브레이크 페달을 밟았을 때 조향 핸들이 쏠리는 원인
① 조향 너클의 휨 또는 캐스터의 불량
② 드럼의 편마모 또는 라이닝의 접촉 불량
③ 타이어 공기압의 불균형
④ 스테빌라이저가 절손되었거나 앞바퀴 얼라인먼트의 불량

6) 브레이크가 풀리지 않는 원인

① 마스터 실린더의 리턴 스프링 불량과 구멍이 막힐 때
② 드럼과 라이닝의 소결 또는 라이닝 간극이 없을 때
③ 마스터 실린더의 푸시로드 길이가 너무 길 때

7) 브레이크 페달의 유격이 크게 되는 원인

① 브레이크 오일 라인에 공기 유입, 드럼의 마모
② 피스톤 컵에서 오일의 누출

03 브레이크 계통의 고장 시 응급조치

1) 브레이크 파열 시 응급조치

① 엔진 브레이크를 작동하여 속도를 줄인다.
② 경음기, 전조등, 비상등으로 위험을 알린다.
③ 주차 브레이크를 당겨서 장비를 가드레일 또는 측면에 주차시킨다.

2) 공기빼기 작업을 하여야 하는 경우

① 브레이크 파이프, 호스를 교환할 때
② 베이퍼 록 현상이 생겼을 때
③ 휠 실린더의 분해 수리
④ 마스터 실린더의 분해 수리

3) 공기빼기 작업

① 에어블리더(Air Bleeder)를 통하여 배출 작업을 한다.
② 마스터 실린더에서 제일 먼 곳의 휠 실린더부터 실시한다.
③ 마스터 실린더에 오일을 보충하면서 수행한다.
④ 블리더 플러그에 비닐호스를 끼우고 다른 끝은 오일을 받을 수 있는 통에 연결한다.
⑤ 페달을 몇 번 밟고 블리더 플러그를 1/2~3/4 정도 풀었다가 내압이 저하되기 전에 플러그를 잠근다.
⑥ 작업을 반복하여 에어가 완전히 배출될 때까지 작업을 실시한다.

⑦ 공기배출 작업은 2인이 1조로 하고 브레이크 페달을 밟고 있는 상태에서 블리더 플러그를 잠그고 페달에서 발을 떼어야 한다.

04 타이어 펑크 시 고장 내용 점검

지게차 타이어의 펑크 시 안전하게 주차하고 후면 안전거리에 고장표지판을 설치한 후 고장 내용을 점검하고 조치한다.

1) 타이어 상태 점검

① 구동 휠, 조향 휠 및 모든 타이어 상태 점검
② 휠, 너트 조임 상태 점검
③ 측면이 아닌 타이어 트레드를 마주보는 위치에서 타이어 공기압을 점검

> **기적의 Tip**
>
> 공기압 점검 시 신체를 타이어와 멀리 유지하기 위해 손잡이가 긴 게이지를 사용한다.

2) 휠 또는 타이어 교환 시 유의사항

휠 또는 타이어를 교환할 경우 지게차가 기울지 않도록 주의해야 한다.
① 좌측과 우측 휠을 항상 동시에 교환한다.
② 분할형 림이 있는 휠을 사용하는 경우 타이어를 교환할 때 특수 절차를 준수한다.
③ 사용자 지침서에 명시된 공기 압력을 준수한다.
④ 지게차를 들어 올리기 전에 휠 볼트를 약간 풀어놓고 주차 브레이크를 채운다.
⑤ 구동 휠 앞쪽에 고임목을 설치하여 갑자기 전방으로 움직이지 않도록 지게차를 고정한다.
⑥ 포크 캐리지를 지면에서 약 10cm 들어올린다.
⑦ 충분한 하중 용량을 견디는 고임목이 양쪽 프레임 아래에 위치할 때까지 지게차를 들어올린다.
⑧ 지게차를 고정하여 구동 휠을 안전하게 탈거하기 위한 장비 및 호이스트 공구를 준비한다.

05 타이어 펑크 시 응급조치

1) 휠 재장착 시 유의사항
① 휠을 재장착하는 경우 밸브가 정확한 위치에 고정되도록 한다.
② 밸브는 휠 허브의 그루브에 고정되어야 한다.
③ 규정된 체결 토크로 휠 너트를 체결한다.
④ 타이어 압력을 점검한다.

2) 분할 림 장착 휠 분해
분할 림이 장착된 휠을 분해할 때에는 먼저 타이어 공기압을 제거한 다음 휠 볼트 및 너트를 풀고 휠을 분해한다.

06 전·후진 주행장치 고장 시 고장 내용 점검

지게차를 주차하고 후면 안전거리에 고장표지판을 설치한 후 견인 조치한다.

1) 지게차 응급 견인 기술
① 견인은 단거리 이동을 위한 비상 응급 견인이며 장거리 이동 시는 항상 수송트럭으로 운반하여야 한다.
② 견인되는 지게차에는 운전자가 핸들과 제동장치를 조작할 수 없으며 탑승자를 허용해서는 안 된다.
③ 견인하는 지게차는 고장난 지게차보다 커야 한다.
④ 고장난 지게차를 경사로 아래로 이동할 때는 충분한 조정과 제동을 얻기 위해 더 큰 견인 지게차로 견인한다.

07 전·후진 주행장치 고장 시 응급조치

1) 견인 방법
① 비작동 지게차 주위에서 작업하는 경우에는 주차 브레이크를 항상 채운다.
② 견인되는 지게차의 동력 조향장치 및 제동장치는 작동하지 않는다.
③ 견인 시 견인속도는 5km/h를 초과해서는 안 된다.
④ 견인 거리는 가능한 단거리(약 500m 이내)로 한다.

2) 엔진 결함 등 응급조치로 지게차가 견인되어야 할 경우
① 지게차의 포크는 지면에서 30cm이상 들어올려져야 한다.
② 체인으로 포크를 고정하거나 포크 캐리지에서 포크를 제거한다.
③ 승인된 견인바를 이용해 지게차의 견인핀에 견인하는 차량을 연결한다.
④ 비작동 지게차를 후진 방향으로 견인한다.
⑤ 견인되는 지게차에는 항상 자격있는 운전자가 탑승해야 한다.
⑥ 비작동 지게차는 허가된 장소에만 주차한다.

08 마스트 유압라인 고장 시 고장 내용 점검

지게차를 안전 주차하고 후면 안전거리에 고장표지판을 설치한 후 포크를 마스트에 고정하여 응급 운행한다.

1) 유압탱크 브리더 정비 및 검사
유압탱크 주입캡 및 브리더를 제거하여 과도한 이물질 및 손상에 대해 점검한다.

2) 유압탱크

① 평지에 지게차를 주차한 후 주차 브레이크를 채운다.
② 업라이트는 수직 위치로 하고 포크는 완전히 아래로 내린다.
③ 오일 레벨 게이지를 뽑아서 깨끗한 천으로 닦은 후 다시 삽입한다.
④ 오일 레벨 게이지를 뽑아서 오일 수준을 점검한다.
⑤ 필요 시 같은 종류의 오일만을 보충하고 오일 수준을 레벨 게이지의 LOW 표시 이상이 되도록 한다.
⑥ 유압오일의 점도, 색깔, 투명도, 오염상태를 점검하고 필요 시 오일을 교환한다.

09 유압라인 고장 시 응급조치

1) 유압라인 고장 시 응급운행 요령

① 안전주차하고 후면의 고장 표시판 설치 후 포크를 마스트에 고정한다.
② 주차 브레이크를 푼다.
③ 상용 브레이크 페달을 놓고, 키 스위치는 off로 한다.
④ 방향조정 레버를 중립에 위치한다.
⑤ 지게차에 견인봉을 연결한다.
⑥ 바퀴 굄목을 들어내고 지게차를 서서히 견인한다.
⑦ 속도는 2km/h 이하로 유지한다.

2) 유압유에 공기가 들어갔을 때 응급조치

① 유압탱크 또는 관로의 접촉부에 공기 유입을 확인한다.
② 밀봉 상태를 확인하고 공기 유입을 억제한다.
③ 공기빼기(에어블리더) 장치를 이용하여 공기 빼기 작업을 실시한다.

기적의 Tip

과포화 상태가 되어 숨돌리기 현상과 열화 촉진의 원인이 된다.

10 냉각수 오버 히트 시 응급조치

계기판의 냉각수 온도지침이 빨간색 위치를 가리키면 엔진의 회전수가 차츰 떨어지며 방열기 캡에서 소리가 나면서 증기가 분출한다.

1) 냉각수의 오버 히트 원인

① 팬 벨트의 헐거움 또는 끊어짐
② 센서나 온도조절기의 고장으로 과열
③ 냉각수가 부족하거나 코어의 막힘으로 순환이 불량
④ 방열기의 통풍 또는 워터 펌프 불량

2) 오버 히트[*] 되었을 때 응급조치

후드가 뜨겁거나 뜨거운 증기가 나올 때 후드를 열지 말고 냉각된 다음 응급처치를 실시한다.
① 지게차를 안전한 장소로 이동하여 주차한다.
② 공회전 상태에서 주차 브레이크를 건다.
③ 엔진 주변의 분출된 뜨거운 증기가 없어질 때까지 기다린다.
④ 후드를 열고 식히거나 냉각 팬이 작동되지 않을 경우 시동을 끄고 자연 냉각시킨다.
⑤ 냉각수 온도계의 지침이 내려갈 때 시동을 끈다.

★ 오버 히트(Over Heat)
냉각이 충분히 이루어지지 않아 냉각수의 온도가 급격히 높아지면 냉각수가 비등하여 방열기 캡에서 증기가 뿜어져 나오는 현상

3) 냉각수 부족 시 보충 방법

① 공회전 상태에서 냉각수 온도계 지침이 내려가지 않으면 시동을 끄고 충분히 냉각시킨다.
② 냉각수 보조 탱크의 냉각수량을 점검하고 부족 시 연결부위나 방열기 등에서 누수가 발생하는지 점검한다.
③ 방열기 캡을 수건 등으로 감싸쥐고 약간 풀어서 증기를 빼낸 후 캡을 열어 냉각수를 보충한다.

01 지게차 운행 중 고장이 발생하였을 때 응급조치와 거리가 먼 것은?

① 운행 중 운전자가 작은 이상이라도 감지하면 즉시 조치해야 한다.

② 전기전자 부품의 조정, 수리는 운전자가 직접 하는 것이 좋다.

③ 고장은 한번에 여러 원인이 있을 수 있으므로 관련 계통을 자세히 점검한다.

④ 원인을 확인하고 정비하여 추가 고장을 방지하여야 한다.

수리는 전문 서비스 센터나 전문가가 하도록 한다.

02 지게차 응급견인에 대한 내용으로 옳지 않은 것은?

① 견인은 단거리 이동에 이용한다.

② 장거리 견인 시 수송트럭으로 운반한다.

③ 견인되는 지게차에는 전문 운전자를 탑승시켜 핸들을 조작한다.

④ 견인속도는 5km/h를 넘지 않도록 한다.

견인되는 지게차는 핸들과 제동장치를 조작하지 않는다.

교통사고, 화재 시 조치 및 구호

. SECTION .
02

출제
빈도 상 중 하

01 응급조치 후 긴급구호 요청

1) 즉시 정차한 후 사상자를 구호한다.
지게차 운전 중이거나 작업 중에 인명사고가 발생한 경우 사상자를 구호하는 등 필요한 조치를 한다.

2) 즉시 신고
가까운 국가 경찰관서에 지체없이 신고한다. 단 운행중인 도로에서의 인명사고 시 신속한 응급조치 후 신고한다.

3) 경찰관서에 신고 사항
① 사고가 일어난 곳, 사상자 수 및 부상 정도, 손괴한 물건 및 손괴 정도 그 밖의 조치사항 등을 신고한다.
② 부상자의 구호와 그 밖의 교통 위험 방지를 위하여 필요하다고 인정하면 경찰 공무원이 현장에 도착할 때까지 신고한 운전자 등에게 현장에서 대기할 것을 명할 수 있다.
③ 경찰 공무원은 교통사고를 낸 차의 운전자 등에 대하여 그 현장에서 부상자의 구호와 교통 안전을 위하여 필요한 지시를 명할 수 있다.

기적의 Tip
전복 시 생존 방법
• 항상 운전자 안전장치를 사용한다.
• 뛰어내리지 않는다.
• 핸들을 꽉 잡고 발을 힘껏 벌린다.
• 머리와 몸을 앞쪽으로 기울인다.
• 상체를 전복되는 반대 방향으로 기울인다.

02 교통사고 시 고장표지판 설치

1) 차량의 응급상황을 알리는 삼각대
① 2차 사고 치사율은 60%로 예방을 위해 안전 삼각대는 필수이다.
② 고장으로 정차한 차량의 추돌사고가 전체 2차 사고 발생률의 25%를 차지한다.

2) 소화기 및 손전등
① 차량 화재를 대비해 소화기는 반드시 준비해야 한다.
② 고장 발생 시 하부나 엔진룸 깊숙한 곳을 살피기 위해서는 주간에도 손전등이 필요하다.

3) 사고 표시용 스프레이
① 교통사고 발생 시 차량에 사고 표시용 스프레이로 현장 상황을 보존하고 2차 사고를 사전에 예방한다.
② 휴대폰이나 카메라 등을 이용해 사고 상황을 촬영한다.

03 화재의 종류
화재는 산소와 결합하여 연소하며 화재가 발생하기 위해서 가연성물질, 산소, 점화원이 있어야 된다.

기적의 Tip
연소의 3요소
가연물, 산소공급원(공기), 점화원

점화원(열원)
불꽃, 고열물, 단열압축, 산화열

1) A급 화재(일반 화재)

① 원인 : 일반가연물에 의한 화재로 연소 후 재가 남음
② 소화 방법 : 물에 의한 냉각소화

2) B급 화재(유류가스 화재)

① 원인 : 석유 등의 유류나 가스에 의한 화재
② 소화 방법 : 공기의 차단을 이용, 이산화탄소, 분말 소화기 등을 사용

3) C급 화재(전기 화재)

① 원인 : 전기기구 및 장치에서 누전 또는 과부하 등에 의하여 발생
② 소화 방법 : 증발성 액체, 탄산가스 소화기 등을 사용하여 질식 소화, 물이나 분말 소화기는 사용하지 않음

4) D급 화재(금속 화재)

① 원인 : 마그네슘 같은 금속에 발생하는 화재
② 소화 방법 : 건조사(모래)를 사용하여 질식 소화, 물은 사용하지 않음

5) 소화기의 종류

① 이산화탄소 소화기 : 유류화재, 전기 화재 모두 적용 가능하나, 질식작용에 의해 화염을 진화하기 때문에 실내 사용에는 특히 주의를 기울여야 한다.
② 포말 소화기 : 목재, 섬유, 등 일반 화재에도 사용되며, 가솔린과 같은 유류나 화학 약품의 화재에도 적당하나, 전기 화재에는 부적당하다.
③ 분말 소화기 : 미세한 분말이 불에 닿아 분해되면서 이산화탄소나 여러 기체를 발생하여 공기를 차단하고 소화재를 화염에 방사시켜 진화시킨다.
④ 물 분무 소화설비 : 연소물의 온도를 인화점 이하로 냉각시키는 효과가 있다.

▶ 화재의 종류별 소화기

화재의 종류	화재 분류	적합한 소화기
A급 화재	일반 화재	포말 소화기
B급 화재	유류 화재	분말 소화기
C급 화재	전기 화재	CO_2 소화기
D급 화재	금속 화재	포말 소화기

기적의 Tip

소화기 사용 방법
• 소화기 위치를 사전에 확인한다.
• 안전핀을 뽑고 노즐을 화원으로 향한다.
• 손잡이를 꽉 잡고 비 쓸 듯이 차례로 방사한다.

04 인화성 물질

1) 자연발화의 방지

① 저장실의 온도 상승을 피해야 하며, 통풍을 잘 시킨다.
② 습도가 높은 것을 피하고 연소성 가스의 발생에 주의한다.

2) 인화성 물질의 성질 및 위험성

① 정전기에도 쉽게 인화될 수 있다.
② 물보다 가볍고 물에 잘 녹지 않는다.
③ 증기는 공기보다 무거우며 공기와 약간 혼합되어도 연소할 우려가 있다.
④ 아황화탄소와 같이 착화온도가 낮은 것은 더욱 위험하다.

01 전기 화재 시 가장 좋은 소화기는?

① 포말 소화기
② 이산화탄소 소화기
③ 중조산식 소화기
④ 산 알칼리 소화기

전기 화재에 사용하는 소화기는 이산화탄소 소화기이다.

02 다음 중 B급 화재에 대한 설명으로 옳은 것은?

① 목재, 섬유류 등의 화재로서 일반적으로 냉각 소화를 한다.
② 유류 등의 화재로서 일반적으로 질식효과(공기차단)로 소화한다.
③ 전기기기의 화재로서 일반적으로 전기 절연성을 갖는 소화제로 소화한다.
④ 금속 나트륨 등의 화재로서 일반적으로 건조사를 이용한 질식효과로 소화한다.

B급 화재는 유류 화재로 공기 차단의 효과로 소화한다.

03 화재 분류에서 유류 화재에 해당되는 것은?

① A급 화재
② B급 화재
③ C급 화재
④ D급 화재

유류 화재는 B급 화재로 분말 소화기를 사용한다.

04 다음 중 전기 화재에 대하여 가장 적합하지 않은 소화기는?

① 분말 소화기
② 포말 소화기
③ CO_2 소화기
④ 할론 소화기

포말 소화기는 수용성의 소화기로 전기의 감전을 유발하게 되므로 사용을 금지한다.

PART 08

기출 유형 문제

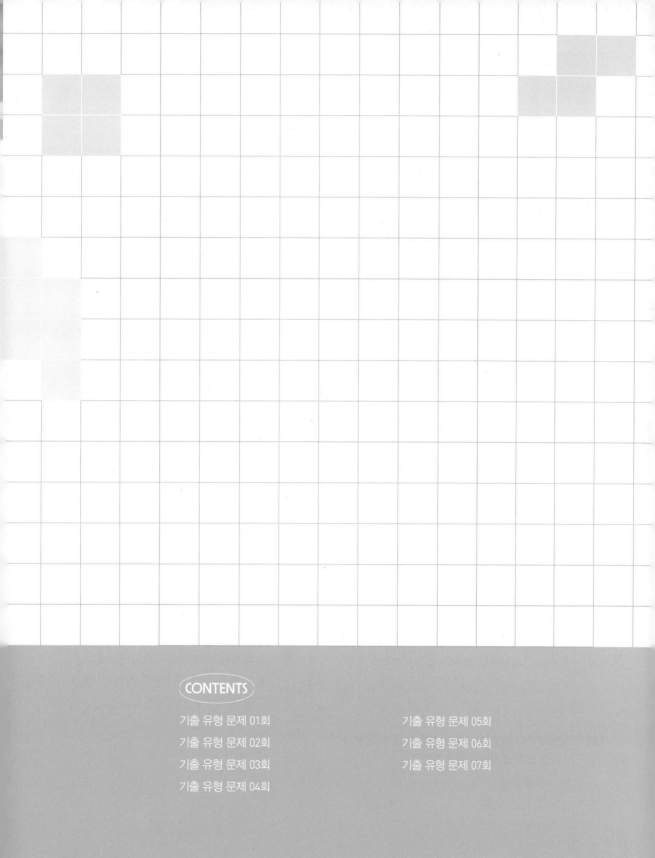

CONTENTS

01 지게차에 화물을 적재하고 주행할 때의 주의사항으로 틀린 것은?

① 급한 고갯길을 내려갈 때는 변속레버를 중립에 두거나 엔진을 끄고 타력으로 내려간다.
② 포크나 카운터웨이트 등에 사람을 태우고 주행해서는 안 된다.
③ 전방 시야가 확보되지 않을 때는 후진으로 진행하면서 경적을 울리며 천천히 주행한다.
④ 험한 땅, 좁은 통로, 고갯길 등에서는 급발진, 급제동, 급선회하지 않는다.

02 변속기의 필요성과 관계가 먼 것은?

① 기관의 회전력을 증대시킨다.
② 시동 시 장비를 무부하 상태로 한다.
③ 장비의 후진 시 필요하다.
④ 환향을 빠르게 한다.

03 동력 공구 사용 시 주의사항으로 틀린 것은?

① 보호구는 사용 안 해도 무방하다.
② 압축 공기 중의 수분을 제거하여 준다.
③ 규정 공기 압력을 유지한다.
④ 에어 그라인더는 회전수에 유의한다.

04 트랜스미션 내부에서 소음이 발생했을 때 운전자가 가장 먼저 조치해야 할 사항은?

① 기어의 교체
② 이의 치합 상태
③ 기어 잇면의 마모 점검
④ 기어오일의 양 점검

05 커먼 레일 디젤 기관의 전자제어계통에서 입력요소가 아닌 것은?

① 연료 온도 센서
② 연료 압력 센서
③ 연료 압력 제한 밸브
④ 축전지 전압

06 창고나 공장을 출입할 때 주의할 점으로 틀린 것은?

① 부득이 포크를 올려서 출입하는 경우 출입구 높이에 주의한다.
② 차폭과 입구의 폭은 확인할 필요가 없다.
③ 손이나 발을 차체 밖으로 내밀지 말아야 한다.
④ 주위 안전 상태를 확인하고 나서 출입한다.

07 동력 전달 장치에서 토크 컨버터에 대한 설명으로 틀린 것은?

① 기계적인 충격을 흡수하여 엔진의 수명을 연장한다.
② 조작이 용이하고 엔진에 무리가 없다.
③ 부하에 따라 자동적으로 변속한다.
④ 일정 이상의 과부하가 걸리면 엔진이 정지한다.

08 지게차에서 화물을 취급하는 방법으로 틀린 것은?

① 포크는 화물의 받침대 속에 정확히 들어갈 수 있도록 조작한다.
② 운반물을 적재하여 경사지를 주행할 때에는 짐이 언덕 위쪽으로 향하도록 한다.
③ 포크를 지면에서 약 50cm 정도 올려서 주행한다.
④ 운반 중 마스트를 뒤로 약 6° 정도 경사시킨다.

09 조정 렌치 사용상 안전 및 주의사항으로 맞는 것은?

① 렌치를 사용할 때는 밀면서 사용한다.
② 렌치를 작업자 앞쪽으로 잡아당기며 작업한다.
③ 렌치를 사용할 때는 반드시 연결대를 사용한다.
④ 렌치를 사용할 때는 규정보다 큰 공구를 사용한다.

10 구급처치 중에서 환자의 상태를 확인하는 사항과 가장 거리가 먼 것은?

① 의식　　　　② 출혈
③ 상처　　　　④ 격리

11 지게차 조향 바퀴 정렬의 요소가 아닌 것은?

① 캐스터(Caster)
② 부스터(Booster)
③ 캠버(Camber)
④ 토 인(Toe-in)

12 지게차가 무부하 상태에서 최대 조향각으로 운행 시 가장 바깥쪽 바퀴의 접지자국 중심점이 그리는 원의 반경을 무엇이라고 하는가?

① 최대선회 반지름　② 최소회전 반지름
③ 최소직각 통로폭　④ 윤간거리

13 유압회로에서 유압유 온도를 알맞게 유지하기 위해 오일을 냉각하는 부품은?

① 방향제어 밸브　　② 어큐뮬레이터
③ 유압 밸브　　　　④ 오일 쿨러

14 유압기호 표시 중 단동 실린더는?

15 건설기계조종사 면허가 취소되거나 정지 처분을 받은 후 건설기계를 계속 조종한 자에 대한 벌칙으로 옳은 것은?

① 30만 원 이하의 과태료
② 100만 원 이하의 과태료
③ 1년 이하의 징역 또는 1,000만 원 이하의 벌금
④ 1년 이하의 징역 또는 100만 원 이하의 벌금

16 유압회로에 사용되는 제어 밸브의 역할과 종류의 연결사항으로 틀린 것은?

① 일의 크기 제어 : 압력 제어 밸브
② 일의 속도 제어 : 유량 조절 밸브
③ 일의 방향 제어 : 방향 제어 밸브
④ 일의 시간 제어 : 속도 제어 밸브

17 지게차의 일상점검 사항이 아닌 것은?

① 소음 및 호스 누유 여부 점검
② 오일 탱크의 유량 점검
③ 릴리프 밸브 작동 점검
④ 오일 누설 여부 점검

18 교류(AC) 발전기의 특성이 아닌 것은?

① 저속에서도 충전 성능이 우수하다.
② 소형 경량이고 충전력도 크다.
③ 소모 부품이 적고 내구성이 우수하며 고속
　회전에 견딘다.
④ 전압 조정기, 전류 조정기, 컷 아웃 릴레이
　로 구성된다.

19 지게차에서 작동유를 한 방향으로는 흐르게 하고
반대 방향으로는 흐르지 않게 하기 위해 사용하
는 밸브는?

① 릴리프 밸브　　② 무부하 밸브
③ 체크 밸브　　　④ 감압 밸브

20 건설기계관리법령상 건설기계 검사의 종류가 아
닌 것은?

① 구조 변경 검사　② 임시 검사
③ 수시 검사　　　④ 신규 등록 검사

21 도로교통법상 운전이 금지되는 술에 취한 상태의
기준으로 옳은 것은?

① 혈중 알코올 농도 0.03% 이상일 때
② 혈중 알코올 농도 0.02% 이상일 때
③ 혈중 알코올 농도 0.1% 이상일 때
④ 혈중 알코올 농도 0.2% 이상일 때

22 일반적으로 건설기계의 유압 펌프는 무엇에 의해
구동되는가?

① 엔진의 크랭크축에 의해 구동된다.
② 엔진 캠축에 의해 구동된다.
③ 전동기에 의해 구동된다.
④ 에어 컴프레서에 의해 구동된다.

23 둥근 목재나 파이프 등을 작업하는 데 적합한 지
게차의 작업장치는?

① 하이 마스트　　② 로우 마스트
③ 사이드 시프트　④ 힌지드 포크

24 지게차의 조향 방법으로 맞는 것은?

① 전자 조향　　　② 배력식 조향
③ 전륜 조향　　　④ 후륜 조향

25 터보차저를 구동하는 것으로 가장 적합한 것은?

① 엔진의 열
② 엔진의 흡입가스
③ 엔진의 배기가스
④ 엔진의 여유동력

26 지게차는 자동차와 다르게 현가 스프링을 사용하
지 않는 이유를 설명한 것으로 옳은 것은?

① 현가 장치가 있으면 조향이 어렵기 때문에
② 앞차축이 구동축이기 때문에
③ 화물에 충격을 줄여주기 위해
④ 롤링이 생기면 적하물이 떨어질 수 있기
　때문에

27 깨지기 쉬운 화물이나 불안정한 화물의 낙하를 방지하기 위하여 포크 상단에 상하 작동할 수 있는 압력 판을 부착한 지게차는?

① 하이 마스트
② 사이드시프트 마스트
③ 로드 스태빌라이저
④ 3단 마스트

28 2개 이상의 분기회로를 갖는 회로 내에서 작동 순서를 회로의 압력 등에 의하여 제어하는 밸브는?

① 시퀀스 밸브　　② 서브 밸브
③ 체크 밸브　　　④ 릴리프 밸브

29 화물을 적재하고 주행할 때 포크와 지면과의 간격으로 가장 적당한 것은?

① 80~85cm　　② 지면에 밀착
③ 20~30cm　　④ 50~55cm

30 지게차 하역 작업 시 안전한 방법이 아닌 것은?

① 무너질 위험이 있는 경우 화물 위에 사람이 올라간다.
② 가벼운 것은 위로, 무거운 것은 밑으로 적재한다.
③ 굴러갈 위험이 있는 물체는 고임목으로 고인다.
④ 허용적재 하중을 초과하는 화물의 적재는 금한다.

31 다음 중 앞쪽 방향용 도로명판에 대한 설명으로 틀린 것은?

① 앞쪽 방향용 도로명판으로 사임당로 중간 지점을 의미한다.
② "92 →" 현 위치는 도로상의 92번을 의미한다.
③ "92 → 250"은 남은 거리 158m를 의미한다.
④ "92 → 250"은 남은 거리 1.58km를 의미한다.

32 지게차의 틸트 레버를 운전자 쪽으로 당기면 마스트는 어떻게 되는가?

① 지면 방향 아래쪽으로 내려온다.
② 운전자쪽으로 기운다.
③ 지면에서 위쪽으로 올라간다.
④ 운전자쪽에서 반대 방향으로 기운다.

33 화재의 분류가 옳게 된 것은?

① A급 화재 : 일반가연물 화재
② B급 화재 : 금속 화재
③ C급 화재 : 유류 화재
④ D급 화재 : 전기 화재

34 지게차의 포크를 내리는 역할을 하는 부품은?

① 틸트 실린더　　② 리프트 실린더
③ 보울 실린더　　④ 조향 실린더

35 공기 브레이크 장치의 구성품 중 틀린 것은?

① 브레이크 밸브　② 마스터 실린더
③ 공기탱크　　　④ 릴레이 밸브

36 유압 모터의 종류에 해당하지 않는 것은?

① 기어 모터　　② 베인 모터
③ 플런저 모터　④ 직권형 모터

37 방진 마스크를 착용해야 하는 작업장은?

① 온도가 낮은 작업장
② 분진이 많은 작업장
③ 산소가 결핍되기 쉬운 작업장
④ 소음이 심한 작업장

38 다음 중 장갑을 끼고 작업할 때 가장 위험한 작업은?

① 건설기계운전 작업
② 타이어 교환 작업
③ 해머 작업
④ 오일 교환 작업

39 지게차 조종석 계기판에 없는 것은?

① 연료계
② 냉각수 온도계
③ 운행거리 적산계
④ 엔진 회전 속도(rpm) 게이지

40 기동 전동기의 전기자 코일을 시험하는 데 사용되는 시험기는?

① 전류계 시험기
② 전압계 시험기
③ 그로울러 시험기
④ 저항 시험기

41 도로교통법상에서 운전자가 주행 방향 변경 시 신호를 하는 방법으로 틀린 것은?

① 방향 전환, 횡단, 유턴, 정지 또는 후진 시 신호를 하여야 한다.
② 신호의 시기 및 방법은 운전자가 편리한 대로 한다.
③ 진로 변경 시에는 손이나 등화로서 신호할 수 있다.
④ 진로 변경의 행위가 끝날 때까지 신호를 하여야 한다.

42 기어 펌프에 대한 설명으로 틀린 것은?

① 플런저 펌프에 비해 효율이 낮다.
② 초고압에는 사용이 곤란하다.
③ 플런저 펌프에 비해 흡입력이 나쁘다.
④ 소형이며 구조가 간단하다.

43 지게차 조향 핸들에서 바퀴까지의 조작력 전달 순서로 다음 중 가장 적합한 것은?

① 핸들 → 피트먼 암 → 드래그 링크 → 조향 기어 → 타이로드 → 조향 암 → 바퀴
② 핸들 → 드래그 링크 → 조향기어 → 피트먼 암 → 타이로드 → 조향 암 → 바퀴
③ 핸들 → 조향 암 → 조향기어 → 드래그 링크 → 피트먼 암 → 타이로드 → 바퀴
④ 핸들 → 조향기어 → 피트먼 암 → 드래그 링크 → 타이로드 → 조향 암 → 바퀴

44 건설기계 조종사의 적성 검사에 대한 설명으로 옳은 것은?

① 적성 검사는 60세까지만 실시한다.
② 적성 검사는 수시로 실시한다.
③ 적성 검사는 2년마다 실시한다.
④ 적성 검사에 합격하여야 면허 취득이 가능하다.

45 기관의 실린더 블록(Cylinder Block)과 헤드(Head) 사이에 끼워져 기밀을 유지하는 것은?

① 오일링(Oil Ring)
② 헤드 개스킷(Head Gasket)
③ 피스톤 링(Piston Ring)
④ 물 재킷(Water Jacket)

46 작업 전 지게차의 워밍업 운전 및 점검 사항으로 틀린 것은?

① 시동 후 작동유의 유온을 정상 범위 내에 도달하도록 고속으로 전·후진 주행을 2~3회 실시
② 엔진 시동 후 5분간 저속운전 실시
③ 틸트 레버를 사용하여 전 행정으로 전후 경사 운동 2~3회 실시
④ 리프트 레버를 사용하여 상승, 하강 운동을 전 행정으로 2~3회 실시

47 건설기계 조종사의 면허 취소 사유에 해당되는 것은?

① 고의로 인명피해를 입힌 때
② 과실로 1명 이상을 사망하게 한 때
③ 과실로 3명 이상에게 중상을 입힌 때
④ 과실로 10명 이상에게 경상을 입힌 때

48 일반적인 오일 탱크의 구성품이 아닌 것은?

① 유압 실린더
② 스트레이너
③ 드레인 플러그
④ 배플 플레이트

49 안전·보건표지에서 안내표지의 바탕색은?

① 녹색　　　　② 청색
③ 흑색　　　　④ 적색

50 축전지와 전동기를 동력원으로 하는 지게차는?

① 전동 지게차
② 유압 지게차
③ 엔진 지게차
④ 수동 지게차

51 기관에서 캠축을 구동시키는 체인 장력을 자동 조정하는 장치는?

① 댐퍼(Damper)
② 텐셔너(Tensioner)
③ 서포트(Support)
④ 부시(Bush)

52 축전지 전해액의 온도가 상승하면 비중은?

① 일정하다.　　② 올라간다.
③ 무관하다.　　④ 내려간다.

53 디젤 기관의 출력을 저하시키는 원인으로 틀린 것은?

① 흡기계통이 막혔을 때
② 흡입 공기 압력이 높을 때
③ 연료 분사량이 적을 때
④ 노킹이 일어날 때

54 유압오일에서 온도에 따른 점도 변화 정도를 표시하는 것은?

① 점도 분포   ② 관성력
③ 점도 지수   ④ 윤활성

55 유압 액추에이터의 설명으로 맞는 것은?

① 유체 에너지를 기계적인 일로 변환
② 유체 에너지를 생성
③ 유체 에너지를 축적
④ 기계적인 에너지를 유체 에너지로 변환

56 지게차의 일상점검 정비 사항이 아닌 것은?

① 볼트, 너트 등의 이완 및 탈락 상태
② 유압장치, 엔진, 롤러 등의 누유 상태
③ 브레이크 라이닝의 교환 주기 상태
④ 각 계기류, 스위치, 등화장치의 작동 상태

57 서로 다른 2종류의 유압유를 혼합하였을 경우에 대한 설명으로 옳은 것은?

① 서로 보완 가능한 유압유의 혼합은 권장사 항이다.
② 열화 현상을 촉진시킨다.
③ 유압유의 성능이 혼합으로 인해 월등해진다.
④ 점도가 달라지나 사용에는 전혀 지장이 없 다.

58 안전·보건 표지의 종류와 형태에서 그림의 안전 표지판이 나타내는 것은?

① 병원 표지
② 비상구 표지
③ 녹십자 표지
④ 안전지대 표지

59 중량물을 들어 올리거나 내릴 때 손이나 발이 중 량물과 지면 등에 끼어 발생하는 재해는?

① 낙하   ② 충돌
③ 전도   ④ 협착

60 사고의 직접원인으로 가장 옳은 것은?

① 유전적인 요소
② 사회적 환경요인
③ 성격 결함
④ 불안전한 행동 및 상태

01 기관에서 연료를 압축하여 분사 순서에 맞게 노즐로 압송시키는 장치는?

① 연료 분사 펌프
② 연료 공급 펌프
③ 프라이밍 펌프
④ 유압 펌프

02 압력식 라디에이터 캡에 대한 설명으로 옳은 것은?

① 냉각장치 내부 압력이 규정보다 낮을 때 공기 밸브는 열린다.
② 냉각장치 내부 압력이 규정보다 높을 때 진공 밸브는 열린다.
③ 냉각장치 내부 압력이 부압이 되면 진공 밸브는 열린다.
④ 냉각장치 내부 압력이 부압이 되면 공기 밸브는 열린다.

03 엔진 오일량 점검에서 오일 게이지에 상한선(Full)과 하한선(Low) 표시가 되어 있을 때 가장 적합한 것은?

① Low 표시에 있어야 한다.
② Low와 Full 표시 사이에서 Low에 가까이 있으면 좋다.
③ Low와 Full 표시 사이에서 Full에 가까이 있으면 좋다.
④ Full 표시 이상이어야 한다.

04 다음 중 윤활유의 기능으로 모두 옳은 것은?

① 마찰감소, 스러스트작용, 밀봉작용, 냉각작용
② 마멸방지, 수분흡수, 밀봉작용, 마찰증대
③ 마찰감소, 마멸방지, 밀봉작용, 냉각작용
④ 마찰증대, 냉각작용, 스러스트작용, 응력분산

05 커먼 레일 디젤 기관의 공기 유량 센서(AFS)로 많이 사용되는 방식은?

① 칼만와류 방식　　② 열막 방식
③ 베인 방식　　　　④ 피토관 방식

06 건설기계 운전 작업 중 온도 게이지가 "H" 위치에 근접되어 있다. 운전자가 취해야 할 조치로 가장 알맞은 것은?

① 작업을 계속해도 무방하다.
② 잠시 작업을 중단하고 휴식을 취한 후 다시 작업한다.
③ 윤활유를 즉시 보충하고 계속 작업한다.
④ 작업을 중단하고 냉각수 계통을 점검한다.

07 축전지를 교환 및 장착할 때 연결 순서로 맞는 것은?

① (+)나 (−)선 중 편리한 것부터 연결하면 된다.
② 축전지의 (−)선을 먼저 부착하고 (+)선을 나중에 부착한다.
③ 축전지의 (+), (−)선을 동시에 부착한다.
④ 축전지의 (+)선을 먼저 부착하고 (−)선을 나중에 부착한다.

08 전조등의 구성품으로 틀린 것은?

① 전구　　　　　② 렌즈
③ 반사경　　　　④ 플래셔 유닛

09 12V용 납산 축전지의 방전 종지 전압은?

① 12V　　　　　② 10.5V
③ 7.5V　　　　　④ 1.75V

10 전류의 3대 작용에 해당하지 않는 것은?

① 충전작용
② 발열작용
③ 화학작용
④ 자기작용

11 지게차의 전·후 안정도에서 주행 시 기준 무부하 상태일 때 몇 % 구배에 전도되어서는 안 되는가?

① 4　　　　　② 6
③ 12　　　　④ 18

12 지게차의 유압장치에서 틸트 실린더는 일반적으로 몇 개가 설치되어 있는가?

① 2개　　　　② 3개
③ 4개　　　　④ 1개

13 클러치식 지게차의 동력 전달 순서는?

① 엔진 → 클러치 → 변속기 → 종 감속 기어 및 차동장치 → 앞 구동축 → 차륜
② 엔진 → 변속기 → 클러치 → 종 감속 기어 및 차동장치 → 앞 구동축 → 차륜
③ 엔진 → 클러치 → 종 감속 기어 및 차동장치 → 변속기 → 앞 구동축 → 차륜
④ 엔진 → 변속기 → 클러치 → 앞 구동축 → 종 감속 기어 및 차동장치 → 차륜

14 지게차를 운전할 때 포크의 높이는(운반 시) 일반적으로 몇 cm로 올려야 하는가?

① 지상 20~30cm 정도 높인다.
② 지상 50~80cm 정도 높인다.
③ 지상 100cm 정도 높인다.
④ 높이에는 관계없이 편리하도록 한다.

15 지게차를 전·후진 방향으로 서서히 화물에 접근시키거나 빠른 유압 작동으로 신속히 화물을 상승 또는 적재시킬 때 사용하는 것은?

① 인칭조절 페달　　② 액셀러레이터 페달
③ 디셀레이터 페달　④ 브레이크 페달

16 지게차를 정지시킬 때의 조작 방법이다. 틀린 것은?

① 기관을 공전 상태로 차를 세우는 경우에는 마스트를 뒤로 틸트하여 둔다.
② 기관을 정지시킬 때에는 마스트는 앞으로 틸트하고 포크가 지면에 닿도록 한다.
③ 기관을 정지하고 장시간 주차할 때에는 전·후진 레버는 중립으로 하고, 저·고속 레버는 저속 위치로 한다.
④ 기관을 정지시킬 때에는 마스트를 뒤로 틸트하고 포크를 지면에 닿도록 한다.

17 지게차의 리프트 실린더는 어떤 일을 하는가?

① 포크를 앞 · 뒤로 기울게 한다.
② 포크를 상승 · 하강시킨다.
③ 마스트를 이동시킨다.
④ 마스트를 경사 이동시킨다.

18 지게차의 유압탱크 유량을 점검하기 전 포크의 적절한 위치는?

① 포크를 지면에 내려놓고 점검한다.
② 최대적재량의 하중으로 포크는 지상에서 떨어진 높이에서 점검한다.
③ 포크를 최대로 높여 점검한다.
④ 포크를 중간 높이에서 점검한다.

19 지게차 마스트 전경각은 얼마인가?

① 2~3°   ② 5~6°
③ 7~8°   ④ 9~12°

20 엔진의 회전(시동)을 멈추지 않은 상태에서 지게차를 정차시킬 경우 가속페달의 위치 중 가장 적당한 것은?

① 저속   ② 중속
③ 고속   ④ 어느 위치나 무관

21 변속기의 필요성과 관계가 없는 것은?

① 시동 시 장비를 무부하 상태로 한다.
② 기관의 회전력을 증대시킨다.
③ 장비의 후진 시 필요로 한다.
④ 환향을 빠르게 한다.

22 수동식 변속기가 장착된 지게차에서 기어의 이상음이 발생하는 이유가 아닌 것은?

① 기어의 백래시 과다
② 변속기의 오일 부족
③ 변속기 베어링의 마모
④ 워엄과 워엄기어의 마모

23 지게차의 작업 방법을 설명한 것이다. 적절한 것은?

① 적하물을 싣고 운행 중에는 브레이크를 급격히 밟는다.
② 비탈길을 오르내릴 때에는 마스트를 전면으로 기울인다.
③ 적하물의 부피가 큰 것은 마스트를 수직으로 세우고 운전한다.
④ 짐을 싣고 비탈길을 내려올 때에는 후진하여 천천히 내려온다.

24 지게차의 마스트에 부착되어 있는 주요 부품은?

① 롤러   ② 차동기
③ 리치 실린더   ④ 타이어

25 포크 리프트(Fork lift)에서 틸트 장치의 역할은?

① 피니언 기어의 축
② 차체 수평 조정
③ 포크 상하 조정
④ 마스트 경사 조정

26 평탄한 노면에서 지게차 운전 하역 시 올바른 취급 방법이 아닌 것은?

① 파렛트에 실은 짐이 안전하고 확실하게 실려 있는가를 확인한다.
② 포크는 상황에 따라 안전한 위치로 이동한다.
③ 불안전한 적재의 경우에는 안전한 위치로 이동한다.
④ 파렛트를 사용하지 않고 밧줄로 짐을 걸어 올릴 때에는 포크에 잘 맞는 고리를 사용한다.

27 지게차에서 아워 미터의 역할은?

① 엔진 가동시간을 나타낸다.
② 주행거리를 나타낸다.
③ 오일량을 나타낸다.
④ 작동유량을 나타낸다.

28 지게차로 화물 적하 작업을 할 때 작업을 용이하게 하는 것은?

① 화물 밑에 고이는 상자
② 화물 밑에 고이는 판재
③ 화물 밑에 고이는 드럼통
④ 화물 밑에 고이는 파렛트

29 타이어식 건설기계의 타이어에서 저압 타이어의 안지름이 20인치, 바깥지름이 32인치, 폭이 12인치, 플라이 수가 18인 경우 표시 방법은?

① 20.00 - 32 - 18PR
② 20.00 - 12 - 18PR
③ 12.00 - 20 - 18PR
④ 32.00 - 12 - 18PR

30 변속기와 종 감속 기어 사이의 구동 각도에 변화를 줄 수 있는 동력 전달 기구로 옳은 것은?

① 슬립이음
② 자재이음
③ 스테빌라이저
④ 크로스멤버

31 건설기계 연료 주입구는 배기관의 끝으로부터 얼마 이상 떨어져 설치하여야 하는가?

① 5cm   ② 10cm
③ 30cm   ④ 50cm

32 전륜 구동식 지게차에서 차동기가 위치하고 있는 것은?

① 전차축   ② 프레임
③ 마스트   ④ 후차축

33 건설기계 조종사의 면허 취소 사유에 해당하는 것은?

① 과실로 인하여 1명을 사망하게 하였을 경우
② 면허의 효력정지 기간 중 건설기계를 조종한 경우
③ 과실로 인하여 10명에게 경상을 입힌 경우
④ 건설기계로 1천만 원 이상의 재산 피해를 냈을 경우

34 등록되지 아니한 건설기계를 사용하거나 운행한 자의 벌칙은?

① 1년 이하의 징역 또는 1,000만 원 이하의 벌금
② 2년 이하의 징역 또는 2,000만 원 이하의 벌금
③ 20만 원 이하의 벌금
④ 10만 원 이하의 벌금

35 건설기계관리법상 건설기계의 정기 검사 유효기간이 잘못된 것은?

① 덤프트럭 : 1년
② 로더 : 2년
③ 아스팔트 살포기 : 1년
④ 지게차 : 3년

36 건설기계의 형식 승인은 누가 하는가?

① 국토교통부 장관
② 시 · 도지사
③ 시장, 군수 또는 구청장
④ 고용노동부 장관

37 도로교통법상 운전자의 준수사항이 아닌 것은?

① 출석지시서를 받은 때에는 운전하지 아니할 것
② 자동차의 운전 중에 휴대용 전화를 사용하지 않을 것
③ 자동차의 화물 적재함에 사람을 태우고 운행하지 말 것
④ 물이 고인 곳을 운행할 때에는 고인 물을 튀게 하여 다른 사람에게 피해를 주는 일이 없도록 할 것

38 도로교통법에 따라 뒤차에게 앞지르기를 시키려는 때 적절한 신호 방법은?

① 오른팔 또는 왼팔을 차체의 왼쪽 또는 오른쪽 밖으로 수평으로 펴서 손을 앞 · 뒤로 흔들 것
② 팔을 차체 밖으로 내어 45도 밑으로 펴서 손바닥을 뒤로 향하게 하여 그 팔을 앞 · 뒤로 흔들거나 후진등을 켤 것
③ 팔을 차체 밖으로 내어 45도 밑으로 펴거나 제동등을 켤 것
④ 양팔을 모두 차체의 밖으로 내어 크게 흔들 것

39 다음 3방향 도로명 예고표지에 대한 설명으로 맞는 것은?

① 좌회전하면 300m 전방에 시청이 나온다.
② 직진하면 300m 전방에 관평로가 나온다.
③ 우회전하면 300m 전방에 평촌역이 나온다.
④ 관평로는 북에서 남으로 도로 구간이 설정되어 있다.

40 도로교통법상 도로에서 교통사고로 인하여 사람을 사상한 때 운전자의 조치로 가장 적합한 것은?

① 경찰관을 찾아 신고한 다음 사상자를 구호한다.
② 경찰서에 출두하여 신고한 다음 사상자를 구호한다.
③ 중대한 업무를 수행하는 경우에는 후조치를 할 수 있다.
④ 즉시 정차하여 사상자를 구호하는 등 필요한 조치를 한다.

41 기어 펌프에 대한 설명으로 틀린 것은?

① 소형이며 구조가 간단하다.
② 플런저 펌프에 비해 흡입력이 나쁘다.
③ 플런저 펌프에 비해 효율이 낮다.
④ 초고압에는 사용이 곤란하다.

42 공동(Cavitation) 현상이 발생하였을 때의 영향 중 거리가 가장 먼 것은?

① 체적 효율이 감소한다.
② 고압 부분의 기포가 과포화 상태가 된다.
③ 최고 압력이 발생하여 급격한 압력파가 일어난다.
④ 유압장치 내부에 국부적인 고압이 발생하여 소음과 진동이 발생된다.

43 유압장치에서 액추에이터의 종류에 속하지 않는 것은?

① 감압 밸브
② 유압 실린더
③ 유압 모터
④ 플런저 모터

44 유압 펌프에서 소음이 발생할 수 있는 원인으로 거리가 가장 먼 것은?

① 오일의 양이 적을 때
② 유압 펌프의 회전 속도가 느릴 때
③ 오일 속에 공기가 들어있을 때
④ 오일의 점도가 너무 높을 때

45 유압 모터의 가장 큰 장점은?

① 공기와 먼지 등이 침투하면 성능에 영향을 준다.
② 오일의 누출을 방지한다.
③ 압력 조정이 용이하다.
④ 무단 변속이 용이하다.

46 유압장치에서 가변용량형 유압 펌프의 기호는?

①   ②

③   ④

47 유압 실린더를 교환하였을 경우 조치해야 할 작업으로 가장 거리가 먼 것은?

① 오일 필터 교환
② 공기빼기 작업
③ 누유 점검
④ 시운전하여 작동 상태 점검

48 건설기계 유압장치의 작동유 탱크의 구비조건 중 거리가 가장 먼 것은?

① 배유구(드레인 플러그)와 유면계를 두어야 한다.
② 흡입관과 복귀관 사이에 격판(차폐장치, 격리판)을 두어야 한다.
③ 유면을 흡입라인 아래까지 항상 유지할 수 있어야 한다.
④ 흡입 작동유 여과를 위한 스트레이너를 두어야 한다.

49 유압장치의 정상적인 작동을 위한 일상점검 방법으로 옳은 것은?

① 유압 컨트롤 밸브의 세척 및 교환
② 오일량 점검 및 필터 교환
③ 유압 펌프의 점검 및 교환
④ 오일 냉각기의 점검 및 세척

50 지게차의 리프트 실린더 작동 회로에 사용되는 플로우 레귤레이터(슬로우 리턴 밸브)의 역할은?

① 포크의 하강 속도를 조절하여 포크가 천천히 내려오도록 한다.
② 포크 상승 시 작동유의 압력을 높여준다.
③ 짐을 하강시킬 때 신속하게 내려오도록 한다.
④ 포크가 상승하다가 리프트 실린더 중간에서 정지 시 실린더 내부 누유를 방지한다.

51 유압회로 내의 이물질, 열화된 오일 및 슬러지 등을 회로 밖으로 배출시켜 회로를 깨끗하게 하는 것을 무엇이라 하는가?

① 푸싱(Pushing)
② 리듀싱(Reducing)
③ 언로딩(Unloading)
④ 플래싱(Flashing)

52 유압장치에서 유량제어 밸브가 아닌 것은?

① 교축 밸브
② 분류 밸브
③ 유량조정 밸브
④ 릴리프 밸브

53 체인 블록을 이용하여 무거운 물체를 이동시키고자 할 때 가장 안전한 방법은?

① 체인이 느슨한 상태에서 급격히 잡아당기면 재해가 발생할 수 있으므로 시간적 여유를 가지고 작업한다.
② 작업의 효율을 위해 가는 체인을 사용한다.
③ 내릴 때는 하중 부담을 줄이기 위해 최대한 빠른 속도로 실시한다.
④ 이동 시는 무조건 최단거리 코스로 빠른 시간 내에 이동시켜야 한다.

54 안전 · 보건표지에서 그림이 표시하는 것으로 맞는 것은?

① 독극물 경고
② 폭발물 경고
③ 고압전기 경고
④ 낙하물 경고

55 연소의 3요소가 아닌 것은?

① 가연성 물질
② 산소(공기)
③ 점화원
④ 이산화탄소

56 체인이나 벨트, 풀리 등에서 일어나는 사고로 기계의 운동 부분 사이에 신체가 끼는 사고는?

① 협착
② 접촉
③ 충격
④ 얽힘

57 다음 중 수공구인 렌치를 사용할 때 지켜야 할 안전 사항으로 옳은 것은?

① 볼트를 풀 때는 지렛대 원리를 이용하여 렌치를 밀어서 힘을 받도록 한다.
② 볼트를 조일 때는 렌치를 해머로 쳐서 조이면 강하게 조일 수 있다.
③ 렌치 작업 시 큰 힘으로 조일 경우 연장대를 끼워서 작업한다.
④ 볼트를 풀 때는 렌치 손잡이를 당길 때 힘을 받도록 한다.

58 해머 사용 시 안전에 주의해야 될 사항으로 틀린 것은?

① 해머 사용 전 주위를 살펴본다.
② 담금질한 것은 무리하게 두들기지 않는다.
③ 해머를 사용하여 작업할 때에는 처음부터 강한 힘을 사용한다.
④ 대형 해머를 사용할 때는 자기의 힘에 적합한 것으로 한다.

59 다음 중 안전 · 보건표지의 구분에 해당하지 않는 것은?

① 금지표지
② 성능표지
③ 지시표지
④ 안내표지

60 불안전한 조명, 불안전한 환경, 방호장치의 결함으로 인하여 오는 산업재해 요인은?

① 지적 요인
② 물적 요인
③ 신체적 요인
④ 정신적 요인

01 특별표지판을 부착하지 않아도 되는 건설기계는?

① 최소 회전 반경이 13m인 건설기계
② 길이가 17m인 건설기계
③ 너비가 3m인 건설기계
④ 높이가 3m인 건설기계

02 건설기계관리법상 등록을 하지 아니하고 건설기계 사업을 하거나 거짓으로 등록한 자에 대한 벌칙은?

① 1년 이상 징역 또는 1,000만 원 이상의 벌금
② 2년 이하 징역 또는 2,000만 원 이하의 벌금
③ 1년 이상 징역 또는 100만 원 이상의 벌금
④ 2년 이하 징역 또는 1,000만 원 이상의 벌금

03 건설기계 신규 등록신청에 대한 기준으로 맞는 것은? (단, 전시, 사변 등 국가비상사태하의 경우 제외)

① 시 · 군 · 구청장에게 취득한 날로부터 10일 이내 등록신청을 한다.
② 시 · 도지사에게 취득한 날로부터 15일 이내 등록신청을 한다.
③ 시 · 군 · 구청장에게 취득한 날로부터 1개월 이내 등록신청을 한다.
④ 시 · 도지사에게 취득한 날로부터 2개월 이내 등록신청을 한다.

04 건설기계 운전중량 산정 시 조종사 1명의 체중으로 맞는 것은?

① 50kg
② 55kg
③ 60kg
④ 65kg

05 도로교통법상 편도 4차로 자동차 전용도로에서 지게차의 주행 차로는?

① 1차로
② 2차로
③ 3차로
④ 4차로

06 차량이 남쪽에서부터 북쪽 방향으로 진행 중일 때, 그림의 「2방향 도로명 예고표지」에 대한 설명으로 틀린 것은?

① 차량을 좌회전하는 경우 '통일로'의 건물번호가 커진다.
② 차량을 좌회전하는 경우 '통일로'로 진입할 수 있다.
③ 차량을 좌회전하는 경우 '통일로'의 건물번호가 작아진다.
④ 차량을 우회전하는 경우 '통일로'로 진입할 수 있다.

07 도로교통법상 정차 및 주차 금지 장소에 해당되는 것은?

① 건널목 가장자리로부터 15m 지점
② 정류장 표지판으로부터 12m 지점
③ 도로의 모퉁이로부터 3m 지점
④ 교차로 가장자리로부터 10m 지점

08 건설기계의 수시 검사 대상이 아닌 것은?

① 소유자가 수시 검사를 신청한 건설기계
② 사고가 자주 발생하는 건설기계
③ 성능이 불량한 건설기계
④ 구조를 변경한 건설기계

09 건설기계관리법상 건설기계 정기 검사의 연기 사유에 해당하지 않는 것은?

① 건설기계를 도난당했을 때
② 건설기계의 사고가 발생하였을 때
③ 1월 이상에 걸친 정비를 하고 있을 때
④ 건설기계를 건설 현장에 투입하여 작업하고 있을 때

10 건설기계를 주택가 주변에 세워 두어 교통 소통을 방해하거나 소음 등으로 주민의 생활환경을 침해한 자에 대한 벌칙은?

① 200만 원 이하의 벌금
② 100만 원 이하의 벌금
③ 100만 원 이하의 과태료
④ 50만 원 이하의 과태료

11 팬 벨트에 대한 점검과정이다. 가장 적합하지 않은 것은?

① 팬 벨트를 눌러(약 10kgf) 처짐이 약 13~20mm 정도로 한다.
② 팬 벨트는 풀리의 밑 부분에 접촉되어야 한다.
③ 팬 벨트의 조정은 발전기를 움직이면서 조정한다.
④ 팬 벨트가 너무 헐거우면 기관 과열의 원인이 된다.

12 디젤 기관에 사용되는 연료의 구비조건으로 옳은 것은?

① 점도가 높고 약간의 수분이 섞여 있을 것
② 황의 함유량이 클 것
③ 착화점이 높을 것
④ 발열량이 클 것

13 실린더 헤드 개스킷에 대한 구비조건으로 틀린 것은?

① 기밀유지가 좋을 것
② 내열성과 내압성이 있을 것
③ 복원성이 적을 것
④ 강도가 적당할 것

14 기관 과열의 원인이 아닌 것은?

① 히터 스위치의 고장
② 수온 조절기의 고장
③ 헐거워진 냉각 팬 벨트
④ 물 통로 내의 물때

15 공회전 상태의 기관에서 크랭크축의 회전과 관계 없이 작동되는 기구는?

① 발전기
② 캠 샤프트
③ 플라이휠
④ 스타트 모터

16 습식 공기 청정기에 대한 설명이 아닌 것은?

① 청정 효율은 공기량이 증가할수록 높아지 며 회전 속도가 빠르면 효율이 좋아진다.
② 흡입 공기는 오일로 적셔진 여과망을 통과 시켜 여과시킨다.
③ 공기 청정기 케이스 밑에는 일정한 양의 오일이 들어있다.
④ 공기 청정기는 일정 기간 사용 후 무조건 신품으로 교환해야 한다.

17 좌 · 우측 전조등 회로의 연결 방법으로 옳은 것은?

① 직렬 연결
② 단식 연결
③ 병렬 연결
④ 직 · 병렬 연결

18 납산 축전지에서 격리판의 역할은?

① 전해액의 증발을 방지한다.
② 과산화납으로 변화되는 것을 방지한다.
③ 전해액의 화학작용을 방지한다.
④ 음극판과 양극판의 절연성을 높인다.

19 전조등의 형식 중 내부에 불활성 가스가 들어 있으며 광도의 변화가 적은 것은?

① 로우빔식
② 하이빔식
③ 실드빔식
④ 세미 실드빔식

20 전기가 이동하지 않고 물질에 정지하고 있는 전기는?

① 동전기
② 정전기
③ 직류 전기
④ 교류 전기

21 유압장치의 장점이 아닌 것은?

① 속도 제어가 용이하다.
② 힘의 연속적 제어가 용이하다.
③ 온도의 영향을 많이 받는다.
④ 윤활성, 내마멸성, 방청성이 좋다.

22 유압 모터의 회전 속도가 규정 속도보다 느릴 경우 그 원인이 아닌 것은?

① 유압 펌프의 오일 토출량 과다
② 각 작동부의 마모 또는 파손
③ 유압유의 유입량 부족
④ 오일의 내부 누설

23 회로 내의 유체 흐름 방향을 제어하는 데 사용되는 밸브는?

① 교축 밸브
② 셔틀 밸브
③ 감압 밸브
④ 순차 밸브

24 작업 중 유압회로 내의 유압이 상승되지 않을 때의 점검사항으로 적합하지 않은 것은?

① 오일 탱크의 오일량 점검
② 오일이 누출되는지 점검
③ 펌프로부터 유압이 발생되는지 점검
④ 자기탐상법에 의한 작업장치의 균열 점검

25 그림의 유압기호에서 "A" 부분이 나타내는 것은?

① 오일냉각기
② 스트레이너
③ 가변용량 유압 펌프
④ 가변용량 유압 모터

26 축압기(Accumulator)의 사용 목적으로 아닌 것은?

① 압력 보상
② 유체의 맥동 감쇄
③ 유압회로 내 압력 제어
④ 보조 동력원으로 사용

27 오일의 압력이 낮아지는 원인과 가장 거리가 먼 것은?

① 유압 펌프의 성능이 불량할 때
② 오일의 점도가 높아졌을 때
③ 오일의 점도가 낮아졌을 때
④ 계통 내에서 누설이 있을 때

28 유압회로 내의 압력이 설정 압력에 도달하면 펌프에서 토출된 오일을 전부 탱크로 회송시켜 펌프를 무부하 운전시키는 데 사용하는 밸브는?

① 체크 밸브
② 시퀀스 밸브
③ 언로더 밸브
④ 카운터밸런스 밸브

29 유압 펌프의 종류에 포함되지 않는 것은?

① 기어 펌프   ② 진공 펌프
③ 베인 펌프   ④ 플런저 펌프

30 작동유에 수분이 혼입되었을 때 나타나는 현상 아닌 것은?

① 윤활 능력 저하
② 작동유의 열화 촉진
③ 유압기기의 마모 촉진
④ 오일 탱크의 오버플로

31 산업안전보건법령상 안전 · 보건표지의 종류 중 다음 그림에 해당하는 것은?

① 산화성 물질 경고   ② 인화성 물질 경고
③ 폭발성 물질 경고   ④ 급속 독성 물질 경고

32 해머 작업 시 옳은 것은?

① 해머 자루의 가운데 부분을 잡아 놓치지 않도록 한다.
② 손은 다치지 않게 장갑을 착용한다.
③ 타격할 때 처음과 마지막에 힘을 많이 가하지 않는다.
④ 열처리 된 재료는 반드시 해머로 작업한다.

33 다음 중 보호구를 선택할 때의 유의사항으로 틀린 것은?

① 작업 행동에 방해되지 않을 것
② 사용 목적에 구애받지 않을 것
③ 보호구 성능 기준에 적합하고 보호 성능이 보장될 것
④ 착용이 용이하고 크기 등 사용자에게 편리할 것

34 유류 화재 시 소화용으로 가장 거리가 먼 것은?

① 물
② 소화기
③ 모래
④ 흙

35 연삭기의 안전한 사용 방법으로 틀린 것은?

① 숫돌 측면 사용 제한
② 숫돌 덮개 설치 후 작업
③ 보안경과 방진 마스크 착용
④ 숫돌과 받침대 간격을 가능한 넓게 유지

36 다음 중 일반적으로 장갑을 끼고 작업할 경우 안전상 가장 적합하지 않은 작업은?

① 전기 용접 작업
② 타이어 교체 작업
③ 건설기계 운전 작업
④ 선반 등의 절삭 가공 작업

37 먼지가 많은 작업장소에서 착용하여야 하는 마스크는?

① 방독 마스크
② 산소 마스크
③ 방진 마스크
④ 일반 마스크

38 전장품을 안전하게 보호하는 퓨즈의 사용법으로 틀린 것은?

① 퓨즈가 없으면 임시로 철사를 감아서 사용한다.
② 회로에 맞는 전류 용량의 퓨즈를 사용한다.
③ 오래되어 산화된 퓨즈는 미리 교환한다.
④ 과열되어 끊어진 퓨즈는 과열된 원인을 먼저 수리한다.

39 아크 용접에서 눈을 보호하기 위한 보안경 선택으로 맞는 것은?

① 도수 안경
② 방진 안경
③ 차광용 안경
④ 실험실용 안경

40 지게차에 일반적으로 가장 많이 사용되는 브레이크는?

① 진공식
② 유압식
③ 기계식
④ 공기 압축식

41 지게차를 전·후진 방향으로 서서히 화물에 접근시키며 빠른 유압 작동으로 신속히 화물을 상승 또는 적재시킬 때 사용하는 것은?

① 인칭 조절 페달
② 액셀러레이터 페달
③ 디셀레이터 페달
④ 브레이크 페달

42 지게차의 변속 단수는 일반적으로 다음 중 어느 것인가?

① 3~4단
② 4~5단
③ 5~6단
④ 1~2단

43 지게차의 리프트 실린더의 주된 역할은?

① 마스터를 틸트시킨다.
② 마스터를 이동시킨다.
③ 포크를 상승·하강시킨다.
④ 포크를 앞뒤로 기울게 한다.

44 지게차의 일반적인 조향 방식은?

① 앞바퀴 조향 방식이다.
② 뒷바퀴 조향 방식이다.
③ 허리꺾기 조향 방식이다.
④ 작업조건에 따라 바꿀 수 있다.

45 지게차 사이드 롤러 편마모의 주원인은?

① 오일펌프의 불량
② 윤활유 불충분
③ 리프트 실린더의 마모
④ 틸트 실린더의 마모

46 지게차로 적재 작업을 할 때 유의사항으로 틀린 것은?

① 운반하려고 하는 화물에 가까이가면 속도를 줄인다.
② 화물 앞에서 일단 정지한다.
③ 화물이 무너지거나 파손 등의 위험성 여부를 확인한다.
④ 화물을 높이 들어 올려 아랫부분을 확인하며 천천히 출발한다.

47 지게차의 구조 중 틀린 것은?

① 마스트
② 밸런스웨이트
③ 틸트 레버
④ 레킹 볼

48 지게차의 유압탱크 유량을 점검하기 전 포크의 적절한 위치는?

① 포크를 지면에 내려놓고 점검한다.
② 최대적재량의 하중으로 포크는 지상에서 떨어진 높이에서 점검한다.
③ 포크를 최대로 높여 점검한다.
④ 포크를 중간 높이에서 점검한다.

49 지게차의 주된 구동 방식은?

① 앞바퀴 구동　　② 뒷바퀴 구동
③ 전후 구동　　　④ 중간 차축 구동

50 지게차의 주·정차에 대한 안전 사항이다. 맞지 않는 것은?

① 마스트를 전방으로 틸트하고 포크를 바닥에 내려놓는다.
② 키 스위치를 off에 놓고 주차 브레이크를 고정시킨다.
③ 주·정차 후에는 항상 장비에 키를 꽂아 놓는다.
④ 막힌 통로나 비상구에는 주차하지 않는다.

51 지게차에서 자동차와 같이 스프링을 사용하지 않는 이유를 설명한 것으로 옳은 것은?

① 롤링이 생기면 적하물이 떨어지기 때문이다.
② 현가장치가 있으면 조향이 어렵기 때문이다.
③ 화물에 충격을 줄여주기 위함이다.
④ 앞차축이 구동축이기 때문이다.

52 지게차에서 틸트 실린더의 역할은?

① 포크의 상하 이동
② 차체 수평 유지
③ 마스트 앞뒤 경사각 유지
④ 차체 좌우 회전

53 지게차의 종 감속 기어는?

① 스퍼 기어
② 헬리컬 기어
③ 유성 기어
④ 베벨 기어

54 지게차 포크의 상승 속도가 느린 원인으로 가장 관계가 적은 것은?

① 작동유의 부족
② 조작 밸브의 손상 및 마모
③ 피스톤 패킹의 손상
④ 포크 끝의 약간 휨

55 지게차 작업장치의 포크가 한쪽으로 쏠리는 원인 중 가장 옳은 것은?

① 한쪽 체인이 늘어져 있다.
② 한쪽 롤러(Side roller)가 마모되었다.
③ 한쪽 실린더의 작동유가 부족하다.
④ 한쪽 리프트 실린더가 마모되었다.

56 다음 중 지게차의 작업장치 구조가 아닌 것은?

① 마스트　　　　② 블레이드
③ 캐리어　　　　④ 포크

57 지게차를 주차할 때 취급사항으로 틀린 것은?

① 포크를 지면에 완전히 내린다.
② 기관을 정지한 후 주차 브레이크를 작동시킨다.
③ 시동을 끈 후 시동 스위치의 키는 그대로 둔다.
④ 포크의 선단이 지면에 닿도록 마스트를 전방으로 적절히 경사시킨다.

58 타이어의 사용 압력에 따른 분류에 속하지 않는 것은?

① 고압 타이어
② 초고압 타이어
③ 저압 타이어
④ 초저압 타이어

59 충전장치에서 발전기는 어떤 축과 연동되어 구동되는가?

① 크랭크축
② 캠축
③ 추진축
④ 변속기 입력축

60 타이어식 건설기계에서 조향 바퀴의 얼라인먼트 요소와 관계없는 것은?

① 캠버
② 토 인
③ 캐스터
④ 부스터

01 건설기계 등록사항의 변경 또는 등록이전 신고 대상이 아닌 것은?

① 소유자 변경
② 소유자의 주소지 변경
③ 건설기계 소재지 변경
④ 건설기계의 사용본거지 변경

02 건설기계 조종사면허를 취소하거나 정지시킬 수 있는 사유에 해당하지 않는 것은?

① 면허증을 타인에게 대여한 때
② 조종 중 과실로 중대한 사고를 일으킨 때
③ 면허를 부정한 방법으로 취득하였음이 밝혀 졌을 때
④ 여행을 목적으로 1개월 이상 해외로 출국하였을 때

03 건설기계의 구조 변경 및 개조의 범위에 해당되지 않는 것은?

① 원동기의 형식 변경
② 주행장치의 형식 변경
③ 적재함의 용량 증가를 위한 형식 변경
④ 유압장치의 형식 변경

04 건설기계관리법상 건설기계 운전자의 과실로 경상 6명의 인명 피해를 입혔을 때 처분 기준은?

① 면허 효력 정지 10일
② 면허 효력 정지 20일
③ 면허 효력 정지 30일
④ 면허 효력 정지 60일

05 정기 검사 유효기간이 2년인 건설기계는?

① 타이어식 기중기   ② 타워크레인
③ 타이어식 굴착기   ④ 1톤 이상의 지게차

06 건설기계 조종사 면허증 발급 신청 시 첨부하는 서류와 가장 거리가 먼 것은?

① 신체검사서
② 국가기술자격 수첩
③ 주민등록표 등본
④ 소형 건설기계 교육 이수증

07 충전장치의 역할로 틀린 것은?

① 램프류에 전력을 공급한다.
② 에어컨 장치에 전력을 공급한다.
③ 축전지에 전력을 공급한다.
④ 기동장치에 전력을 공급한다.

08 전류의 3대 작용이 아닌 것은?

① 발열작용   ② 자기작용
③ 원심작용   ④ 화학작용

09 냉각수에 엔진 오일이 혼합되는 원인으로 가장 적합한 것은?

① 물 펌프 마모
② 수온 조절기 파손
③ 방열기 코어 파손
④ 헤드 개스킷 파손

10 기관에서 폭발 행정 말기에 배기가스가 실린더 내의 압력에 의해 배기 밸브를 통해 배출되는 현상은?

① 블로바이(blow by)
② 블로백(blow back)
③ 블로다운(blow down)
④ 블로업(blow up)

11 디젤 기관에서 예열플러그가 단선되는 원인으로 틀린 것은?

① 너무 짧은 예열시간
② 규정 이상의 과대 전류 흐름
③ 기관 과열 상태에서의 잦은 예열
④ 예열플러그 설치할 때 조임 불량

12 건설기계 장비로 현장에서 작업 중 각종 계기는 정상인데 엔진부조가 발생한다면 우선 점검해 볼 계통은?

① 연료계통   ② 충전계통
③ 윤활계통   ④ 냉각계통

13 기관의 연료장치에서 희박한 혼합비가 미치는 영향으로 옳은 것은?

① 시동이 쉬워진다.
② 저속 및 공전이 원활하다.
③ 연소 속도가 빠르다.
④ 출력(동력)의 감소를 가져온다.

14 윤활유의 첨가제가 아닌 것은?

① 점도지수 향상제   ② 청정 분산제
③ 기포 방지제   ④ 에틸렌글리콜

15 24V의 동일한 용량의 축전지 2개를 직렬로 접속하면?

① 전류가 증가한다.   ② 전압이 높아진다.
③ 저항이 감소한다.   ④ 용량이 감소한다.

16 윤활장치에 사용되고 있는 오일 펌프로 적합하지 않은 것은?

① 기어 펌프   ② 로터리 펌프
③ 베인 펌프   ④ 나사 펌프

17 유압 작동유의 압력을 제어하는 밸브가 아닌 것은?

① 릴리프 밸브   ② 체크 밸브
③ 리듀싱 밸브   ④ 시퀀스 밸브

18 유압장치에서 오일의 역류를 방지하기 위한 밸브는?

① 변환 밸브   ② 압력조절 밸브
③ 체크 밸브   ④ 흡기 밸브

19 유압 호스 중 가장 큰 압력에 견딜 수 있는 형식은?

① 고무 형식
② 나선 와이어 형식
③ 와이어리스 고무 블레이드 형식
④ 직물 블레이드 형식

20 압력 제어 밸브의 종류가 아닌 것은?

① 교축 밸브   ② 릴리프 밸브
③ 시퀀스 밸브   ④ 카운터밸런스 밸브

21 유압장치에 사용하는 작동유의 정상 작동 온도 범위로 가장 적합한 것은?

① 10~30℃ ② 40~80℃
③ 90~110℃ ④ 120~150℃

22 기체 – 오일식 어큐뮬레이터에 가장 많이 사용되는 가스는?

① 산소 ② 질소
③ 아세틸렌 ④ 이산화탄소

23 가변용량형 유압 펌프의 기호 표시는?

① ②
③ ④

24 유압 실린더의 작동 속도가 정상보다 느릴 경우 예상되는 원인으로 가장 적합한 것은?

① 계통 내의 흐름 용량이 부족하다.
② 작동유의 점도가 약간 낮아짐을 알 수 있다.
③ 작동유의 점도지수가 높다.
④ 릴리프 밸브의 설정 압력이 너무 높다.

25 기어식 유압 펌프에 폐쇄작용이 생기면 어떤 현상이 생길 수 있는가?

① 기름의 토출
② 기포의 발생
③ 기어 진동의 소멸
④ 출력의 증가

26 유압탱크의 기능이 아닌 것은?

① 계통 내의 필요한 유량을 확보
② 배플에 의한 기포발생 방지 및 소멸
③ 탱크 외벽의 방열에 의한 적정온도 유지
④ 계통 내의 필요한 유압의 설정

27 보기에서 작업자의 올바른 안전 자세로 모두 짝 지어진 것은?

[보기]

a. 자신의 안전과 타인의 안전을 고려한다.
b. 작업에 임해서는 아무런 생각 없이 작업한다.
c. 작업장 환경조성을 위해 노력한다.
d. 작업안전사항을 준수한다.

① a, b, c ② a, c, d
③ a, b, d ④ a, b, c, d

28 안전모의 관리 및 착용 방법으로 틀린 것은?

① 큰 충격을 받은 것은 사용을 피한다.
② 사용 후 뜨거운 스팀으로 소독하여야 한다.
③ 정해진 방법으로 착용하고 사용하여야 한다.
④ 통풍을 목적으로 모체에 구멍을 뚫어서는 안 된다.

29 스패너 사용 시 주의 사항으로 잘못된 것은?

① 스패너의 입이 너트 폭과 맞는 것을 사용한다.
② 필요 시 두 개를 이어서 사용할 수 있다.
③ 스패너를 너트에 정확히 장착하여 사용한다.
④ 스패너의 입이 변형된 것은 폐기한다.

30 불안전한 행동으로 인하여 오는 산업재해가 아닌 것은?

① 불안전한 자세
② 안전구의 미착용
③ 방호장치의 결함
④ 안전장치의 기능 제거

31 안전제일에서 가장 먼저 선행되어야 하는 이념으로 맞는 것은?

① 재산 보호   ② 생산성 향상
③ 신뢰성 향상   ④ 인명 보호

32 청색 원형을 바탕으로 만들어지는 안전표지판은?

① 경고표지   ② 안내표지
③ 지시표지   ④ 금지표지

33 동력 공구 사용 시 주의사항으로 틀린 것은?

① 보호구는 사용 안 해도 무방하다.
② 에어 그라인더는 회전수에 유의한다.
③ 규정 공기 압력을 유지한다.
④ 압축 공기 중의 수분을 제거하여 준다.

34 작업점 외에 직접 사람이 접촉하여 말려들거나 다칠 위험이 있는 장소를 덮어씌우는 방호 장치는?

① 격리형 방호장치
② 위치 제한형 방호장치
③ 포집형 방호장치
④ 접근 거부형 방호장치

35 작업장에서 지킬 안전사항 중 틀린 것은?

① 안전모는 반드시 착용한다.
② 고압전기, 유해가스 등에 적색 표지판을 부착한다.
③ 해머 작업을 할 때는 장갑을 착용한다.
④ 기계의 주유 시는 동력을 차단한다.

36 B급 화재에 대한 설명으로 옳은 것은?

① 목재, 섬유류 등의 화재로서 일반적으로 냉각소화를 한다.
② 유류 등의 화재로서 일반적으로 질식효과 (공기 차단)로 소화한다.
③ 전기기기의 화재로서 일반적으로 전기 절연성을 갖는 소화재로 소화한다.
④ 금속 나트륨 등의 화재로서 일반적으로 건조사를 이용한 질식효과로 소화한다.

37 지게차의 주행에 있어 주행 속도 변경은 어떻게 하여야 하는가?

① 가속 페달을 원위치로 복귀한 후에 한다.
② 변속레버 작동을 한 후에 한다.
③ 경보 부저가 울려도 계속 가동 후에 한다.
④ 브레이크 페달에서 발을 떼고 가속 후에 한다.

38 지게차 주차 시 주의 사항이 아닌 것은?

① 핸드 브레이크 레버를 당긴다.
② 페달 잭을 사용, 브레이크를 제동시켜 놓는다.
③ 리프트 레버를 중립에 놓는다.
④ 포크를 바닥에 내려놓는다.

39 지게차로 화물 취급 시 준수해야 할 사항으로 틀린 것은?

① 화물 앞에서 일단 정지해야 한다.
② 화물의 근처에 왔을 때에는 가속 페달을 살짝 밟는다.
③ 파렛트에 실려있는 물체의 안전한 적재 여부를 확인한다.
④ 지게차를 화물 쪽으로 반듯하게 향하고 포크가 파렛트를 마찰하지 않도록 주의한다.

40 작업 용도에 따른 지게차의 종류가 아닌 것은?

① 로테이팅 클램프(Rotating clamp)
② 곡면 포크(Curved fork)
③ 로드 스테빌라이저(Load stabilizer)
④ 힌지드 버킷(Hinged bucket)

41 지게차 적재 방법으로 틀린 것은?

① 화물을 올릴 때는 포크를 수평으로 한다.
② 적재한 장소에 도달했을 때 천천히 정지한다.
③ 포크로 물건을 찌르거나 물건을 끌어 올리지 않는다.
④ 화물이 무거우면 사람이나 중량물로 밸런스웨이트를 삼는다.

42 지게차에서 적재 상태의 마스트 경사로 적합한 것은?

① 뒤로 기울어지도록 한다.
② 앞으로 기울어지도록 한다.
③ 진행 좌측으로 기울어지도록 한다.
④ 진행 우측으로 기울어지도록 한다.

43 지게차의 구성 부품이 아닌 것은?

① 마스트   ② 밸런스웨이트
③ 틸트 실린더   ④ 블레이드

44 지게차 조종 레버 작동의 종류로 틀린 것은?

① 로우어링   ② 덤핑
③ 리프팅   ④ 틸팅

45 다음은 지게차 운행 시 안전 수칙이다. 틀리는 것은?

① 포크에 사람을 싣거나 들어 올리지 말아야 한다.
② 짐을 적재하고 경사지를 내려갈 때에는 시야 확보를 위하여 전진으로 운행해야 한다.
③ 경사지를 오르거나 내릴 때는 급회전을 금해야 한다.
④ 주차시킬 때는 포크를 완전히 지면에 내려 놓아야 한다.

46 지게차의 운전을 종료했을 때 취해야 할 안전사항이 아닌 것은?

① 각종 레버는 중립에 둔다.
② 연료를 빼낸다.
③ 주차 브레이크를 작동시킨다.
④ 전원 스위치를 차단한다.

47 건설기계에 사용되는 저압 타이어 호칭 치수 표시는?

① 타이어의 외경−타이어의 폭−플라이 수
② 타이어의 폭−타이어의 내경−플라이 수
③ 타이어의 폭−림의 지름
④ 타이어의 내경−타이어의 폭−플라이 수

48 유체 클러치에서 동력 전달의 매체는 무엇인가?

① 클러치 판　　② 유체 운동
③ 벨트　　　　　④ 기어

49 토크 변환기에서 오일의 과다한 압력을 방지하는 밸브는?

① 체크 밸브　　　② 스로틀 밸브
③ 압력 조정 밸브　④ 매뉴얼 밸브

50 전륜 구동식 지게차에서 차동기가 위치하고 있는 것은?

① 전차축　　　　② 프레임
③ 마스트　　　　④ 후차축

51 지게차의 운전 장치를 조작하는 동작의 설명으로 틀린 것은?

① 전 · 후진 레버를 앞으로 밀면 후진이 된다.
② 틸트 레버를 뒤로 당기면 마스트는 뒤로 기운다.
③ 리프트 레버를 앞으로 밀면 포크가 내려간다.
④ 전 · 후진 레버를 뒤로 당기면 후진이 된다.

52 포크를 하강시키려 한다. 그 조작 방법으로 옳은 것은?

① 가속페달을 밟고 리프트 레버를 앞으로 민다.
② 가속페달을 밟고 리프트 레버를 뒤로 당긴다.
③ 가속페달을 밟지 않고 리프트 레버를 뒤로 당긴다.
④ 가속페달을 밟지 않고 리프트 레버를 앞으로 민다.

53 지게차의 리프트 체인에 주유하는 가장 적합한 오일은?

① 자동 변속기 오일
② 작동유
③ 엔진 오일
④ 솔벤트

54 평탄한 노면에서 지게차를 운전하여 하역 작업시 올바른 방법이 아닌 것은?

① 파렛트에 실은 짐이 안정되고 확실하게 실려 있는가를 확인한다.
② 포크를 삽입하고자 하는 곳과 평행하게 한다.
③ 불안전한 적재의 경우에는 빠르게 작업을 진행시킨다.
④ 화물 앞에서 정지한 후 마스트가 수직이 되도록 기울여야 한다.

55 둥근 목재나 파이프 등을 작업하는 데 적합한 지게차의 작업장치는?

① 블록 클램프
② 사이드 시프트
③ 하이 마스트
④ 힌지드 포크

56 예방 정비에 대한 설명 중 틀린 것은?

① 예기치 않은 고장이나 사고를 사전에 방지하기 위하여 행하는 정비이다.
② 예방 정비를 실시할 때는 일정한 계획표를 작성 후 실시하는 것이 바람직하다.
③ 예방 정비의 효과는 장비의 수명 연장, 성능 유지, 수리비 절감 등이 있다.
④ 예방 장비는 정비사만 할 수 있다.

57 다음 교통안전표지에 대한 설명으로 맞는 것은?

① 최고 중량 제한표지
② 차간 거리 최저 30m 제한표지
③ 최고 시속 30km 속도 제한표지
④ 최저 시속 30km 속도 제한표지

58 신호등이 없는 철길 건널목 통과 방법 중 옳은 것은?

① 차단기가 올라가 있으면 그대로 통과해도 된다.
② 반드시 일시정지를 한 후 안전을 확인하고 통과한다.
③ 신호등이 진행 신호일 경우에도 반드시 일시정지를 하여야 한다.
④ 일시정지를 하지 않아도 좌우를 살피면서 서행으로 통과하면 된다.

59 다음 중 관공서용 건물 번호판으로 알맞은 것은?

①   ②
③   ④

60 교통사고가 발생하였을 때 운전자가 가장 먼저 취해야 할 조치로 적절한 것은?

① 즉시 보험회사에 신고한다.
② 모범 운전자에게 신고한다.
③ 즉시 피해자 가족에게 알린다.
④ 즉시 사상자를 구호하고 경찰에 연락한다.

01 디젤 기관의 노즐(nozzle)의 연료 분사 3대 요건이 아닌 것은?

① 무화 ② 관통력
③ 착화 ④ 분포

02 디젤 기관의 과열 원인이 아닌 것은?

① 경유에 공기가 혼입되어 있을 때
② 라디에이터 코어가 막혔을 때
③ 물 펌프의 벨트가 느슨해졌을 때
④ 정온기가 닫힌 채 고장이 났을 때

03 디젤 기관에서 회전 속도에 따라 연료의 분사 시기를 조절하는 장치는?

① 과급기 ② 기화기
③ 타이머 ④ 조속기

04 내연기관의 동력 전달 순서로 맞는 것은?

① 피스톤-커넥팅 로드-플라이휠-크랭크축
② 피스톤-커넥팅 로드-크랭크축-플라이휠
③ 피스톤-크랭크축-커넥팅 로드-플라이휠
④ 피스톤-크랭크축-플라이휠-커넥팅 로드

05 디젤 기관의 배출물로 규제 대상은?

① 탄화수소
② 매연
③ 일산화탄소
④ 공기 과잉률

06 디젤 기관의 연료장치에서 프라이밍 펌프의 사용 시기는?

① 출력을 증가시키고자 할 때
② 연료계통의 공기를 배출할 때
③ 연료의 양을 가감할 때
④ 연료의 분사 압력을 측정할 때

07 발전기의 발전 전압이 과다하게 높은 원인은?

① 메인 퓨즈의 단선
② 발전기 "L" 단자의 접촉 불량
③ 아이들 베어링 손상
④ 발전기 벨트 소손

08 배터리에 대한 설명으로 옳은 것은?

① 배터리 터미널 중 굵은 것이 "+"이다.
② 점프 시동할 경우 추가 배터리를 직렬로 연결한다.
③ 배터리는 운행 중 발전기 가동을 목적으로 장착된다.
④ 배터리 탈거 시 "+" 단자를 먼저 탈거한다.

09 납산 축전지를 충전할 때 화기를 가까이 하면 위험한 이유는?

① 수소가스가 폭발성 가스이기 때문에
② 산소가스가 폭발성 가스이기 때문에
③ 수소가스가 조연성 가스이기 때문에
④ 산소가스가 인화성 가스이기 때문에

10 시동 키를 뽑은 상태로 주차했음에도 배터리가 방전되는 전류를 뜻하는 것은?

① 충전 전류　　② 암 전류
③ 시동 전류　　④ 발전 전류

11 변속기에서 기어의 이중 물림을 방지하는 역할을 하는 것은?

① 인터록 볼　　② 로크 핀
③ 셀렉터　　　④ 로킹 볼

12 유압 브레이크에서 잔압을 유지시키는 것은?

① 부스터　　　② 실린더
③ 체크 밸브　　④ 피스톤 스프링

13 지게차의 동력 전달 순서는?

① 기관 – 클러치 – 변속기 – 차동장치 – 액슬 축 – 앞바퀴
② 기관 – 변속기 – 클러치 – 차동장치 – 액슬 축 – 앞바퀴
③ 기관 – 클러치 – 차동장치 – 변속기 – 액슬 축 – 앞바퀴
④ 기관 – 클러치 – 변속기 – 차동장치 – 액슬 축 – 뒤바퀴

14 지게차의 리프터 실린더는 어떤 일을 하는가?

① 포크를 앞 · 뒤로 기울게 한다.
② 포크를 상승 · 하강시킨다.
③ 마스트를 이동시킨다.
④ 마스트를 경사 이동시킨다.

15 지게차의 마스트 경사각 중 후경각은 몇 도 범위로 이루어져야 하는가?

① 5~6°
② 7~8°
③ 8~10°
④ 10~12°

16 지게차의 운전 장치를 조작하는 동작의 설명 중 틀린 것은?

① 전 · 후진 레버를 앞으로 밀면 후진이 된다.
② 틸트 레버를 뒤로 당기면 마스트는 뒤로 기운다.
③ 리프트 레버를 밀면 포크가 내려간다.
④ 전 · 후진 레버를 잡아당기면 후진이 된다.

17 다음 중 지게차의 특징으로 볼 수 없는 것은?

① 전륜으로 조향한다.
② 완충장치가 없다.
③ 엔진의 위치가 후미에 위치한다.
④ 틸트(tilt) 회로가 필요하다.

18 지게차의 화물 적재 운반 작업 시 다음 중 가장 적당한 것은?

① 댐퍼를 뒤로 3° 경사시켜서 운반한다.
② 샤퍼를 뒤로 6° 경사시켜서 운반한다.
③ 마스트를 뒤로 4° 경사시켜서 운반한다.
④ 바이브레이터를 8° 뒤로 경사시켜서 운반한다.

19 지게차를 운전할 때 준수하여야 할 사항이다. 틀린 것은?

① 기관이 작동 온도가 되기까지는 가속시키지 말 것
② 짐이 없을 때에는 가속시키지 말 것
③ 기관을 시동한 후 반드시 브레이크 페달을 밟아 볼 것
④ 급가속, 급제동, 급회전 등을 피할 것

20 지게차의 포크 양쪽 중 한쪽이 낮아졌을 경우에 해당되는 원인으로 볼 수 있는 것은?

① 체인의 늘어짐
② 사이드 롤러의 과다한 마모
③ 실린더의 마모
④ 윤활유 불충분

21 지게차에 자동차와 같은 스프링을 사용하지 않는 이유를 설명한 것 중 옳은 것은?

① 속도가 느리기 때문이다.
② 차체의 지상고를 낮추기 위해서이다.
③ 롤링이 생기면 적하물이 떨어지기 때문이다.
④ 속도가 빠르기 때문이다.

22 지게차의 적재 방법으로 틀린 것은?

① 화물을 올릴 때는 포크를 수평으로 한다.
② 화물을 올릴 때는 가속페달을 밟는 동시에 레버를 조작한다.
③ 포크로 물건을 찌르거나 물건을 끌어서 올리지 않는다.
④ 화물이 무거우면 사람이나 중량물로 밸런스 웨이트를 삼는다.

23 지게차를 운전할 때 포크의 높이는(운반 시) 일반적으로 몇 cm로 올려야 하는가?

① 지상 20~30cm 정도 높인다.
② 지상 50~80cm 정도 높인다.
③ 지상 100cm 정도 높인다.
④ 높이에는 관계없이 편리하도록 한다.

24 평탄한 노면에서의 지게차를 운전하여 하역 작업 시 올바른 방법이 아닌 것은?

① 파렛트에 실은 짐이 안정되고 확실하게 실려 있는가를 확인한다.
② 포크를 삽입하고자 하는 곳과 평행하게 한다.
③ 불안전한 적재의 경우에는 빠르게 작업을 진행시킨다.
④ 화물 앞에서 정지한 후 마스트가 수직이 되도록 기울여야 한다.

25 지게차를 주차시켜 놓을 때 포크는 어떻게 두어야 하는가?

① 10cm 정도 들어 놓는다.
② 30cm 정도 들어 놓는다.
③ 땅에 내려놓는다.
④ 적당히 둔다.

26 자동 변속기가 장착된 건설기계의 모든 변속단에서 출력이 떨어질 경우 점검해야 할 항목과 거리가 먼 것은?

① 토크 컨버터 고장
② 오일의 부족
③ 엔진 고장으로 출력 부족
④ 추진축의 휨

27 지게차 조종 레버로 가능한 조종의 종류가 아닌 것은?

① 로우어링(lowering)
② 덤핑(dumping)
③ 리프팅(lifting)
④ 틸팅(tilting)

28 리프트 레버를 뒤로 밀어 상승 상태를 점검하였더니 2/3 가량은 잘 상승되다가 그 후 상승이 잘 안 되는 현상이 생겼을 경우 점검해야 할 곳은?

① 엔진 오일의 양
② 유압유 탱크의 오일양
③ 냉각수의 양
④ 틸트 레버

29 포크 리프트 최후단에 붙어서 차체 앞쪽에 화물을 실었을 때 앞쪽으로 쏠리는 것을 방지하기 위하여 설치되어 있는 것은?

① 변속기
② 기관
③ 클러치
④ 평형추

30 다음 글 중 지게차의 유압오일량을 점검할 때는?

① 저속으로 운행하면서 기어 변속 시 점검한다.
② 포크를 중간쯤에 둔다.
③ 포크를 최대로 낮춘다.
④ 포크를 최대로 높인다.

31 도로교통법상 3색 등화로 표시되는 신호등의 신호 순서로 맞는 것은?

① 녹색(적색 및 녹색 화살표)등화, 황색등화, 적색등화의 순이다.
② 적색(적색 및 녹색 화살표)등화, 황색등화, 녹색등화의 순이다.
③ 녹색(적색 및 녹색 화살표)등화, 적색등화, 황색등화의 순이다.
④ 적색점멸등화, 황색등화, 녹색(적색 및 녹색 화살표)등화의 순서이다.

32 폐기 요청을 받은 건설기계를 폐기하지 아니하거나 등록번호표를 폐기하지 아니한 자에 대한 벌칙은?

① 2년 이하의 징역 또는 1천만 원 이하의 벌금
② 1년 이하의 징역 또는 1천만 원 이하의 벌금
③ 2백만 원 이하의 벌금
④ 1백만 원 이하의 벌금

33 다음 중 왼쪽 한방향용 도로명판에 대한 설명으로 알맞은 것은?

① 왼쪽과 오른쪽 양 방향용 도로명판이다.
② "← 65" 현 위치는 도로의 시작점이다.
③ 대정로 23번 길은 65km이다.
④ 대정로 23번 길 끝점을 의미한다.

34 도로교통법의 제정 목적을 바르게 나타낸 것은?

① 도로 운송 사업의 발전과 운전자들의 권익 보호
② 도로상의 교통사고로 인한 신속한 피해 회복과 편익 증진
③ 건설기계의 제작, 등록, 판매, 관리 등의 안전 확보
④ 도로에서 일어나는 교통상의 모든 위험과 장해를 방지하고 제거하여 안전하고 원활한 교통을 확보

35 건설기계 등록 번호표의 색칠 기준으로 틀린 것은?

① 자가용 – 흰색 바탕에 검은색 문자
② 영업용 – 주황색 바탕에 검은 문자
③ 관용 – 흰색 바탕에 검은색 문자
④ 수입용 – 적색 바탕에 흰색 문자

36 도로교통법상 폭우, 폭설, 안개 등으로 가시거리가 100m 이내일 때 최고 속도의 감속기준으로 옳은 것은?

① 20%
② 50%
③ 60%
④ 80%

37 횡단보도로부터 몇 m 이내에 정차 및 주차를 해서는 안 되는가?

① 3m
② 5m
③ 8m
④ 10m

38 철길 건널목 안에서 차가 고장이 나서 운행할 수 없게 된 경우 운전자의 조치사항과 가장 거리가 먼 것은?

① 철도 공무 중인 직원이나 경찰 공무원에게 즉시 알려 차를 이동하기 위한 필요한 조치를 한다.
② 차를 즉시 건널목 밖으로 이동시킨다.
③ 승객을 하차시켜 즉시 대피시킨다.
④ 현장을 그대로 보존하고 경찰서로 가서 고장 신고를 한다.

39 도로교통법상 도로의 모퉁이로부터 몇 m 이내의 장소에 정차하여서는 안 되는가?

① 2m
② 3m
③ 5m
④ 10m

40 건설기계 조종사의 적성 검사 기준으로 틀린 것은?

① 시각은 150도 이상일 것
② 두 눈을 동시에 뜨고 잰 시력(교정시력 포함)이 0.7 이상이고 두 눈의 시력이 각각 0.3 이상일 것
③ 55데시벨(보청기를 사용하는 사람은 40데시벨)의 소리를 들을 수 있을 것
④ 언어 분별력이 60퍼센트 이상일 것

41 다음 중 보기에서 압력의 단위만 나열한 것은?

[보기]

ㄱ. psi	ㄴ. kgf/cm²	ㄷ. bar	ㄹ. N · m

① ㄱ, ㄴ, ㄷ
② ㄱ, ㄴ, ㄹ
③ ㄴ, ㄷ, ㄹ
④ ㄱ, ㄷ, ㄹ

42 유압회로에서 메인 유압보다 낮은 압력으로 작동기를 동작시키고자 할 때 사용하는 밸브는?

① 감압 밸브
② 릴리프 밸브
③ 시퀀스 밸브
④ 카운터밸런스 밸브

43 유압장치에서 유압의 제어 방법이 아닌 것은?

① 압력 제어
② 방향제어
③ 속도제어
④ 유량제어

44 유압장치에서 압력 제어 밸브가 아닌 것은?

① 릴리프 밸브
② 체크 밸브
③ 감압 밸브
④ 시퀀스 밸브

45 오일 필터의 여과 입도가 너무 조밀하였을 때 가장 발생하기 쉬운 현상은?

① 오일 누출 현상
② 공동현상
③ 맥동 현상
④ 블로바이 현상

46 유압장치에서 피스톤 로드에 있는 먼지 또는 오염 물질 등이 실린더 내로 혼입되는 것을 방지하는 것은?

① 필터
② 더스트 실
③ 밸브
④ 실린더 커버

47 다음 유압 도면기호의 명칭은?

① 스트레이너
② 유압 모터
③ 유압 펌프
④ 압력계

48 일반적으로 유압장치에서 릴리프 밸브가 설치되는 위치는?

① 펌프와 오일 탱크 사이
② 여과기와 오일 탱크 사이
③ 펌프와 제어 밸브 사이
④ 실린더와 여과기 사이

49 그림과 같은 유압기호에 해당하는 밸브는?

① 체크 밸브
② 카운터밸런스 밸브
③ 릴리프 밸브
④ 리듀싱 밸브

50 현장에서 유압유의 열화를 찾아내는 방법으로 가장 적합한 것은?

① 오일을 가열했을 때 냉각되는 시간 확인
② 오일을 냉각시켰을 때 침전물의 유무 확인
③ 자극적인 악취, 색깔의 변화 확인
④ 건조한 여과지를 오일에 넣어 젖는 시간 확인

51 안전한 작업을 하기 위하여 작업 복장을 선정할 때의 유의사항으로 가장 거리가 먼 것은?

① 화기 사용 장소 에서는 방염성, 불연성의 것을 사용하도록 한다.
② 착용자의 취미, 기호 등에 중점을 두고 선정한다.
③ 작업복은 몸에 맞고 동작이 편하도록 제작한다.
④ 상의의 소매나 바지 자락 끝 부분이 안전하고 작업하기 편리하게 잘 처리된 것을 선정한다.

52 안전·보건표지의 종류와 형태에서 그림의 표지로 맞는 것은?

① 차량통행금지
② 사용금지
③ 탑승금지
④ 물체이동금지

53 다음 중 전기 화재에 대하여 가장 적합하지 않은 소화기는?

① 분말 소화기
② 포말 소화기
③ CO_2 소화기
④ 할론 소화기

54 공구 사용 시 주의사항이 아닌 것은?

① 결함이 없는 공구를 사용한다.
② 작업에 적당한 공구를 선택한다.
③ 공구의 이상 유무는 사용 후 점검한다.
④ 공구를 올바르게 취급하고 사용한다.

55 산업재해 부상의 종류별 구분에서 경상해란?

① 부상으로 1일 이상 14일 이하의 노동 상실을 가져온 상해 정도
② 응급 처치 이하의 상처로 작업에 종사하면서 치료를 받는 상해 정도
③ 부상으로 인하여 2주 이상의 노동 상실을 가져온 상해 정도
④ 업무상 목숨을 잃게 되는 경우

56 다음 중 현장에서 작업자가 작업안전상 꼭 알아두어야 할 사항은?

① 장비의 가격
② 종업원의 작업 환경
③ 종업원의 기술 정도
④ 안전 규칙 및 수칙

57 안전 · 보건표지의 종류와 형태에서 그림의 표지로 맞는 것은?

① 안전복 착용
② 안전모 착용
③ 보안면 착용
④ 출입금지

58 아크 용접에서 눈을 보호하기 위한 보안경 선택으로 맞는 것은?

① 도수 안경
② 방진 안경
③ 차광용 안경
④ 실험실용 안경

59 작업장에서 공동 작업으로 물건을 들어 이동할 때 잘못된 것은?

① 힘의 균형을 유지하여 이동할 것
② 불안전한 물건은 드는 방법에 주의할 것
③ 보조를 맞추어 들도록 할 것
④ 운반도중 상대방에게 무리하게 힘을 가할 것

60 건설현장의 이동식 전기기계 · 기구에 감전사고 방지를 위한 설비로 맞는 것은?

① 시건장치
② 피뢰기 설치
③ 접지설비
④ 대제 전위 상승장치

01 지게차의 마스트 경사각 중 후경각은 몇 도 범위로 이루어져야 하는가?

① 5° ~ 6°
② 6° ~ 8°
③ 8° ~ 10°
④ 10° ~ 12°

02 지게차의 마스트에 부착된 주요 부품은?

① 롤러
② 차동기
③ 리치 레버
④ 타이어

03 지게차의 작업 방법을 설명한 것이다. 적절한 것은?

① 화물을 싣고 운행 중에는 브레이크를 급격히 밟는다.
② 경사길을 오르내릴 때는 마스트를 전면으로 기울인다.
③ 화물의 부피가 큰 것은 마스트를 수직으로 세우고 운전한다.
④ 짐을 싣고 비탈길을 내려올 때는 후진하여 천천히 내려온다.

04 지게차 주차 시 주의 사항이 아닌 것은?

① 핸드 브레이크 레버를 당긴다.
② 페달 잭을 사용, 브레이크를 제동시켜 놓는다.
③ 리프트 레버를 중립에 놓는다.
④ 포크를 바닥에 내려놓는다.

05 다음 지게차의 작업장치 중 둥근 목재나 파이프의 적재에 알맞은 것은?

① 블록 클램프(Block clamp)
② 사이드 시프트(Side shift)
③ 힌지드 포크(Hinged fork)
④ 하이 마스트(High mast)

06 포크를 하강시키려 한다. 그 조작 방법으로 옳은 것은?

① 가속 페달을 밟고 리프트 레버를 앞으로 민다.
② 가속 페달을 밟고 리프트 레버를 뒤로 당긴다.
③ 가속 페달을 밟지 않고 리프트 레버를 앞으로 민다.
④ 가속 페달을 밟지 않고 리프트 레버를 뒤로 당긴다.

07 다음은 지게차 운행 시 안전 수칙이다. 틀린 것은?

① 포크에 사람을 싣거나 들어 올리지 말아야 한다.
② 화물을 적재하고 경사지를 내려갈 때는 시야 확보를 위하여 전진으로 운행해야 한다.
③ 경사지를 오르거나 내릴 때는 급회전을 금해야 한다.
④ 주차할 때는 포크를 완전히 지면에 내려놓아야 한다.

08 지게차의 하역 방법 설명 중 틀린 것은?

① 화물을 내릴 때는 마스트를 앞으로 약 4°까지 기울인다.
② 화물을 내릴 때는 틸트 레버 조작은 필요 없다.
③ 화물을 내릴 때는 가속페달은 사용하지 않는다.
④ 리프트 레버를 사용할 때 눈은 마스트를 주시한다.

09 지게차의 작업 장치별 종류에 속하지 않는 것은?

① 프리 리프트 마스트형(Free lift mast type)
② 디퍼형(Dipper type)
③ 사이드 시프트형(Side shift type)
④ 힌지드 포크형(Hinge fork type)

10 지게차의 리프트 체인에 주유하는 오일은?

① 그리스　　　② 유압 오일
③ 변속기 오일　　④ 엔진 오일

11 지게차에 관한 내용이다. 틀린 것은?

① 지게차는 주로 경화물을 운반하거나 하역 작업을 한다.
② 지게차는 주로 후륜 구동 방식으로 되어 있다.
③ 조향은 후륜을 통해서 한다.
④ 주로 디젤 엔진이 많이 사용된다.

12 지게차의 주·정차에 대한 안전 사항이다. 맞지 않는 것은?

① 마스트를 전방으로 틸트하고 포크를 바닥에 내려놓는다.
② 키 스위치를 off에 놓고 주차 브레이크를 고정시킨다.
③ 주·정차 후에는 항상 장비에 키를 꽂아 놓는다.
④ 막힌 통로나 비상구에는 주차하지 않는다.

13 토크 컨버터가 유체 클러치와 구조상 다른 점은?

① 임펠러　　　② 터빈
③ 스테이터　　④ 펌프

14 드라이브 라인에 슬립 이음을 사용하는 이유는?

① 회전력을 직각으로 전달하기 위해
② 출발을 원활하게 하기 위해
③ 추진축의 길이 방향에 변화를 주기 위해
④ 추진축의 각도 변화에 대응하기 위해

15 조향 핸들의 유격이 커지는 원인과 관계없는 것은?

① 피트먼 암의 헐거움
② 타이어 공기압 과대
③ 조향기어, 링키지 조정 불량
④ 앞바퀴 베어링 과대 마모

16 건설기계 타이어에 11.00 − 20 − 12PR 이란 표시 중 "11.00"이 나타내는 것은?

① 타이어 외경을 센티미터로 표시한 것
② 타이어 폭을 센티미터로 표시한 것
③ 타이어 외경을 인치로 표시한 것
④ 타이어 폭을 인치로 표시한 것

17 건설기계에서 변속기의 구비조건으로 가장 적합한 것은?

① 대형이고 고장이 없어야 한다.
② 조작이 쉬우므로 신속할 필요는 없다.
③ 연속적 변속에는 단계가 있어야 한다.
④ 전달 효율이 좋아야 한다.

18 토크 컨버터의 동력전달 매체로 맞는 것은?

① 기어　　　　② 유체
③ 벨트　　　　④ 클러치판

19 건설기계의 아워 미터(시간계)는 무엇을 나타내는가?

① 엔진 운전 시간(hr)
② 주행 거리(km/h)
③ 주행 속도(km/h)
④ 엔진 오일 교환 시간(hr)

20 지게차의 주 구동 방식은?

① 뒷바퀴로 구동된다.
② 전·후 구동식이다.
③ 앞바퀴로 구동된다.
④ 액슬축에 의해 구동된다.

21 스패너 작업 방법으로 안전상 옳은 것은?

① 스패너로 볼트를 죌 때는 당기고 풀 때는 민다.
② 스패너의 입이 너트의 치수보다 조금 큰 것을 사용한다.
③ 스패너 사용 시 몸의 중심을 항상 옆으로 한다.
④ 스패너로 죄고 풀 때는 항상 잡아서 당긴다.

22 안전모의 관리 및 착용 방법으로 틀린 것은?

① 큰 충격을 받은 것은 사용을 피한다.
② 사용 후 뜨거운 스팀으로 소독하여야 한다.
③ 정해진 방법으로 착용하고 사용하여야 한다.
④ 통풍을 목적으로 모체에 구멍을 뚫어서는 안 된다.

23 안전·보건 표지의 종류와 형태에서 그림과 같은 표지는?

① 인화성 물질 경고
② 폭발물 경고
③ 고온 경고
④ 낙하물 경고

24 안전사고와 부상의 종류에서 재해 분류상 중 중상해는?

① 부상으로 1주 이상의 노동 손실을 가져온 상해 정도
② 부상으로 2주 이상의 노동 손실을 가져온 상해 정도
③ 부상으로 3주 이상의 노동 손실을 가져온 상해 정도
④ 부상으로 4주 이상의 노동 손실을 가져온 상해 정도

25 전기 시설과 관련된 화재로 분류되는 것은?

① A급 화재　　② B급 화재
③ C급 화재　　④ D급 화재

26 안전표지 색채 중 대피장소 또는 방향 표시의 색채는?

① 청색　　　　② 녹색
③ 빨간색　　　④ 노란색

27 재해 유형에서 중량물을 들어 올리거나 내릴 때 손 또는 발이 취급 중량물과 물체에 끼어 발생하는 것은?

① 협착　　　　② 낙하
③ 감전　　　　④ 전도

28 다음 중 현장에서 작업자가 작업 안전상 꼭 알아두어야 할 사항은?

① 장비의 가격　　② 종업원의 작업 환경
③ 안전 규칙 및 수칙　④ 종업원의 기술 정도

29 아크 용접에서 눈을 보호하기 위한 보안경으로 맞는 것은?

① 도수 안경　　② 방진 안경
③ 차광용 안경　④ 실험실용 안경

30 위험 기계 · 기구에 설치하는 안전상 방호장치가 아닌 것은?

① 하중 측정 장치　② 급정지 장치
③ 역화 방지 장치　④ 자동 전격 방지 장치

31 연료 탱크의 연료를 분사펌프 저압부까지 공급하는 것은?

① 로터리 펌프　　② 연료 분사 펌프
③ 인젝션 펌프　　④ 연료 공급 펌프

32 전자제어 디젤 엔진의 회전을 감지하여 분사 순서와 분사 시기를 결정하는 센서는?

① 가속 페달 센서
② 냉각수 온도 센서
③ 엔진 오일 온도 센서
④ 크랭크축 센서

33 오일펌프 여과기(Oil pump filter)와 관련된 설명으로 관련이 없는 것은?

① 오일을 펌프로 유도한다.
② 부동식이 많이 사용된다.
③ 오일의 압력을 조절한다.
④ 오일을 여과한다.

34 방열기 캡을 열어보았더니 냉각수에 기름이 떠 있을 때 그 원인으로 가장 적합한 것은?

① 물 펌프 마모
② 수온 조절기 파손
③ 방열기 코어 파손
④ 헤드 개스킷 파손

35 디젤 엔진의 연료공급 과정에서 노즐의 마모를 방지하기 위한 윤활유로 적합한 것은?

① 그리스　　　　② 엔진오일
③ 기어오일　　　④ 경유

36 엔진에 사용되는 부동액의 종류가 아닌 것은?

① 그리스
② 글리세린
③ 메탄올
④ 에틸렌글리콜

37 전조등 회로에서 퓨즈의 접촉이 불량할 때 나타나는 현상으로 옳은 것은?

① 전류의 흐름이 나빠지고 퓨즈가 끊어질 수 있다.
② 기동 전동기가 파손된다.
③ 전류의 흐름이 일정하게 된다.
④ 전압이 과대하게 흐르게 된다.

38 12V 배터리 2개를 병렬로 연결하면 몇 V가 되는가?

① 6 V
② 12 V
③ 24 V
④ 36 V

39 축전지의 전해액에 관한 내용으로 옳지 않은 것은?

① 전해액의 온도가 1℃ 변화함에 따라 비중은 0.0007씩 변한다.
② 온도가 올라가면 비중이 올라가고 온도가 내려가면 비중이 내려간다.
③ 전해액은 증류수에 황산을 혼합하여 희석시킨 묽은 황산이다.
④ 축전지 전해액의 점검은 비중계로 한다.

40 방향 지시등의 한쪽 등이 빠르게 점멸하고 있을 때 운전자가 가장 먼저 점검하여야 할 곳은?

① 전구(램프)
② 플래셔 유닛
③ 콤비네이션 스위치
④ 배터리

41 유압유의 성질 중 가장 중요한 것은?

① 온도
② 열효율
③ 인화성
④ 점도

42 유압장치 관련 용어에서 GPM이 나타내는 것은?

① 복동 실린더의 치수
② 계통 내에서 형성되는 압력의 크기
③ 흐름에 대한 저항의 세기
④ 계통 내에서 이동되는 유체(오일)의 양

43 다음 중 압력의 단위가 아닌 것은?

① bar
② atm
③ pa
④ J

44 유압장치에 사용되는 펌프가 아닌 것은?

① 기어 펌프
② 원심 펌프
③ 베인 펌프
④ 플런저 펌프

45 그림과 같은 2개의 기어와 케이싱으로 구성되어 오일을 토출하는 펌프는?

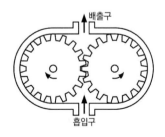

① 내접기어 펌프
② 외접기어 펌프
③ 스크루 기어 펌프
④ 트로코이드 기어 펌프

46 유압장치의 오일탱크에서 펌프 흡입구의 설치에 대한 설명으로 틀린 것은?

① 펌프 흡입구는 반드시 탱크 가장 밑면에 설치한다.
② 펌프 흡입구에는 스트레이너(오일 여과기)를 설치한다.
③ 펌프 흡입구와 귀환구(복귀구) 사이에는 격리판(Baffle plate)을 설치한다.
④ 펌프 흡입구는 탱크로의 귀환구(복귀구)로부터 될 수 있는 한 멀리 떨어진 위치에 설치한다.

47 유압장치에서 유압의 3대 제어 방법이 아닌 것은?

① 압력제어   ② 방향제어
③ 속도제어   ④ 유량제어

48 유압회로 내의 설정 압력에 도달하면 펌프에서 토출된 오일의 일부 또는 전량을 직접 탱크로 돌려보내 회로의 압력을 설정값으로 유지하는 밸브는?

① 시퀀스 밸브   ② 릴리프 밸브
③ 언로드 밸브   ④ 체크 밸브

49 그림의 유압기호에서 "A" 부분이 나타내는 것은?

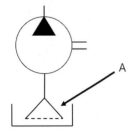

① 오일 냉각기
② 가변용량 유압모터
③ 가변용량 유압펌프
④ 스트레이너

50 유압 탱크의 기능이 아닌 것은?

① 계통 내의 필요한 유량을 확보
② 배플에 의한 기포 발생 방지 및 소멸
③ 탱크 외벽의 방열에 의한 적정온도 유지
④ 계통 내의 필요한 유압의 설정

51 도로교통법상 차로에 대한 설명으로 틀린 것은?

① 차로는 횡단보도나 교차로에는 설치할 수 없다.
② 차로의 너비는 원칙적으로 3미터 이상으로 설치하여야 한다. 다만 좌회전 전용차로의 설치 등 부득이한 경우 275센티미터 이상으로 할 수 있다.
③ 일반적인 차로(일방통행 도로 제외)의 순위는 도로의 중앙 쪽에 있는 차로부터 1차로로 한다.
④ 차로의 너비보다 넓은 건설기계는 별도의 신청 절차가 필요 없이 경찰청에 전화로 통보만 하면 운행할 수 있다.

52 정지선이나 횡단보도 및 교차로 직전에서 정지하여야 할 신호의 종류로 옳은 것은?

① 녹색 및 황색 등화
② 황색 등화의 점멸
③ 황색 및 적색 등화
④ 녹색 및 적색 등화

53 도로교통법의 제정 목적을 바르게 나타낸 것은?

① 도로 운송 사업의 발전과 운전자들의 권익 보호
② 도로상의 교통사고로 인한 신속한 피해회복과 편익 증진
③ 건설기계의 제작, 등록, 판매, 관리 등의 안전확보
④ 도로에서 일어나는 교통상의 모든 위험과 장해를 방지하고 제거하여 안전하고 원활한 교통을 확보

54 정차 및 주차 금지 장소에 해당되는 곳은?

① 교차로 가장자리로부터 15미터 지점
② 도로 모퉁이로부터 5미터 이내의 지점
③ 버스 정류장 표시판으로부터 10미터 이상의 지점
④ 건널목 가장자리 또는 횡단보도로부터 10미터 이상의 지점

55 다음 중 관공서용 건물 번호판으로 알맞은 것은?

①

②

③

④

56 성능이 불량하거나 사고가 자주 발생하는 건설기계의 안전성 등을 점검하기 위하여 실시하는 검사는?

① 예비검사
② 정기검사
③ 구조변경검사
④ 수시검사

57 건설기계 조종사의 면허 취소 사유에 해당하는 것은?

① 과실로 인해서 1명을 사망하게 하였을 경우
② 면허의 효력 정기기간 중 건설기계를 조종한 경우
③ 과실로 인하여 10명에게 경상을 입힌 경우
④ 건설기계로 1천만 원 이상의 재산피해를 냈을 경우

58 영업용 건설기계등록 번호표의 색칠로 맞는 것은?

① 흰색 판
② 녹색 판
③ 청색 판
④ 주황색 판

59 건설기계의 출장 검사가 허용되는 경우가 아닌 것은?

① 도서 지역에 있는 건설기계
② 너비가 2.0미터를 초과하는 건설기계
③ 최고 속도가 시간당 35킬로미터 미만인 건설기계
④ 자체중량이 40톤을 초과하거나 축중이 10톤을 초과하는 건설기계

60 건설기계등록이 말소되는 사유에 해당하지 않는 것은?

① 건설기계를 폐기한 때
② 건설기계의 구조 변경을 했을 때
③ 건설기계가 멸실되었을 때
④ 건설기계를 수출할 때

01 지게차의 전후진 레버에 대한 설명으로 옳은 것은?

① 레버를 밀면 후진한다.
② 레버를 당기면 전진한다.
③ 레버는 지게차가 완전히 멈췄을 때 조작한다.
④ 주차 시 레버는 전진 또는 후진에 놓는다.

02 화물을 적재하고 주행할 시 포크와 지면과의 간격으로 가장 적합한 것은?

① 지면에 밀착
② 20~30cm
③ 40~50cm
④ 70~80cm

03 지게차 작업장치의 동력전달 기구가 아닌 것은?

① 리프트 체인
② 리프트 실린더
③ 틸트 실린더
④ 틸트 레버

04 지게차의 마스트를 앞뒤로 기울이는 부속은?

① 틸트 실린더
② 리프트 실린더
③ 리프트 체인
④ 리닝 레버

05 지게차의 구조에서 운전자 위쪽에서 적재물이 떨어져 운전자가 다치는 상황을 방지하는 구조는?

① 마스트
② 오버 헤드 가드
③ 카운터 웨이트
④ 백레스트

06 라디에이터 압력식 캡에 대한 설명으로 옳지 않은 것은?

① 냉각수를 주입하는 곳의 뚜껑 역할을 한다.
② 냉각수를 순환시키는 기능을 한다.
③ 진공밸브가 내장되어 있다.
④ 압력을 통해 냉각수의 비등점을 높인다.

07 엔진오일이 연소실로 역류하는 가장 주된 원인은?

① 피스톤 링의 마모
② 커넥팅 로드의 마모
③ 피스톤 핀의 마모
④ 크랭크축의 마모

08 지게차에 짐을 싣고 창고 등을 출입할 시의 주의사항으로 옳지 않은 것은?

① 짐이 출입구 높이에 닿지 않도록 한다.
② 팔이나 몸을 차체 밖으로 내밀지 않는다.
③ 주위 장애물 상태를 확인하며 주행한다.
④ 출입구의 폭에 대해서는 고려하지 않는다.

09 지게차 틸트 실린더에 사용하는 유압 실린더 형식은?

① 단동식
② 다동식
③ 복동식
④ 편동식

10 경사가 있는 곳에서의 지게차 주행 방법으로 옳은 것은?

① 공차 시에는 포크를 경사의 아래쪽으로 향하게 한 채로 올라간다.
② 공차 시에는 포크를 경사의 위쪽으로 향하게 한 채로 내려간다.
③ 적재 시 화물을 경사의 아래쪽으로 향하게 한 채로 올라간다.
④ 적재 시 화물을 경사의 아래쪽으로 향하게 한 채로 내려간다.

11 지게차의 적재물이 전방 시야를 가릴 경우 대처 방법으로 적절하지 않은 것은?

① 신호수의 유도에 따른다.
② 후진으로 운행한다.
③ 포크를 높이 들어 시야를 확보한다.
④ 서행하여 장애물을 회피한다.

12 지게차에 관한 설명으로 틀린 것은?

① 짐을 싣기 위해 마스트를 약간 전경시키고 포크를 끼워 물건을 싣는다.
② 틸트 레버는 앞으로 밀면 마스터가 앞으로 기울고 따라서 포크가 앞으로 기운다.
③ 포크를 상승시킬 때는 리프트 레버를 뒤쪽으로, 하강시킬 때는 앞쪽으로 민다.
④ 목적지에 도착 후 물건을 내리기 위해 틸트 실린더를 후경시켜 전진한다.

13 지게차의 아워미터의 설치 목적이 아닌 것은?

① 가동시간에 맞춰 예방정비를 한다.
② 가동시간에 맞춰 오일을 교환한다.
③ 각 부위에 주유를 정기적으로 한다.
④ 하차 만료 시간을 나타낸다.

14 지게차의 주차 방법에 대한 설명으로 옳지 않은 것은?

① 레버는 중립에 놓고 주차브레이크를 체결한다.
② 시동키는 다시 사용할 수 있으므로 꽂아 둔다.
③ 포크는 바닥에 완전히 내려놓는다.
④ 경사가 있다면 고임목을 사용한다.

15 지게차 운행경로에 대한 설명으로 옳지 않은 것은?

① 지게차 하중과 화물의 하중을 견딜 수 있어야 한다.
② 주행도로는 지정된 곳만 주행한다.
③ 경로상의 물건은 따로 치우지 않는다.
④ 통로 폭은 지게차 폭에 더해 최소 60cm를 확보한다.

16 지게차의 조향 핸들이 쏠리는 원인으로 볼 수 없는 것은?

① 타이어 공기압이 양쪽이 다를 때
② 타이어의 공기압이 너무 낮을 때
③ 바퀴의 정렬이 불량할 때
④ 허브 베어링의 마모가 심할 때

17 자동변속기의 과열 원인이 아닌 것은?

① 메인 압력이 높다.
② 과부하 운전을 계속하였다.
③ 변속기 오일 쿨러가 막혔다.
④ 오일이 규정량보다 많다.

18 소금이나 모래와 같이 흘러내릴 우려가 있는 화물을 운반하기 위해 사용하는 작업장치는?

① 로테이팅 클램프 ② 힌지드 버킷
③ 힌지드 포크 ④ 로드 스태빌라이저

19 지게차의 좌우 포크의 높이가 다를 경우 취해야 할 조치는?

① 리프트 밸브의 조정
② 마스트를 뒤로 기울임
③ 앞바퀴의 정렬
④ 체인의 장력 조정

20 지게차가 주행 중 핸들이 떨릴 때, 원인으로 보기 어려운 것은?

① 타이어의 공기압이 적절하지 않음
② 요철이 많은 노면
③ 백레스트의 균열
④ 림의 파손

21 해머 작업의 안전수칙으로 옳지 않은 것은?

① 장갑을 끼고 작업하지 않는다.
② 강한 타격력이 필요할 시에는 연결대를 끼워서 작업한다.
③ 처음에는 약하게, 점점 강하게 때린다.
④ 작업에 알맞은 무게의 해머를 사용한다.

22 작업장에 대한 안전수칙으로 옳지 않은 것은?

① 작업장은 항상 청결하게 유지한다.
② 인화물질은 철제상자에 보관한다.
③ 작업대 사이에 일정한 너비를 확보한다.
④ 작업장 바닥에는 폐유를 뿌려 먼지가 일어나지 않도록 한다.

23 드릴 작업의 안전수칙으로 옳지 않은 것은?

① 구멍을 뚫을 때, 일감은 손으로 잡아 단단하게 고정시킨다.
② 장갑을 끼고 작업하지 않는다.
③ 칩을 제거할 때에는 회전을 정지시키고 솔로 제거한다.
④ 드릴을 끼운 뒤 척 렌치는 빼두도록 한다.

24 볼트나 너트를 규정된 힘으로 조일 때 사용하는 도구는?

① 복스렌치
② 오픈엔드렌치
③ 토크렌치
④ 소켓렌치

25 유류 화재가 발생했을 시, 소화 방법으로 옳지 않은 것은?

① 물을 분무하여 소화한다.
② B급 화재 소화기를 이용하여 진화한다.
③ 모래를 뿌려서 소화한다.
④ ABC 분말소화기를 이용하여 진화한다.

26 다음 안전표지가 나타내는 것은?

① 추락 주의
② 저온 주의
③ 출입금지
④ 낙하물 경고

27 진동에 의한 건강장해의 예방 방법으로 적절하지 않은 것은?

① 저진동형 기계공구를 사용한다.
② 방진장갑과 귀마개를 착용한다.
③ 휴식시간을 충분히 갖는다.
④ 실외에서 작업을 진행한다.

28 전기 용접의 아크로 인해 눈이 충혈되었을 시의 조치로 적절한 것은?

① 눈을 감고 안정을 취한다.
② 안약을 넣고 작업을 계속한다.
③ 차가운 습포를 눈 위에 올려놓고 안정을 취한다.
④ 소금물로 눈을 세정한다.

29 가스용접 시 사용하는 산소용 호스의 색상은?

① 녹색
② 적색
③ 황색
④ 청색

30 다음 안전보건표지가 나타내는 내용은?

① 사용금지　　② 안전모 착용
③ 낙하물 경고　④ 비상구

31 디젤 기관의 연소실에 대한 설명으로 옳지 않은 것은?

① 단실식과 복실식이 있다.
② 단실식으로 공기실식, 직접분사실식이 있다.
③ 예연소실식은 복실식이다.
④ 단실식은 열효율이 높고 연료소비율이 적다.

32 디젤기관 분사펌프에 대한 설명으로 옳지 않은 것은?

① 디젤기관에만 있는 부품이다.
② 분사펌프의 윤활은 경유로 한다.
③ 연료를 고압으로 압축하여 분사노즐로 송출하는 기능을 한다.
④ 연료 속의 이물질을 여과하고 오버플로 밸브가 장착되어 있다.

33 디젤기관 운전 중 흑색의 배기가스가 배출되는 원인으로 옳지 않은 것은?

① 압축 불량
② 노즐 불량
③ 공기청정기 고장
④ 오일링 마모

34 디젤기관의 직접분사실식의 장점으로 볼 수 없는 것은?

① 냉각손실이 적다.
② 열효율이 높다.
③ 연료누출 염려가 적다.
④ 연료소비가 적다.

35 디젤기관 연료여과기에 설치된 오버플로 밸브의 기능으로 적절하지 않은 것은?

① 여과기의 보호
② 소음 발생 억제
③ 연료 분사 제어
④ 연료계통의 공기 배출

36 12V 축전지 4개를 병렬로 연결한다면 전압은?

① 6V   ② 12V
③ 24V   ④ 48V

37 축전지의 구비조건으로 가장 거리가 먼 것은?

① 배터리의 용량이 클 것
② 가급적 크고 다루기가 쉬울 것
③ 전기적 절연이 완전할 것
④ 전해액의 누설방지가 완전할 것

38 전류가 잘 흐르는 전기 회로의 조건으로 볼 수 없는 것은?

① 저항이 크다.
② 전압이 높다.
③ 병렬접속 되어 있다.
④ 직렬접속 되어 있다.

39 건설기계에 주로 사용되는 전동기의 종류는?

① 직류분권 전동기
② 직류복권 전동기
③ 직류직권 전동기
④ 교류 전동기

40 유압유의 내부 누설과 반비례하는 것은?

① 유압유의 오염도
② 유압유의 점도
③ 유압유의 압력
④ 유압유의 온도

41 유압회로에서 방향제어 밸브의 기능으로 옳지 않은 것은?

① 액추에이터의 작동 속도를 제어한다.
② 유체가 흐르는 방향을 한쪽으로 제한한다.
③ 유압모터의 작동 방향을 바꾼다.
④ 유체의 흐르는 방향을 전환한다.

42 유압장치에서 불순물을 제거하기 위해 사용하는 부품으로 옳은 것은?

① 어큐뮬레이터   ② 스트레이너
③ 드레인 플러그   ④ 배플

43 유압장치의 어큐뮬레이터의 기능으로 옳지 않은 것은?

① 유압펌프에서 발생하는 맥동압력을 흡수한다.
② 유압유의 압력 에너지를 저장한다.
③ 오일의 누출을 방지한다.
④ 일정 압력을 유지한다.

44 유압모터의 특징으로 적절하지 않은 것은?

① 크기에 비해 강한 힘을 낼 수 있다.
② 무단변속에 용이하다.
③ 구조가 간단하다.
④ 정회전과 역회전의 변화는 불가능하다.

45 유압장치에서 작동 및 움직임이 있는 곳의 연결 관으로 적절한 것은?

① 플랙시블 호스　② PVC 호스
③ 구리 파이프　　④ 납 파이프

46 다음 중 적색등화임에도 진행할 수 있는 경우는?

① 국가경찰공무원에 의한 교통정리가 있을 때
② 다른 차마의 진행을 방해하지 않을 때
③ 앞 차가 교차로를 통과하는 경우
④ 도로가 잡상인 등으로 인해 혼잡한 경우

47 다음 중 통행의 우선순위로 옳은 것은?

① 긴급자동차 → 원동기장치자전거 → 승합 자동차
② 긴급자동차 → 일반자동차 → 원동기장치 자전거
③ 건설기계 → 긴급자동차 → 일반자동차
④ 승합자동차 → 건설기계 → 긴급자동차

48 진로를 변경하고자 할 때, 운전자가 지켜야 할 사항이 아닌 것은?

① 진로 변경 신호는 진로 변경이 끝날 때까지 유지한다.
② 가능하면 빠르게 진로를 변경한다.
③ 방향지시기로 신호를 한다.
④ 불가피한 경우 수신호를 이용할 수 있다.

49 다음 중 1종 보통면허로 운전할 수 없는 차량은?

① 원동기 장치 자전거
② 승차정원 12인승 승합자동차
③ 적재중량 15톤 화물자동차
④ 3톤 미만의 지게차

50 편도 4차로 일반도로에서 4차로가 버스 전용차 로라면 건설기계가 통행해야 하는 차로는?

① 1차로　　② 2차로
③ 3차로　　④ 4차로

51 건설기계관리법상 자동차 1종 대형면허로 조종할 수 없는 건설기계는?

① 덤프트럭　　　② 콘크리트 믹서트럭
③ 아스팔트 살포기　④ 롤러

52 다음 중 최고 속도에서 100분의 20을 감속해야 하는 경우는

① 눈이 20밀리미터 이상 쌓인 경우
② 노면이 얼어붙은 경우
③ 비가 내려 노면이 젖어있는 경우
④ 악천후로 가시거리가 100미터 이내인 경우

53 도로교통법상 모든 차의 운전자가 서행해야 하는 장소가 아닌 것은?

① 도로가 구부러진 부근
② 편도 2차로 이상의 다리 위
③ 가파른 비탈길의 내리막
④ 비탈길 고갯마루 부근

54 다음 중 문화재 또는 관광지용 건물번호판은?

 ①
 ②
 ③
 ④

55 건설기계정비업의 등록 구분으로 옳지 않은 것은?

① 종합건설기계정비업
② 부분건설기계정비업
③ 전문건설기계정비업
④ 일반건설기계정비업

56 정기검사에 불합격한 건설기계의 정비명령 기간은?

① 1개월 이내
② 2개월 이내
③ 3개월 이내
④ 4개월 이내

57 정기검사를 받지 아니하고 검사기간 만료일로부터 30일 이내인 경우 부과되는 과태료는?

① 1만 원
② 2만 원
③ 5만 원
④ 10만 원

58 성능이 불량하거나 사고가 자주 발생하는 건설기계에 대한 수시검사를 명령할 수 있는 권한자는?

① 지방경찰청장
② 시 · 도지사
③ 행정자치부장관
④ 국토교통부장관

59 건설기계관리법상 국토교통부령으로 정하는 바에 따른 등록번호표를 부착 및 봉인하지 않은 건설기계 운행을 1회 위반했을 시 과태료는?

① 10만 원
② 30만 원
③ 50만 원
④ 100만 원

60 건설기계조종사의 면허취소사유가 아닌 것은?

① 건설기계 조종 중, 고의로 1명에게 경상을 입힌 경우
② 정기적성검사를 받지 않은 경우
③ 거짓이나 그 밖의 부정한 방법으로 건설기계조종사 면허를 받은 경우
④ 건설기계 조종 중, 과실로 인한 사고로 5인에게 중상을 입힌 경우

정답 및 해설

01	①	02	④	03	①	04	④	05	③
06	②	07	④	08	③	09	②	10	④
11	②	12	②	13	④	14	④	15	③
16	④	17	③	18	④	19	③	20	②
21	①	22	①	23	④	24	④	25	④
26	④	27	③	28	①	29	③	30	④
31	③	32	②	33	①	34	②	35	④
36	④	37	②	38	③	39	③	40	③
41	②	42	③	43	④	44	④	45	②
46	①	47	①	48	①	49	①	50	①
51	②	52	④	53	②	54	③	55	①
56	③	57	②	58	④	59	④	60	④

01 ①
급한 고갯길을 내려갈 때는 변속레버를 저속 위치로 하고 브레이크로 속도를 조절하며 서행하여야 한다.

02 ④

오답 피하기
변속기의 필요성
① 기관의 회전력을 증대시킨다.
② 장비를 무부하 상태로 한다.
③ 장비 후진을 가능하게 한다.

03 ①
동력 공구를 사용할 때에는 보호구를 착용하여야 한다.

04 ④
트랜스미션 내부에서 소음이 발생될 때에는 장비를 정지시키고 시동을 끈 다음 기어오일의 양과 상태를 먼저 점검하여야 한다.

05 ③
전자제어 디젤 기관의 연료 압력 제한 밸브는 커먼 레일에 설치되어 연료 압력이 규정압 이상으로 상승되는 것을 방지하며 연료 분사량이 부하나 회전 속도에 따라 달라지는 것을 방지한다.

06 ②
창고나 공장을 출입할 때 차폭과 입구의 폭을 확인하여야 한다.

07 ④
토크 컨버터는 유체 클러치를 개량하여 자동 변속기에 설치된 클러치로 일정 이상의 과부하가 걸려도 엔진이 정지되지 않는다.

08 ③
지게차를 운전할 때에는 포크는 지면으로부터 20~30cm 정도의 높이로 올려서 이동한다.

09 ②
모든 공구는 작업자 앞쪽으로 당겨 작업을 하여야 한다.

10 ④
구급처치 중 환자를 격리시켜서는 안 된다.

11 ②
조향 바퀴 정렬의 요소는 캠버, 캐스터, 킹 핀, 토 인, 토 아웃이 있다.

오답 피하기
부스터는 배력기구이다.

12 ②
최소 회전 반지름은 무부하 상태에서 최대 조향각으로 운행 시 가장 바깥쪽 바퀴의 접지자국 중심점이 그리는 원의 반경을 말한다.

13 ④
오일 쿨러는 오일 냉각기로써 작동 시 사용되는 오일의 과열을 방지하고 오일의 온도를 항상 일정하게 유지해주는 부품이다.

14 ④

오답 피하기
① 언로더 밸브
② 공기탱크
③ 체크 밸브 또는 콕을 나타낸 것

15 ③
면허가 취소되거나 정지된 상태는 무면허에 해당되므로 1년 이하의 징역 또는 1천만 원 이하의 벌금형을 받는다.

16 ④
제어 밸브에는 일의 크기를 제어하는 압력 제어 밸브와 일의 속도를 제어하는 유량 조절 밸브 그리고 일의 방향을 제어하는 방향 제어 밸브가 있다.

17 ③
릴리프 밸브의 작동 점검은 운전자가 아닌 정비사 정비 사항으로 연간 정비 사항이다.

18 ④
전압 조정기, 전류 조정기, 컷 아웃 릴레이로 구성되는 것은 직류 발전기의 조정기이다.

19 ③
방향 제어 밸브의 체크 밸브는 작동유의 흐름을 한쪽 방향으로만 흐르게 하고 역류를 방지하며 회로 내 잔압을 유지한다.

20 ②
건설기계 검사의 종류
• **신규 등록 검사** : 건설기계를 신규로 등록할 때 실시하는 검사
• **정기 검사** : 건설공사용 건설기계로서 3년의 범위 내에서 국토해양부령이 정하는 검사유효기간의 만료 후에 계속하여 운행하고자 할 때 실시하는 검사 및 「대기환경보전법」 제62조 및 「소음·진동규제법」 제37조의 규정에 의한 운행 차의 정기 검사

- **구조 변경 검사** : 제17조의 규정에 의하여 건설기계의 주요구조를 변경 또는 개조한 때 실시하는 검사
- **수시 검사** : 성능이 불량하거나 사고가 빈발하는 건설기계의 안전성 등을 점검하기 위하여 수시로 실시하는 검사와 건설기계소유자의 신청에 의하여 실시하는 검사

21 ①

술에 취한 상태의 기준은 혈중 알코올 농도가 0.03% 이상에서 0.08% 미만일 때이다.

22 ①

일반적으로 건설기계의 유압 펌프는 엔진의 크랭크축에 연결되어 구동된다.

23 ④

둥근 목재나 파이프 등은 일반 포크를 사용하면 정지 또는 브레이크 작동 시 적재물이 낙하되므로 이것을 방지하기 위하여 45° 각도로 경사시킬 수 있는 힌지드 포크를 사용한다.

24 ④

지게차의 조향 방법은 후륜 조향 방식으로 유압식(동력 조향)이 사용된다.

25 ③

터보차저는 과급기로 주로 4행정 사이클 기관에 사용되는 배기가스 터빈식 과급기를 말하는 것으로 엔진의 배기가스로 터보차저가 구동된다.

26 ④

지게차는 물품 운송 장비로 현가 스프링을 사용하면 롤링 등의 진동으로 적하물이 낙하되기 때문에 사용되지 않는다.

27 ③

오답 피하기

각 작업장치의 기능

① **하이 마스트** : 표준차로서 불가능한 높이의 화물 적재 및 적하를 할 수 있고, 마스트가 2단으로 되어 있다.
② **사이드시프트 마스트** : 차체의 위치를 변화시키지 않고 블록 네스트만 좌·우로 움직일 수 있는 형식으로 좁은 공간 작업에 적합
④ **3단 마스트** : 마스트가 3단으로 되어 작은 마스트 높이 형태에서는 6m 의 양고가 가능하여 상당히 높이 물건을 쌓을 수 있다.

28 ①

2개 이상의 분기회로를 갖는 회로 내에서 작동 순서를 회로의 압력 등에 의하여 제어하는 밸브는 순차 밸브인 시퀀스 밸브이다.

29 ③

지게차의 무게중심이 높아지면 전복 등의 위험이 있으므로 지면과의 거리는 20~30cm가 적당하다.

30 ①

모든 건설기계 장비에는 운전자 외 그 누구도 탑승시켜서는 안 된다.

31 ③

앞쪽 방향용 도로명판으로 사임당로 중간 지점을 의미하며, "92→" 현 위치는 도로상의 92번. "92→250"은 남은 거리 1.58km((250−92)×10m)를 의미한다.(10m마다 기초번호 부여)

32 ②

틸트 레버를 당기면 마스트는 뒤쪽(운전자 쪽)으로 기울고 밀면 앞쪽으로 기운다.

33 ①

A급 화재는 일반가연물 화재이며 B급 화재는 유류 및 가스 등의 연료 화재이고 C급은 전기 화재이며 D급은 금속 화재로 구분한다.

34 ②

포크의 상하운동은 리프트 실린더가 한다.

35 ②

마스터 실린더는 유압 조작식 브레이크에서 브레이크 페달의 작용력을 받아 유압을 발생하는 부분이다.

36 ④

유압 모터에는 기어식, 베인식, 플런저식, 로터리식이 있으며 직권형 모터는 전기를 이용하는 전기 모터이다.

37 ②

방진 마스크는 분진이 많은 작업장에서 착용한다.

38 ③

해머 작업 시에는 장갑 착용이 금지된다.

39 ③

운행거리 적산계는 장비에는 설치되어 있지 않으며 대신 시간계가 설치되어 있다.

40 ③

기동 전동기의 전기자 시험은 단선, 단락, 접지 시험을 하며 여기에 사용되는 시험기는 그로울러 시험기를 사용한다.

41 ②

주행방향 전환 시 신호시기 및 방법은 도로교통법에 명시되어 있으며 이에 따라야 한다.

42 ③

유압 펌프 중 흡입력이 가장 좋은 펌프는 기어식 펌프이며 흡입력이 가장 나쁜 펌프는 플런저식이다.

43 ④

지게차의 동력은 핸들 →조향기어→피트먼 암→드래그링크→타이로드→조향 암→바퀴의 순으로 전달된다.

44 ④

건설기계 면허증의 발급은 국가기술자격을 취득하고 적성 검사에 합격하여야 면허 취득이 가능하다. 갱신은 65세까지 10년마다. 65세부터 5년마다 한다.

45 ②

실린더 블록과 헤드 사이에는 개스킷을 설치하여 기밀 유지와 냉각수 및 오일의 누출을 방지한다.

46 ①

워밍업 운전은 난기 운전으로 작동유의 온도를 정상범위 내에 도달하도록 엔진 시동 후 5분간 저속 운전을 한 다음 중속으로 각 작업장치의 레버를 조작하여 유온을 30~50℃ 정도로 올린다.

47 ①

고의로 인명피해를 입힌 자는 면허 취소 사유에 해당된다.

48 ①

오일 탱크는 오일의 저장과 냉각을 하는 오일 저장용 용기이다.

오답 피하기

유압 실린더는 작동부의 부품으로 액추에이터에 속한다.

49 ①

안내표지의 바탕색은 녹색으로 표시된다.

50 ①

축전지(배터리)와 전동기를 사용하는 지게차는 전동식 지게차이다.

51 ②

체인이나 벨트 등의 늘어짐을 자동 조절하여 주는 장치를 텐셔너라 하고 진동을 흡수 · 완화하는 것을 댐퍼라 한다.

52 ④

전해액의 비중과 온도는 반비례 관계이다.

53 ②

흡입 공기의 압력이 높으면 출력도 높아진다.

54 ③

점도 지수는 온도 변화에 따른 점도 변화 정도를 표시하는 것으로 번호가 클수록 점도 변화가 적다.

55 ④

액추에이터는 유체 에너지를 기계적 에너지로 바꾸어주는 작동 장치로, 대표적으로 직선운동(피스톤)하며 회전운동하는 유압 모터가 있다.

56 ③

브레이크 라이닝 교환주기 상태의 점검은 정비사 점검 사항으로 정기점검 대상이다.

57 ②

다른 종류의 오일을 혼합 사용하면 첨가제의 작용으로 오일의 열화 현상이 촉진된다.

58 ③

그림의 안전 · 보건표지는 녹십자표지이다.

59 ④

중량물과 지면에 손이나 발이 끼이는 재해를 협착이라 한다.

60 ④

사고의 직접적인 원인은 불안전한 행동 및 상태에서 나온다.

01 ①	02 ③	03 ③	04 ③	05 ②
06 ④	07 ④	08 ④	09 ②	10 ①
11 ④	12 ①	13 ①	14 ①	15 ①
16 ④	17 ②	18 ①	19 ②	20 ①
21 ④	22 ④	23 ④	24 ①	25 ④
26 ③	27 ④	28 ④	29 ②	30 ②
31 ②	32 ①	33 ②	34 ②	35 ④
36 ①	37 ①	38 ①	39 ②	40 ④
41 ②	42 ①	43 ①	44 ②	45 ④
46 ③	47 ①	48 ①	49 ②	50 ①
51 ④	52 ②	53 ①	54 ③	55 ④
56 ①	57 ④	58 ③	59 ②	60 ②

01 ①

연료 분사 펌프는 인젝션 펌프로 저압의 연료를 고압으로 하여 분사순서에 맞추어 분사 노즐로 공급하는 펌프이다.

02 ③

라디에이터 압력식 캡의 작동은 냉각장치 내부의 압력이 규정보다 높을 때에는 공기 밸브는 열리고 진공 밸브는 닫히며, 내부압력이 낮아져 진공(부압)이나 대기압보다 낮은 압력이 되면 진공 밸브는 열리고 공기 밸브는 닫힌다.

03 ③

오일량 점검에서 오일의 레벨은 Low와 Full 표지 사이에서 Full에 가까이 있어야 정상 레벨이다.

04 ③

윤활유의 작용에는 마찰감소 및 마멸방지(감마작용)와 밀봉, 냉각, 세척, 방청, 응력분산작용이 있다.

05 ②

공기 유량센서는 흡입되어 실린더로 유입되는 공기량을 감지하는 센서로 종류로는 칼만와류, 열막(핫 필름 또는 핫 와이어), 베인(메저링플레이트) 방식이 있으며, 커먼 레일(전자제어) 기관은 열막 방식에 사용된다.

06 ④

온도 게이지가 "H"위치에 근접되어 있다면 엔진이 과열되는 것으로 작업을 중단하고 냉각계통을 점검하여 이상이 있는 부분을 수리 · 보완한 후 작업을 계속한다.

07 ④

축전지를 분리 또는 장착할 때의 방법
- **분리할 때** : −선을 먼저 분리하고 +선은 나중에 분리한다.
- **연결할 때** : +선을 먼저 연결하고 −선을 나중에 연결한다.

08 ④

플래셔 유닛은 방향지시등의 점멸을 위한 릴레이를 말한다.

09 ②

12V 배터리는 2.1V의 셀을 6개 직렬로 연결하여 사용하는 것으로 셀 당 방전 종지 전압이 1.75V이므로 1.75×6=10.5V이다.

10 ①

전류의 3대 작용은 발열, 자기, 화학작용이다.

11 ④

전·후 안정도	하역 작업 시	• 기준 부하 상태에서 포크를 최고로 올린 상태 : 4% 이내 • 최대 하중 5톤 이상 일 때 : 3.5% 이내
	주행 시	무부하 주행 : 18% 이내
좌·우 안정도	하역 작업 시	기준 부하 상태에서 포크를 최고로 올려 마스트를 최대로 뒤로 기울인 상태 : 6% 이내
	주행 시	무부하 주행 : 15+1.1V% (최대 40%)

12 ①

틸트 실린더는 틸트 레버의 조작에 의해 마스트를 전경 또는 후경 시키는 작용을 하며 좌우 각 1개씩 총 2개가 설치되어 있다.

13 ①

클러치식 지게차의 동력 전달 순서
엔진→클러치→변속기→차동장치→앞차축→앞바퀴

14 ①

지게차를 운전할 때 포크의 높이는 지상으로부터 20~30cm 정도 높여 운행을 한다.

15 ①

인칭 페달 : 변속기로 가는 오일의 양을 감소시키는 페달로 인칭 페달을 밟은 후에 가속페달을 밟으면 동력 전달 장치에 소요되는 구동력이 거의 유압작업장치에 소요되므로 리프팅 및 틸트 속도를 빠르게 한다.

> **오답 피하기**
> ② **액셀러레이터 페달** : 부하 및 작동 상태에 따라 엔진 회전력을 조절하여 작업장치의 속도나 지게차의 운전속도를 조절하는 페달
> ③ **디셀레이터 페달** : 가속 페달과 그 기능이 반대로 작용하여 밟으면 엔진의 출력이 줄어드는 페달
> ④ **브레이크 페달** : 지게차 주행 중 정지시키기 위한 페달

16 ④

지게차의 주, 정차 요령
• 가속페달에서 발을 뗀다.
• 브레이크 페달과 클러치 페달을 밟는다.
• 포크를 지면에 내리고 마스트를 앞으로 틸트한다.
• 엔진 스톱 버튼을 완전히 당겨 엔진을 정지시킨다.
• 시동 스위치를 "OFF" 위치로 돌린 후 키를 뺀다.
• 엔진 스톱 버튼을 다시 원위치시킨다.
• 주차 브레이크를 작동한다.

17 ②

지게차의 리프트 실린더는 포크를 상승 또는 하강시킨다.

18 ①

지게차의 유압탱크 유량을 점검할 때에는 지게차의 포크를 지면에 내려놓은 상태에서 점검하여야 한다.

19 ②

전경각 : 마스트의 수직 위치에서 앞으로 기울인 경우 최대 경사각으로 건설기계 구조 및 성능 기준상 5~6° 범위로 이루어져야 한다.

20 ④

정차 시 공전 및 저속 위치에서 가속페달에서 발을 떼어낸다.

21 ④

변속기는 엔진 시동 시 엔진을 무부하 상태로 하고 기관의 회전력을 증대시키며 장비를 후진시키기 위하여 필요하다.

22 ④

변속기에서 이상 소음의 발생은 기어오일의 부족, 각 베어링의 마모, 각 기어의 마모, 기어의 백래시(맞물린 기어의 이와 이 사이 틈새) 과다 등에 기인한다.

23 ④

적하물을 싣고 운행 중에는 마스트를 후경으로 하고 급브레이크를 조작하여서는 안 되며 짐을 싣고 비탈길을 내려올 때에는 후진하여 천천히 내려온다.

24 ①

마스트에 부착되어 있는 주요 부품은 백레스트, 휠, 피스톤 헤드, 체인, 이너 마스트, 롤러, 아우터 마스트, 스톱퍼, 포크, 틸트 실린더 등이 있다.

25 ④

지게차의 틸트 장치는 마스트의 경사 각도를 전경(5~6°) 또는 후경(10~12°)으로 조절하는 역할로 좌우 1개씩 사용한다.

26 ③

불안전한 적재의 경우에는 포크를 다시 하강시켜 안전한 상태로 적재하여 이동한다.

27 ①

아워 미터는 시간계로서 장비의 가동시간, 즉 엔진이 작동되는 시간을 나타내며 예방 정비 등을 위해 설치되어 있다.

28 ④

파렛트 : 화물 밑에 고이는 받침대로 포크가 들어갈 수 있는 통로가 설치되어 있어 화물의 적재 및 적하 작업을 원활하게 해준다.

29 ③

타이어의 호칭
• 고압 타이어 = 타이어 외경 × 타이어 폭 − 플라이 수
• 저압 타이어 = 타이어 폭 − 타이어 내경 − 플라이 수

30 ②

> **오답 피하기**
> **긱 부품의 기능**
> ① **슬립이음** : 축의 길이 변화에 대응
> ③ **스테빌라이저** : 롤링을 방지
> ④ **크로스 멤버** : 프레임의 좌우를 연결하여 고정

31 ③

연료 주입구는 배기관으로부터 30cm, 전기 개폐기로부터는 20cm 이상 떨어져 설치되어야 한다.

32 ①

지게차는 전륜 구동식이므로 차동장치가 전차축에 설치되어 있다.

33 ②

면허 효력정지 기간에 건설기계를 조종한 자에 대한 벌칙은 면허 취소이다.

34 ①

등록되지 아니한 건설기계를 조종 또는 운행 사용한 자의 벌칙은 2년 이하의 징역 또는 2000만 원 이하의 벌금형을 받는다.

35 ②

지게차의 정기 검사 유효기간은 2년 1회이다.

36 ①

건설기계의 형식 승인은 국토교통부 장관의 승인을 받아야 한다.

37 ①

출석지시서를 받은 경우에는 출석지시서를 가지고 자동차를 운행할 수 있다.

38 ①

뒤차를 앞지르기 시킬 때에는 오른팔 또는 왼팔을 차체의 왼쪽 또는 오른쪽 밖으로 수평으로 펴서 손을 앞·뒤로 흔들어 준다.

39 ②

서쪽 방향은 시청, 동쪽 방향은 평촌역, 북쪽 방향은 만안구청, 직진하면 300m 전방에 관평로가 나온다는 의미이다. 도로 구간은 서에서 동으로, 남에서 북으로 설정된다.

40 ④

교통사고로 사람을 사상한 때에는 즉시 정차하여 사상자를 구호하는 등 필요한 조치를 취하여야 한다.

41 ②

기어 펌프는 소형이며 구조가 간단하고 흡입력이 플런저 펌프에 비해 우수하며, 고장이 적고, 수리가 쉬우나 펌프의 토출압이 낮고, 소음이 큰 결점이 있다.

42 ①

공동(캐비테이션) 현상이란 유체가 이동 중에 압력 변화에 의한 소음과 진동이 발생되는 현상으로 체적 효율의 증가와 작동기의 작동이 불안정 상태가 된다.

43 ①

액추에이터는 유압에 의해 작동되는 작동기로 직선운동을 하는 유압 실린더와 회전운동을 하는 유압 모터가 있다. 감압 밸브는 압력 제어 밸브 중의 하나로 제어 기구에 속한다.

44 ②

오일펌프의 회전 속도가 느릴 때에는 소음이 발생되지 않는다.

45 ④

유압 모터의 가장 큰 장점은 무단 변속이 가능한 것이다.

46 ③

①은 온도계, ②는 정용량형 유압 펌프, ③은 가변용량형 유압 펌프, ④는 가변 교축 밸브를 나타낸 것이다.

47 ①

유압 실린더를 교환하였을 경우에는 먼저 회로를 설치한 다음 시동을 걸어 누유부를 점검하고 공기빼기 작업을 한 다음 시운전하여 작동 상태를 점검하여야 한다.

48 ③

탱크의 구비조건
• 유면을 항상 흡입라인 위까지 유지하여야 한다.
• 정상적인 작동에서 발생한 열을 발산할 수 있어야 한다.
• 공기 및 이물질을 오일로부터 분리할 수 있는 구조여야 한다.
• 배유구와 유면계가 설치되어 있어야 한다.
• 흡입관과 복귀관(리턴 파이프) 사이에 격판이 설치되어야 한다.
• 흡입 오일을 여과시키기 위한 스트레이너가 설치되어야 한다.

49 ②

유압장치의 정상적인 작동을 위하여 정기적으로 오일 필터를 교환하고 오일량을 점검하여야 한다.

50 ①

플로우 레귤레이터(슬로우 리턴 밸브)는 지게차 리프트 실린더가 포크 상승 시에는 유압에 의해 상승이 되고 하강 시에는 자체 중량 또는 중량물의 무게로 하강하기 때문에 하강 속도를 조절하여 포크가 천천히 하강하도록 하기 위해 설치된 밸브이다.

51 ④

유압회로 내의 이물질, 열화된 오일 및 슬러지 등을 회로 밖으로 배출시켜 회로를 깨끗하게 하는 것을 플래싱이라 한다.

52 ④

릴리프 밸브는 최고압력을 제어하고 회로 내 압력을 일정하게 조절하는 유압조절 밸브이다.

53 ①

체인이 느슨한 상태에서 급격히 잡아당기면 재해가 발생할 수 있으므로 시간적 여유를 가지고 천천히 작업한다.

54 ③

문제의 안전·보건표지는 고압전기 경고표지이다.

55 ④

• **연소의 3요소** : 가연물, 산소공급원, 점화원
• **점화원(열원)** : 불꽃, 고열 물, 단열압축, 산화열

56 ①

기계의 운동부분(물건)에 끼이는 사고를 협착이라 한다.

57 ④

수공구 사용 시의 안전한 작업 방법은 볼트를 풀거나 조일 때 모두 몸 중심에서 잡아당겨 작업을 하여야 하며 연장대 사용 또는 해머 등으로 충격을 가해서는 안 된다.

58 ③

해머 작업을 할 때에는 처음과 끝부분은 약하게 작업을 하여야 한다.

59 ②

안전·보건표지에는 지시, 금지, 안내, 경고표지가 있다.

60 ②

불안전한 조명, 불안전한 환경, 방호장치의 결함으로 인하여 오는 산업재해 요인은 물적 요인에 속하며, 불안전한 행동이나 정신적, 신체적, 지적 요인은 인적 요인에 속한다.

기출 유형 문제 03회 289p

01 ④	02 ②	03 ④	04 ④	05 ④
06 ③	07 ③	08 ④	09 ④	10 ④
11 ②	12 ④	13 ③	14 ①	15 ④
16 ④	17 ③	18 ④	19 ③	20 ②
21 ③	22 ①	23 ②	24 ④	25 ②
26 ③	27 ④	28 ③	29 ②	30 ④
31 ②	32 ③	33 ②	34 ①	35 ④
36 ④	37 ③	38 ①	39 ④	40 ④
41 ①	42 ④	43 ③	44 ④	45 ②
46 ④	47 ③	48 ①	49 ①	50 ③
51 ①	52 ③	53 ④	54 ④	55 ①
56 ②	57 ③	58 ②	59 ①	60 ④

01 ④

특별표지판 부착대상 건설기계
- 길이가 16.7m 이상인 건설기계
- 너비가 2.5m 이상인 건설기계
- 높이가 4.0m 이상인 건설기계
- 최소 회전 반경(반지름)이 12m 이상인 건설기계
- 총 중량이 40톤 이상인 건설기계
- 축 하중이 10톤 이상인 건설기계

02 ②

건설기계를 등록하지 아니하거나 거짓으로 등록한 자는 2년 이하의 징역 또는 2000만 원 이하의 벌금형이 적용된다.

03 ④

건설기계의 신규 등록신청은 건설기계를 취득한 날로부터 2개월 이내에 시·도지사에게 등록을 신청하여야 한다(이전 등록은 30일 이내 등록).

04 ④

건설기계관리법에 1인의 체중은 65kg으로 되어 있다.

05 ④

건설기계는 차선의 맨 마지막 차로가 주행 차로이다. 만일 맨 마지막 차로가 버스 전용 차로인 경우에는 버스 전용 차로를 제외한 차로에서 맨 마지막 차로이다.

06 ③

도로구간 기준은 남쪽에서 북쪽으로 기초번호는 왼쪽은 홀수, 오른쪽은 짝수번호를 작은번호에서 큰 번호로 부여된다. 서울역을 기점으로 북쪽 방향의 불광역 쪽으로 건물번호가 커진다.

07 ③

정차·주차 금지 장소
- 교차로, 횡단보도, 보도와 차도가 구분된 도로의 보도 또는 건널목. 단 보도와 차도에 걸쳐서 설치된 노상 주차장의 주차는 제외된다.
- 거리별 주·정차 금지 장소

5미터 이내의 곳	10미터 이내의 곳
– 교차로 가장자리 – 도로 모퉁이	– 안전지대 사방 – 버스정류장 표시 기둥·판·선 – 건널목 가장자리

- 지방경찰청장이 도로에서의 위험을 방지하고 교통의 안전과 원활한 소통을 확보하기 위하여 필요하다고 인정하여 지정한 곳

08 ④

구조를 변경한 건설기계는 구조 변경 검사를 받아야 하며 수시 검사는 관할 시·도지사가 성능이 불량하거나 사고가 빈발하거나 소유자가 수시 검사를 신청한 경우에만 받을 수 있다.

09 ④

건설기계가 사용되고 있을 때에는 검사 연기 사유에 해당되지 않으며 검사기간을 지난 후에도 계속 사용하고자 할 경우에는 기간 내에 검사를 받아야 한다.

10 ④

주택가 주변에 세워 두어 교통 소통을 방해하거나 소음 등으로 주민 생활 환경을 침해한 자는 50만 원 이하의 과태료가 부과된다.

11 ②

팬 벨트가 풀리의 밑 부분에 접촉되면 벨트가 미끄러져 발전기와 물 펌프의 회전이 불량해지게 된다.

12 ④

디젤 연료의 구비조건
- 고형 미립이나 유해성분이 적고 불순물이 섞이지 않을 것
- 발열량이 클 것
- 적당한 점도가 있을 것
- 인화점이 높고 발화점이 낮을 것
- 내한성 및 내폭성이 클 것
- 연소 후 카본 생성이 적을 것
- 온도 변화에 따른 점도의 변화가 적을 것

13 ③

실린더 헤드 개스킷은 기밀유지, 오일 및 냉각수 누출을 방지하기 위한 일종의 패킹으로 적당한 복원성이 있어야 한다.

14 ①

히터 스위치는 히터를 작동시키는 스위치를 말하는 것으로 기관의 과열과는 무관하다.

15 ④

스타트 모터는 기동 전동기를 말하는 것으로 작동 전원이 배터리로 전류를 공급하면 크랭크축의 회전과는 관계없이 작동된다.

16 ④

공기 청정기는 일정 기간 사용 후 오일의 교환과 여과망을 세척해 주어야 한다.

17 ③

전조등의 회로는 복선식을 사용하며 회로는 병렬로 연결되어 있다.

18 ④

전연성이란 전기가 통하지 않는 성질로, 격리판은 양극판과 음극판 사이에 끼워져 전기적 단락을 방지하는 역할을 한다.

19 ③

실드빔식 전조등
• 반사경에 필라멘트를 붙이고 여기에 렌즈를 녹여 붙인 후 내부에 불활성 가스를 넣어 그 자체가 1개의 전구가 되도록 한 것
• 특징
  − 대기 조건에 따라 반사경이 흐려지지 않는다.
  − 사용에 따르는 광도의 변화가 적다.
  − 필라멘트가 끊어지면 렌즈나 반사경에 이상이 없어도 전조등 전체를 교환하여야 한다.

20 ②

정전기는 전기가 이동하지 않고 물질에 정지하고 있는 전기이며, 동전기는 물질에서 이동하는 전기이다.

21 ③

유압장치의 특징
• 제어가 매우 쉽고 정확하다.
• 힘의 무단 제어가 가능하다.
• 에너지의 저장이 가능하다.
• 적은 동력으로 큰 힘을 얻을 수 있다.
• 동력의 분배와 집중이 용이하다.
• 동력의 전달이 원활하다.
• 왕복운동 또는 회전운동을 할 수 있다.
• 과부하의 방지가 용이하다.
• 운동 방향을 쉽게 변경할 수 있다.

22 ①

액추에이터의 작동 속도는 유량에 의해 달라진다. 따라서 유압 펌프에서 토출되는 오일량이 많으면 작동 속도는 빨라진다.

23 ②

• **방향제어 밸브** : 회로 내 유체의 흐름방향을 제어
• **체크 밸브** : 오일의 흐름을 한쪽으로만 흐르게 하는 밸브
• **스풀 밸브** : 원통형 슬리브 면에 내접하여 축 방향으로 이동하며 유로를 개폐하는 밸브
• **셔틀 밸브** : 1개의 출구와 2개 이상의 입구를 지니고 있으며 출구가 회로압력 쪽 입구를 선택하는 기능을 가진 밸브

24 ④

자기탐상법은 균열을 점검하는 비파괴 검사법으로 물질을 자석화하여 점검하는 것이다. 유압 작업장치의 경우에는 오일의 누유로 균열부위를 찾기가 쉽기 때문에 자기탐상법을 적용하지는 않는다.

25 ②

유압기호에서 스트레이너를 나타낸다.

26 ①

축압기는 어큐뮬레이터로 유체의 진동, 맥동, 충격 등을 흡수 완화하고 압력을 저장하고 보상, 보조 동력원으로 사용한다. 유압회로 내의 압력 제어는 제어 밸브에 의해 이루어진다.

27 ①

오일의 점도가 높으면 유압은 높아진다. 즉 점도와 압력은 비례한다.

28 ③

① **체크 밸브** : 오일을 한쪽 방향으로만 흐르게 하는 밸브
② **시퀀스 밸브** : 압력에 따라 액추에이터의 작동 순서를 결정하는 밸브
④ **카운터밸런스 밸브** : 중량물을 들어 올렸을 때 중량물 무게에 의한 자유 낙하를 방지하는 밸브

29 ②

유압 펌프의 종류에는 기어, 베인, 로터리, 플런저 펌프가 있다.

30 ④

작동유에 수분이 혼입되면 오일의 변질로 인한 각 부품의 마모, 유막의 파괴로 윤활작용의 불량과 능력 저하, 작동유의 열화를 촉진하게 된다.

31 ①

문제의 표지는 인화성 물질임을 경고하는 경고표지이다.

32 ③

망치 작업 시에는 장갑의 착용이 금지되며 자루의 끝 부분을 잘 잡고 미끄러져 빠지지 않도록 한다. 타격의 시작과 끝 부분에는 힘을 빼 가볍게 타격하며 열처리 된 재료에는 해머 작업을 삼간다.

33 ①

보호구는 용도에 맞는 사용 목적 외의 사용을 금지한다.

34 ①

물은 유류를 물 위로 띄워 유류 화재 시 오히려 화재를 더욱 번지게 한다.

35 ④

연삭기 사용에서 숫돌과 받침대의 간격은 3mm 이내를 유지하여야 한다.

36 ④

장갑의 착용이 금지되는 작업은 정밀 작업, 회전체, 해머, 절삭 가공 등이다.

37 ③

먼지가 많은 작업장의 근로자는 방진 마스크를 착용하고 작업을 하여야 한다.

38 ①

퓨즈가 없으면 작업을 중지하고 규정의 용량으로 교환하여야 한다.

39 ③

아크 용접에는 자외선을 차단할 수 있는 차광용 보안경을 착용하여야 한다.

40 ②

지게차에서 많이 사용하는 브레이크는 유압식 브레이크이다.

41 ①

인칭 페달 : 조작하면 변속기로 가는 오일의 양을 감소시키는 페달로 인칭 페달을 밟은 후에 가속페달을 밟으면 동력 전달 장치에 소요되는 구동력이 거의 유압작업장치에 소요되므로 리프팅 및 틸트 속도를 빠르게 한다.

오답 피하기

② **액셀러레이터 페달** : 부하 및 작동 상태에 따라 엔진 회전력을 조절하여 작업장치의 속도나 지게차의 운전속도를 조절하는 페달

③ **브레이크 페달** : 지게차 주행 중 속도를 제어하고 정지시키기 위한 페달

42 ④

지게차의 변속 단수는 저속(1단), 고속(2단)으로 되어 있다.

43 ③

- **리프트 실린더** : 포크를 상승 또는 하강시키는 실린더
- **틸트 실린더** : 마스트를 전경 또는 후경시키는 실린더

44 ②

지게차는 기관의 동력이 앞바퀴에 전달되는 전륜 구동 방식이며, 최소 회전 반경을 적게 하기 위한 후륜 조향 방식이다.

45 ②

사이드 롤러 편마모의 주원인은 윤활유의 불충분이다.

46 ④

지게차 적재 작업

- 화물을 들어 올릴 때에는 포크가 수평이 되도록 한다.
- 화물을 올릴 때에는 가속페달을 밟는 동시에 레버를 조작한다.
- 포크로 물건을 찌르거나 물건을 끌어서 올리지 않는다.
- 운반하려는 물건 가까이 접근하면 속도를 낮춘다.
- 운반하려는 물건 앞에서는 일단 정지한다.
- 운반하려는 물건이 무너지거나 파손 등의 위험성 여부를 확인한다.
- 화물을 쌓을 장소에 도달하면 일단 정지한다.
- 마스트를 수직되게 틸트 시켜 화물을 쌓을 위치보다 조금 높은 위치까지 상승시킨다.
- 화물을 쌓을 위치를 잘 확인한 후 천천히 전진하여 예정 위치에 화물을 내린다.

47 ④

레킹 볼은 크레인(기중기)에 장착하여 높이 들어 올려 낙하하는 하중으로 콘크리트 블록 따위를 파괴하는 장치이다.

48 ①

지게차의 유압탱크 유량을 점검할 때에는 지게차의 포크를 지면에 내려 놓은 상태에서 점검하여야 한다.

49 ①

지게차는 전륜(앞바퀴) 구동에 후륜 조향 방식을 사용한다.

50 ③

주 · 정차 후에 장비에서 조종자가 조종석을 떠날 때에는 장비에서 키를 빼놓아야 한다.

51 ①

주행 중에 발생하는 롤링으로부터 화물을 보호하기 위하여 현가장치가 사용되지 않는다.

52 ③

지게차의 틸트 실린더는 마스트의 경사각을 조절하며, 리프트 실린더는 포크를 상하 이동시키는 실린더이다.

53 ④

지게차의 종 감속 기어는 베벨 기어를 사용하거나 또는 하이포이드 기어를 사용한다.

54 ④

포크의 상승 속도가 느린 원인

- 작동유의 부족
- 조작 밸브의 손상 및 마모
- 피스톤 패킹의 손상
- 피스톤 로드의 휨

55 ①

포크가 한쪽으로 쏠리는 원인

- 좌 · 우 체인 길이가 다르다.
- 한쪽 체인이 늘어져 있다.

56 ②

오답 피하기

블레이드는 삽 역할을 하는 작업장치로 도저, 모터 그레이더 등에 사용된다.

57 ③

장비를 주차시킬 때에는 장비의 전부장치(작업장치)를 지면에 닿도록 하고 기관을 정지시킨 다음 주차 브레이크를 작동시키고 키를 빼내어 키 보관함에 보관한다.

58 ①

타이어의 사용 압력에 따른 분류

- **고압 타이어** : 사용 공기압이 4.2~6.3kgf/cm²(60~90psi) 정도로서 고하중에 잘 견딘다.
- **저압 타이어** : 사용 공기압이 2.0~2.5kgf/cm²(30~36psi) 정도로서 접지압이 낮아 완충 효과가 좋다.
- **초저압 타이어** : 사용 공기압이 1~2kgf/cm²(14~28psi) 정도로서 주로 승용차용으로 쓰인다.

59 ①

충전장치의 발전기는 엔진의 크랭크축으로부터 동력을 받아 벨트로 구동된다.

60 ④

조향 바퀴의 얼라인먼트는 캠버, 캐스터, 킹핀, 토 인, 선회 시 토 아웃이 있다.

01 ③	02 ④	03 ③	04 ③	05 ④
06 ③	07 ④	08 ③	09 ④	10 ③
11 ①	12 ①	13 ④	14 ④	15 ②
16 ④	17 ②	18 ③	19 ②	20 ①
21 ②	22 ②	23 ①	24 ①	25 ②
26 ④	27 ②	28 ②	29 ②	30 ③
31 ④	32 ③	33 ①	34 ①	35 ③
36 ②	37 ③	38 ②	39 ②	40 ②
41 ④	42 ①	43 ④	44 ②	45 ②
46 ②	47 ②	48 ②	49 ③	50 ①
51 ①	52 ④	53 ③	54 ④	55 ④
56 ④	57 ④	58 ②	59 ①	60 ④

01 ③

건설기계 소재지 변동은 등록사항 변경 또는 등록이전 신고 대상이 아니다.

02 ④

고의로 사고를 내거나 면허증 대여, 과실로 중대한 사고 또는 부정한 방법으로 면허를 받은 경우에는 정지 및 취소 사유에 해당이 되나 여행을 목적으로 1개월 이상 해외로 출국하였을 때는 면허 취소 또는 정지를 시킬 수 없다.

03 ③

건설기계는 적재함의 용량 증가를 위해 형식 변경을 위한 구조 변경 및 개조는 할 수 없다.

04 ③

운전자 과실로 인명피해를 입힌 경우의 처분은 경상. 1인에 5일의 면허효력정지 처분을 받으므로 경상 6명의 경우에는 면허 효력 정지 30일의 처분을 받게 된다.

05 ④

천공기, 지게차, 모터그레이더, 로더는 2년 1회 정기 검사를 받아야 한다.

06 ③

면허 발급 시 필요한 서류는 소형의 경우 소형 건설기계 교육 이수증, 적성(신체) 검사서, 사진이 필요하며 소형 이외의 건설기계의 경우에는 국가기술자격 수첩과 사진, 적성 검사서이다.

07 ④

기동장치의 전원은 축전지에 의해 공급된다.

08 ③

전류의 3대 작용은 발열, 자기, 화학작용이며, 원심작용을 이용하는 것은 물 펌프이다.

09 ④

냉각수에 오일이 혼합되는 이유는 헤드 개스킷 파손, 헤드 볼트의 이완 및 헤드의 변형, 오일 쿨러의 소손 등이 있다.

10 ③

블로바이는 실린더와 피스톤 사이로 가스가 크랭크 실로 새는 것을 말하며 블로백은 밸브 주위로 가스가 새는 것을 말한다.

11 ①

예열플러그의 단선 원인으로는 과대 전류 흐름, 기관 과열 상태에서의 잦은 예열, 예열플러그 설치 불량 등이 있다.

12 ①

디젤 엔진의 부조화 현상은 연료의 공급이 불완전할 때 주로 나타난다.

13 ④

희박한 혼합이란 연료가 적고 공기가 많은 것으로 시동이 어렵고 연소 속도가 느려 시동이 되어도 부조화 현상이 발생되며 동력이 감소된다.

14 ④

에틸렌글리콜은 냉각수가 동결되는 것을 방지하기 위한 부동액이다.

15 ②

동일한 축전지 2개를 직렬로 접속하면 전압은 개수의 배가 되고 용량(전류)은 1개 때와 같다. 병렬로 접속하면 용량이 증가하고 전압은 1개 때와 같다.

16 ④

오일 펌프로는 기어, 로터리, 베인, 플런저 펌프가 있으며 엔진 윤활장치에 사용되고 있는 펌프는 주로 기어, 베인, 로터리 펌프가 사용된다.

17 ②

압력 제어 밸브는 일의 세기를 결정하는 밸브로 릴리프, 시퀀스, 리듀싱, 언로더, 카운터밸런스 밸브가 있으며 체크 밸브는 방향제어 밸브이다.

18 ③

체크 밸브는 오일의 흐름을 한쪽 방향으로만 흐르게 하고 오일의 역류를 방지하며 회로 내 잔압을 유지하는 밸브이다.

19 ②

나선 와이어 형식은 유압 호스의 고무 층 사이에 철선이 나선 모양으로 감겨있는 형식으로 나선 층의 수에 따라 고압에 사용된다.

20 ①

압력 제어 밸브에는 릴리프, 리듀싱, 시퀀스, 카운터밸런스, 언로더 밸브가 있으며 교축 밸브는 유량제어 밸브이다.

21 ②

작동유의 워밍업 온도는 27~30℃ 정도이고 정상 작동 온도는 40~80℃, 한계 온도는 80℃, 위험 온도는 100℃이다.

22 ②

기체–오일식 어큐뮬레이터에 사용되는 가스는 질소가스가 사용된다.

23 ①

> **오답 피하기**
>
> ②는 정용량형 유압 펌프, ③은 제어방식의 스프링식, ④는 필터를 나타낸다.

24 ①

모든 유압기기의 작동 속도는 계통을 흐르는 유량(즉, 용량)에 의해 결정된다.

25 ②

폐쇄작용이란 펌프에서 토출된 오일이 펌프로 되돌아오는 현상으로 토출량이 감소되고 축 동력의 증가와 케이싱 마모 등의 원인이 되며 기포가 발생된다.

26 ④

계통 내의 유압 설정은 제어 밸브가 하는 일이다.

27 ②

작업안전 사항 준수와 작업장의 환경조성, 그리고 자신과 타인의 안전을 고려하여 항상 안전하게 작업에 임하여야 한다.

28 ②

안전모의 소독은 약품을 이용한다.

29 ④

모든 공구는 연결대 등으로 이어서 사용하여서는 안 된다.

30 ③

방호장치는 물적 결함에 속하는 것이다.

31 ④

안전제일에서 가장 먼저 선행되어야 하는 것은 근로자의 인명 보호이다.

32 ③

청색 원형을 바탕으로 만든 안전표시는 지시표시이다.

33 ①

보호구는 근로자의 안전을 위한 것으로 작업에 임할 때에는 보호구를 필히 착용하여야 한다.

34 ①

작업점 외에 직접 사람이 접촉하여 말려들거나 다칠 위험이 있는 장소를 덮어씌우는 방호장치를 격리형 방호장치라 한다.

35 ③

해머 작업에는 장갑의 착용이 금지된다. 이는 해머 작업 중 손에서 미끄러져 해머가 이탈되지 않도록 하기 위함이다.

36 ②

유류 화재는 유류, 가스 등의 화재로 산소를 차단하는 질식 소화법으로 소화한다.

37 ①

지게차의 속도 변경 요령
- **저속 → 고속** : 가속페달을 밟아 가속시킨 후 가속페달을 놓으면서 변속 레버를 고속으로 레버를 이동시킨다.
- **고속 → 저속** : 장비의 속도가 떨어졌을 때 가속페달을 놓으면서 저속으로 레버를 이동시킨다.

38 ②

지게차의 주·정차 요령
- 가속 페달에서 발을 뗀다.
- 브레이크 페달과 클러치 페달을 밟는다.
- 포크를 지면에 내리고 마스트를 앞으로 틸트한다.
- 엔진 스톱 버튼을 완전히 당겨 엔진을 정지시킨다.
- 시동 스위치를 "OFF" 위치로 돌린 후 키를 뺀다.
- 엔진 스톱 버튼을 다시 원위치 시킨다.
- 주차 브레이크를 작동한다.

39 ②

화물 근처에 왔을 때에는 액셀러레이터에서 발을 떼고 브레이크로 속도를 조절하면서 진입한다.

40 ②

지게차의 작업 용도에 따른 분류 중 곡면 포크는 없다.

41 ④

지게차 작업에서 규정 용량의 무게를 초과하여 화물을 싣거나 운반을 하여서는 안 된다.

42 ①

마스트의 경사는 틸트레버로 조작하며, 앞으로 밀면 앞으로 기울어지고 뒤로 당기면 뒤로 기울어진다. 화물을 적재한 상태에서는 마스트를 뒤로 기울여 운행한다.

43 ④

블레이드는 불도저의 작업장치인 삽을 말한다.

44 ②

- **로우어링** : 짐 낮추기
- **리프팅** : 짐 들어올리기
- **틸팅** : 경사시키기

45 ④

짐을 적재하고 경사지를 내려갈 때에는 짐의 안전을 위하여 마스트를 뒤로 기울이고 후진으로 서서히 내려온다.

46 ①

연료는 빼내는 것이 아니고 다음날의 운전을 위해 만재한다.

47 ②

타이어의 호칭 치수 표시
- 고압 타이어 = 타이어 외경 × 타이어 폭 − 플라이 수
- 저압 타이어 = 타이어 폭 − 타이어 내경 − 플라이 수

48 ②

유체 클러치나 토크 컨버터의 동력 전달 매체는 오일이다.

49 ③

① **체크밸브** : 오일의 흐름을 한쪽으로만 흐르도록 하는 밸브
② **스로틀 밸브** : 교축작용에 의해 유량을 제어하는 밸브
③ **압력 조정 밸브** : 릴리프 밸브
④ **매뉴얼 밸브** : 수동 조작용 밸브

50 ①

지게차는 전륜 구동식이므로 차동장치가 전차축에 설치되어 있다.

51 ①

전·후진 레버를 앞으로 밀면 전진, 뒤로 당기면 후진을 하게 된다.

52 ④

- **포크의 하강** : 가속페달을 밟지 않고 리프트 레버를 앞으로 민다.
- **포크의 상승** : 가속페달을 서서히 밟고 리프트 레버를 뒤로 당긴다.

53 ③

지게차의 리프트 체인에 주유하는 오일은 엔진 오일을 주유한다.

54 ③

불완전한 적재의 경우 짐을 다시 적재하거나 부득이 다시 적재가 불가능할 경우 서행하여야 한다.

55 ④

둥근 목재나 파이프 등을 작업하는 데는 포크를 45° 이상 경사시킬 수 있는 힌지드 포크 지게차가 적합하다.

56 ④

예방 정비는 운전자와 정비사가 할 수 있는 사항으로 운전자는 시동전, 운전전, 정지간, 운전 후 점검과 주간, 월간 정비를 실시한다.

57 ④

그림의 안전표지는 최저속도 제한표지이다.

58 ②

신호등이 없는 철길 건널목을 통과할 때에는 철길 건널목 직전에 반드시 일시정지를 한 후 좌우를 살펴 안전을 확인하고 서행으로 통과하여야 한다.

59 ①

오답 피하기

②와 ④는 일반용 건물 번호판이고, ③은 문화재 및 관광용 건물 번호판이다.

60 ④

교통사고 발생 시 즉시 정지하여 사상자를 구호하고 경찰에 신고하며 2차 사고 방지를 위한 조치를 취하여야 한다.

기출 유형 문제 05회

303p

01 ③	02 ①	03 ③	04 ②	05 ②
06 ②	07 ①	08 ①	09 ①	10 ②
11 ①	12 ③	13 ①	14 ②	15 ④
16 ①	17 ①	18 ③	19 ③	20 ①
21 ③	22 ④	23 ①	24 ③	25 ③
26 ④	27 ②	28 ②	29 ④	30 ③
31 ④	32 ③	33 ④	34 ④	35 ④
36 ②	37 ③	38 ④	39 ④	40 ④
41 ①	42 ①	43 ③	44 ②	45 ②
46 ②	47 ③	48 ③	49 ③	50 ③
51 ②	52 ①	53 ②	54 ③	55 ①
56 ④	57 ②	58 ③	59 ④	60 ③

01 ③

디젤 기관의 분사 노즐 연료 분사 3대 요건은 무화(안개화), 관통력(관통도), 분포도(분산도)이다.

02 ①

경유에 공기가 혼입되면 시동이 어렵거나 시동이 된다 해도 엔진의 부조화 현상이 발생한다. 그러나 이는 과열과는 관계가 없다.

03 ③

각 부품의 기능

① **과급기** : 강제로 흡입 공기에 압력을 가해 실린더에 공급하여 출력을 증대시킨다.
② **기화기** : 가솔린 기관에 사용되는 부품으로 액체를 기체화 시키는 것이다.
③ **타이머** : 엔진의 회전 속도와 부하 변동에 따라 자동적으로 연료의 분사 시기를 조절한다.
④ **조속기** : 엔진의 회전 속도와 부하 변동에 따라 자동적으로 연료의 분사량을 조절한다.

04 ②

내연기관의 동력 전달 순서는 피스톤 → 커넥팅 로드 → 크랭크축 → 플라이휠 → 클러치 순으로 동력이 전달된다.

05 ②

디젤 기관의 매연 기준은 2009년도 1월 1일 이후 현재 15%이다.

06 ②

프라이밍 펌프는 수동용 펌프로 회로 내 공기빼기 작업을 할 때나 엔진이 정지된 상태에서 연료를 공급하고자 할 때 사용하는 펌프이다.

07 ①

메인 퓨즈가 단선이 되면 발전기의 발생 기전력이 배터리 등 외부의 전기 부하로 공급이 되지 않아 발전기의 전압이 높게 된다.

08 ①

배터리의 터미널은 굵은 것이 "+"이며 탈거 시에는 "−" 단자를 먼저 탈거하고 점프 시에는 병렬로 연결한다. 배터리는 엔진 기동 시 기동 전동기의 전원으로 사용된다.

09 ①

납산 축전지는 충전할 때에 양극에서는 산소가스, 음극에서는 수소가스가 발생된다. 수소가스가 가연성이며 폭발성이 있어 불꽃을 가까이 하면 안 된다.

10 ②

암 전류란 모든 스위치가 OFF 상태에서 기기 등에 의해 소멸되는 방전 전류를 말한다.

11 ①

기계식 변속기에서 기어가 이중으로 물리는 것을 방지하는 것은 인터록 장치이며 로킹 볼은 기어가 빠지는 것을 방지하는 안전장치이다.

12 ③

유압 브레이크에서 회로 내 잔압을 유지하는 것은 체크 밸브이며 잔압을 유지하여 신속한 작동과 베이퍼 록을 방지하여 브레이크가 밀리는 것을 방지한다.

13 ①

지게차의 동력 전달 순서
• **클러치식** : 기관−클러치−변속기−차동장치−액슬 축−앞바퀴
• **토크 컨버터식** : 기관−토크 컨버터−변속기−추진 축−차동장치−액슬 축−앞바퀴
• **전동 지게차** : 배터리−컨트롤러−구동 모터−변속기−차동장치−액슬 축−앞바퀴

14 ②

지게차의 리프트 실린더는 포크를 상승 또는 하강시킨다.

15 ④

- **전경각** : 마스트의 수직 위치에서 앞으로 기울인 경우 최대 경사각으로 건설기계 구조 및 성능 기준상 5~6° 범위로 이루어 져야 한다.
- **후경각** : 마스트의 수직 위치에서 뒤로 기울인 경우 최대 경사각으로 건설기계 구조 및 성능 기준상 10~12° 범위로 이루어 져야 한다.

16 ①

운전 조작장치의 동작
- **전 · 후진 레버** : 앞으로 밀면 전진, 뒤로 당기면 후진
- **틸트 레버** : 앞으로 밀면 전경, 뒤로 당기면 후경
- **리프트 레버** : 앞으로 밀면 포크 하강, 뒤로 당기면 포크 상승
- **저 · 고속 레버** : 앞으로 밀면 고속, 뒤로 당기면 저속

17 ①

지게차는 전륜으로 구동하고 후륜으로 조향한다.

18 ③

지게차의 화물 적재 운반 작업 시에는 마스트를 뒤로 4° 정도 경사시켜서 운반 작업을 한다.

19 ③

지게차의 취급 방법
- 시동 후 5분간 엔진을 공전 운전할 것
- 엔진을 무부하 상태로 공전 가속 운전하지 말 것
- 급가속, 급제동, 급회전 등을 피할 것
- 최초 50시간은 정격 용량 부하의 50%로 작업할 것
- 최초 50시간 가동 후 각종 오일 및 여과기를 교환할 것
- 최초 50시간 가동 후 밸브 간극을 조정하고 각종 볼트와 너트를 재조임 할 것

20 ①

한쪽 포크만 낮아지는 것은 리프트 체인의 늘어짐이 좌우가 달라 발생된다. 이런 경우에는 핑거보드로 체인의 길이를 조정하여 맞추어 사용하여야 한다.

21 ③

지게차에 현가 스프링을 사용하지 않는 이유는 적하 장비로 롤링에 의한 적하물의 추락을 방지하기 위함이다.

22 ④

지게차로 적재물 작업을 할 때에는 규정된 중량 이상을 들어 올려서는 안 되며 운전자 외에는 탑승을 시켜서는 안 된다.

23 ①

지게차를 운전할 때 포크의 높이는 지상으로부터 20~30cm 정도 높여 운행을 한다.

24 ③

불안전한 적재의 경우 짐을 다시 적재하거나 부득이 다시 적재가 불가능할 경우 서행하여야 한다.

25 ③

지게차를 주차시켜 놓을 때 포크는 지면에 완전히 밀착시켜 보행자 등의 안전에 유의하여야 한다.

26 ④

추진축의 휨이 발생되면 차체의 진동을 유발한다.

27 ②

① **로우어링** : 짐 낮추기
③ **리프팅** : 짐 들어올리기
④ **틸팅** : 경사시키기

28 ②

유압유 탱크 내의 오일량이 부족한 현상이다.

29 ④

평형추는 밸런스웨이트라고도 부르며 메인 프레임의 맨 뒤 끝 부분에 설치된 것으로 적재 · 적하 시에 균형을 잡아주는 부분이다.

30 ③

지게차의 작동유량을 점검할 때에는 포크를 최대로 낮춘 상태로 시동 전에 점검을 한다.

31 ①

3색 등화의 작동 순서는 녹색(적색 및 녹색 화살표), 황색, 적색의 순으로 작동된다.

32 ②

1년 이하의 징역 또는 1천만 원 이하의 벌금의 벌칙을 받는다.

33 ④

왼쪽 한방향용 도로명판으로 대정로 23번 길 끝점을 의미하며 "← 65" 현 위치는 도로의 끝 지점, 65는 650m(65×10m)를 의미한다.

34 ③

도로교통법의 제정 목적은 도로에서 일어나는 교통상의 모든 위험과 장해를 방지하고 제거하여 안전하고 원활한 교통을 확보하는 데 그 목적이 있다.

35 ④

번호표에서의 색칠 기준에 수입용은 별도로 지정되어 있지 않다.

36 ②

폭우, 폭설, 안개 등으로 가시거리가 100m 이내일 때와 눈이 20mm 이상 쌓인 도로에서는 최고속도의 50%를 감속 운행하여야 한다.

37 ④

횡단보도로부터 10m 이내에는 주차 및 정차가 금지되어 있다.

38 ④

철도 건널목 안에서 고장 시에는 즉시 승객을 대피시키고 철도 공무원 등에게 알리며 차를 이동할 조치를 취하여 이동한다.

39 ③

도로 모퉁이로부터 5m 이내의 장소는 주 · 정차 금지 장소이다.

40 ④

언어 분별력은 80퍼센트 이상이어야 한다.

41 ①

압력의 단위로는 psi, bar, kgf/cm², mmhg 등이 있다.

42 ①

감압 밸브는 주 회로에 흐르는 유압보다 낮은 압력으로 작동기를 작동시키거나 사용하고자 할 때에 분기회로를 구성하여 사용한다.

43 ③

유압장치에서 유압의 제어 방법에는 압력 제어, 유량 제어, 방향 제어가 있다.

44 ②

체크 밸브는 방향 제어 밸브로 압력 제어 밸브에 속하지 않는다.

45 ②

여과 입도가 조밀하면 오일의 통과 속도가 늦어지고 압력이 상승하여 공동 현상이 발생된다.

46 ②

더스트 실은 실 중에서 가장 바깥쪽에 설치된 실로서 오일의 누출을 방지하면서 외부에서 오염 물질 등의 유입을 방지하는 역할을 한다.

47 ③

도면의 기호는 유압 펌프이다.

48 ③

릴리프 밸브가 설치되는 곳은 펌프와 제어 밸브 사이이다.

49 ①

그림의 유압기호는 릴리프 밸브이다.

50 ③

오일(유압유)이 열화되면 심한 악취와 함께 오일의 색이 갈색으로 변한다.

51 ②

작업복은 작업 용도와 안전에 맞는 것을 선정하여야 한다.

52 ①

그림의 표지는 차량통행금지표지이다.

53 ②

포말 소화기는 수용성의 소화기로 전기의 감전을 유발하게 되므로 사용을 금지한다.

54 ③

공구의 이상 유무는 공구를 사용하기 전에 점검한다.

55 ①

경상이란 부상으로 1일 이상 14일 이하의 노동 상실을 가져오는 상해 정도를 말한다.

56 ④

작업자 또는 근로자가 작업 현장에서 꼭 알아두어야 하고 지켜야 하는 것은 안전 규칙과 수칙이다.

57 ②

그림의 안전표지는 안전모 착용을 지시하는 지시표지이다.

58 ③

아크 용접에 사용하여야 하는 보안경은 자외선을 차단할 수 있는 차광용 보안경이다.

59 ④

운반도중 상대방에게 무리하게 힘을 가하면 상대방이 넘어지거나 물건을 떨어뜨려 사고를 유발한다.

60 ③

감전 사고 방지를 위한 설비는 접지 설비이다.

기출 유형 문제 06회   311p

01 ④	02 ①	03 ④	04 ②	05 ③
06 ③	07 ②	08 ②	09 ②	10 ④
11 ②	12 ③	13 ③	14 ③	15 ②
16 ④	17 ④	18 ②	19 ①	20 ③
21 ④	22 ②	23 ①	24 ①	25 ③
26 ②	27 ①	28 ③	29 ③	30 ①
31 ④	32 ④	33 ③	34 ④	35 ④
36 ①	37 ③	38 ②	39 ②	40 ①
41 ④	42 ④	43 ②	44 ④	45 ②
46 ①	47 ③	48 ②	49 ④	50 ④
51 ④	52 ③	53 ④	54 ②	55 ④
56 ④	57 ②	58 ④	59 ②	60 ②

01 ④

- **전경각** : 마스트의 수직 위치에서 앞으로 기울인 경우의 최대 경사각으로, 건설기계 구조 및 성능 기준상 5~6° 범위에서 이루어져야 한다.
- **후경각** : 마스트의 수직 위치에서 뒤로 기울인 경우의 최대 경사각으로, 건설기계 구조 및 성능 기준상 10~12° 범위에서 이루어져야 한다.

02 ①

마스트에는 리프트 실린더, 리프트 체인, 체인 스프로킷, 리프트 롤러, 틸트 실린더, 핑거보드, 백레스트, 캐리어, 포크 등 부착되어 있다.

03 ④

화물을 싣고 운행 중에는 마스트를 후경으로 하고, 급브레이크를 조작하여서는 안 되며, 짐을 싣고 비탈길을 내려올 때는 후진하여 천천히 주행한다.

04 ②

지게차 주차 시 안전 수칙
- 경사면에 주차하지 않는다.
- 포크를 바닥까지 완전히 내리고 마스트는 포크가 바닥에 닿을 때까지 앞으로 기울인다.
- 방향전환 레버는 중립 위치에 놓는다.
- 시동을 끄고 열쇠는 운전자가 지참하며 주차 브레이크를 확실히 작동시켜 둔다.
- 주차 시 운전자 신체의 일부를 차체 밖으로 나오지 않게 한다.

시동 전 · 후 확인사항
- 기어변속, 각 작용 레버가 정 위치(중립)에 있는지 확인한다.
- 핸드 브레이크가 확실히 당겨져 있는지 확인한다.
- 시동 후에는 지속 회전인지 확인한다.
- 엔진의 회전음, 폭발음, 배기가스의 상태, 엔진의 이상유무를 확인한다.
- 기계의 작동상황을 확인한다.

05 ③

작업 용도에 따른 지게차의 분류
- **블록 클램프** : 콘크리트 블록을 다량으로 한번에 운반
- **사이드 시프트** : 화차, 선박, 콘테이너 및 창고 등 좁은 공간 작업
- **힌지드 포크** : 원목 및 파이프 같은 원주형 화물의 운반 및 적재
- **하이 마스트** : 마스트가 2단으로 늘어나는 형식으로 높은 위치의 적재 및 적하에 적합

06 ③
- **포크의 하강** : 가속 페달을 밟지 않고 리프트 레버를 앞으로 민다.
- **포크의 상승** : 가속 페달을 서서히 밟고 리프트 레버를 뒤로 당긴다.

07 ②

화물을 적재하고 경사지를 내려갈 때는 화물의 안전을 위하여 마스트를 뒤로 기울이고 후진으로 서서히 운행한다.

08 ②

지게차의 하역 작업
- 적재할 장소에 이르면 안전한 속도로 늦추어 일단 정지한다.
- 화물이 무너지거나 파손 등의 위험이 없는지 확인한다.
- 마스트를 수직이 되도록 틸트시켜 적재할 위치보다 조금 높게 리프팅한다.
- 적재 위치를 다시 한번 확인하고 서서히 화물을 내린다.

09 ②

지게차의 작업 장치별 종류
- **프리 리프트 마스트형** : 마스트 상승이 어려운 장소에서의 작업에 용이
- **하이 마스트형** : 표준형 마스트(2단 마스트)로 적재 공간을 최대로 활용 가능
- **3단 마스트형** : 마스트가 3단으로 되어 있어 높은 곳에 화물 적재, 적하 작업이 가능
- **로테이팅 포크형** : 포크 및 캐리지를 회전시켜 화물을 쏟아붓는 형식으로 주조 및 폐기물처리 작업에 사용
- **로테이팅 클램프형** : 모양과 크기가 다양한 롤 형태의 화물을 종 또는 횡 방향으로 적재, 적하하는 장치로 펄프나 제지 운반용으로 사용
- **사이드 시프트형** : 포크를 좌우로 이동시켜 화물을 쉽게 적재, 적하할 수 있는 장치로 제한된 공간에서 화물의 신속한 처리가 가능
- **힌지드 버켓** : 곡물, 소금, 설탕, 비료, 등의 적재, 적하 작업에 적합
- **힌지드 포크** : 둥근 강관, 원목, 전주 등의 적재, 적하 작업에 적합
- **푸시풀 포크형** : 화물을 포크로 밀어내거나 끌어들이는 작업
- **로드 스태빌라이저** : 깨지기 쉬운 화물이나 불안정한 화물의 낙하를 방지하기 위해서 포크의 위쪽 부분에 압력판을 장착한 형식

10 ④

리프트 체인에 주유하는 오일은 엔진오일로, 100시간마다 정기적으로 주유하여야 한다.

11 ②

지게차는 전륜 구동 방식이다.

12 ③

주 · 정차 후에 장비에서 조종자가 조종석을 떠날 때는 장비에서 키를 빼 놓아야 한다.

13 ③

스테이터는 토크 컨버터에서 오일이 터빈을 떠난 후, 오일의 흐름 방향을 전환하여 다시 터빈으로 돌려보내는 역할을 한다.

14 ③

슬립 이음은 추진축의 길이 변화에 대응하기 위하여 설치되어 있다.

15 ③

타이어 공기압은 핸들 조작력과 관계가 있으며, 유격과는 관계가 없다.

16 ④

타이어의 표시에서 11.00은 타이어 폭을 인치로 표시한 것이고, 20은 타이어 내경을 인치로 나타낸 것이며, 12PR은 코드 층의 수, 즉 플라이 수를 의미한다.

17 ④

변속기의 구비조건
- 소형
- 가볍고 고장이 없어야 함
- 조작이 신속함
- 연속적 변속에 단계가 없음

18 ②

토크 컨버터는 유체 클러치를 개량한 것으로 자동 변속기 오일(유체)로 동력을 전달한다.

19 ①

① **엔진 운전 시간** : 아워 미터
② **주행 거리** : 적산계
③ **주행 속도** : 속도계(마일 미터)

20 ③

지게차는 앞바퀴(전륜)로 구동된다.

21 ④

모든 공구의 사용은 몸의 중심에서 사용하여야 하며, 볼트를 조이거나 풀 때는 앞으로 잡아당기며 작업한다.

22 ②

안전모의 소독은 약품을 이용한다.

23 ①

그림의 안전표지는 인화성 물질이라는 경고 표지이다.

24 ②

중상해란 부상으로 2주 이상의 노동 손실을 가져온 상해 정도를 말한다.

25 ③

전기 시설에 관련된 화재는 C급 화재이다.

26 ②

대피장소 또는 방향 표시의 색은 녹색으로 표시한다.

27 ①

중량물과 물체 사이에 손이나 발이 끼이는 것을 협착이라 한다.

28 ③

작업자 또는 근로자가 작업 현장에서 꼭 알아두어야 하고 지켜야 하는 것은 안전 규칙과 수칙이다.

29 ③

아크 용접 시에는 자외선을 차단할 수 있는 차광용 보안경을 착용한다.

30 ①

하중 측정 장치는 물체의 하중을 측정하는 장치로 안전 방호 장치에 해당하지 않는다.

31 ④

연료 공급 펌프는 연료탱크의 연료를 흡입, 가압하여 고압 펌프로 연료를 공급하는 펌프이다.

32 ④

각 센서의 기능
- **가속페달 센서** : 가속페달(액셀러레이터) 포지션 센서 1, 2로 되어 있으며 포지션 센서 1(주 센서)에 의해 연료량과 분사 시기가 결정되고, 센서 2는 센서 1을 검사하는 센서로 차의 급출발을 방지하기 위한 센서이다.
- **냉각수 온도 센서** : 엔진의 냉각 수온을 감지해 냉각 수온의 변화를 전압으로 변화시켜 ECU로 입력시켜 주면 ECU는 이 신호에 따라 연료량을 증감하는 보정 신호로 사용된다.
- **크랭크축(크랭크 포지션) 센서** : 실린더 블록에 설치되어 크랭크축과 일체로 되어 있는 센서로, 휠의 돌기가 회전할 때(크랭크축이 회전할 때) 교류(AC) 전압이 유도되는 마그네트 인덕티브 방식이다. 이 교류 전압을 가지고 엔진 회전수를 계산한다. 센서 휠에는 총 60개의 돌기가 있고 그 중 2개의 돌기가 없으며, 돌기가 없는 위치의 신호와 TDC 센서의 신호를 이용해 1번 실린더를 찾도록 되어 있다.

33 ③

오일펌프 여과기는 오일펌프 스트레이너를 말하는 것으로 오일팬의 오일을 펌프로 유도하고 1차 여과작용을 하며, 고정식과 부동식이 있다.

34 ④

냉각수에 기름이 떠 있는 원인
- 헤드 개스킷의 파손
- 헤드 볼트의 이완
- 오일 쿨러의 소손

35 ④

그리스와 엔진오일, 기어오일은 윤활유이고 경유는 디젤연료이다. 다만, 연료공급 라인에서의 노즐은 연료만을 공급할 수 있으므로 연료인 경유가 윤활유로 사용된다.

36 ①

엔진에 사용하는 부동액은 현재 가장 많이 사용되는 에틸렌글리콜과 반영구부동액으로 현재 거의 사용하지 않는 글리세린, 메탄올 등이 있다.

> **오답 피하기**
> 그리스는 반고체 윤활유이다.

37 ①

퓨즈의 접촉이 불량하면 전류의 흐름이 나빠지고 퓨즈가 끊어진다.

38 ②

배터리의 접속법
- **직렬접속** : 전압은 개수의 배가 되고 용량(전류)은 1개 때와 같다.
- **병렬접속** : 용량은 개수의 배가 되고 전압은 1개 때와 같다.

39 ②

축전지 전해액의 비중은 온도에 반비례한다. 따라서 온도가 올라가면 비중은 낮아지고 온도가 내려가면 비중은 상승한다.

40 ①

방향지시등에서 한쪽의 점멸이 빠른 경우는 전구의 단선, 접촉 불량, 양측의 용량이 다를 경우 발생하는 것이므로 가장 먼저 전구부터 점검하여야 한다.

41 ④

점도란 액체의 끈적끈적한 정도를 말한다.

42 ④

유량의 단위로 사용되는 것으로 LPM과 GPM이 있다. 즉 계통 내에서 흐르는 유체의 양을 말한다.

43 ④

압력의 단위에는 bar, atm, pa, kgf/cm^2, psi 등이 있다.

44 ②

유압 펌프의 종류에는 기어, 베인, 로터리, 플런저 펌프가 있다.

45 ②

문제의 기어 펌프는 외접기어 펌프이다.

46 ①

펌프의 흡입구는 탱크의 밑면에 설치하면 이물질 등의 유입으로 회로의 막힘이 발생하기 때문에 탱크 밑면에서 약간 올려 설치하는 것이 좋으며, 흡입구와 복귀구 사이에는 격리판을 설치하여 복귀 시 발생하는 기포로부터 보호를 해 주어야 한다.

47 ③

유압장치에서 유압의 제어 방법에는 압력제어, 유량제어, 방향제어가 있다.

48 ②

- **시퀀스 밸브** : 2개 이상의 분기 회로에서 유압회로의 압력에 의하여 작동 순서를 제어하는 역할을 한다.
- **릴리프 밸브** : 릴리프 밸브는 유압 펌프와 제어 밸브 사이에서 회로 내의 압력이 규정 압력 이상이 되면, 작동유를 유압 탱크로 리턴시켜 회로 내의 압력을 규정 값으로 유지하는 역할을 한다.
- **언로드 밸브** : 유압회로 내의 압력이 규정 압력에 도달하면 펌프에서 송출되는 모든 유량을 탱크로 리턴시켜 유압 펌프를 무부하 운전이 되도록 하는 역할을 한다.
- **체크 밸브** : 작동유를 한쪽으로만 흐르게 하며 역류를 방지한다.

49 ④

A는 스트레이너의 유압기호이다.

50 ④

계통 내의 유압의 설정은 릴리프 밸브가 하는 일이다.

51 ④

차로의 너비보다 넓은 건설기계는 특별표지판을 부착하고 운행 시 출발지를 관할하는 경찰청장의 허가를 받아야 한다.

52 ③

황색 및 적색 등화의 점멸 시 횡단보도 및 교차로 직전의 정지선에 정지하여야 한다.

53 ④

도로교통법은 도로에서 일어나는 교통상의 모든 위험과 장해를 방지하고 제거하여 안전하고 원활한 교통을 확보하는 데 그 제정 목적이 있다.

54 ②

정차 · 주차 금지 장소
- 교차로, 횡단보도, 보도와 차도가 구분된 도로의 보도 또는 건널목. 단 보도와 차도에 걸쳐서 설치된 노상 주차장의 주차는 제외된다.
- 다음으로부터 5미터 이내의 곳
  - 교차로 가장자리
  - 도로 모퉁이
- 10미터 이내의 곳
  - 안전지대 사방
  - 버스 정류장 표시 기둥 · 판 · 선
  - 건널목 가장자리
- 지방 경찰청장이 도로에서의 위험을 방지하고 교통의 안전과 원활한 소통을 확보하기 위하여 필요하다고 인정하여 지정한 곳

55 ④

①과 ②는 일반용 건물 번호판이고, ③은 문화재 및 관광용 건물 번호판, ④는 관공서용 건물 번호판이다.

56 ④

건설기계 검사의 종류
- **신규등록검사** : 건설기계를 신규로 등록할 때 실시하는 검사
- **정기검사** : 3년의 범위 내에서 국토해양부령이 정하는 검사 유효기간의 만료 후에 계속하여 운행하고자 할 때 실시하는 정기검사
- **구조변경검사** : 건설기계의 주요구조를 변경 또는 개조한 때 실시하는 검사
- **수시검사** : 성능이 불량하거나 사고가 빈발하는 건설기계의 안전성 등을 점검하기 위하여 수시로 실시하는 검사와 건설기계소유자의 신청에 의하여 실시하는 검사

57 ②

면허 정지 처분을 받은 자가 그 기간 중에 건설기계를 조종한 때에는 건설기계 조종사의 면허가 취소된다.

> 오답 피하기

고의로 일으킨 인명사고는 면허 취소에 해당한다. 과실일 경우 1명 사망 시 45일 정지, 1명 중상 시 15일, 1명 경상 시 5일, 재산피해 50만 원당 1일의 정지 기간을 준다.

58 ④

건설기계등록번호표는 2022.11.23.일부터 자가용과 관용은 흰색 판에 검정색 글씨, 영업용은 주황색 판에 검정색 글씨로 표기하고 있다.

59 ②

너비가 2.5미터 미만의 건설기계는 검사소에서 검사를 받아야 한다.

60 ②

건설기계의 구조 변경은 해당 건설기계를 더 사용하기 위하여 구조를 변경한 것으로, 말소등록대상이 아니다.

기출 유형 문제 07회　318p

01 ③	02 ②	03 ④	04 ①	05 ②
06 ②	07 ①	08 ④	09 ③	10 ①
11 ③	12 ④	13 ④	14 ②	15 ③
16 ②	17 ④	18 ②	19 ④	20 ③
21 ②	22 ④	23 ①	24 ②	25 ①
26 ②	27 ②	28 ③	29 ①	30 ②
31 ②	32 ④	33 ④	34 ②	35 ③
36 ②	37 ②	38 ①	39 ④	40 ②
41 ①	42 ②	43 ②	44 ④	45 ①
46 ①	47 ②	48 ②	49 ③	50 ③
51 ④	52 ③	53 ②	54 ②	55 ④
56 ①	57 ②	58 ②	59 ④	60 ④

01 ③

전후진 레버는 밀면 전진하고 당기면 후진한다. 주차 시에는 중립에 위치시킨다.

02 ②

화물을 적재했다면 포크는 20~30cm 정도 지면에서 띄운 상태로 주행해야 한다.

03 ④

틸트 레버는 조작 레버로 지게차의 운전석에 위치한다.

04 ①

틸트 실린더는 마스트를 전경, 후경시키는 복동 실린더이다.

05 ②

- **마스트** : 백레스트가 상하운동을 하는 레일이다.
- **카운터웨이트** : 지게차의 균형을 잡아주는 추이다.
- **백레스트** : 포크의 화물 뒤쪽을 받쳐 낙하를 방지하는 부분이다.

06 ②

냉각수의 순환은 펌프의 역할이다.

07 ①

피스톤 링, 실린더 벽이 마모되어 밀폐되지 못하면 오일이 연소실로 유출될 수 있다.

08 ④

차폭과 출입구의 폭을 확인하여 통행 시에 부딪히지 않도록 해야 한다.

09 ③

틸트 실린더는 마스트를 전경 또는 후경시키며 복동 실린더로 되어 있다.

10 ①

공차 시에는 포크가 경사의 아래쪽을 향하게 한 채로 오르내리고 적재 시에는 화물을 경사의 위쪽을 향하게 한 채로 오르내리려 한다.

11 ③

화물 운반 시에는 포크를 적정 높이로 유지해야 한다.

12 ④

목적지에 도착하여 물건을 내리기 위해서는 마스트를 앞쪽으로 기울여야 한다. 즉, 틸트 실린더를 전경시켜야 한다.

13 ④

아워미터는 장비의 가동시간에 따라 적절한 정비를 할 수 있도록 설치한다.

14 ②

시동키는 뽑아서 보관하도록 한다.

15 ③

운행경로에 장애물은 운행 전 반드시 치워야 한다.

16 ②

타이어의 공기압이 너무 낮은 경우에는 조향 핸들이 무거워지며, 한쪽으로 쏠리는 것과는 무관하다.

17 ④

오일의 양이 규정량보다 적으면 냉각이 제대로 이루어지지 않아 과열이 일어날 수 있다.

18 ②

힌지드 버킷은 힌지드 포크에 버킷을 추가하여 소형 로더의 역할을 할 수 있도록 한 것으로, 분말 상태의 화물을 운반하는 데 적합하다.

19 ④

체인의 장력은 조정 볼트로 할 수 있으며, 체인의 장력이 균일하지 않으면 포크가 한쪽으로 기울 수 있다.

20 ③

백레스트는 주행과는 관계가 없다.

21 ②

연결대는 해머가 빠져서 사고가 날 위험이 있으므로 사용하지 않는다.

22 ④

작업장 바닥에 폐유를 뿌리는 것은 화재 발생의 위험이 있는 행위이다.

23 ①

손으로 잡고 구멍을 뚫는 것은 안전사고의 위험이 있다.

24 ③

토크렌치는 현재 조이고 있는 토크를 나타내는 게이지가 있어 일정한 힘으로 볼트나 너트를 조일 수 있다.

25 ①

유류 화재 진화 시 물을 사용하면 오히려 화재가 더 번질 수 있다.

26 ②

저온 주의를 나타내는 경고표지이다.

27 ④

진동에 의한 건강장해를 예방하기 위해서는 낮은 속력에서 작동할 수 있는 저진동 장비를 작업자가 최대한 적게 접촉하도록 사용하며 적절한 진동보호구를 착용하고, 기구의 점검 및 유지보수를 하며 매 1시간 연속 진동 노출마다 10분씩의 휴식을 갖도록 한다.

28 ③

전기 용접 아크로 눈이 충혈되면 화상의 우려가 있으므로 냉습포 찜질로 응급처치한 후 안정을 취하도록 하며 경과가 나쁘면 병원을 방문해야 한다.

29 ①

산소용 호스는 녹색, 아세틸렌용 호스는 적색이다.

30 ②

안전모 착용을 지시하는 표지이다.

31 ②

공기실식은 복실식이다.

32 ④

④는 연료필터에 대한 설명이다.

33 ④

흑색 배기가스는 불완전 연소로 인해 발생하며 원인으로는 공기청정기 필터의 막힘, 연료필터의 고장, 압축 및 노즐 불량 등이 있다.

34 ③

직접분사실식은 구조가 간단하고 열효율이 높으며 연료소비율과 열 변형이 적고 연소실 체적이 작아 냉각손실이 적다.

35 ③

오버플로 밸브의 기능
- 연료계통 공기의 배출
- 연료공급 펌프의 소음 발생 방지
- 연료필터 기관의 보호
- 분사펌프의 압송 압력 증압

36 ②

동일한 전압의 배터리를 병렬 연결 시에는 전압은 변하지 않는다.

37 ②

축전지의 구비조건
- 소형, 경량이고 수명이 길 것
- 배터리의 용량이 크고 저렴할 것
- 진동에 견딜 수 있을 것
- 전해액의 누설방지가 완전할 것
- 전기적 절연이 완전할 것
- 다루기 편리할 것

38 ①

저항은 전류의 흐름을 방해하는 것으로 저항이 크면 전류가 잘 흐르지 않는다.

39 ③

건설기계에서는 전기자 코일과 계자 코일을 직렬로 연결하는 직류직권 전동기를 주로 사용한다.

40 ②

오일의 점도가 상승하면 누설은 줄어든다.

41 ①

액추에이터의 작동 속도는 유량제어 밸브에 의해 조절된다.

42 ②

스트레이너는 유체에서 고체물질을 걸러내는 부품으로 여과를 담당한다.

43 ③

어큐뮬레이터의 기능

압력 보상, 에너지 축적, 유압회로 보호, 체적 변화 보상, 맥동 감쇠, 충격
압력 흡수 및 일정 압력 유지

44 ④

유압모터는 정회전과 역회전 모두 가능하다.

45 ①

현가장치 등 움직임이 많은 곳에는 자유롭게 구부러질 수 있는 플렉시블
호스를 이용해야 한다.

46 ①

신호기와 수신호가 다른 경우 수신호를 우선한다.

47 ②

도로에서 통행우선 순위는 긴급자동차 → 긴급자동차 외 자동차 → 원동
기장치자전거 → 그 외 차마 순이다.

48 ②

진로 변경 시에는 규정 속도를 준수해야 하며 주변 차량이 상황을 충분히
인지할 수 있도록 여유있게 진로를 변경해야 한다.

49 ③

1종 보통면허로 운행할 수 있는 차량
• 승용자동차
• 승차정원 15인 이하의 승합자동차
• 적재중량 12톤 미만의 화물자동차(단, 위험물 운반차량은 적재중량 3톤
이하 또는 적재용량 3천리터 이하에 한정)
• 건설기계(단, 도로를 운행하는 3톤 미만의 지게차에 한정)
• 총중량 10톤 미만의 특수자동차(단, 트레일러 및 레커는 제외)
• 원동기장치자전거

50 ③

도로를 주행하는 건설기계는 도로의 가장 우측차선이 주행차로이나 편도
4차로에서 4차로가 버스 전용차로라면 3차로를 이용해야 한다.

51 ④

덤프트럭, 아스팔트 살포기, 노상안정기, 콘크리트믹서트럭, 트럭적재식 천
공기, 콘크리트 펌프, 아스팔트 콘크리트 재생기, 도로보수트럭 등이 자동
차 1종 대형면허로 조종 가능하다.

52 ③

악천후 시의 감속운행
• 최고속도의 100분의 20을 줄인 속도로 운행하여야 하는 경우
  – 비가 내려 노면이 젖어있는 경우
  – 눈이 20밀리미터 미만 쌓인 경우

• 최고속도의 100분의 50을 줄인 속도로 운행하여야 하는 경우
  – 폭우 · 폭설 · 안개 등으로 가시거리가 100미터 이내인 경우
  – 노면이 얼어붙은 경우
  – 눈이 20밀리미터 이상 쌓인 경우

53 ②

서행 또는 일시정지해야 하는 장소

모든 차 또는 노면전차의 운전자는 다음 어느 하나에 해당하는 곳에서는
서행하여야 한다.
• 교통정리를 하고 있지 아니하는 교차로
• 도로가 구부러진 부근
• 비탈길의 고갯마루 부근
• 가파른 비탈길의 내리막
• 시 · 도경찰청장이 도로에서의 위험을 방지하고 교통의 안전과 원활한
  소통을 확보하기 위하여 필요하다고 인정하여 안전표지로 지정한 곳

54 ④

①, ② 일반용 건물번호판
③ 관공서용 건물번호판

55 ④

• **종합건설기계정비업** : 등록된 모든 건설기계 정비 가능
• **부분건설기계정비업** : 분해정비, 재생정비 등 일부 정비사항을 제한받음
• **전문건설기계정비업** : 특정 건설기계에 한하여 정비

56 ①

정비명령
• 시 · 도지사는 검사에 불합격된 건설기계에 대해서는 1개월 이내의 기간
  을 정하여 해당 건설기계의 소유자에게 검사를 완료한 날(검사를 대행하
  게 한 경우에는 검사결과를 보고받은 날)부터 10일 이내에 정비명령을
  해야 한다.
• 정기검사에서 불합격한 건설기계로서 재검사를 신청하는 건설기계의 소
  유자에 대해서는 위의 내용을 적용하지 않는다. 다만, 재검사기간내에 검
  사를 받지 않거나 재검사에 불합격한 건설기계에 대해서는 1개월 이내의
  기간을 정하여 해당 건설기계의 소유자에게 정비명령을 할 수 있다.

57 ②

만료일로부터 30일 이내 2만 원, 30일 초과 시 3일마다 1만 원씩 가산되어
최고 50만 원까지 늘어날 수 있다.

58 ①

시 · 도지사는 안전성 등을 점검하기 위하여 국토교통부령으로 정하는 바
에 따라 수시검사를 받을 것을 명령할 수 있다.

59 ④

등록번호표 부착 위반의 과태료

등록된 건설기계에는 국토교통부령으로 정하는 바에 따라 등록번호표를
부착 및 봉인하고, 등록번호를 새겨야 한다. 이를 위반하여 등록번호표를
부착 · 봉인하지 아니하거나 등록번호를 새기지 아니한 자에게는 100만
원 이하의 과태료를 부과한다.

60 ④

건설기계의 조종 중, 과실로 인명피해를 입힌 경우는 면허의 효력이 정지
되는 처분이 내려진다.